Brunnengräber (Hrsg.)
Globale Öffentliche Güter

Achim Brunnengräber, Dr. phil., geb. 1963, studierte an der Pädagogischen Hochschule Heidelberg Lehramt, an der Freien Universität Berlin Politikwissenschaft und an der Universität Bremen Entwicklungspolitik mit dem Schwerpunkt Nicht-Regierungs-Organisationen; er leitet an der Freien Universität Berlin das vom Bundesministerium für Bildung und Forschung (BMBF) geförderte, interdisziplinäre Forschungsprojekt „Global Governance und Klimawandel. Eine Mehrebenenanalyse zu den Bedingungen, Risiken und Chancen sozial-ökologischer Transformationen"; Mitautor von *Die Globalisierungswächter. NGOs und ihre transnationalen Netze im Konfliktfeld Klima*, Münster 2000, und der Studie *Global Governance. Alternative zur neoliberalen Globalisierung?*, Münster 2000.

Achim Brunnengräber (Hrsg.)

Globale Öffentliche Güter unter Privatisierungsdruck

Festschrift für Elmar Altvater

WESTFÄLISCHES DAMPFBOOT

Mit freundlicher Unterstützung der Hans-Böckler-Stiftung

Bibliografische Information der Deutschen Bibliothek
Die Deutsche Bibliothek verzeichnet diese Publikation in der Deutschen Nationalbibliografie; detaillierte bibliografische Daten sind im Internet über http://dnb.ddb.de abrufbar.

1. Auflage Münster 2003

Umschlag: Lütke · Fahle · Seifert, Münster
Druck: Rosch-Buch Druckerei GmbH, Scheßlitz
Gedruckt auf säurefreiem, alterungsbeständigem Papier.
ISBN 3-89691-548-8

Inhalt

Vorwort

Wie kann eine Festschrift dem bisherigen Œuvre eines wissenschaftlich wie politisch engagierten Menschen halbwegs gerecht werden, der seine Arbeit unvermindert mit Energie, kritischer Unruhe und Kreativität fortsetzt und dabei seit 35 Jahren deutliche Spuren hinterlassen und markante Akzente gesetzt hat? Diese Frage, mit der auch Henning Melber seinen Beitrag zu Leben und Werk von Elmar Altvater eröffnet, ist vielleicht gar nicht so schwer zu beantworten. Wer den Jubilar auch nur ein wenig kennt, der weiß, dass er es sich nie in einer „theoretischen Schule" bequem gemacht hat. Schon immer fanden neue, intellektuell verlockende, weil problemorientierte Konzepte und Theorien sein Interesse. Er hat stets ein besonderes Gespür dafür gezeigt, zwischen populärwissenschaftlichen Modeerscheinungen mit geringer Halbwertszeit und tiefreichenden, gesellschaftsrelevanten Ansätzen mit hohem Erklärungsgehalt zu unterscheiden.

In den 1960 und 1970er Jahren standen die Entwicklung des westdeutschen Kapitalismus und die Weltwährungskrise, die Grenzen des Staatsinterventionismus und die Bildungsökonomie im Zentrum seiner Arbeiten. In den 1980er Jahren bestimmten die Verschuldung der Entwicklungsländer und die von ihm schon früh analysierte „Verschuldungsfalle" sein wissenschaftliches Wirken. Unmittelbar nach der Rio-Konferenz für Umwelt und Entwicklung (UNCED) thematisierte er die „Umweltplünderung und neue Welt(un)ordnung", so der Untertitel von „Der Preis des Wohlstands" (1992). 1996 legte er mit Birgit Mahnkopf den viel beachteten Band zu den „Grenzen der Globalisierung" vor. Die „engagierte" Beschäftigung mit dem gesellschaftlichen Potenzial der nicht-staatlichen Organisationen (NGOs) und der globalisierungskritischen Bewegung schlug sich 1997 in der Mitherausgabe des Bandes „Vernetzt und Verstrickt" nieder. Die internationalen Finanzmärkte waren Thema der von ihm geleiteten Arbeitsgruppe der Enquete Kommission „Globalisierung der Weltwirtschaft" des 14. Deutschen Bundestages, die 2002 ihren Abschlussbericht vorlegte. Dass die neoliberale Globalisierung die gesellschaftlichen Bereiche von Arbeit, Geld und Politik durcheinander wirbelt und neue Unübersichtlichkeiten produziert, wurde von ihm - wiederum mit Birgit Mahnkopf - 2002 unter dem Titel „Globalisierung der Unsicherheit" aufgegriffen.

Kaum war eine Herausforderung angenommen und bearbeitet, der Gegenstand durchdrungen, ein Band abgeschlossen, gab es in der weltgesellschaftlichen Dynamik und im Spannungsfeld von Theorie und Praxis Neues, noch Bedeutsameres zu „entdecken". Diese ruhelose Schaffenskraft und die wissenschaftliche Neugierde, die Elmar Altvater auszeichnen, legten die Konzeption dieses Sammelbandes nahe: Nicht der breite Rückblick auf das Geleistete, auf seine wissenschaftlichen Analysen zur Marxschen Theorie oder zum Sachzwang Weltmarkt - wenn gleich seine Arbeiten stets präsent sind - stehen im Vordergrund. Hier sei an die Festschrift zum 60. Geburtstag von Elmar Altvater erinnert, die 1998 von Michael Heinrich und Dirk Messner unter dem Titel „Globalisierung und Perspektiven linker Politik" herausgegeben wurde. Die inhaltliche Ausrichtung des vorliegenden Bandes ist enger gefasst. Ziel ist die Begleitung des Jubilars bei seiner neuesten wissenschaftlichen Entdeckungsreise, auf der die Zukunft der globalen öffentlichen Güter ausgeleuchtet wird. Unter diesem Vorsatz haben sich - hier im engeren Sinne des Wortes - die „Weggefährten" von Elmar Altvater aufgemacht, zu der noch jungen Debatte einen inhaltlichen Beitrag zu leisten.

Es war ein leichtes, Freundinnen und Freunde, ehemalige Studentinnen und Studenten oder Kolleginnen und Kollegen von Elmar Altvater für einen Beitrag zu der vorliegenden „kollektiven Forschungsarbeit" zu gewinnen. Die Antworten auf meine Anfrage zur Mitarbeit an der Jubiläumsschrift kamen schnell und verbindlich, wie es sich ein Herausgeber nicht schöner wünschen kann. Dafür gilt den hier versammelten Autorinnen und Autoren mein großer Dank. Aber auch die Entschuldigungen, aus persönlichen oder beruflichen Gründen an dem Band nicht mitmachen zu können, sollten hier Erwähnung finden. Sie waren für mich Ausdruck davon, welche freundschaftlichen Beziehungen zwischen dem Jubilar und auch denjenigen „Weggefährten" bestehen, denen es schwer fiel, nicht dabei sein zu können.

Für die vielen Ermutigungen und Hilfestellungen bei der Planung der Festschrift möchte ich mich bei Birgit Mahnkopf, Brigitte Young, Heribert Dieter und Christoph Scherrer, für die finanzielle Unterstützung bei der Hans-Böckler-Stiftung, für die verlegerischen Ratschläge bei Günter Thien und für die redaktionelle Hilfe bei Dirk Hauer bedanken. Schließlich gilt mein herzlicher Dank der Person, dem diese kollektive Arbeit gewidmet ist. Aus der langjährigen forschungspraktischen, publizistischen und freundschaftlichen Zusammenarbeit mit Elmar Altvater habe ich - wie sicherlich unzählige andere auch - unendlich viel gelernt - und zwar nicht nur in wissenschaftlicher und wissenschaftspolitischer, sondern auch in politisch engagierter und vor allem in menschlicher Hinsicht.

Berlin im Juli 2003 Achim Brunnengräber

Henning Melber

„... schließlich kann es ein linkes Projekt nur geben, wenn ihm Ideen aus utopischem Denken zuwachsen." Zum bisherigen Wirken von Elmar Altvater – eine provisorische Zwischenbilanz

Wie soll jemand dem bisherigen Œuvre eines Menschen halbwegs gerecht werden, der seine wissenschaftliche Arbeit unvermindert mit Energie, Kreativität und (auch politischem) Engagement fortsetzt und dabei seit 35 Jahren deutliche Spuren hinterlassen und markante Akzente in verschiedenen Bereichen gesetzt hat? Alleine die Bemühung der Google-Suchmaschine brachte mit über 5.000 Treffern zutage, dass dies eine höchst willkürliche selektive und deshalb subjektiv eingefärbte, also zwangsläufig lückenhafte Form der Hommage werden muss. Diese ist im vorliegenden Falle durch keine tiefe persönliche Beziehung zum Jubilar beeinflusst. Der war allenfalls im abstrakten Sinne präsent, denn Momente der unmittelbaren Begegnung und Interaktion gab es kaum. Trotzdem hat Elmar Altvater - wie wohl bei vielen anderen auch, die seit Beginn der 1970er Jahre den Studiengang Politische Wissenschaften an der Freien Universität Berlin durchliefen - prägende Eindrücke in meiner Sekundärsozialisation hinterlassen. Damit trug er zu wissensbildenden Erfahrungen bei, die mich zur Abfassung eines Versuchs der zusammenfassenden Darstellung seines Einflusses auf die entwicklungstheoretische Debatte motiviert hatten (Melber 2001).[1] Die damalige Zwischenbilanz dient als Ausgangspunkt und Grundlage dieses Beitrags, der als einführender Überblick zum Wirken Elmar Altvaters zwangsläufig provisorischen Charakter haben muss - wird dieser doch hoffentlich noch lange Zeit aktiv und produktiv bleiben und dadurch weiterhin diverse Diskurse um wichtige Einsichten und Provokationen bereichern.

Gesellschaftspolitisches Engagement

Geboren 1938, studierte Elmar Altvater Ökonomie und Soziologie in München, bevor er an seine seitherige Wirkungsstätte in (West-)Berlin wechselte. Es ist wohl keine Übertreibung, dass er dort seit den frühen 1970er Jahren das internationalistische Bewusstsein ganzer Generationen (zumindest des akademischen Nachwuchses in den Politischen Wissenschaften) mitprägte. Als Aktivist der SAZ (Sozialistischen Assistentenzelle) stritt er auch noch als frisch gebackener Hochschullehrer nicht nur um die Verwirklichung hochschulpolitischer Reformen, sondern auch mit seinen damaligen Kollegen Klaus Busch, Wolfgang Schoeller und Frank Seelow um den tendenziellen Fall der Profitrate, die Internationalisierung des Kapitals und Theorien des Weltmarktes. Bevor sich diese „Berliner Schule" so richtig durchzusetzen vermochte, hatte sie allerdings in der Popularitätsskala der damaligen Rezeption das Rennen um die Führungsposition mit den seinerzeit enthusiastisch aufgenommenen Erklärungsversuchen der Dependenztheorie verloren.

Elmar Altvaters vielfältige Interessen erlitten dadurch keinerlei Schaden. Er konkurrierte weiter mit Johannes Agnoli darum, welche „Kapital-Kurse" (die bei diesen im Unterschied zu den „Orthodoxen" genau besehen eine kreative Einführung in die Kritik der Politischen Ökonomie waren) und Seminare zur Staatstheorie den größeren Zulauf fanden. Hoffnungslos überfüllt waren die Lehrveranstaltungen in der ersten Hälfte der 1970er Jahre ohnehin bei beiden Protagonisten des undogmatischen Marxismus am OSI, wie der Fachbereich 15 (Politische Wissenschaften) der Freien Universität Berlin (als ehemaliges Otto-Suhr-Institut) im Kürzel hieß.[2] Zur weiteren Hefe im geistigen Gärungsprozess unter den Lehrenden jener Zeit waren Ekkehard Krippendorff und Ulrich Albrecht in der internationalistisch orientierten Arena zu zählen. Aber auch Bodo Zeuner und Wolf-Dieter Narr trugen - wie die Brüder Kadritzke, Hajo Funke und Wolf Wagner sowie einige mehr, deren Namen mir nicht mehr unmittelbar präsent sind (woran nur ich schuld habe und nicht diese) - Wesentliches zur damaligen politisch-ideologischen Stimmungs- und Bewusstseinslage bei, die Langzeitwirkungen nicht nur für diese selbst und Elmar Altvater, sondern eine ganze OSI-Generation hatte.

Solche Reminiszenzen an die Anfänge der Hochschulkarriere Elmar Altvaters sind keinesfalls als ausschließlich nostalgisch-verklärende Rückblicke eines damaligen Grundstudiumabsolventen zu verstehen. Sie sollen vielmehr an das spezifische geistig-politische Milieu erinnern, in dem gestandene Hochschullehrer seines Kalibers ihre sekundäre und tertiäre Sozialisation erfuhren. Angepasst verhielt sich Elmar Altvater dabei nie: Seine geistige Unbestechlichkeit fand das Pendant im äußerlichen Nonkonformismus gegenüber den damaligen „dress codes": Zumeist in weißem Hemd und grauem Flanell gekleidet, hob er sich deutlich sichtbar distinguiert vom vorherrschenden „Gammel-Einheits-Look" aus Latz- und Cordhosen oder Jeans, T-Shirts, Grossvater-Westen und ähnlichen „second hand outfits", Parkas und Baskenmützen ab. Auch liess er sich vom Sponti-Chaos als Reaktion auf die ihm mindestens ebenso suspekte autoritäre K-Gruppen-Mentalität Mitte der 1970er Jahre, inmitten der sich in immer absurderen Formen studentischer Anmaßung und Selbstüberschätzung äußernden - dabei dennoch eher hilflosen - Rückzugsgefechte und Rettungsversuche zuvor erkämpfter Universitätsreformen nur wenig sichtbar beeindrucken.[3] Dem OSI, an dem er seit 1971 als Universitätsprofessor Politische Ökonomie lehrte, ist Elmar Altvater treu geblieben. Sein theoretisches wie auch gesellschaftspolitisches Engagement weist ihn nach wie vor als Aktivisten jener spezifischen Generation der „68er“ aus, denen es zahlreicher Rückschläge und aller Unkenrufe zum Trotz gelang, die nicht nur wissenschaftspolitische Kultur in den deutschen Landen in vielfältigen Formen und auf unterschiedlichen Ebenen zu prägen.

Im positiven Sinne in dieser Tradition stehend, ist Elmar Altvater seit 1970 Redaktionsmitglied der von ihm mitbegründeten PROKLA - Zeitschrift für kritische Sozialwissenschaft (deren Kürzel seinerzeit typischerweise für „Probleme des Klassenkampfes“ stand) und als Präsident der Internationalen Lelio Basso-Stiftung für die Rechte der Völker aktiv. Er engagierte sich seit ihrer Gründung in der Partei „Die Grünen“ (Alternative Liste Berlin), doch ging er 1999 auf öffentliche Distanz zur dominanten, kriegsbefürwortenden Parteilinie. In einem Brief reagierte er Mitte Mai 1999 auf den Beschluss des Bielefelder Parteitags der Grünen, der die NATO-Intervention in Kosovo akzeptierte. Damit wurde ihm zufolge ein Rubikon überschritten. Die sofortige Einstellung der Zahlung von Mitgliedsbeiträgen an die Partei und deren Verwendung für die Unterstützung von jugoslawischen Gruppen, „die die schrecklichen Folgen der grünen Politik auszubaden haben“, verband er mit einer grundsätzlichen Warnung vor dem Gesinnungswandel, mit dem die Politik begründet wurde: „Mit der Menschenrechtsrhetorik ist ... ein solches Schindluder getrieben worden, dass man sehr vorsichtig sein muss, sich dieses Diskurses zu bedienen. Sonst wird man möglicherweise ... Menschenrechte verteidigen, indem man Menschen umbringen lässt. Das ist die Volte zur prämodernen Inquisition, jedoch in Zeiten der Globalisierung, in denen die Souveränität des Nationalstaats nicht mehr gilt.“[4] Die vergeblichen Einsprüche gegen die Durchsetzung „bellizistischer“ Positionen ließen ihn schließlich im November 2001 aus Protest gegen die Unterstützung des Afghanistan-Krieges durch den Rostocker Parteitag die schmerzliche letzte Konsequenz des Parteiaustritts ziehen. In einem Brief an den Parteivorstand der Berliner Bündnisgrünen distanzierte er sich damit von einem Krieg gegen eines der ärmsten Länder der Welt, der „weder militärisch sinnvoll noch politisch klug noch moralisch akzeptabel“ sei.[5]

Laue Kompromisse und die Abkehr von elementaren Grundprinzipien waren - im Gegensatz zu strategischen Bündnisfragen - noch nie Elmar Altvaters Metier. „Die USA barbarisieren die Welt“, stellte er angesichts der neuesten weltpolitischen Entwicklungen in einer Rede zum Irak-Krieg fest, die keine Berührungsängste zu anderen Kriegsgegnern zeigte (Altvater 2003b). Als Mitglied des Wissenschaftlichen Beirats von Attac Deutschland trägt er seine Bedenken hinsichtlich eines Ölkriegs auch als Währungskrieg ähnlich offensiv vor (Altvater 2003c). Seine Kriegskritik verbindet sich dabei mit wesentlichen Einsichten aus seiner wissenschaftlichen Arbeit, wenn er z.B. - wie unlängst in einem Interview - darauf hinweist: „Der Zugang zu Erdöl und Erdgas kann eben nur durch Out-of-Area-Einsätze gesichert werden. Das heisst mit anderen Worten: Die Abhängigkeit von fossilen Energieträgern ist Gift für eine friedliche Entwicklung."[6] Anders formuliert: „Friedenspolitik heute ist daher zuvörderst auch Politik der Reduzierung des Ölverbrauchs und der Förderung alternativer Energien, um sich aus dieser Falle zukünftiger militärischer Auseinandersetzungen heraushalten zu können." (Altvater 2003b)

Dabei wird gerade anhand der neueren Protestaktionen gegen die Hegemonialkriege der Gegenwart - anders als noch im Rahmen der Internationalismus-Bewegung der 1970er Jahre - deutlich, dass die Hochschule derzeit nicht mehr relevanter Schauplatz wesentlicher Impulse für die Sphäre des Politischen ist. So wurde Elmar Altvater unlängst mit der Einschätzung zitiert: „Die Uni ist nicht mehr der Ort, an dem man politische Aktionen organisiert".[7] Das OSI im Besonderen wird es wohl noch weniger sein, wenn er - wie viele andere seiner Generation kurz vor oder nach ihm - zum Zeitpunkt des Erscheinens dieses Bandes zumindest offiziell in den Ruhestand wechselt.

Engagierte Sozialwissenschaft

Als Vertreter einer Schule der Kritik der Politischen Ökonomie hat Elmar Altvater immer wieder auf die Grenzen der kapitalistischen Produktionsweise und den keinesfalls verallgemeinerbaren Charakter der fordistischen Gesellschaftsstrukturen für alle Länder der Erde hingewiesen.[8] Er gehört zu den wenigen - zumal mit einem in nützlicher Kombination zwischen Wirtschafts- und Gesellschaftswissenschaften interdisziplinär orientierten Studium ausgestatteten - Sozialwissenschaftlern, die sich nicht mit der Kritik an den bestehenden gesellschaftlichen Verhältnissen begnügt haben. Auf der Suche nach tragfähigen Erklärungsmodellen einer zukunftsorientierten sozialökonomischen Entwicklung und derer Grenzen scheute er nicht davor zurück, sich auch physikalische Gesetzmässigkeiten der Thermodynamik zu erschließen und für seine Analysen zu nutzen. Dass er bei diesem Thema trotz vieler Denkanstöße für eine neue und notwendige Debatte ebenso wenig verharrte wie bei früheren innovativen politökonomischen Analysen, sondern ständig neue, zeitgemäße Fragestellungen erkundet und sich der Herausforderung ihrer Bearbeitung stellt, zeigt sich auch an der aktuellen Schwerpunktsetzung der Beiträge dieses ihm zu Ehren herausgegebenen Bandes über globale öffentliche Güter.

Seine breiten und vielfältigen fachlichen Interessen und Kompetenzen haben Elmar Altvater gerade auch in Kombination mit seinem politischen Engagement nie zum „Schmalspur-Theoretiker" in dem Sinne werden lassen, dass er auf einem Spezialgebiet alleine seine Fähigkeiten kultivierte.[9] Dies mag als Stärke und Schwäche zugleich ausgelegt werden, wenn es um die Bedeutung seiner Beiträge für die jeweils fachspezifisch verengte Theoriebildung geht. Sein Einfluss ist bislang da am gewichtigsten, wo es um „Die Welt als Markt" (Altvater 1996a), also weltmarktbezogene Reflexionen und Fragen der damit zusammenhängenden Reproduktion des Kapitalismus - mittlerweile unter ausdrücklicher Bezugnahme auf Ökologiefragen - sowie der staatstheoretischen Analyse geht. Dreh- und Angelpunkt seiner Beiträge ist dabei stets die kreative Anwendung marxistischer Theorie geblieben. Fern orthodoxer Reinheitsgebote ist ihm ein Ekklektizismus, der „Ingredienzen verschiedener Ansätze kombiniert", keinesfalls suspekt, sondern nachgerade geboten, wie er im Rahmen einer Serie „Neue Ansätze zur Entwicklungstheorie" forderte (Altvater 1996b).

In der entwicklungstheoretischen Debatte fanden erstmals seit den frühen 1970er Jahren Altvaters Analysen zum internationalen Finanzkapital, zu (welt-)währungspolitischen sowie staatsinterventionistischen Fragen hinsichtlich der Regulation von Märkten und Gesellschaften Beachtung. Dabei blieb er weitgehend der theoretischen Reflexion verhaftet. Empirischen (Fall-)Studien galt kaum jemals sein hauptsächliches Augenmerk. Die sich zuspitzende Verschuldungskrise in den Ländern der Peripherie ließen ihn während der 1980er Jahre vor dem Hintergrund seiner Fachkenntnisse zum gewichtigen Kritiker einer Entwicklung auf Pump werden, vor deren Grenzen er unermüdlich warnte. Ein von ihm mitherausgegebenes „Handbuch zur Schuldenkrise" (Altvater u.a. 1987) wurde nicht nur zum Standardwerk in der deutschsprachigen Rezeption, dessen Beiträge sowohl auf allgemeiner wie auch länderspezifischer Ebene zahlreiche Hintergrundinformationen für die weitere Diskussion lieferten, sondern fand in englischer Fassung weltweite Resonanz (Altvater u.a. 1991).

Inspiriert von eigenen Aufenthalten (als Gastprofessor und zu Forschungszwecken) im östlichen brasilianischen Amazonien widmete sich Elmar Altvater zwischendurch auch etwas intensiver länderspezifischen Aspekten Brasiliens (z.B. Altvater 1987a). Die eigentlich geplante Monographie über die regionalen Auswirkungen der globalen Verschuldungskrise am Fallbeispiel des Bundesstaats Pará hingegen geriet zum empirischen Teil einer erheblich weitergefassten Studie über den „Sachzwang Weltmarkt" (Altvater 1987b), mit der er sich weithin Gehör verschaffte. Wie er darin aufzuzeigen versucht, erweisen sich in einer Region Krisentendenzen des Weltmarkts gegenüber nationalstaatlichen Entwicklungsstrategien und örtlichen Bedingungen einer ökologisch angepassten Produktion als dominant, so dass eine nachholende Industrialisierung fordistischer Form als Strategie fehlschlagen muss. In dieser bahnbrechenden Studie begreift er den Raum als „Realsubstrat ökonomischer und sozialer Prozesse und deren Strukturierung" (ebd., 18), wobei er den „systemischen und daher systematisch zu entfaltenden Zusammenhang zwischen regionaler Identität, nationalstaatlicher Entwicklungspolitik und ökonomischen Krisentendenzen des Weltmarkts" (ebd., 19f.) zu ergründen sucht. Seine Thesen gehen dabei weit über den konkreten Einzelfall Brasilien bzw. Amazonien hinaus. Die darin enthaltene kategoriale Entwicklung von Begrifflichkeiten wie „Inwertsetzung" und „Funktionsräume" sowie die Analyse der Artikulation solcher Funktionsräume bietet wichtige Anstöße für die weitere theoretische Konzeptionalisierung, an die er selber gemeinsam mit Birgit Mahnkopf ausdrücklich auch wieder verstärkt in der bislang letzten überarbeiteten Fassung ihres gemeinsamen Grundlagenwerks anknüpft. Darin wird von ihnen die Frage der „Entwicklung als Inwertsetzung des Raums" zu einem eigenen Unterkapitel aufgewertet und weiter vertieft (Altvater/Mahnkopf 1999: 128-134).

Erstmals verweist Elmar Altvater im Zusammenhang seiner Argumentation im „Sachzwang Weltmarkt" in einem Kapitel über „Ökonomie und Ökologie" auf die thermodynamischen Gesetze, die er im Zuge der weiteren Ausarbeitung seiner Thesen zunehmend stärker heranzieht, um dem Hauptargument der natürlichen Begrenztheit gesellschaftlicher Entwicklung Nachdruck zu verleihen: „Als Prozesse der Stoffumwandlung sind auch Produktion und Konsumtion dem Gesetz zunehmender Entropie unterworfen; das ökonomische System und seine Tendenzen können also nicht ohne die Bedingtheit durch die Wirkungsweise von Naturgesetzen gedacht und begrifflich erfasst werden." (Altvater 1987b: 114) Wie nur wenige Sozialwissenschaftler in der deutschsprachigen Debatte der 1990er Jahre (z.B. Hans Immler und Ulrich Beck, sowie in anderer Form auch Karl Hermann Tjaden und Margarete Tjaden-Steinhauer), wendet Elmar Altvater sein Hauptaugenmerk darauf, Umweltprobleme aus der spezifischen Dynamik des heutigen Kapitalismus abzuleiten (vgl. Köhn 1995). Dieser ist für ihn nicht „das Ende der Geschichte" i.S. zukünftig allenfalls immanenter Weiterentwicklung, sondern aufgrund seiner potenziell selbstzerstörerischen Tendenzen nachgerade Erfordernis für eine fortgesetzte Suche nach tragfähigen Alternativen der Reproduktion gesellschaftlicher Systeme. Er greift im Zuge dieser Forderung auf die Integration des Entropie-Gesetzes in die sozialwissenschaftliche Theoriebildung zurück, wie insbesondere seine beiden Werke „Die Zukunft des Marktes" (Altvater 1991a) und „Der Preis des Wohlstands" (Altvater 1992) dokumentieren. Das „thermische Gleichgewicht" wird dabei zu einer Schlüsselkategorie seiner Argumentation, die beharrlich auch weiterhin auf die widersprüchlichen Strukturprinzipien einer „neuen Weltordnung" verweist (Altvater 1991b) und die „Ordnung rationaler Weltbeherrschung" als einen „Wettbewerb von Zauberlehrlingen" entlarvt (Altvater 1994b).

Kritiker (z.B. Wasmus 1992) werfen ihm deshalb eine „Thermodynamisierung der Sozialwissenschaften" vor. Andere schelten ihn wegen utopischer Sandkastenspiele, die nunmehr eine solare statt (wie früher) sozialistische Revolution einfordern, anstatt sich die immanenten Widersprüche einer (post-)fordistischen kapitalistischen Produktionsweise zueigen zu machen bzw. die „transformistischen“ Erneuerungen der kapitalistischen Weltordnung zu nutzen (Hein 1993 und 1994). Solchen Einwänden lässt sich entgegenhalten, dass Elmar Altvater eine notwendige neue Dimension in den entwicklungstheoretischen Diskurs einführt, die dem Kriterium des bewussten Stoffwechsels i.S. eines sozialen Handelns Rechnung trägt, das Umwelt und Natur nicht zu Objekten schrankenloser Ausbeutung degradiert (Köhn 1995). Der Kritisierte selbst hält in einer Replik den Argumenten Wolfgang Heins entgegen, dass nach weniger als zehn Menschengenerationen seit der „prometheischen“ industriellen Revolution der Weltmarkt sich real-historisch vollzogen habe und die endliche Natur an Grenzen der Belastbarkeit gestoßen ist: „Theoretische Ansätze, die sich nicht bemühen, die ökologische Grenze in ihre Begriffswelt zu integrieren, befinden sich nicht auf der Höhe der Zeit“ (Altvater 1994a: 104). Sozialwissenschaftliche Theorie ist demnach aufgefordert, „der globalen Reichweite der kapitalistischen Gesellschaftsformation und der (ebenfalls globalen) ökologischen Bedrohung Rechnung zu tragen“(ebd. 104f.). Den Vorwurf, mit der Erschließung der Kategorien „Entropie“ und „Syntropie“ Anleihen in der thermodynamischen Physik vorzunehmen, die in der sozialwissenschaftlichen Diskussion fehl am Platze seien, weist er zurück. Wenngleich er die kosmischen Prozesse als offen und damit die Erde als energetisch offenes System begreift, „wird durch die kosmische Tendenz des Entropieanstiegs der gesellschaftlichen Reproduktion auf Erden eine thermodynamische Restriktion gesetzt“ (ebd., 108). Eine Berücksichtigung von Kategorien der thermodynamischen Physik auch in der sozialwissenschaftlichen Analyse ist ihm zufolge da hilfreich, wo sie zu einer exakteren Erfassung der Konsequenzen für die Wertproduktion beitragen können. Er insistiert deshalb „auf der Erweiterung des sozialwissenschaftlichen Begriffsapparats ..., da die heute gebräuchlichen Theorien unzureichend sind, die ökologischen Problemlagen angemessen zu begreifen“ und verweist auf die menschheitsgeschichtliche Notwendigkeit einer Kompatibilität von Produktionsweise und Energiesystem. Darauf basiert seine These, „dass erstens ... die Menschheitsepoche der auf fossilen Energieträgern beruhenden Produktionsweise in wenigen Jahrzehnten zu Ende geht, dass zweitens der Übergang zur solaren Gesellschaft ansteht und ... dass drittens die Vorstellung absurd wäre, der Austausch von primären Energiequellen könne ohne tiefgreifende soziale Veränderungen in den gesellschaftlichen Systemen der Stoff- und Energiewandlung vonstatten gehen“ (ebd., 110). Der sich daraus ergebende Prozess einer notwendigen sozialen, ökonomischen und politischen Umstrukturierung wird von ihm als „solare Revolution“ bezeichnet, die nach eigenem Eingeständnis noch keine inhaltliche Konkretion erfährt, sondern als zukunftsorientierte Vision gilt.

Zusammen mit seiner Lebensgefährtin Birgit Mahnkopf leuchtet er gemäß dieses Verständnisses umfassend die derzeitigen „Grenzen der Globalisierung“ (erstmals

Altvater/Mahnkopf 1996) weiter aus. So werden die weltweiten sozio-ökonomischen Prozesse analysiert, die im Kontext eines zunehmend deregulierten Weltmarktes den Wettbewerb zwischen Staaten und Regionen zwar beibehalten, aber zugleich durch die Globalisierung der Finanzmärkte und einen damit einhergehenden Verlust staatlicher Autonomie i.S. eigener Regulationsmöglichkeiten zu einer globalen „'Clubgesellschaft' der Geldvermögensbesitzer" führen. Ein zentrales Argument bleibt auch hier der Hinweis auf den allenfalls begrenzten Charakter des „fordistisch" inspirierten Entwicklungsmodells. Weder die politischen noch die sozial-ökonomischen Errungenschaften der Industrieländer lassen sich weltweit verallgemeinern. Die Quintessenz dieses keinesfalls einzigartigen, wohl aber von ihm immer wieder konsequent thematisierten Ansatzes formulierte er zusammenfassend so: „Fatalerweise ist die Welt endlich; es ist schlechterdings keine nachholende Entwicklung der 'Dritten Welt' vorstellbar, die der von den westlichen Industrieländern vorexerzierten fordistischen Attraktionskurve folgt" (Altvater 1996b). Durch die Überlagerung der Funktionsräume (siehe „Sachzwang Weltmarkt") erweist sich die gesellschaftliche Kohärenz vor Ort an globalen, ökonomischen Restriktionen. Entwicklung ist insofern doppelt determiniert: „Die Befolgung der Restriktionen ist Ausdruck der grenzenlosen ökonomischen Globalisierung, die Herstellung von Kohärenz kann nur gelingen, wenn Grenzen durch politische Institutionen gezogen werden. Dies ist auch der Grund dafür, warum entwicklungspolitische Vorschläge sowohl allgemeinen Regeln gehorchen als auch zugleich sehr spezifisch sein müssen. Daher kann die viel diskutierte Globalisierung niemals vollständig sein." (Altvater 1996b)

Die daraus resultierende politische Herausforderung besteht für Elmar Altvater, wie er in einem Aufsatz zu „Markt und Demokratie in Zeiten von Globalisierung und ökologischer Krise" (Altvater 1997b) benannte, im Mangel an materiellen Voraussetzungen für Entscheidungsfreiheiten vor Ort. Interdependenz kann demnach nicht zustande kommen, solange sie sich als Dependenz erweist. So relevant diese Einsicht auch ist, entbehrt sie ebenso wie viele andere Thesen und Schlussfolgerungen Elmar Altvaters der empirischen Konkretion in den gesellschaftlichen Zusammenhängen der sogenannten Peripherie. Kritiker mögen dies als die besondere Schwachstelle seiner Analysen und deren Grad der verallgemeinerbaren Gültigkeit ausmachen. Häufig (wie in den „Grenzen der Globalisierung") werden interne gesellschaftliche Widersprüche ausserhalb des Triadenkapitalismus in Form konkretisierter Abhängigkeits- und Herrschaftsverhältnisse zu wenig berücksichtigt. Die von Elmar Altvater selbst formulierte Forderung nach sehr spezifischen entwicklungspolitischen Vorstellungen, die der Überschneidung weltgesellschaftlicher Restriktionen mit einer Kohärenz vor Ort Rechnung trägt, löst er mithin selbst nicht immer ein. Sein Verdienst liegt vielmehr in der Aufdeckung jener allgemeinen Zusammenhänge innerhalb einer kapitalistischen, weltweit dominanten Produktionsweise, die zu den bestehenden Entwicklungsdefiziten in unterschiedlichster Form geführt und der „Globalisierung“ als Ausdruck veränderter Finanzmärkte und hegemonialer Regulierung eine neue qualitative Dimension verliehen haben (vgl. auch Altvater 1997a und 1998b). Er plädiert folgerichtig hinsichtlich „Ort und Zeit des Politischen unter den Bedingungen ökonomischer Globalisierung“ (Altvater 1998a) für eine Regulierung von Energieverbrauch, Arbeitsbedingungen und Kapitalbewegungen vor allem auf supranationaler Ebene. Inwieweit dies „dem Süden“ ein nennenswertes Mitspracherecht zubilligt, mag dahingestellt bleiben.

Als Koordinator der Arbeitsgruppe Finanzmärkte der Enquetekommission des Deutschen Bundestages „Globalisierung der Weltwirtschaft, Herausforderungen und Chancen“ hat er - ganz im Sinne seines Verständnisses gesellschaftspolitischer Relevanz auch wissenschaftlich reflektierenden Handelns - seine analytischen Einsichten in gestaltende politische Strategien umzusetzen versucht.[10] Sie sind auch von der Überzeugung geprägt, die er in einem Thesenpapier zur Verselbständigung des Ökonomischen insbesondere in der Entbettung von Finanzmärkten aus gesellschaftlichen Bindungen und politischer Regulation erkennt, deren Ausmass an Bindungs- und Verantwortungslosigkeit dazu führt, „dass die Integrität von Gesellschaften auf dem Spiele steht“. Bei der Diskussion um eine „neue Finanzarchitektur“ geht es daher auch „um eine Reregulierung der deregulierten globalen Finanzmärkte“ (Altvater 2001b). Für ihn ist Globalisierung kein unabänderliches Naturereignis, „das man durch Gartenpflege menschengerecht machen könne“. So fordert er mehr als nur reaktive Ordnungspolitik, nämlich „Eingriffe ins Wirtschaftsgeschehen nach der Maßgabe von politischen Zielvorgaben wie Einkommens- und Beschäftigungssicherung oder Verteilungsgerechtigkeit“. Dabei ist es entscheidend, „nicht nur die Globalisierung zu gestalten, sondern den Akteuren der Globalisierung Grenzen zu setzen“ (Altvater 2001a). Akteuren, die durch „Arbeit im Schatten, schmutziges Geld und informelle Politik“ (Altvater/Mahnkopf 2002) ihr Unwesen treiben.[11] Andernfalls ergeben sich Gefahren „für das demokratische System, für die Legitimation seiner Institutionen, die Glaubwürdigkeit der Repräsentanten, aber auch für eine verlässliche Geldpolitik“ (Altvater 2002a: 62).

Dem Wachstumswahn Einhalt zu gebieten, erhält hier eine weitere notwendige Seite, die er in einem Beitrag zum Socialist Register - einem traditionsreichen linken Projekt, dem er als „corresponding editor“ aktiv verbunden ist - nochmals prägnant thematisiert (Altvater 2002b). Im Schlussabschnitt fasst er die Interaktion von Wachstum, Natur, Arbeit und Geld ganz im Sinne der sehr viel ausführlicheren Studie zur „Globalisierung der Unsicherheit“ unter dem Gesichtspunkt der Schaffung eines neuen dualen Wirtschaftsregimes zusammen, das aus einem formellen, wettbewerbsorientierten und hoch produktiven Teil und einem informellen Auffangbereich zur Absorbierung einer wachsenden Zahl Marginalisierter besteht. Die Ausweitung der informellen Ökonomie schafft eine Scheinlösung für die wachsenden strukturellen Diskrepanzen unter einem Wachstums- oder Akkumulationsregime, das immer mehr Menschen von der Teilhabe an formal geregelten Beschäftigungs- und Einkommensverhältnissen ausschließt. Dem Wachstumsfetischismus, der über die Zuspitzung der Widersprüche hinweg täuscht, muss eine radikale Umorientierung entgegen gehalten werden. Die konventionellen Paradigmen einer Wirtschaftspolitik bedürfen der grundsätzlichen In-Frage-Stellung. Das ist mehr als nur eine Frage der althergebrachten Vorstellung von Klassenkampf, sondern rührt an das Grundverständnis gesellschaftlicher Reproduktionsformen.

Von der kritischen Analyse der existierenden Finanzmärkte zur Forderung nach einer neuen Finanzarchitektur als globalem öffentlichen Gut finanzieller Stabilität (Altvater 2003a) ist es nur noch ein kleiner Schritt, den Elmar Altvater - wie bereits gezeigt - mittlerweile schon vollzogen hat. Ausgehend von dem Verständnis, dass Globalisierung ein Faktum ist und Politik wesentlich in der Gestaltung dieses Faktums besteht, versteht er diese in erster Linie als „Standortpolitik“: „Zur geoökonomischen Sichtweise der Globalisierung mit der Betonung des Wettbewerbs der vielen Konkurrenten kommen in den letzten Jahren mehr und mehr geopolitische und geostrategische Ansätze; auch und gerade in der globalisierten Welt geht es um imperiale Macht. Nationale Interessen werden im veränderten globalen Umfeld, auch auf Kosten anderer Nationen neu definiert.“ (Altvater 2003a: 164) Solidarisches Verhalten bedeutet deshalb für ihn nicht erst seit dem 11. September 2001, aber danach ganz besonders „eine Umverteilung von Vermögen und vor allem eine langfristige und behutsame, aber doch energische Umorientierung der Produktions- und Lebensweise in Richtung erneuerbarer Energieträger“ (ebd., 165). Darüber hinaus haben „die immensen ökonomischen und sozialen Kosten der Finanzkrisen ... deutlich werden lassen, dass finanzielle Stabilität wie die intakte Natur ein (globales) öffentliches Gut ist“ (ebd.). Auch dies ist für ihn ein Grund, „warum für die Bereitstellung des öffentlichen Gutes finanzieller Stabilität Organisationen wie attac so wichtig sind“. Dass er es als Mitglied des wissenschaftlichen Beirats von attac Deutschland nicht bei dem bloßen Lippenbekenntnis lässt, sondern seinen Worten auch die nötigen Taten folgen lässt, bringt uns zur Synthese von Politik, Wissenschaft und gesellschaftlichem Engagement zurück, die für Elmar Altvater immer wesentliches Kernelement seines Wirkens ist.

Ethik, Wissenschaft und Politik

Eigentlich kommt eine Würdigung des Werkes von Elmar Altvater zu früh - jedenfalls in dem Sinne, dass er inmitten einer kreativen Schaffensphase sein wissenschaftliches Oeuvre keinesfalls vollendet hat. Er wird auch weiterhin für produktive Unruhe in der theoretischen wie auch politischen Debatte sorgen. Diese „Unruheherde“ lassen sich mancherorts ausmachen. Elmar Altvater zieht damit in seinen eigenen wissenschaftlich und politisch motivierten Beiträgen die Intervention zu einer Bandbreite von Themen dem Purismus des Expertentums vor. So kann er genau besehen auch als „Querdenker“ gelten, dessen vielseitigen Provokationen in verschiedensten Debatten auf den unterschiedlichsten Bezugsebenen als Kehrseite auch dazu geführt haben, dass er keinesfalls als Protagonist einer „Schule“ gelten kann. Wie die Herausgeber der Festschrift zu seinem 60. Geburtstag in ihrer persönlichen Einleitung vermerken, wäre die dazu erforderliche Festlegung auf eine Denkrichtung dem Geehrten auch fern: „Eine ‚Schule‘ wäre ihm, der so gern Neues ausprobiert und Grenzen überschreitet, eine viel zu langweilige Angelegenheit“ (Heinrich/ Messner 1998). Dieser Tatbestand findet auch in der Vielzahl der Themen und Urheber der Festschrift-Beiträge damals wie heute seinen Niederschlag.

Dass sich Elmar Altvater mit seinen Gedanken insbesondere zum (Finanz-)Kapital, zur Ökologie, zum (National-)Staat und zur Globalisierung gerade auch im Kreise der Protagonisten einer Entwicklungstheorie nicht nur des Zuspruchs erfreut, sondern auch kritische Auseinandersetzungen provoziert, schmälert keinesfalls die Relevanz, und es mindert auch nicht die Substanz seiner Gedanken. Wie die Herausgeber seiner ersten Festschrift so trefflich resümierten: „Wer den Blick auf das Ganze wagt, der macht sich natürlich angreifbar, aber er leistet Orientierungs- und Integrationsarbeit in einer immer ausdifferenzierteren Wissenschaftswelt, in der wir zunehmend mehr im Detail und immer weniger über die Gesamtzusammenhänge verstehen“ (ebd.). Elmar Altvaters Beiträge haben das Verdienst, sicherstellen zu helfen, dass wir das Wesentliche nicht aus den Augen verlieren, zu dem auch eine (in des Wortes wirklichem Sinne) anständige Portion politisch-moralische Ethik jenseits modischer Trends gehört - gerade dann, wenn klärende Fragen hinsichtlich einer Theorie von menschlicher Entwicklung zu stellen und zu beantworten sind.

„Irgendwann muss man anfangen“, konstatierte Elmar Altvater in dem Essay „Die Zeit braucht Radikalität - Radikalität braucht Zeit“ (Altvater 1998c) und meint damit die Wiedereinführung eines ganzheitlichen Denkens, motiviert von der Erkenntnis, „dass das rationalistisch Zergliederte durch synthetisches Denken wieder zusammengeführt werden muss“. Trotz der Gefahr des Idealismus-Vorwurfs, den ein solcher Ansatz sich einzuhandeln droht, fordert er eine Rücknahme der fatalen Monetisierung und des kurzsichtigen Materialismus, um die Katastrophe noch abzuwenden. Ob dies gelingt, vermag er nicht zu prophezeien: „Die Katastrophe ist nicht auszuschließen. Aber dafür entwickelt man kein linkes Projekt, sondern dafür, wie man sie vermeiden kann." (ebd.) Denn, wie er in demselben Essay bereits vorher klar stellte, „schließlich kann es ein linkes Projekt nur geben, wenn ihm Ideen aus utopischem Denken zuwachsen". Deshalb hoffe und wünsche ich mir, dass meine gerade zehnjährige Tochter Tulinawa - falls sie je studieren sollte - später einem der Elmar Altvaters während ihrer Hochschul-Sozialisation begegnet. Jemandem, der/die wie er zu verdeutlichen vermag, dass der tendenzielle Fall der Profitrate auch und ganz besonders mit Menschen zu tun hat, die davon sehr direkt und existenziell betroffen sind; dass Wertgesetze auch an immaterielle (aber dennoch sehr handfeste und dementsprechend grundsätzliche) Werte - wie z.B. die Solidarität - gemahnen. Auch dank Elmar Altvater und seinesgleichen hatte ich dies vor 30 Jahren begreifen gelernt, als ich, aus der Enge einer Siedlergesellschaft unter der Apartheid im Südlichen Afrika kommend, am OSI das Privileg hatte, einen anderen Teil dieser Welt entdecken zu dürfen.

Anmerkungen

1 Ich danke dem Initiator dieser Festschrift für die Ehre und das Kompliment, aufgrund dieser publizistischen Vorausleistung zur Mitwirkung am vorliegenden Band mit einer erheblich aktualisierten und dementsprechend erweiterten Fassung des Textes eingeladen worden zu sein. Birgit Mahnkopf hat mir freundlicherweise und unkompliziert hilfsbereit durch die Zusendung einer Fülle neuerer Arbeitsergebnisse von Elmar Altvater eine Überarbeitung des ursprünglichen Textes in der nordischen Randzone Europas erheblich erleichtert.

2 Für Elmar Altvater scheint (keinesfalls überraschend) „Die Transformation der Demokratie" von Johannes Agnoli (1967) bis heute relevant geblieben zu sein (siehe Altvater/ Mahnkopf 2002: 293). Wie Elmar Altvater hat auch der Mitte 2003 verstorbene Johannes Agnoli Generationen von Studierenden geprägt. Ihm sei dafür an dieser Stelle in ehrender Erinnerung Respekt gezollt.

3 Allerdings zeigten die persönlichen Pöbeleien aus den Sponti-Reihen bei diversen OSI-Vollversammlungen zur Durchsetzung von Streikbeschlüssen durchaus Wirkung - sie waren auch drastisch genug und ließen schon erahnen, dass die pseudo-revolutionären Akte in der Verarbeitung von - aus öffentlichen Fernsprechern bei Demonstrationen entfernten - Telefonbüchern zu Konfetti kulminieren würden.

4 Siehe u.a. „Junge Welt" vom 19. Mai 1999 (http://www.jungewelt.de/1999/05-19/004.shtml). Der Brief findet sich u.a. auch unter http://www.basisgruen.de/gruene/bund/Kosovo/reaktionen/altvater.htm Ansätze eine anaytischen Aufarbeitung der NATO-Intervention in Kosovo leisten Mahnkopf und Altvater (Mahnkopf/Altvater 2000) in einem von ihnen für das Österreichische Studienzentrum für Frieden und Konflikt-

lösung (ÖSFK) koordinierten Projekt zu „Ökonomie und Frieden“, das die Herausgabe eines Bandes zur „Ökonomie eines friedlichen Europa“ zur Folge hatte.

5 Vgl. „die tageszeitung“ vom 28. November 2001 (http://www.taz.de/pt/2001/11/a0024.nf).

6 Internationale Ärzte für die Verhütung des Atomkrieges, Ärzte in sozialer Verantwortung e.V. (IPPNW). IPPNW-Forum 73 (http://www.ippnw.de/frieden/altvater.htm)

7 „die tageszeitung“ vom 28. Januar 2003 (http://www.taz.de/pt/2003/01/28/a0208.nf)

8 Erste Veröffentlichungen zu einschlägigen, von der Kritik der politischen Ökonomie geleiteten Fragestellungen deuteten allerdings bereits frühzeitig an, dass er es immer wieder mit der Wirtschafts- und Finanzpolitik zu tun haben werde. So z.B. sein früher Aufsatz über „Perspektiven jenseits des Wirtschaftswunders: 'Stabilisierte Wirtschaft', ‚Formierte Gesellschaft'“ in den Nummern 38/39 und 40 der „neue kritik“ im Jahre 1966 sowie seine Studie „Die Weltwährungskrise“ (Frankfurt/Main 1969).

9 So sollte hier als Teil des auch historischen Rückblicks keinesfalls unterschlagen werden, dass er u.a. an der bildungsökonomischen Debatte der frühen 1970er Jahre durch die gemeinsam mit Freerk Huisken herausgegebenen „Materialien zur politischen Ökonomie des Ausbildungssektors“ (Erlangen 1971) und seinem darin enthaltenen Aufsatz „Industrieschulen und Fabrikschulen im Frühkapitalismus“ (S. 91-100) teilhatte.

10 Es würde den Rahmen dieses Beitrags endgültig sprengen, auch hierauf in der notwendigen Ausführlichkeit eingehen zu wollen. Dies soll das Verdienst dieser politikberatenden Arbeit keinesfalls schmälern, die im Juni 2002 mit der Vorlage eines 600seitige Schlussberichts endete.

11 In einer Fussnote formuliert diese Studie unter Verweis auf die Konsequenzen, die sich aus den Einsichten nach dem Terroranschlag vom 11. September 2001 ergeben, die folgende interessante These: „In der internationalen Politik, die ganz rationalem ‚rating' durch spezialisierte Agenturen unterworfen ist und auch sonst in jeder Hinsicht transparent ist, muss paradoxerweise mit Akteuren gerechnet werden, die überhaupt nicht zu kalkulieren sind. Es gibt keine allgemeine, also normierte Regel, die sie bindet, keine nachvollziehbare moralische Norm, die das Handeln leitet, keine Institution, die Einhalt gebieten könnte. Das ist Informalisierung pur.“ (ebd., 276)

Literatur

Agnoli, Johannes (1967): Die Transformation der Demokratie, in: Agnoli, Johannes/Brückner, Peter: Die Transformation der Demokratie, Berlin: Voltaire.

Altvater, Elmar (1987a): Brasilien: Die Schulden des Giganten, in: Ders./Hübner, Kurt/ Lorentzen, Jochen/Rojas, Raúl (Hrsg.): Die Armut der Nationen. Handbuch zur Schuldenkrise von Argentinien bis Zaire, Berlin (West): Rotbuch, S. 167-181.

- (1987b): Sachzwang Weltmarkt. Verschuldungskrise, blockierte Industrialisierung, ökologische Gefährdung - der Fall Brasilien, Hamburg: VSA.

- (1991a): Die Zukunft des Marktes. Ein Essay über die Regulation von Geld und Natur nach dem Scheitern des „real existierenden Sozialismus“, Münster: Westfälisches Dampfboot.

- (1991b): Universalismus, Unipolarität, Polarisierung. Widersprüchliche Strukturprinzipien einer „neuen Weltordnung", in: PROKLA, Nr. 84, S. 345-367.
- (1992): Der Preis des Wohlstands oder Umweltplünderung und neue Welt(un)ordnung, Münster: Westfälisches Dampfboot.
- (1994a): Tchernobyl und Sonnenbrand oder: Vom Sinn physikalischer Kategorien in den Sozialwissenschaften. Replik auf die Kritik von Wolfgang Hein, in: Peripherie, 14. Jg., H. 54, S. 101-112.
- (1994b): Die Ordnung rationaler Weltbeherrschung oder: Ein Wettbewerb von Zauberlehrlingen, in: PROKLA, Nr. 95, S. 186-226.
- (1996a): Die Welt als Markt?, in: Müller, Florian/Müller, Michael (Hrsg.): Markt und Sinn. Dominiert der Markt unsere Werte?, Frankfurt/New York: Campus, S. 19-43.
- (1996b): Von möglichen Wirklichkeiten. Hindernisse auf der Entwicklungsbahn, in: E+Z, Frankfurt/Main, 37. Jg., H. 2, S. 44-49.
- (1997a): Geld, Globalisierung, hegemoniale Regulierung, in: Becker, Steffen/ Sablowski, Thomas/Schumm, Wilhelm (Hrsg.): Jenseits der Nationalökonomie. Weltwirtschaft und Nationalstaat zwischen Globalisierung und Regionalisierung, Hamburg: Argument, S. 96-122.
- (1997b): Markt und Demokratie in Zeiten von Globalisierung und ökologischer Krise, in: Ders./Brunnengräber, Achim/Haake, Markus/Walk, Heike (Hrsg.): Vernetzt und verstrickt. Nicht-Regierungsorganisationen als gesellschaftliche Produktivkraft, Münster: Westfälisches Dampfboot, S. 241-248.
- (1998a): Ort und Zeit des Politischen unter den Bedingungen ökonomischer Globalisierung, in: Messner, Dirk (Hrsg.): Die Zukunft des Staates und der Politik - Möglichkeiten und Grenzen politischer Steuerung in der Weltgesellschaft, Bonn: Dietz, S. 74-97.
- (1998b): Masse und Macht im Zeitalter der Globalisierung, in: Leviathan - Zeitschrift für Sozialwissenschaft, 26. Jg., H. 1, S. 133-151.
- (1998c): Die Zeit braucht Radikalität - Radikalität braucht die Zeit, in: Neues Deutschland, 5. Juni 1998, S. 14. Gefunden im Internet unter www.glasnost.de/pol/altvat1.html am 29. April 2003.
- (2001a): Globalisierung gestalten oder begrenzen? Bundeskanzler Schröder entdeckt sein Herz für Globalisierungsgegner - Eine passende Antwort von Elmar Altvater, in: Frankfurter Rundschau, 4. September 2001. Gefunden im Internet unter: www.uni-kassel.de/fb10/frieden/themen/Globalisierung/schroeder.html am 11. April 2003.
- (2001b): Thesen zum Vortrag „Verselbstständigung des Ökonomischen gegenüber politischen und gesellschaftlichen Steuerungen. Die besondere Rolle der Kapitalmärkte", gehalten am 18. September 2001 beim Kongress 2001 des Instituts für Moraltheologie der Universität Wien. Gefunden im Internet unter: www.univie.ac.at/moraltheologie/pages/kongress2001 .htm am 13. April 2003.
- (2002a): Die politische Architektur von Finanzmärkten, in: Fricke, Werner (Hrsg.): Jahrbuch Arbeit und Technik 2001/2002, Bonn: Dietz, S. 58-67.
- (2002b): The Growth Obsession, in: Panitch, Leo/Leys, Colin (Hrsg): Socialist Register 2002. A World of Contradictions. London: Merlin Press, S. 73-92.

- (2003a): Eine neue Finanzarchitektur oder das globale öffentliche Gut finanzieller Stabilität, in: Mahnkopf, Birgit (Hrsg.): Globale öffentliche Güter - für menschliche Sicherheit und Frieden, Berlin: Berliner Wissenschafts-Verlag, S. 163-183.

- (2003b): Ein Wendepunkt der Weltpolitik. Rede zur ausserordentlichen Tagung des 8. Parteitages der PDS (5. April 2003). Gefunden im Internet unter www.pds-online.de/partei/strukturen/parteitag/08at/reden/altvater.htm am 13. April 2003.

- (2003c): Die Währung des schwarzen Goldes. Der Ölkrieg wird auch um die Vorherrschaft von Dollar und Euro geführt, in: attac-Reader, Kritik der Globalisierungskrieger. Texte zur Chronik eines angekündigten Krieges. Koordination: Birgit Mahnkopf. Arbeitspapier Nr. 1 aus dem Wissenschaftlichen Beirat von attac Deutschland. S. 26-28.

-/Hübner, Kurt/Lorentzen, Jochen/Rojas, Raúl (Hrsg.) (1987): Die Armut der Nationen. Handbuch zur Schuldenkrise von Argentinien bis Zaire, Berlin (West): Rotbuch.

-/-/-/- (1991): The poverty of nations. A guide to the debt crisis - from Argentina to Zaire, London: Zed Books.

Altvater, Elmar/Mahnkopf, Birgit (1996): Grenzen der Globalisierung. Ökonomie, Ökologie und Politik in der Weltgesellschaft, Münster: Westfälisches Dampfboot.

-/- (1999): Grenzen der Globalisierung. Ökonomie, Ökologie und Politik in der Weltgesellschaft, Münster: Westfälisches Dampfboot (4. völlig überarbeitete und erweiterte Auflage).

-/- (2002): Globalisierung der Unsicherheit. Arbeit im Schatten, Schmutziges Geld und informelle Politik, Münster: Westfälisches Dampfboot.

Heinrich, Michael/Messner, Dirk (Hrsg.) (1998): Globalisierung und Perspektiven linker Politik. Festschrift für Elmar Altvater zum 60. Geburtstag, Münster: Westfälisches Dampfboot.

Hein, Wolfgang (1993): Elmar Altvater: Entropie, Syntropie und die Grenzen der Metaphorik, in: Peripherie, 13. Jg., H. 51/52, S. 155-170.

- (1994): Postfordismus und Solargesellschaft: Anything goes? Zur Kritik an Elmar Altvaters „Der Preis des Wohlstands“ - ein zweiter Versuch, in: Peripherie, 14. Jg., H. 55/56, S. 173-177.

Köhn, Raimund (1995): Gesellschaftliche Grenzen der Entropie. Wider die Thermodynamisierung der Sozialwissenschaften, in: Peripherie, 15. Jg., H. 59/60, S. 180-193.

Mahnkopf, Birgit/Altvater, Elmar (2000): Militärische Intervention, politische Kapitulation und der „Liberalismus von links“ - auf dem „Dritten Weg“ der Anpassung an die Globalisierung, in: Ökonomie eines friedlichen Europa. Ziele - Hindernisse - Wege, Münster: agenda, S. 316-327.

Melber, Henning (2001): Elmar Altvater (*1938). Weltmarkt, Entropie und die Grenzen des Kapitalismus, in: E+Z, Frankfurt/Main, 42. Jg., H. 2, S. 44-46.

Wasmus, Henning (1992): Die Zukunft des Kapitalismus. Perspektiven der Weltgesellschaft am Ende des Jahrhunderts, in: Sozialismus, H.. 4, S. 17-24.

Teil I
Einleitung

Achim Brunnengräber

Global Public Goods – Global Public Bads
Wer definiert sie, wer schützt sie, wer stellt sie bereit?

Öffentliche Güter sind Grundlage jeder Demokratie. Ihr politisches Potenzial liegt darin, dass im Prinzip niemand von der Nutzung des Gutes ausgeschlossen werden kann (Nicht-Ausschließbarkeit) und dass unendlich viele Menschen das Gut in gleicher Weise nutzen können (Nicht-Rivalität des Konsums). Doch neben „reinen" Gütern wie dem Sonnenlicht und der Luft zum Atmen sind vor allem diejenigen öffentlichen Güter von Interesse, die ebenso wie private Güter produziert, bereitgestellt und geschützt werden müssen, damit sie der Gemeinschaft Nutzen bringen. Gesundheit, Frieden, die Beachtung der Menschenrechte, das kulturelle Erbe, eine intakte Umwelt, Rechtssicherheit oder soziale Gerechtigkeit gehören hierzu. Erst diese breite Begriffsdefinition ermöglicht - und provoziert - eine Auseinandersetzung um die Privatisierung öffentlicher Güter.

Öffentliche Güter sind also nicht nur Dinge und Sachverhalte (klassisches Beispiel ist der Leuchtturm, der von vielen Schiffen genutzt werden kann, ohne dass der Nutzen für andere eingeschränkt wird); sie unterliegen auch der politischen und sozialen Bestimmung und können von der öffentlichen in die private Sphäre übergehen, womit sich das Gut in eine private Ware verwandelt. Sie unterliegen den „Sachzwängen" der Globalisierung und können durch nationale Politiken alleine kaum noch bereitgestellt werden. Sie verdeutlichen nicht zuletzt die globalen Auswirkungen der Privatisierung auf die Gestaltung des öffentlichen Raums. Damit sind mindestens zwei weitere Charakteristika der öffentlichen Güter genannt: Sie sind umkämpft und lassen sich sinnvoll nur als globale öffentliche Güter beschreiben. Die Enquete-Kommission „Globalisierung der Weltwirtschaft" sieht in der Gefährdung bzw. Vernachlässigung der öffentlichen Güter die Gefahr einer Globalisierung, die sich hauptsächlich um die Mehrung der privaten Güter durch die globale Effizienzsteigerung dreht. Folglich müsse der Sicherung der öffentlichen Güter bei der Gestaltung der Globalisierung eine hohe Priorität eingeräumt werden (Enquete-Kommission 2002: 56).

Vor diesem Hintergrund geht der vorliegende Band der Frage nach, welche analytischen wie politisch-praktischen Erkenntnisse sich durch die Beschäftigung mit dem „Konzept" der öffentlichen Güter gewinnen lassen. Dabei ist von Bedeutung, dass der noch junge Begriff seine politische Relevanz vor allem als theoretisches wie politisches „Gegenkonzept" zur fortschreitenden Privatisierung und Deregulierung erhält, die heute zum globalen Prinzip erhoben werden. Allerdings sind die Methoden und Strategien, die zur Privatisierung führen, recht unterschiedlich. Auch ist nicht ausgemacht, dass die Privatisierung von öffentlichen Aufgaben generell nachteilig ist. Die hier vorgelegten theoretischen wie empirischen Beiträge zeigen jedoch, dass die Tendenz zur marktvermittelten Bereitstellung der öffentlichen Güter, wie wir sie heute erleben, eher dazu beiträgt, dass weniger *public goods*, sondern vor allem *public bads* erzeugt werden. Damit ist die Ausgangsthese dieses Bandes formuliert.

Darüber hinaus stellen sich folgende Fragen: Wer definiert öffentliche Güter, wer stellt sie bereit, wer schützt sie und wer finanziert sie? Welche Wechselwirkungen zwischen lokalen, nationalen und internationalen Handlungsebenen müssen berücksichtigt werden und welche Machtverhältnisse bestehen zwischen denjenigen, die die globalen öffentlichen Güter über den Markt bereitgestellt sehen wollen, und denjenigen, die einen politischen Ordnungsrahmen und staatliche Fürsorge vorziehen? Bevor wir uns diesen Fragen zuwenden können, muss zunächst geklärt werden, was genau unter öffentlichen Gütern verstanden werden kann. Dieser Aufgabe widmen sich *Inge Kaul* und *Alexander Kocks* in ihrem einleitenden Beitrag. Für sie ist der Begriff zentral, um erstens ein besseres Verständnis der Strukturbedingungen der Globalisierung zu gewinnen und um zweitens zur Gestaltung der Globalisierung beizutragen.

Beide weisen zugleich darauf hin, dass die Privatheit oder Öffentlichkeit eines Gutes je nach Epoche, Region, Land, Kulturkreis oder ökonomischer Lage variieren kann. Auch diesem Band liegt keine strenge Definition oder ein eng gefasstes Konzept der globalen öffentlichen Güter zu Grunde. Dies ist nicht nur dem Sachverhalt geschuldet, dass sich die Auseinandersetzung mit den globalen öffentlichen Gütern noch am Anfang befindet (Martens/ Hain 2002), sondern damit zu erklären, dass das Konzept keinesfalls widerspruchsfrei ist und normative Festlegungen nicht zu vermeiden sind (Altvater 2003). Es bietet aber die Möglichkeit, dem dominanten Prinzip der Deregulierung und Privatisierung von öffentlichen Einrichtungen und Gütern theoretisch wie empirisch Gehaltvolles entgegenzusetzen.

Finanzmärkte und Finanzinstrumente

Seit 1995 werden Verhandlungen über die Handelsliberalisierung von Dienstleistungen im Rahmen des rechtsgültigen GATS-Vertrages (General Agreement on Trade in Services) der Welthandelsorganisation (WTO) geführt. In den öffentlichen Debatten steht vor allem die Liberalisierung der öffentlichen Daseinsvorsorge wie Bildung, Gesundheit, Wasserversorgung und Energie im Zentrum. Der Beitrag von *Brigitte Young* beschäftigt sich hingegen mit der Frage, inwieweit die Liberalisierung der Finanzdienstleistungen die optimistischen Erwartungen im Hinblick auf Wettbewerbsfähigkeit, Beschäftigungszugewinne, Preissenkungen und ein höheres

Wachstum erfüllen können. Es wird argumentiert, dass die öffentlichen Güter eher unter einen disziplinierenden Druck geraten und der Logik der Profitmaximierung untergeordnet werden.

Eine abschließende Bewertung des GATS-Vertrages ist aber schwierig, weil zum einen keine international akzeptierte Definition von Finanzdienstleistungen vorliegt und zum anderen die Verhandlungen intransparent verlaufen und der weitgehenden Geheimhaltung unterliegen. Sie berühren also das Problem der demokratischen Konstitution der internationalen Institution WTO, aber auch der Europäischen Union. Letztere übt auch unabhängig von den GATS-Verhandlungen, und das wird gerne vergessen, einen erheblichen Deregulierungsdruck aus, der dem europäischen Binnenmarktprogramm geschuldet ist. Der Europäische Rat von Lissabon hat das Jahr 2005 als Frist für die Errichtung eines integrierten europäischen Finanzdienstleistungsmarktes gesetzt. Der entsprechende Aktionsplan soll mit hohem Tempo vorangetrieben werden. Eine ausreichende demokratische Mitbestimmung und Kontrolle wird durch die Verzahnung der Binnenmarktpolitik und der internationalen GATS-Verhandlungen zusätzlich erschwert. Erstmalig in der Geschichte der Bundesrepublik hat das deutsche Parlament aus diesem Grund gegenüber der EU-Kommission einen Parlamentsvorbehalt eingelegt und damit auf die zunehmende Einschränkung der Parlamente bei den GATS-Verhandlungen reagiert.

Nationale Kapitalverkehrskontrollen und Regelungen wie in Malaysia, Chile und China, die die Auswirkungen von Finanzkrisen für die nationale Ökonomie abfedern konnten, spielen in den Liberalisierungsverhandlungen keine Rolle. Dass das GATS-Abkommen eher den Interessen der Industrieländer entspricht, kann auch nicht dadurch entkräftet werden, dass kein Land gezwungen wird, dem Abkommen beizutreten. Die Entwicklungsländer werden es sich gar nicht leisten können, außen vor zu bleiben. Die weitere Abkopplung von der Weltwirtschaft hätte nämlich noch gravierendere Folgen. Sicher aber werden die Regelungen nicht nur zu ihrem Vorteil ausfallen. Im Gegenteil: Die angestrebte Öffnung der Märkte für Finanzdienstleistungen könnte vor allem in den Schwellen- und Entwicklungsländern zur Destabilisierung der Finanzmärkte beitragen – mit der Folge, dass die schon jetzt kaum entwickelten staatlichen Fürsorgesysteme und staatlichen Leistungen weiter ausgehöhlt werden.

Wie Brigitte Young sieht auch *Heribert Dieter* in der internationalen Finanzmarktstabilität ein globales öffentliches Gut, das für eine kapitalistische Weltwirtschaft von zentraler Bedeutung ist. Umgekehrt formuliert: Die Instabilität auf den internationalen Finanzmärkten hat ihren „Preis“, der sich an den hohen sozialen, sozio-ökonomischen und ökologischen Folgewirkungen der Finanzkrisen wie etwa 1994 in Mexiko und 1997 in Asien messen lassen muss. Auch Heribert Dieter kritisiert die Befürworter der ungezügelten Liberalisierung des Kapitalverkehrs und der internationalen Finanzmärkte, weil die positiven Wirkungen dieser Maßnahmen ausgeblieben sind. Die Erwartungen haben sich sowohl hinsichtlich der Zunahme von Kapitalflüssen in Entwicklungsländer und besserer Chancen für Anleger und niedrige Kosten für die Kreditnehmer als auch einer besseren Wirtschaftspolitik durch den disziplinierenden Einfluss der Finanzmärkte nicht erfüllt. Daraus leitet Heribert Dieter die Forderung nach geeigneten Instrumenten ab, damit Krisen wenn nicht verhindert, so doch abgeschwächt werden können. Vor allem Entwicklungs- und Schwellenländer, so seine These, haben keine entwickelten Finanzmärkte und entsprechende Instrumente zu deren Regulierung.

Der Vorschlag des amerikanischen Ökonomen James Tobin zur Einführung einer weltweit zu erhebenden Devisenumsatzsteuer, von der sich heute viele eine Stabilisierung von Devisenmärkten versprechen, wird als wenig hilfreich angesehen. Auch in der modifizierten Variante des Ökonomen Bernd Spahn, der über die Tobin-Steuer ein Gutachten für das Bundesministerium für wirtschaftliche Zusammenarbeit und Entwicklung (BMZ) erstellte, wird kein Instrument zur Erzielung von finanzieller Stabilität gesehen. Die Frage ist vielmehr, wie auf multilateraler Ebene mit Finanzkrisen umgegangen werden soll, die in erster Linie auf der Panik von Investoren beruhen. Neben der Stabilisierung der Wechselkurse durch multilaterale Kooperation sind es vor allem die volatilen Kapitalströme, die der Verstetigung bedürfen. Um Panikreaktionen auf den Finanzmärkten möglicherweise schon im Ansatz zu unterbinden, müsste der Internationale Währungsfonds (IWF) für die notwendige Liquidität sorgen. Er würde zum internationalen Gläubiger der letzten Instanz. Die politische Bereitschaft für die Umsetzung dieses Lösungsansatzes wird allerdings gering eingeschätzt.

Kritisch setzt sich *Philipp Hersel* mit dem Ansatz auseinander, die Erzeugung oder Aufrechterhaltung eines stabilen internationalen Finanzsystems als die Bereitstellung eines globalen öffentlichen Gutes zu begreifen. Das Kriterium der Nicht-Ausschließbarkeit wird als schwer operationalisierbar und im Fall der Finanzstabilität als recht beliebig eingestuft. Deshalb wendet sich der Beitrag der Bedeutung der internationalen Gläubiger-Schuldner-Beziehung und des Schuldenmanagements aus einer anderen Perspektive zu. Nicht der Beitrag des Schuldenmanagements zur Herstellung eines öffentlichen Gutes ist Dreh- und Angelpunkt der Argumentation, sondern die Frage nach den direkten Auswirkungen der „illegitimen Schulden" auf die Bereitstellung anderer öffentlicher Güter.

Finanzmärkte im Allgemeinen und die Gläubiger-Schuldner-Beziehung im Besonderen beeinträchtigen oder verhindern in normalen wie in Krisenzeiten die lokale, nationale oder internationale Bereitstellung öffentlicher Güter wie etwa im Gesundheits- und Bildungsbereich. Daraus wird die Forderung nach einer Reform und Regulierung der Finanzmärkte abgeleitet. Als Weg zur Überwindung des heutigen Schuldenmanagements wird ein faires und transparentes Schiedsverfahren vorgeschlagen, das sich an rechtsstaatlichen Kriterien von Insolvenzverfahren orientiert, den Schuldnerländern einen wirtschaftlichen Neuanfang ermöglicht und zugleich der Prävention gegen neue Schuldenkrisen dient. Das Diktat der Gläubiger soll beendet und die Bereitstellung grundbedürfnisorientierter öffentlicher Güter für die Menschen in den Schuldnerländern ermöglicht werden. Ohne öffentlichen Druck ist dieses Ziel aber kaum zu erreichen.

Markt und Staat

In den regionalen wie internationalen Handelsabkommen, Strukturanpassungsprogrammen, dem rigiden Stabilitätspakt der Europäischen Union oder den Konzepten von *good governance* ist die Privatisierung bislang öffentlicher, vom Staat betriebener Einrichtungen und Dienstleistungen eine dominante Strategie. Die „primitive Tendenz", den Privatisierungsprozess zu maximieren, wobei angenommen wird, das alles, was privat ist, besser sei als das Öffentliche, wird von *Enrique Dussel* kritisiert. Am Beispiel von Lateinamerika und Mexiko wird der damit verbundene Angriff auf den öffentlichen Sektor deutlich gemacht, der durch staatliche Politik abgebaut wird. Vor diesem Hintergrund bietet die Auseinandersetzung mit den globalen öffentlichen Gütern eine Neuorientierung, da die soziale und politische Frage des Zugangs, der Kontrolle und der Verteilung der öffentlichen Güter hervorgehoben und die rein ökonomische Analyse von Nicht-Rivalität und Ausschluss überwunden wird.

Insbesondere in Entwicklungsländern sind öffentliche Güter oft „Clubgüter", die nach monetärer Kaufkraft erworben werden. Auf der Grundlage von ökonomischen Daten wie dem Anteil an Weltexporten, der Arbeitsproduktivität und des öffentlichen Schuldendienstes zeigt Enrique Dussel auf, dass sich eine relativ kleine Gruppe von Unternehmen, Haushalten, Sektoren und Regionen in den Globalisierungsprozess und in die Liberalisierungsstrategie einklinken konnte. Die „neue", exportorientierte Wirtschaftsstruktur mit relativ hoher Kapitalintensität hat das Wirtschaftswachstum in Lateinamerika und Mexiko ermöglicht. Als Konsequenz der Exportorientierung und des hohen Importanteils war jedoch die Verkettung mit der nationalen Wirtschaft rückläufig. Die Mehrheit der Bevölkerung hat nicht an der „globalen" Entwicklung partizipieren können. Die Polarisierung in Lateinamerika und Mexiko hat im Gegenteil durch die Exportorientierung zugenommen, endogene Entwicklungspotenziale wurden nicht genutzt, und die Haushaltseinnahmen der lateinamerikanischen Staaten gingen zurück. Es fehlt an finanziellen Mitteln, um für die Bevölkerung öffentliche Güter bereitzustellen. Dementsprechend ist das Konzept der globalen öffentlichen Güter auch ein neuer Referenzrahmen der internationalen Entwicklungspolitik, in dem die Frage der Finanzierung von öffentlichen Gütern eine wichtige Bedeutung hat (WBGU 2002, Sagasti/ Bezanson 2001).

Auch in den Industrieländern wirkt sich der „Sachzwang Weltmarkt" aus. *Hermann Scheer* verdeutlicht dies am herrschenden Politikverständnis, das dem Grundsatz folgt: „Politik, um Politik zu ersetzen". Dies kommt einer Übersprungshandlung gleich: Die bevorzugte Handlungsform besteht nicht in einer Rekonstruktion der Politik, sondern in deren Dekonstruktion oder gar Destruktion. Das Setzen auf den neuen *deus ex machina*, die umfassende Liberalisierung der Wirtschaft und die Einstellung bzw. Privatisierung öffentlicher Aufgaben, wird von ihm als Strategie der Ökonomisierung des Politischen bewertet. Unter dem Primat des Marktes geht der Gedanke verloren, dass der von staatlichen Institutionen zu garantierende öffentliche Bereich keine handelbare Ware sein kann, deshalb bewusst außerhalb des Marktes stehen muss und nicht ebenfalls der Herrschaft des Marktes unterworfen werden darf.

Die Globalisierung dient dabei nur als ein Hebel zur Legitimierung. Welchen zwingenden Grund gab es in Deutschland für die Privatisierung von Bundesbahn, Post, den öffentlichen Forsten, von Wohnungsbaugesellschaften oder in Berlin dem Stromunternehmen Bewag? Solche Beispiele der Verschleuderung öffentlichen Kapitals lassen sich nicht alleine mit einer neoliberalen Ideologie erklären. Unter Verweis auf den Chef des Planungsstabes von Bundeskanzler Helmut Schmidt, Albrecht Müller, erkennt Hermann Scheer eher ein „Versagen der Intellektuellen in der wirtschafts- und sozialpolitischen Debatte". Die Dynamik der wirtschaftlichen Umwälzungsprozesse hat eine Anziehungs- und Überzeugungskraft, der sich viele Politiker und politische Berater nicht entziehen können. Allerdings wird auch viel Phantasie für die Entwicklung technischer Möglichkeiten und regulativer Maßnahmen aufgebracht, um öffentliche Güter in den globalen Markt zu integrieren, wie etwa durch Patentrechte (bei der Herstellung lebenswichtiger Medikamente) oder durch Verschmutzungsrechte (in der Klimapolitik).

Die Forderung nach einer marktförmigen Bereitstellung der globalen öffentlichen Güter kann sich kaum auf einen theoretisch erbrachten Nachweis der Überlegenheit des Marktes berufen. Das weist *Christoph Scherrer* in seinem Beitrag nach. Er sucht diesen Nachweis nicht in heterodoxen Theorieströmungen (dort ist die Überlegenheitsthese längst überzeugend widerlegt worden), sondern in solchen, auf die sich die Marktbefürworter selbst beziehen: der neoklassischen Wohlfahrtstheorie, dem Coase-Theorem, der Transaktionskostenökonomie, der Theorie der „contestable markets" und Hayeks Theorie vom Markt als „Entdeckungsverfahren". Er zeigt, dass das bei den Klassikern durchaus vorhandene Bewusstsein von den Grenzen der Leistungsfähigkeit des Markes aus den Modellkonstruktionen der Neoklassik verschwunden ist. Die Schwächen der vorgestellten Strategien zur Theoriebildung führten schließlich dazu, dass die radikalen Befürworter des Marktes das Hayek'sche Theorem vom „Markt als Entdeckungsprozess" wieder aufgriffen, das auf einen exakten modelltheoretischen Beweis vollkommen verzichtet: Der Markt ist effizient, weil er letztlich immer effiziente Ergebnisse geliefert habe.

Frank Bsirske ist da ganz anderer Meinung. Welche Güter eine Gesellschaft als Teil der öffentlichen Daseinsvorsorge versteht, muss in der Gesellschaft ausgehandelt und entschieden werden. Die Frage kann nicht dem Markt und privaten Gewinninteressen transnationaler Konzerne überlassen bleiben oder dem Gutdünken von Verhandlungsdelegationen, die hinter verschlossenen Türen tagen. Vor diesem Hintergrund werden die Verhandlungen zum GATS auch von Gewerkschaftsseite kritisch beobachtet, zumal ein Aussetzen einmal eingegangener Liberalisierungsverpflichtungen unmöglich ist. Im Vordergrund stehen ausländische Investoren und Dienstleistungsunternehmen, deren Stellung im Gastland rechtlich abgesichert werden soll. Wohlfahrtsziele, sozialer Zusammenhalt und Gemeinwohlaufgaben sind nicht Gegenstand des GATS. Bedient werden die Bedürfnisse derjenigen, die dafür zahlen können. Dem Rest droht die Unterversorgung.

Darin zeigt sich der Leitsatz neoliberaler Politik: mehr Markt, weniger Staat. Im Bündnis mit der globalisierungskritischen Bewegung begrüßen die Gewerkschaften dagegen einen Ordnungsrahmen, der einem multilateralen Ansatz folgt und grundlegende Werte wie Menschenrechte, Kernarbeitsnormen sowie soziale und ökologische Mindeststandards sichert. Solange die Folgen der Dienstleistungsliberalisierung aus volkswirtschaftlicher, sozialer, ökologischer und entwicklungspolitischer Sicht aber nicht abgeschätzt werden können, wird ein Moratorium der GATS-Verhandlungen gefordert. Die Risiken für die Gesellschaft und die Wirtschaft sollen aufgedeckt werden, ehe weit reichende Festlegungen für die Zukunft getroffen werden. Als misslungene Privatisierungen werden die britische Eisenbahn und der Wasser- sowie Strommarkt in Kalifornien genannt.

Vertiefend wird die Privatisierung des Wassers in dem Beitrag von *Sabine Krüger* behandelt. Wasser gehört zu den natürlichen globalen Gemeinschaftsgütern, von dessen Konsum niemand ausgeschlossen werden sollte. Doch die Realität sieht anders aus. Heute haben rund 1,2 Mrd. Menschen keinen Zugang zu sauberem oder bezahlbarem Trinkwasser, vor allem Kinder und Frauen leiden an der Unterversorgung. 2,5 Mrd. Menschen haben keine Abwasserentsorgung und keine sanitären Einrichtungen. Wasser kann also in bestimmten Regionen einen „oligarchischen Charakter" annehmen, weil es nur einer begrenzten Anzahl von Menschen zur Verfügung steht. Vom World Water Assessment Programm der UN wird die Wasserkrise als diejenige Krise bezeichnet, die das Überleben des Planeten am meisten bedroht. Deshalb hat die UN das Jahr 2003 zum Jahr des Süßwassers erklärt. Dessen ungeachtet zeigt gerade der Liberalisierungsdruck auf die Wassermärkte und die Wasserinfrastruktur, wie virulent die Debatte um den Schutz der öffentlichen Güter ist. An zwei Beispielen wird dies genauer diskutiert: den Verhandlungen zum Thema Wasser im Rahmen des GATS und dem bisher „geschützten" deutschen Wassermarkt.

In Deutschland sind Formen der Privatisierung in der Wasserversorgung längst an der Tagesordnung, gerade weil verschuldete Kommunen ständig auf der Suche nach privaten Investoren sind. Die Privatisierungsstrategien verfolgen also das Ziel, zur Sanierung der Haushaltsdefizite beizutragen. „Doch das Tafelsilber verscherbelt man nur einmal." Damit fallen die regelmäßigen Einnahmen aus der Wasserwirtschaft weg. Jedoch werden zunehmend Zweifel an der Leistungsfähigkeit öffentlicher Unternehmen laut und Forderungen nach mehr Wirtschaftlichkeit gestellt. Ob die Privatisierung jedoch tatsächlich zu größeren unternehmerischen Freiräumen und einem Mehr an Effizienz in der Wasserversorgung führen könnte, wird äußerst kontrovers diskutiert. Nach zwei Studien, die sich widersprechen, wird der Rat von Sachverständigen für Umweltfragen (SRU) zitiert, wonach durch eine weitere Privatisierung „vermutlich wenig zu gewinnen, aber möglicherweise viel zu verlieren wäre". Doch der Privatisierungsdruck geht nicht nur von den Interessen auf nationaler Ebene aus, sondern ebenso durch die europäischen Marktöffnungsstrategien und die Verhandlungen zum GATS. Noch lässt sich schwer einschätzen, wie die politischen Entscheidungen, die in diesem kaum durchschaubaren Mehrebenensystem zustande kommen, den „geschützten" deutschen Trinkwassermarkt zukünftig verändern werden.

Transnationale Netzwerke

Weder auf die marktförmige noch die staatliche Bereitstellung der globalen öffentlichen Güter ist Verlass. Auch die regionale wie internationale Politik besteht eher in der Sicherung des Privateigentums als der Verfolgung von Gemeinwohlinteressen. Entscheidungen auf diesen Ebenen wirken als äußere „Sachzwänge" auf die Verhältnisse in nationalen Gesellschaften zurück und schränken nicht selten gesellschaftspolitische Spielräume ein. Was also liegt näher, als nach neuen Partizipationsformen zu suchen, die dem vermeintlichen Markt- und Staatsversagen sowie dem demokratischen Defizit entgegenwirken können. In diesem Zusammenhang steht die Debatte über die transnationalen Politiknetzwerke bzw. Global Public Policy Networks (GPPN). UN-Generalsekretär Kofi A. Annan sieht in ihnen „lockere, kreative ... Koalitionen für den Wandel" und das Bemühen, dass sich internationale Institutionen, Organisationen der Zivilgesellschaft und des Privatsektors sowie Regierungen zur Verfolgung gemeinsamer Ziele zusammenfinden. Sie sollen zum

Schutz der globalen öffentlichen Güter beitragen. Ihnen wird also eine hohe Verantwortung bei der Lösung globaler Probleme zugewiesen.

Achim Brunnengräber zieht in seinem Beitrag hinsichtlich der Leistungsfähigkeit von Politiknetzwerken allerdings eine ernüchternde Bilanz. Zwar haben die informellen Institutionen globaler Politik bereits ein beträchtliches Gewicht in nahezu allen Politikfeldern und die transnationale Ebene wird als Terrain sozialer Auseinandersetzungen immer bedeutsamer. Die Selbstverpflichtungserklärungen, *guidelines*, Standards oder freiwilligen Kodizes, die als Formen von *soft law* entstehen, werden jedoch als unzulängliche Problemlösungsinstrumente gesehen. An vier Beispielen wird dies verdeutlicht: 1) dem *Global Compact*, der von UN-Generalsekretär Kofi Annan ins Leben gerufen wurde, 2) der *World Commission on Dams* (WCD), 3) den Selbstverpflichtungserklärungen der Industrie zur CO_2-Minderung und 4) den OECD-Leitsätzen für multinationale Unternehmen.

Die Politikformulierung im Netzwerk dient eher der Legitimationsbeschaffung für die Durchsetzung spezifischer Interessen und wird deshalb als „globaler Symbolismus" bezeichnet. Dieser ist jedoch nicht folgenlos. Die Herausbildung von neuen Steuerungsformen wird als Teil der viel umfassenderen neoliberalen Politik zur Absicherung von Privatisierungsprozessen verstanden. Auf diese globalen Strukturveränderungen und auf die damit verknüpften politisch-ökonomischen Interessen wird von denjenigen, die in den Netzwerken innovative Steuerungsinstrumente sehen, nicht eingegangen. Allerdings wäre es zu kurz gedacht, wenn nun der Schutz der globalen öffentlichen Güter von staatlichen Interventionen erwartet werden würde. Der nationale Wettbewerbsstaat selbst ist Teil des Problems, weil durch ihn die Privatisierung öffentlicher Güter aktiv unterstützt und vorangetrieben wird.

Mit transnationalen Diasporanetzwerken beschäftigt sich der Beitrag von *Beate Andrees*. Sie sind ein Sonderfall der globalen Zivilgesellschaft, die nicht nur in Transformationsländern zunehmend an Bedeutung gewinnen. Nicht zuletzt sind sie eine Reaktion auf die Unterversorgung der Gesellschaft mit öffentlichen Gütern und gewinnen ihre Stärke gegenüber autoritären Regimen durch ihre globalen Strukturen. Am Beispiel der armenischen Diaspora wird begründet, warum „ethnische" Netzwerke einen wichtigen Brückenkopf zu lokalen zivilgesellschaftlichen Gruppen bilden sowie eine starke Bindungs- und Mobilisierungskraft entfalten. Sie schaffen somit einen Anreiz, in die Bereitstellung von öffentlichen Gütern und für die Abfederung von *public bads* im „Heimatland" zu investieren.

Als wesentliche Gründe für die Herausbildung der Diasporanetzwerke werden die Privatisierung und die Korruption angeführt. Nach dem Ende des Sozialismus hat sich die Versorgung der Bevölkerung mit öffentlichen Gütern verschlechtert. Die Privatisierung des vormals staatlichen (bzw. gesellschaftlichen) Eigentums ist häufig als „Schocktherapie" erfolgt, die von westlichen Beratern und vor allem den Bretton-Woods-Organisationen verordnet wurde. Die mangelnde institutionelle Absicherung des Privatisierungsprozesses schuf zugleich das Ferment, mittels dessen die Korruption gedeihen konnte. In diesem Umfeld ist es hinsichtlich der Diasporanetzwerke schwer, zu einer rein positiven Einschätzung zu kommen. Sie tragen zwar zur Bereitstellung von öffentlichen Gütern bei und stellen insofern ein alternatives Finanzierungsmodell dar, ihr oftmals informeller Charakter und die „Entbettung" politischer und ökonomischer Prozesse aus dem nationalstaatlichen Rahmen lässt aber auch Zweifel an der demokratischen Legitimation von globalen Diasporanetzwerken aufkommen.

Die weit verbreitete Korruption ist auch das Thema von *Peter Eigen*. Hier steht die Kritik an der Politik der WTO im Vordergrund, die sich auf den Abbau von Handelsschranken konzentrierte und den entwicklungshemmenden Wirkungen durch die Liberalisierung des Handels nur wenig Aufmerksamkeit schenkt. Obwohl es der WTO gelungen ist, das internationale Handelsvolumen zu steigern, haben nicht alle Beteiligten Wohlfahrtsgewinne erzielt. Stattdessen hat die Liberalisierung die Gelegenheit zu uneingeschränktem Konkurrenzverhalten geschaffen und dabei die schädliche handelsbezogene Korruption erheblich verstärkt. Es entsteht ein *global public bad*. Die Kosten der Korruption werden in den wirtschaftlichen Verzerrungen sichtbar, die durch Bestechung und geschwächte Regierungsinstitutionen ausgelöst werden. Haben sich die Bestechungsgewohnheiten erst einmal etabliert, steigen die Preise, eine Kultur der Illegalität entsteht und Entwicklungsmöglichkeiten werden verhindert.

Das Bewusstsein über die grenzüberschreitende Korruption und ihre Auswirkungen hat seit Mitte der 1990er Jahre stetig zugenommen. Sie berührt die weit reichenden Fragen nach sozialen, politischen und finanziellen Sicherheiten, die durch Illegalität und Kriminalität untergraben werden. Die meisten internationalen Organisationen haben ihre Absicht erklärt, ihren Beitrag zur Korruptionseindämmung zu leisten und konkrete Schritte folgen zu lassen. Die Weltbank, der IWF, die Organisation für wirtschaftliche Zusammenarbeit und Entwicklung (OECD) und der Europarat haben erste entsprechende Initiativen ergriffen. Auch die Afrikanische Union hat eine Antikorruptionskonvention vorbereitet. Damit wird nicht zuletzt auf das Wachstum des internationalen Handels reagiert, durch den auch die Gelegenheiten für Betrug und unlauteren Wettbewerb zunehmen. Umso dringlicher wird es, dass auch die WTO-Mitgliedsstaaten weit reichende Maßnahmen zur Korruptionsbekämpfung ergreifen. Eine größere Transparenz ihrer Handelspolitik ist also nicht nur aus demokratischer Perspektive geboten.

Der Schutz der globalen öffentlichen Güter und die Anklage derjenigen, die diesen Gütern Schaden zufügen, ist zentrales Anliegen der Nichtregierungsorganisationen (NGOs) und neuen sozialen Bewegungen. Folglich ist die Regulierung von Privatisierungsprozessen, wie sie derzeit etwa die Verhandlungen im Rahmen des GATS zum Ziel haben, ein wichtiges Feld, auf dem sich NGOs wie Bewegungen einmischen müssen. Die Einflussnahme kann jedoch in der Form und im Ergebnis sehr unterschiedlich sein, wie *Heike Walk* und *Roland Roth* an zwei Beispielen verdeutlichen: der Partizipation der NGOs an der internationalen Klimapolitik, die zunehmend durch eine Engführung auf effiziente Marktmechanismen gekennzeichnet ist, und der Kampagne des globalisierungskritischen Netzwerkes attac „Gesundheit ist keine Ware", die sich vor allem mit der öffentlichen Daseinsvorsorge in Deutschland beschäftigt.

Die Auseinandersetzung mit dem Klimawandel und der damit einhergehenden Zerstörung des natürlichen öffentlichen Guts Atmosphäre hat sich seit Ende der 1980er Jahre verändert. Nachdem das Problem von NaturwissenschaftlerInnen aufgegriffen und von Umweltverbänden öffentlich gemacht wurde, drehten sich die Diskussionen um Fragen der Gerechtigkeit zwischen Nord und Süd, um eine weltweite Gleichverteilung der Pro-Kopf-Emissionen und um die ökologische Schuld, die die Industrieländer auf sich geladen haben, weil sie für den größten Teil der klimaschädlichen Gase durch die Verbrennung von fossilen Energien verantwortlich sind. Seit 1997 gehört das Kyoto-Protokoll zu einer der „weitreichendsten ökonomischen Vereinbarungen, die seit Jahren unter der Flagge der Vereinten Nationen abgesegnet worden sind". Die NGOs, die sich an den Verhandlungen über die letzten zehn bis fünfzehn Jahre hinweg beteiligten, haben diese Entwicklung durch ihre Interventionen im Detail eher legitimiert als in Frage gestellt. Anders die Kampagne von attac „Gesundheit ist keine Ware", bei der umfassende Fragen neoliberaler Globalisierung mit nationaler Politik und konkreten Auswirkungen vor Ort verknüpft werden. Die Rede von der „Grenze der Finanzierbarkeit des Sozialstaates" wird kritisch hinterfragt. Nicht zuletzt geht es in diesen Auseinandersetzungen um die Fragen, was das „Öffentliche" an den öffentlichen Gütern ist und inwieweit sie „im Besitz" der Öffentlichkeit bleiben oder privatisiert und kommerzialisiert werden sollen.

Herausforderungen für Wissenschaft und Politik

Das Thema der öffentlichen Güter ist nicht nur von politisch zentraler Bedeutung, sondern auch für die Forschung relevant, die sich mit Fragen der Privatisierung von öffentlichen Aufgaben in komplexen Mehrebenensystemen und der Frage nach der Problemkonstitution in globalen Räumen beschäftigt. Unter Bezugnahme auf die noch junge Global-Governance-Forschung formuliert *Dirk Messner* die zentralen wissenschaftlichen Herausforderungen, die mit diesen Fragestellungen verbunden sind. Vor allem müssen „Analogiefallen" im Feld der Forschung zu

Global Governance umgangen werden, denn eine voreilige Übertragung von Methoden und Erkenntnissen etwa der Europaforschung oder von konstitutiven Elementen nationalstaatlich-repräsentativer Demokratie auf die globale Ebene erscheint kaum sinnvoll. Die sozialwissenschaftliche Erforschung von Prozessen und Strategien kollektiven Handelns zur Lösung grenzüberschreitender und globaler Probleme muss sich viel grundsätzlicher mit den komplexen globalen Mehrebenensystemen beschäftigen. Dabei muss neben den Theorieangeboten aus dem Bereich der Internationalen Beziehungen auch auf Theorien, Konzepte und Interpretationsmuster rekurriert werden, die im Kontext der Analyse lokaler, nationaler sowie europäischer Problemkonstellationen und deren Bearbeitung durch Politik und Gesellschaft entwickelt wurden.

Folgende Fragen werden gestellt: Welche Erkenntnisse lassen sich aus der Forschung zu „local common-pool resources" und „the tragedy of the commons" für „global common-pool resources" und „global public goods" gewinnen? Welche Elemente der sozialwissenschaftlichen Steuerungstheorien können für die Global-Governance-Forschung fruchtbar gemacht werden? Welche Einsichten und Methoden der Forschung zur Transformation der Politik in der Europäischen Union (Mehr-Ebenen-Politik) bilden Bausteine für die Untersuchung der Transformation der Politik unter Bedingungen der Globalisierung? Empirische Fallstudien sowie ein inter- wie transdisziplinärer Ansatz müssen zur Erfassung der vielfältigen Governance-Muster und damit zur Beantwortung dieser Fragen beitragen.

Gegenüber diesen noch unbeantworteten Forschungsfragen wird von *Reinhard Loske* und *Roger Peltzer* die konkrete politische Aufgabe der Entscheidungsträger skizziert. Sie besteht darin, den Globalisierungsprozess so zu gestalten, dass er mit den Zielen der nachhaltigen Entwicklung, der Armutsbekämpfung, der Teilhabegerechtigkeit und des Respekts vor kultureller Differenz soweit wie möglich in Einklang gebracht wird. Dabei wird von der Prämisse ausgegangen, dass eine Globalisierung, die sich einzig am freien Fluss von Waren, Dienstleistungen und Finanzen orientiert, die sozialen und ökologischen Bedürfnisse der Menschen ignoriert und die Welt nicht sicherer, sondern unsicherer macht. Es geht um einen durchdachten Mix aus privatem Unternehmertum, öffentlichen Unternehmen, staatlicher Regulierung sowie nationaler und internationaler Einmischung durch die Zivilgesellschaft. Sieben Maßnahmen werden vorgestellt: darunter die Öffnung der Märkte der Industrieländer für die Produkte der Entwicklungsländer, die Regulierung der internationalen Finanzmärkte, ein internationales Insolvenzverfahren, die Demokratisierung von IWF und Weltbank sowie eine Politik jenseits von Etatismus und Neoliberalismus.

Was öffentlich und was privat ist, hat mit dem Grad der Entwicklung des Kapitalismus zu tun. Die „neue" Expansion des Kapitalismus besteht darin, dass nichtexklusive öffentliche Güter zu semi-exklusiven oder exklusiven privaten Clubgütern werden. Neue Ungleichheiten, Ungerechtigkeiten und menschliche Unsicherheiten entstehen (Mahnkopf 2003). Die Privatisierungspolitik zerfasert die Öffentlichkeitsräume, wo Fragen des Gemeinwohls und des kollektiven Handelns gestellt werden. Sie hat deshalb viel mit der Rücknahme sozialer Demokratie zu tun. „Öffentliche Güter sind eine Angelegenheit der Gemeinschaft und für viele Menschen die einzige Möglichkeit der Partizipation an den jeweiligen Gratifikationen einer Gesellschaft" (Altvater 2003). Sie sind deshalb die Grundlage jeder Demokratie, wie anfangs schon angemerkt wurde. Aber auch die Demokratie musste stets aufs Neue gedacht, hergestellt und verteidigt werden. Darin besteht die große Herausforderung, wenn wir über den Schutz und die Bereitstellung der globalen öffentlichen Güter reden.

Literatur

Altvater, Elmar (2003): Was passiert, wenn öffentliche Güter privatisiert werden? in: Peripherie 90/91, 23. Jg., Münster: Westfälisches Dampfboot 2003, S. 171-201.

Enquete-Komission (2002): Schlussbericht der Enquete-Komission: „Globalisierung der Weltwirtschaft - Herausforderungen und Antworten". Berlin: Leske + Budrich.

Mahnkopf, Birgit (Hrsg.) (2003): Globale öffentliche Güter - für menschliche Sicherheit und Frieden. Wissenschaft in der Verantwortung - Verantwortung in der Wissenschaft. Berlin: Berliner Wissenschafts-Verlag.

Martens, Jens; Hain, Roland (2002): Globale Öffentliche Güter. Zukunftskonzept für die internationale Zusammenarbeit? WEED-Arbeitspapier, World Summit Papers der Heinrich-Böll-Stiftung (No. 20), Berlin.

Sagasti, Francisco; Bezanson, Keith (2001): Financing and Providing Global Public Goods. Expectations and Prospects. Prepared for the Ministry for Foreign Affairs Sweden. IDS Institute of Development Studies Sussex, Stockholm.

WBGU (2002): Entgelte für die Nutzung globaler Gemeinschaftsgüter. Sondergutachten des Wissenschaftlichen Beirats der Bundesregierung Globale Umweltveränderungen, Berlin.

*Inge Kaul/Alexander Kocks**

Globale öffentliche Güter
Zur Relevanz des Begriffs

Viele Phänomene, die Charakteristika eines globalen öffentlichen Gutes aufweisen, sind durchaus nicht neu. Zum Teil existieren sie seit jeher. Man denke etwa an die Atmosphäre oder die Ozonschicht. Auch über Themen wie Frieden und Sicherheit, die Kontrolle ansteckender Krankheiten oder die Stabilität der internationalen Finanzmärkte sind bereits umfangreiche Studien erstellt und unzählige Debatten geführt worden. Relativ neu ist nur der Begriff der globalen öffentlichen Güter.

Damit stellt sich die Frage, warum und wozu wir einen neuen Begriff benötigen. Oder genauer formuliert: Welche zusätzlichen analytischen und praktisch-politischen Erkenntnisse lassen sich gewinnen, wenn man heutige Politikphänomene aus dem Blickwinkel des Begriffs der globalen öffentlichen Güter betrachtet? Der vorliegende Beitrag befasst sich mit dieser Frage.

Im ersten Teil wird der Begriff der globalen öffentlichen Güter eingeführt. Im zweiten Teil geht es dann um die Additionalität, die sich aus der Verwendung des Begriffs vornehmlich für unser Verständnis von Globalisierung und ihrer Gestaltbarkeit gewinnen lässt. Es zeigt sich, dass der Begriff der globalen öffentlichen Güter für beides unabdingbar ist. Diese Schlussfolgerung wird hier jedoch noch weitgehend als Hypothese unterbreitet, die einer genaueren Überprüfung bedarf.

1 Was sind öffentliche Güter und was globale öffentliche Güter?

Für das Verständnis von globalen öffentlichen Gütern ist es nützlich, zunächst einmal zu klären, wodurch sich öffentliche Güter im Allgemeinen auszeichnen.

1.1 Die Definition der öffentlichen Güter

Öffentliche Güter lassen sich am besten im Vergleich zu ihren Gegenstücken, nämlich privaten Gütern, verstehen.[1] Als „privat" werden die Güter bezeichnet, die umgrenzbar und mithin zumeist auch teilbar sind. So offerieren Bäckereien etwa Kuchen als Ganzen oder - je nach den Präferenzen der Kunden - auch in Einzelstücken. Die Tatsache, dass sie umgrenzbar sind (Ein erworbenes Stück Land kann zum Beispiel eingezäunt werden.), macht es möglich, auf private Güter einen

* Die hier geäusserten Ansichten reflektieren die persönlichen Meinungen der Autoren und nicht unbedingt auch die des UNDP.

Besitzanspruch zu erheben und weitere potenzielle Konsumenten von ihrem Genuss auszuschließen. Mithin werden private Güter auch in der ökonomischen Literatur als „auschließend" bezeichnet. Diese Ausschließlichkeit der Güter schafft die Motivation dafür, dass Nachfrager bereit sind, gemäß ihrer Präferenz auch einen entsprechenden Preis zu bezahlen. Die Bereitstellung privater Güter kann mithin zumeist dem Markt und dem Zusammenspiel von Angebot und Nachfrage überlassen werden.

Privatgüter haben oft noch eine zweites Charakteristikum: Sie sind verzehrbar oder - wie Ökonomen auch sagen - „rivalisierend im Konsum". Ein getrunkenes Glas Milch ist konsumiert und steht weiteren Konsumenten nicht mehr zur Verfügung. Gerade die Rivalität im Konsum macht es für die jeweiligen Besitzer eines Gutes oft so wichtig, dass das Gut auch gleichzeitig die Qualität der Ausschließbarkeit besitzt. Denn nur so erwirbt man als Gegenleistung für den bezahlten Preis auch ein klares Eigentumsrecht auf das Gut, welches ausschließlich für die persönliche Nutznießung zur Verfügung stehen soll.

Öffentliche Güter sind im Gegensatz zu Privatgütern vor allem dadurch charakterisiert, dass sie nicht-ausschließlich sind: Sie können - und müssen sogar oft - von allen konsumiert werden. Die uns umgebende Luft ist ein Beispiel dafür. Wir konsumieren sie, und selbst wenn sie verschmutzt ist, müssen wir sie dennoch oft notgedrungen einatmen. Güter dieser Art lassen sich nicht ohne weiteres verkaufen. Denn die Tatsache, dass sie von allen konsumiert werden können, wirft das Problem des sogenannten Trittbrettfahrens (free-riding) auf. Wer würde schon Eintritt bezahlen, um einen Sonnenuntergang oder das Mondlicht zu beobachten? Oder wer aus privater Tasche Verkehrsampeln errichten? Nutzenmaximierende, rationale Akteure halten sich im Fall von öffentlichen Gütern zurück und warten, bis andere sie möglicherweise finanzieren. So können die Trittbrettfahrer die Güter mitgenießen - umsonst. Öffentliche Güter führen somit typischerweise zu Marktversagen und damit zu suboptimaler Bereitstellung.

Wenn Güter nicht nur nicht-ausschließlich, sondern zudem auch nicht-rivalisierend im Konsum sind, dann werden sie als „reine" öffentliche Güter bezeichnet. Beispielhaft sei hier das Sonnenlicht angeführt. Es wäre nicht nur technisch kaum möglich, sondern auch ökonomisch gesehen irrational zu versuchen, die Zahl der Konsumenten zu limitieren. Selbst wenn noch so viele Menschen das Tageslicht nutzen, so wird es dennoch nicht früher dunkel. Weitere Konsumenten des Sonnenlichtes verursachen keine zusätzlichen Kosten. Licht ist ein nicht-rivalisierendes Gut: Wenn eine Person es konsumiert, ergibt sich daraus keine Minderung seines Nutzwertes für andere.

Neben den reinen öffentlichen Gütern gibt es auch „unreine", d.h. solche, die nur eine der beiden Merkmale von Öffentlichkeit im Konsum besitzen. So hat das

Wissen nicht-rivalisierende Eigenschaften: Ich kann mein Wissen an andere weitergeben, ohne es im Prozess der Weitergabe zu verlieren. Die Nutzung von Wissen, vornehmlich von kommerziell relevantem Wissen, wird jedoch oft durch intellektuelle Eigentumsrechte, etwa Patente, limitiert. Andere Güter, wie etwa Wasser, sind dagegen oft nicht-ausschließend aber rivalisierend im Konsum.

1.2 Öffentlichkeit und Privatheit als soziale und politische Konstruktionen

Das Beispiel „Wasser" verdeutlicht noch einen weiteren wichtigen Aspekt öffentlicher Güter, nämlich die Tatsache, dass einige Güter nicht-ausschließend sind, weil sie *technisch* nicht ausschließbar sind; und andere Güter - wie etwa Grundschulbildung - sind nicht-ausschließend, weil sie zumeist aufgrund von politischen Entscheidungen so *gemacht* wurden (siehe auch Krüger in diesem Band). In umgekehrter Weise gibt es auch Güter, die in der öffentlichen Domäne belassen werden, obwohl sie eigentlich ausschließbar wären. So müssten etwa Chemiefabriken nicht zwangsläufig Flüsse mit ihren Abwässern belasten. Ob und inwieweit ihnen dies gestattet wird, ist oft nicht - oder nicht nur - eine technische Frage, sondern zumeist auch ein Problem des politischen Willens.

Der private oder öffentliche Charakter eines Gutes ist somit nicht unbedingt eine feststehende, Natur gegebene Eigenschaft, sondern ein variables und manipulierbares Merkmal. Es gibt heutzutage nur noch sehr wenige Güter, die nicht manipulierbar sind. Deshalb zeigen auch vergleichende Studien, dass die Privatheit oder Öffentlichkeit eines Gutes je nach geschichtlicher Epoche, Region, Land, geographischen Verhältnissen, Kulturkreis oder ökonomischer Lage variieren kann.

Die öffentlichen Güter, d.h. die Güter, die sich de facto in der öffentlichen Domäne befinden, lassen sich somit zumeist drei Grundkategorien zuordnen:

a) Güter, die aus technischen Gründen nicht ausschließbar zu machen sind
b) Güter, die aufgrund einer bewussten politischen oder sozialen Entscheidung in die öffentliche Domäne plaziert worden und nicht-ausschließend gemacht worden sind
c) Güter, die ausschließbar wären aber entweder aus Versehen, auf Grund fehlenden Wissens oder aus gewissen politischen Überlegungen und Rücksichten heraus in der öffentlichen Domäne belassen werden[2]

1.3 Die Definition der globalen öffentlichen Güter[3]

Es ist zunächst wichtig, den Charakter der öffentlichen Güter als politisches und soziales Konstrukt klar im Blick zu behalten, wenn es um die Bestimmung der globalen öffentlichen Güter geht, denn Globalität stellt eine Art von Öffentlichkeit dar. Sie ergibt sich durch Wegfall oder Porosität von nationalen Grenzen.

Anders formuliert, Nationalstaatlichkeit stellt, aus globaler Sicht gesehen, eine Art von Privatheit dar, die aufgehoben und in mehr Öffentlichkeit verwandelt wird - und zwar in dem Maße, in dem nationale Grenzen nicht mehr separierend wirken. Da Grenzen jedoch von Menschen gezogen wurden, und da Grenzkontrollen, wie etwa Handelsschranken, zumeist auch durch menschliche Akte wieder aufgehoben werden (etwa durch multilaterale Verträge, wie sie im Rahmen der WTO verhandelt werden), zeigt sich auch hier wieder der politische Charakter von „privat" und „öffentlich".

Einige globale öffentliche Güter, wie etwa die Atmosphäre, sind *von* Natur aus globaler Art. Sie sind technisch nicht ausschließbar. Andere, wie etwa finanzielle Stabilität, haben variablen Charakter (siehe Dieter und Hersel in diesem Band). Sie stellen in vielen Fällen ehemals nationale öffentliche Güter dar, die nun verglobalisiert worden sind. Durch den Abbau von nationalen Kapitalkontrollen hat sich zum Beispiel das Gut „ finanzielle Stabilität" in jüngster Zeit sehr stark in seinem Charakter gewandelt. Es ist auf einem Kontinuum „national (privat) - global (öffentlich)" zunehmend vom ersteren zum letzteren verschoben worden. Das mag paradox klingen, denn der Abbau von Kapitalkontrollen hat sich vor allem im Zuge von Privatisierungsreformen und ökonomischer Liberalisierung vollzogen. Diese Veränderungen haben jedoch die Integration nationaler Finanzmärkte befördert und damit auch die Interdependenz der in die Märkte eingebundenen Staaten und Akteure (siehe Young in diesem Band).

Ganz ähnlich stellt sich die zunehmende Interdependenz in Gesundheitsfragen dar. Faktoren wie etwa der Abbau von Handelsschranken und die Privatisierung und Liberalisierung von Kommunikations- und Verkehrssystemen haben in zunehmendem Masse grenzüberschreitende Aktivitäten befördert. Die sich daraus ergebenden engeren Beziehungen zwischen Staaten und Menschen fungieren nun immer mehr auch als Transmissionsriemen ansteckender Krankheiten oder anderer Übel mit globalem öffentlichem Charakter, wie etwa internationaler Terrorismus und Gewalt.[4]

Aber Globalität kann sowohl eine geographische wie auch eine zeitliche Dimension haben. Wenn die letztere mitberücksichtigt wird, dann haben globale öffentliche Güter nicht nur einen transnationalen, sondern auch einen generationenübergreifenden Charakter: Sie betreffen sowohl gegenwärtige wie auch zukünftige Generationen.

So wie es unter öffentlichen Gütern im allgemeinen neben den reinen auch die unreinen gibt, finden sich auch unter den globalen öffentlichen Gütern solche, die nur ein Merkmal der Öffentlichkeit im Konsum besitzen und damit als nur partiell öffentlich gelten. Die so genannten globalen Gemeinschaftsgüter gehören zumeist dieser „unreinen" Kategorie an. Die Atmosphäre ist zum Beispiel nichtausschließbar aber rivalisierend im Konsum. Auf Grund dieser Merkmalskonstellation werden die globalen Gemeinschaftsgüter auch häufig überbeansprucht. Dieser Sachverhalt ist als „Tragödie der globalen Gemeinschaftsgüter" beschrieben worden. Doch je besser wir die den öffentlichen Gütern zugrunde liegenden Anreizstrukturen und auch die Funktionsweise verschiedener ökonomischer Instrumente (wie etwa die Kreation neuer Märkte) verstehen, desto mehr kristallisieren sich auch geeignete Wege zur Verhinderung dieser Tragödie heraus.

1.4 Öffentlichkeit im Konsum und in der Bereitstellung

Die Klassifizierung von Gütern als öffentlich oder privat basiert vornehmlich auf dem Kriterium der (Nicht-)Auschließlichkeit im Konsum und nicht darauf, wie und von wem - dem Staat, Privatfirmen, Klubs, der Zivilgesellschaft oder Privathaushalten - ein Gut bereitgestellt wird. In zunehmendem Maße zeichnet sich jedoch auch der Bereitstellungsprozess durch eine größere Öffentlichkeit aus - sowohl auf der politischen Seite als auch auf der Produktionsseite dieses Prozesses.[5]

Diese Veränderung resultiert zum einen aus dem Fortschreiten von politischer Demokratie und dem verstärkten politischen Gewicht der Zivilgesellschaft weltweit und zum anderen aus der neuen Balance zwischen Markt und Staat, die sich seit Anfang der 1970er Jahre herausgebildet hat. Die Ansprüche breiter Teile der Öffentlichkeit auf politische Mitsprache und Forderungen nach erhöhter Transparenz staatlicher Initiativen und Programme haben sich dadurch verstärkt. Der Staat limitiert seine Interventionen in den Wirtschaftsprozess zunehmend auf die Bereitstellung von Inzentiven, die es Privatakteuren ermöglichen sollen, ihr Einzelinteresse besser mit dem gesamtgesellschaftlichen Interesse zu verbinden. Öffentliche Güter sind heute nicht mehr in dem Maße, wie es in der Zeit vor 1970 war, Güter, die vom Staat produziert werden. Natürlich trifft das immer noch auf einige zu, wie etwa auf „Rechtsprechung", „Verteidigung" oder „Normsetzung". Andere Güter - etwa öffentliche Gesundheit oder Luftqualität - sind jedoch heute zutreffender als Partnerschaftsprodukte (multi-actor products) zu charakterisieren, die sich aus einem komplexen Zusammenwirken zwischen verschiedenen Akteursgruppen ergeben. Im Hinblick auf die Öffentlichkeit in der Bereitstellung gibt es entscheidende Differenzen zwischen nationalen öffentlichen Gütern und globalen öffentlichen Gütern.

1.4.1 Der internationale politische Markt und die Fälle seines Versagens

Trotz aller politischen Veränderungen fällt im nationalen Kontext dem Staat immer noch eine entscheidende Rolle in der Bereitstellung öffentlicher Güter zu, nämlich die Funktion „Trittbrettfahren" zu verhindern oder zumindest zu reduzieren. International jedoch gibt es kein Analogon zur Institution des Staates auf nationaler Ebene. Anders formuliert, es gibt keine mit Erzwingungsmacht und Steuergewalt ausgestattete supranationale Institution. Wie kommt es dann zu kollektiven Entscheidungen und Kooperation auf der internationalen Ebene - sei es zum Zweck der Internalisierung von Externalitäten oder zum Zweck der gemeinsamen Produktion von Gütern wie etwa einem globalen Gen-Pool, einem internationalen Gerichtshof oder einem internationalen statistischen Büro?

Die Antwort auf diese Frage ist, dass Kooperation in vielen Fällen genau deshalb *nicht* gelingt. Und deshalb gibt es so eben auch so viele ungelöste und sich hinschleppende globale Probleme. Wenn Kooperation gelingt, dann ist zumeist, wie auch der Literatur über internationale Beziehungen zu entnehmen ist, eine wichtige Bedingung erfüllt: Alle Kooperationspartner versprechen sich von einem möglichen gemeinsamen Vorgehen klare und signifikante Vorteile, d.h. einen positiven Nutzengewinn für sich selbst. Internationale Verträge, die diese Bedingung nicht einhalten, sind - das zeigt die bisherige Erfahrung mit brutaler Klarheit - in aller Regel zum Scheitern verurteilt, auch wenn noch so intensive Monitoring Versuche unternommen werden (siehe Barrett 2003).

Damit wird deutlich, dass internationale Zusammenarbeit ein verlängertes Instrument nationaler Politik ist. So war die Motivation für das Montreal Protokoll nicht etwa die bloße Besorgnis darüber, dass sich die Ozonschicht verdünnte. Um die Ozonschicht als solche ging es nicht, sondern um die steigenden Kosten, die sich aus der Zunahme von Hautkrebs in den Industrieländern und vor allem in den Vereinigten Staaten von Amerikas ergaben.[6] Und da Staaten in ihrem jeweiligen nationalen Interesse internationale Kooperation anstreben, stellen internationale Verhandlungsforen, wie etwa die Vereinten Nationen oder auch die Welthandelsorganisation, politische Marktplätze dar, auf denen Politikzugeständnisse verhandelt und getauscht werden.

Internationale Politikmärkte gleichen den Märkten für wirtschaftliche Güter und Dienstleistungen in vieler Hinsicht. Zum Beispiel ergeben sich, wie in Tabelle 1 dargestellt, parallele Fälle von Marktversagen. Unter den genannten Umständen sind sowohl die ökonomischen, als auch die politischen Märkte gewöhnlich nicht in der Lage, Güter in effizienter Weise bereitzustellen.

Die Erkenntnis, wann und warum Märkte versagen, hat uns im Fall ökonomischer Märkte oft motiviert, im Interesse von mehr Effizienz oder auch Gerechtig-

Tabelle 1: Zum Versagen von ökonomischen Märkten und internationalen Politikmärkten

Fälle von ökonomischem Marktversagen	Fälle von Versagen in internationalen Politikmärkten
Mangelnder Wettbewerb (e.g. Existenz von Monopolen oder Oligopolen)	Mangelnder Wettbewerb (e.g. Existenz von einem politischen Hegemon oder von dominanten politischen Gruppen wie etwa der G-7)
Öffentliche Güter und externe Effekte Fehlende oder limitierte Informationen	Öffentliche Güter und externe Effekte Fehlende oder limitierte Informationen

keit, entsprechende Problemstellen zu korrigieren. Die Herausbildung diverser Institutionen des Staates stellt auch eine solche Korrekturmaßnahme dar. Heute besteht weitgehende Übereinstimmung darüber, dass effiziente Märkte der institutionellen Einbettung bedürfen.

Internationale politische Verhandlungen, in denen unter anderem Inputs zu globalen öffentlichen Gütern getauscht werden, funktionieren jedoch noch weitgehend wie ein ungezügelter Markt. Studien über internationale Beziehungen verweisen regelmäßig auf enorme Machtdifferenzen zwischen den Verhandlungsparteien, die kaum Verhandlungen zulassen, sondern vielmehr einige Staaten in eine Rolle von „Politiknehmern" drängen und es anderen ermöglichen, Politik zu definieren und „Preise" festzusetzen.

Um globale Probleme und Krisen zu überwinden, die aus inadäquater Bereitstellung von globalen öffentlichen Gütern resultieren, wäre es unter anderem notwendig, zumindest einige der augenblicklich bestehenden Fälle solchen Versagens des internationalen Politikprozesses zu reduzieren oder ganz auszubügeln.

1.4.2 Grenzüberschreitende Produktionsnetzwerke und mangelndes strategisches Politikmanagement

Es sei an dieser Stelle noch einmal betont, dass sich globale öffentliche Güter in vielen Fällen aus nationalen öffentlichen Gütern *plus* internationale Kooperation zusammensetzen. Schätzungen zufolge (siehe Kaul/Le Goulven 2003b) bewegt sich die Relation von nationalem zu internationalem Anteil zwischen 400:1 und 200:1.[7] Das bedeutet, dass Aktivitäten auf der internationalen Ebene oft dem Punkt auf dem „i" des Produktionsprozesses öffentlicher Güter gleichen: Das Hauptgewicht der notwendigen politischen Maßnahmen - und auch der Finanzierung - liegt auf der nationalen Ebene. Anders ausgedrückt: Internationale Zusammenarbeit ist zumeist komplementär.

Wie viele unterschiedliche Teile und wie viele Akteursgruppen eventuell zusammenkommen müssen, damit ein bestimmtes öffentliches Gut auch in der Tat entsteht, verdeutlicht Schaubild 1, das die Bausteine skizziert, die sich unter anderem für das Gut „Klimastabilität“ zusammenfügen müssten.

Schaubild 1: Die Bausteine für ein stabiles Klima

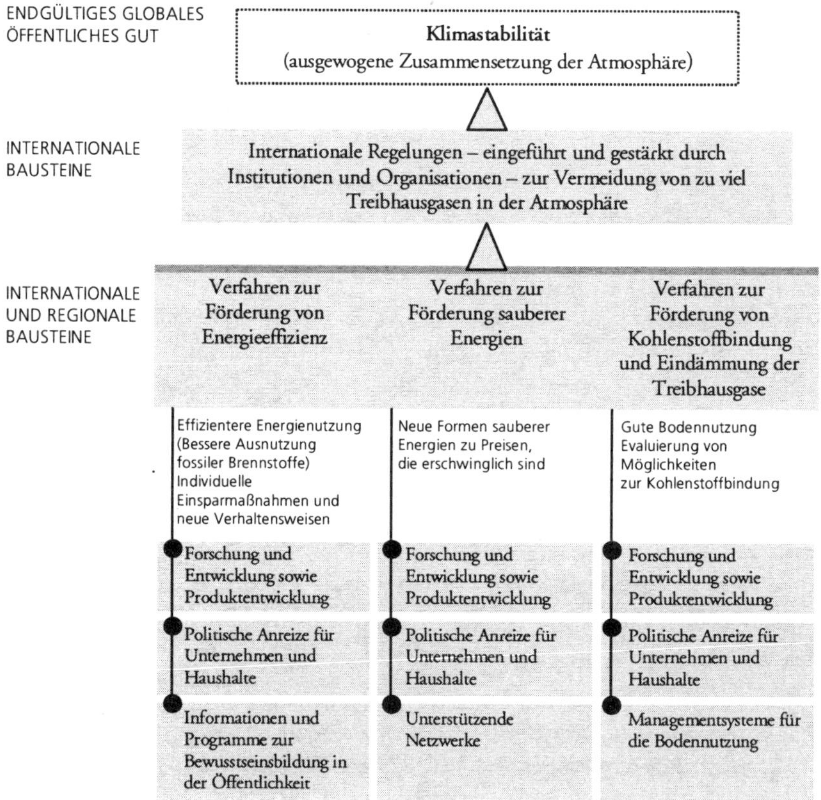

Quelle: Kaul/Le Goulven 2003a: 375

Noch immer werden die Produktdesigns und -prozesse globaler öffentlicher Güter jedoch durch etliche Trennungslinien durchkreuzt, so etwa durch:

- staatliche Grenzen
- sektorale Organisation nationaler staatlicher Institutionen und internationaler, multilateraler Organisationen
- Divergenzen zwischen dem, was als staatliches und privatwirtschaftliches Verhalten perzipiert und akzeptiert wird.

Darüber hinaus ist ein weiteres Hemmnis das nicht ausreichende Vorhandensein von Managern, die die jeweils notwendigen, unterschiedlichen Politikstränge und Ressourcen zusammenbringen und in gezielter Weise für die Produktion globaler öffentlicher Güter bündeln könnten.

Um die Hauptpunkte der obigen Diskussion zusammenzufassen, präsentiert Kasten 1 noch einmal die Definition von öffentlichen und globalen öffentlichen Gütern. Kasten 2, zusammen mit Schaubild 2, erläutert noch einmal überblicksartig die diversen Klassifizierungen globaler öffentlicher Güter, die hier eingeführt worden sind. Sie verdeutlichen auch, dass es vor allem die nationalen/privaten und die unrein/öffentlichen Güter sind, die sich zwischen der privaten und öffentlichen Domäne hin und her bewegen können, je nachdem ob es aus gesamtökonomischen oder anderen Gründen wünschenswert ist, ihre Charakteristika zu manipulieren - von „mehr privat“ zu „mehr öffentlich“ oder umgekehrt. Es ist diese Gruppe von Gütern, deren Privatheit oder Öffentlichkeit in aller Regel nicht Natur gegeben, sondern gesellschaftlich und politisch bedingt sind.

Kasten 1: Zur Definition öffentlicher und globaler öffentlicher Güter

Das entscheidende Kriterium dafür, ob ein Gut als „öffentlich“ bezeichnet wird, ist ob es allen zum Konsum zur Verfügung steht. Mithin lassen sich die folgenden Definitionen formulieren:

Definition 1: Güter haben ein besonderes Potenzial, öffentlich zu sein, wenn ihr Nutzen entweder nicht-ausschließend oder nicht-rivalisierende Nutzen sind, oder beides.
Definition 2: Güter sind de-facto öffentlich, wenn sie nicht-ausschließlich und für alle konsumierbar sind.
Definition 3: Globale öffentliche Güter sind Güter mit Nutzen, die sich über alle Länder, Menschen und Generationen erstrecken.

Aufgrund verschiedener politischer und ökonomischer Wandlungsprozesse während der letzten Jahrzehnte zeichnet sich in zunehmendem Maße auch die Bereitstellung öffentlicher Güter durch mehr Öffentlichkeit - durch verstärkte politische Partizipation und durch staatliches und privatwirtschaftliches Zusammenspiel in der Produktion und Finanzierung der Güter, sog. „public private partnerships“ - aus.

Für das Verständnis globaler öffentlicher Güter ist weiterhin wichtig, dass viele dieser Güter sich aus nationalen öffentlichen Gütern *plus* internationaler Kooperation zusammensetzen. Ihre angemessene Bereitstellung kann in vielen Fällen nicht mehr allein durch nationale Politikmaßnahmen gesichert werden, sondern verlangt nach der Mitwirkung einer Vielzahl von Akteuren weltweit.

Kasten 2: Der De Facto-Mix von nationalen und globalen öffentlichen Gütern

Der De Facto-Mix von nationalen und globalen öffentlichen Gütern

Schaubild 2 klassifiziert globale öffentliche Güter hauptsächlich in Hinblick auf ihre menschgemachten (sozialen) Eigenschaften. Auf der einen Seite stehen nationale Güter, die in dem Sinn privat sind, dass ihre Zielbestimmung nicht global ist. Auf der anderen Seite stehen globale öffentliche Güter, deren Nutzen und Kosten weitreichende Auswirkungen über nationale Grenzen hinweg haben.
Die Güter in den Quadranten 2 und 4 verlangen nach einer Harmonisierung nationaler Politik. Politische Harmonisierung zielt oftmals darauf ab, Länder dazu zu ermutigen, grenzüberschreitende externe Effekte zu internalisieren. Eine Reihe von Gütern in Quadrant 2B beinhalten solche Anstrengungen. Bemühungen, die Inklusivität von Gütern wie internationale Kommunikations- und Transportsysteme zu erhöhen, zielen darauf ab, die weltweite Verfügbarkeit von vernetzten externen Effekten zu verbessern. Dieselbe Absicht treibt für gewöhnlich Initiativen an, die Einhaltung von Normen und Standards, einschließlich der Menschenrechte, zu stärken und den Respekt gegenüber nationaler Souveränität zu erhöhen. Die Mehrzahl der Güter in Quadrant 2B zielen darauf ab, das freizusetzen, was verschiedene nationale und transnationale Akteure als globalen Nutzen wahrnehmen.
Im Gegensatz dazu bringen viele der Güter in Quadrant 4 die Internalisierung negativer grenzüberschreitender externer Effekte mit sich. Diese können diffus sein und von fast allen Ländern verursacht werden - wie die Kohlendioxid-Emissionen, die vereint das Risiko der Erderwärmung verursachen. Oder sie können, in bestimmten Ländern ihren Ursprung haben, aber potenziell alle betreffen, wie der Ausbruch einer neuen, ansteckenden Seuche. Die politische Reaktion auf solche diffusen externen Effekte könnte die Schaffung eines internationalen Reglements sein, dem sich alle Länder fügen sollen. Die Stärkung der grundlegenden Menschenrechte, wie in Quadrant 2B gezeigt, ist ein Beispiel. Aber je nachdem welches öffentliche Gut man betrachtet, sind alternative politische Optionen zu bevorzugen - wie in den Quadranten 4A und 4B gezeigt.
In Quadrant 4A werden Güter aufgelistet, die als politische Folge die Ausarbeitung und Anwendung neuer (nationaler) Eigentumsrechte nach sich ziehen. Beispiel dafür sind die „national pollution allowances" oder die „exclusive economic zones", die 1982 von der Seerechtskonvention der Vereinten Nationen geschaffen wurden.
In Quadrant 4B finden sich Güter, die ähnliche Maßnahmen wie im nationalen Kontext beinhalten und die darauf abzielen, bestimmte entscheidende Güter - wie eine Grundausbildung oder medizinische Versorgung - weltweit verfügbar zu machen.

Quelle: Kaul et al. 2003: 38

Schaubild 2: Der De Facto-Mix von nationalen und globalen öffentlichen Gütern

RIVALISIEREND | **NICHT-RIVALISIEREND**

AUSSCHLIESSEND | NICHT-AUSSCHLIESSEND

NATIONALER BEREICH | GLOBALER ÖFFENTLICHER BEREICH

QUADRANT 1

NATIONALE („PRIVATE") GÜTER
- Nationale Artenvielfalt und Wildtierbestände
- Sprachliche und kulturelle Traditionen
- Nationale öffentliche Bildungsprogramme
- Nationale Wasservorräte
- Nationale Programme zur Armutsbekämpfung

QUADRANT 2

2A NICHT RIVALISIERENDE GÜTER, DIE AUSSCHLIESSEND GEMACHT WURDEN
- Kommerziell nutzbares Wissen

2B NICHT RIVALISIERENDE GÜTER, DIE NICHT AUSSCHLIESSEND GEMACHT ODER GEHALTEN WURDEN
- Internationale Kommunikations- und Transportnetzwerke
- Normen und Standards
- Beachtung der Menschenrechte
- Beachtung nationaler Souveränität
- Multilaterale Handelsabkommen (wie z.B. die TRIPS-Vereinbarungen)
- Sprachliche Harmonisierung
- Globalisierung der Werbung für Lebensstile oder anderer sozialer Normen und Institutionen

QUADRANT 4

4A RIVALISIERENDE GÜTER, DIE (TEILWEISE) AUSSCHLIESSEND GEMACHT WURDEN
- Geographische Gebiete: Exklusive Wirtschaftszonen (wie die von der UN-Seerechtskonvention Geschaffenen)
- Ozonschicht: Zielvorgaben zur Reduzierung der Emission ozonschichtzerstörender Substanzen
- Atmosphäre: Zielvorgaben oder Quoten zur Reduzierung von Kohlendioxidemissionen

4B RIVALISIERENDE GÜTER, DIE NICHT-AUSSCHLIESSEND GEMACHT ODER GEHALTEN WERDEN[a]
- Atmosphäre
- Globaler Genpool zur Förderung von Ernährungssicherheit[b]
- Ozeane
- Allgemeine Grundbildung und Gesundheitsfürsorge[c]
- Abwesenheit von extremer Armut[c]

QUADRANT 3

REINE ÖFFENTLICHE GÜTER
- Mondlicht
- Frieden und Sicherheit/Konflikte
- Finanzielle Stabilität/ausgedehnte finanzielle Verletzlichkeit
- Ökonomische Stabilität/ globaler ökonomischer Niedergang
- Effiziente/uneffiziente Märkte
- Nachhaltige Umwelt
- Übertragbare Krankheiten unter Kontrolle oder ausgerottet/ breiten sich aus

a. Die Güter in diesem Quadranten sind nicht-ausschließend gehalten oder gemacht in Bezug auf gegenwärtige Generation (z.B. Bildung) oder zukünftige Generationen (z.B. Atmosphäre).
b. Bezieht sich auf den International Treaty on Plant Genetic Resources for Fond and Agriculture (siehe http://www.fao.org/ag/cgrfa/).
c. Diese Güter sind Teil der Millenius-Entwicklungsziele (sollen bis 2015 erreicht werden), die von der UN-Generalversammlung verabschiedet wurden (siehe auch http://www.un.org/millenniumgoals/).

Quelle: nach Kaul/Mendoza 2003a: 98

2 Ein neuer Begriff – aber auch neue Einsichten?

Die Relevanz des Begriffs der globalen öffentlichen Güter soll im folgenden vornehmlich im Hinblick auf die in diesem Band angeschnitten Themenkomplexe überprüft werden. Es soll unter anderem geklärt werden, was die Verwendung des Begriffs erbringt für die Diskussion von:

- Globalisierung;
- Organisation globaler Politikprozesse, d.h. global governance;
- Gestaltung bestimmter globaler Phänomene, wie etwa die bereits mehrmals erwähnten Probleme der internationalen Finanzstabilität, der globalen Klimastabilität oder auch der Kontrolle ansteckender Krankheiten.

2.1 Globalisierung: zur Unterscheidung von Prozess- und Strukturfaktoren

Globalisierung wird häufig beschrieben als ein Prozess grenzüberschreitender Aktivitäten wie etwa internationale Handels- und Finanzströme oder Verkehr und Kommunikation. Der Begriff der globalen öffentlichen Güter macht jedoch deutlich, dass es neben diesen Prozessfaktoren auch noch Strukturfaktoren gibt, d.h. Dinge und Konditionen, die Bestandsgrößen und damit sozusagen die Eckpfeiler des Globalisierungsrahmens darstellen - die internationale Finanzarchitektur, das multilaterale Handelssystem, das integrierte, globale Netzwerk von Kommunikation, die internationalen Normen und Standards oder die Ozonschicht.

Man könnte sogar argumentieren, dass die Verstetigung grenzüberschreitender Aktivitäten das Resultat einer vorangegangenen Verglobalisierung öffentlicher Güter sind. So können sich zum Beispiel Kapitalströme vor allem nur dann (legal) über Grenzen hinwegbewegen, wenn es zuvor eine internationale Vereinbarung über die Abschaffung nationaler Kapitalkontrollen gegeben hat, und Handelsströme fließen zumeist aufgrund von zuvor getroffenen Vereinbarungen über grenzüberschreitenden Warenverkehr.

Auch viele problematische Aspekte von Globalisierung hängen mit der Verglobalisierung - oder genauer, einem Mangel an Verglobalisierung - von öffentlichen Gütern zusammen. Denn dort, wo beispielsweise nationale Systeme der öffentlichen Gesundheit schwach und unterentwickelt sind, lässt sich die Verbreitung von ansteckenden Krankheiten nur schwerlich eindämmen. Oder dort, wo nationale Systeme der Flughafensicherheit unzureichend sind, verbergen sich potentiell Terrorismusgefahren für die ganze Welt. Eine mangelnde Bereitstellung der nationalen Komponenten eines globalen öffentlichen Gutes produziert oft Externalitäten, die sich zumeist als „Anhängsel" transnationaler ökonomischer Aktivitäten, wie etwa grenzüberschreitendem Warenverkehr oder Tourismus, weltweit ausbreiten.

Je nachdem, ob sie positiver oder negativer Art sind, können sie sowohl den Bestand an öffentlichen Gütern in anderen Ländern bereichern als auch unterminieren.

Der Begriff der globalen öffentlichen Güter rückt einen wichtigen, aber bislang oft vernachlässigten Aspekt von Globalisierung deutlicher in den Vordergrund: Er verweist auf den Strukturrahmen von Globalisierung und auf globale öffentliche Güter als die Grundelemente und Eckpfeiler dieses Rahmens.

2.2 Die Strukturfaktoren von Globalisierung – eine disaggregierte Betrachtungsweise

Die Zusammenfassung der diversen globalen Phänomene - wie etwa globale Klimastabilität, Terrorismuskontrolle, oder auch das internationale System der Zivilluftfahrt - unter dem Begriff der globalen öffentlichen Güter erlaubt ferner, die Gemeinsamkeiten und die Differenzen zwischen diesen Gütern besser zu verstehen.

So verdeutlicht eine gemeinsame Betrachtungsweise, dass es globale öffentliche Güter gibt, die auf weitgehende, weltweite Akzeptanz stoßen. Ein Beispiel ist das internationale System der Zivilluftfahrt oder auch das internationale Postsystem. Die meisten Menschen sind recht zufrieden mit beidem, und es gibt so gut wie keine Massendemonstrationen, die sich gegen diese Systeme richten.

Die internationalen Regime der Zivilluftfahrt und Post sind tolerierte globale öffentliche Güter - im Gegensatz etwa zu der internationalen Finanzarchitektur oder auch dem multilateralen Handelssystem, die beide oft und vehement von vielen Teilen der Weltbevölkerung kritisiert worden sind. Diese Tatsache wirft die Frage auf, wie die unterschiedliche Perzeption und Akzeptanz der jeweiligen Güter zu erklären ist und welche Lehren sich aus der ersteren Gütergruppe für die letztere ergeben.

Ohne den Begriff der öffentlichen Güter, der jetzt den gemeinsamen Nenner für ansonsten ganz unterschiedliche Güter abgibt, würde ein solcher Vergleich kaum sinnvoll erscheinen. Vergleichende Analysen zeigen jedoch, dass die von der globalen Öffentlichkeit weitgehend akzeptierten globalen öffentlichen Güter oft durch einen Prozess der „Globalisierung von unten" entstanden sind: So hat zum Beispiel jedes Land sein Postwesen in erster Linie für nationale Zwecke entwickelt und es im nationalen Eigeninteresse in das internationale Postsystem eingebunden. In vielen umstrittenen Elementen der internationalen Finanzarchitektur hat es jedoch oft einen Prozess der „Globalisierung von oben" gegeben: Normen und Regeln sind oft von einigen wenigen Ländern formuliert und dann auch für andere Länder als verbindlich erklärt worden. (vgl. Kaul/Le Goulven 2003a.).

Die aufgezeigten Differenzen zwischen verschiedenen globalen öffentlichen Gütern legen es damit auch nahe, nicht über Globalisierung als solche zu diskutieren, sondern klar anzugeben, über welches Strukturelement diskutiert wird. Damit wird es dann auch besser möglich, Unzufriedenheiten über die eine oder andere Komponente zu konkretisieren, was offensichtlich ein ganz wichtiger Schritt ist, um machbare Reformoptionen zu erkennen und auszuhandeln.

2.3 Global governance-Fragen auf ein objektives Kriterium bezogen

Ein oft heiß diskutiertes Thema ist das über mehr Demokratie und effektivere Mitsprache bei globalen Fragen der heute in internationalen Entscheidungsprozessen oft unterrepräsentierten Gruppen, etwa der Entwicklungsländer oder auch vieler nicht-staatlicher Akteure. Von den Gruppen, die sich ausgeschlossen oder nicht angemessen repräsentiert fühlen, wird mehr Mitsprache oft als „Recht" gefordert. Und wenn diejenigen, die jetzt zumeist die Plätze an den internationalen Verhandlungstischen okkupieren, bereit sind, auch anderen Sitz und Stimme einzuräumen, wird dies oft als großzügige Geste dargestellt.

Mithin ist die Debatte über global governance oft eine emotional geladene und recht subjektive (siehe auch Messner in diesem Band). Der Begriff der globalen öffentlichen Güter macht es jedoch möglich, ein gewisses Maß an Objektivität in die Diskussion einzuführen - durch den Verweis auf das im nationalen Kontext weitgehend akzeptierte „Äquivalenzprinzip".

Das Äquivalenzprinzip ist im Rahmen der fiskalischen Dezentralisierungstheorie und der fiskalischen Förderalismustheorie formuliert worden. (vgl. Oates 1994 und für eine Überblicksdiskussion auch Arce/Sandler 2002) Es besagt, dass es im Interesse von Effizienz und Gerechtigkeit unter bestimmten Bedingungen angebracht ist, die Spannweite der öffentlichen Effekte eines Gutes an die der Jurisdiktion anzugleichen, die über seine Bereitstellung zu befinden hat. Anders formuliert: Die Akteure, die von einem Gut betroffen werden, sollten auch mit darüber entscheiden, ob das Gut tatsächlich öffentlich sein soll,[8] wieviel von ihm in welcher Form produziert werden soll und wie sich die damit verbundenen Kosten und Nutzen über verschiedene Bevölkerungsgruppen verteilen sollen.

Die Bedeutung des Äquivalenzprinzips wird vor allem dann klar, wenn man sich an dieser Stelle noch einmal daran erinnert, dass Privatheit oder Öffentlichkeit in vielen Fällen ein soziales oder politisches Phänomen - und eben nicht eine Natur gegebene Eigenschaft - von Gütern sind. Die Möglichkeit der Mitentscheidung für alle Betroffenen ist deshalb von besonderer Bedeutung, und deshalb wird das Prinzip in vielen Ländern zumeist national auch weithin respektiert. Wo welches Strassenschild in einer Gemeinde angebracht wird, ist in aller Regel eine Frage, die lokal entschieden wird. Fragen der nationalen Sicherheit dagegen liegen gewöhnlich in der Hand zentraler Entscheidungsgremien. Globale, d.h. grenzüberschreitende Fragen jedoch werden oft von Wenigen für Viele entschieden. So etwa, wenn die G7 oder G8 Stellung bezieht und Initiativen ergreift zu weltpolitischen oder - ökonomischen Fragen, von denen potenziell Menschen in vielen Ländern und mehreren Regionen betroffen werden.

Die Reichweite der positiven (Nutzen) oder negativen (Kosten) Effekte eines Gutes kann als ein Kriterium dienen, solche Entscheidungssituationen zu korrigieren und objektiv zu etablieren, um sicherzustellen, wer konsultiert werden und wer entscheidungsbefugt sein sollte.

Selbst Institutionen wie die G7/G8 haben die bestehenden Diskrepanzen zwischen ihrer Mitgliedschaft und der Reichweite der von ihnen diskutierten Fragen bemerkt und auch bereits gewisse Adjustierungen vorgenommen. So wird es mehr und mehr etablierte Praxis, zu G7/G8 Gipfeltreffen auch Vertreter von Entwicklungsländern einzuladen. Oder, um ein weiteres Beispiel zu nennen, öffnen sich viele multilaterale Organisationen, wie etwa die Vereinten Nationen oder auch die Weltbank, immer mehr in geregelter Weise für Konsultationen mit Nicht-Regierungsvertretern.

2.4 Der Produktions- und Finanzierungsprozess globaler öffentlicher Güter – Vertragsimplementierung in ein neues Licht gerückt

Studien über internationale Beziehungen haben in detaillierter Weise die politische Seite der Bereitstellung globaler öffentlicher Güter untersucht und vieles zu unserem Verständnis über internationale Verhandlungsprozesse beigetragen. Die Implementierungs- oder Umsetzungsseite internationaler Verträge ist bislang weit weniger systematisch untersucht worden. Viele Forschungsarbeiten zu diesem Thema haben sich auf Fragen konzentriert, die sich mit der Einhaltung von Vertragsverpflichtungen durch die jeweiligen staatlichen Vertragsparteien befassen. Seltener sind bislang Untersuchungen, die diskutieren, wie eigentlich der „Produktionsprozess" bestimmter Politikreformen aussehen könnte oder sollte; und wie ein solcher Prozess am besten zu managen wäre.

Der Begriff der globalen öffentlichen Güter erinnert uns jedoch daran, dass es ebenso wie bei privaten Gütern auch bei den öffentlichen notwendig ist, einen Produktionsprozess im Auge zu haben und sicher zu stellen, dass alle notwendigen Inputs zum rechten Zeitpunkt zur Verfügung stehen und auch miteinander harmonieren. Die Realisierung solcher Ziele wie die Kontrolle von HIV/AIDS lässt sich nicht allein durch politische Resolutionen und Verträge erreichen. Notwendig ist vielmehr, neue Produkte und Resultate zu erzeugen, wie zum Beispiel neues medizinisches Wissen oder auch besser funktionierende nationale Gesundheitssysteme.

Wie Schaubild 1 deutlich macht, kann sich der Produktionsprozess globaler öffentlicher Güter in manchen Fällen recht komplex gestalten: Mehrere Staaten, Akteursgruppen und Sektororganisationen müssen zum Beispiel zusammengebracht werden; und eine Vielzahl von Anreizsystemen und Finanzierungsquellen müssen zusammenwirken. All dies erfordert strategisches Management und Management, das sich über viele der heute bestehenden organisatorischen Trennungslinien (e.g. Staats- oder Sektorgrenzen) hinwegbewegen kann. Für viele der existierenden Organisationen auf nationaler und internationaler Ebene ist dies oft eine kaum zu bewältigende Aufgabe. In jüngster Zeit sind deshalb auch immer häufiger neue Organisationsformen - so etwa global public policy partnerships - gewählt worden (siehe Brunnengräber in diesem Band), um die Produktion gewisser globaler öffentlicher Güter zu ermöglichen. Beispiele aus dem Gesundheitsbereich sind unter anderen Global Alliance for Vaccines and Immunization (GAVI) oder Medicines for Malaria Venture (MMV). (vgl. Kaul/Le Goulven 2003a und Reinicke/Deng 2000)

3 Konklusion

Es ist jetzt möglich, zu der eingangs gestellten Frage zurückzukehren: Führt der Begriff der globalen öffentlichen Güter zu neuen analytischen Einsichten und neuen praktisch-politischen Schlussfolgerungen? Die vorangehende Diskussion erlaubt es, diese Frage positiv zu beantworten. Der Begriff der globalen öffentlichen Güter ermöglicht ein differenzierteres Verständnis von Globalisierung, insbesondere aufgrund der Unterscheidung von Prozess- und Strukturfaktoren und durch die nach globalen öffentlichen Gütern disaggregierte Betrachtungsweise. Der Begriff eröffnet zudem eine neue, praktisch-politische Sichtweise von global governance und vom Implementierungsprozess internationaler Verträge und Resolutionen.

Die Argumente für diese Additionalität, die sich aus der Verwendung des Begriffs der globalen öffentlichen Güter ergibt, sind hier vornehmlich anhand von einzelnen Beispielen entwickelt worden. Es sind vorläufige Schlussfolgerungen, die den Charakter von Hypothesen haben und zu testen und gegebenenfalls auch zu modifizieren sind.

Anmerkungen

1 Der Begriff „Gut“ wird hier als Kürzel für „Produkt“ und „Zustand“ verwandt. Er bezieht sich mithin auf konkrete, fassbare Dinge oder Sachen (etwa ein Strassenschild oder auch eine Organisation) und auf Umstände oder Sachverhalte (z.B. Frieden oder Recht und Ordnung).

2 Die hier verwandte Definition öffentlicher Güter weicht von der Definition ab, die sich gewöhnlich in ökonomischen Textbüchern findet. Die letztere ist zumeist enger gefasst und nennt als entscheidendes Charaketristikum öffentlicher Güter vornehmlich das Merkmal der Nicht-Ausschliessbarkeit. Damit erfasst die Textbuch-Definition jedoch nur die Güter in der oben genannten Kategorie a und vernachlässigt die der Kategorien b und c. Es sind jedoch vor allem die letzteren, die manipulierbar sind und deshalb Gegenstand von Politikdialog und demokratischen Entscheidungsprozessen sein sollten. Wenn man die öffentliche Domäne nicht nur als eine Restkategorie ansehen will, die sich mit den Dingen und Sachverhalten befasst, die Fälle von „Marktversagen" darstellen, dann ist es notwendig, die heute zumeist verwandte Textbuch-Definition zu erweitern. Wie hier vorgeschlagen, sind dann in einem umfassenderen Sinne all die Dinge und Sachverhalte als öffentliche Güter zu definieren, die sich de facto in der öffentliche Domäne befinden und alle betreffen oder allen zur Verfügung stehen. Die erweiterte Definition gestattet es dann, die Frage „Was ist ein öffentliches Gut?" nicht nur als ein technisches, sondern auch als ein politisches Problem zu sehen und die Rolle des Staates nicht nur als die eines „Nachtwächters", sondern vielmehr als die eines aktiven Komplements zum Markt zu verstehen. Eine ausführlichere Diskussion zur Revision des Begriffs der öffentlichen Güter, siehe Kaul/Mendoza 2003.

3 Die nachfolgende Diskussion stützt sich auf Kaul et al (2003).

4 Ähnliche Prozesse haben sich auch auf regionaler Ebene abgespielt, so dass es eine Kategorie von transnationalen öffentlichen Gütern gibt, die regionale und globale Güter umfasst.

5 Die politische Seite des Bereitstellung öffentlicher Güter umfasst all die Prozesse, in denen darüber entschieden wird, welche Güter in welchem Masse öffentlich gemacht werden sollen - oder gemacht werden können; wieviel von bestimmten Gütern produziert wird und wie die Kosten und Nutzen verteilt werden. Auf der Produktionsseite stehen hingegen Fragen an, die auf Verantwortlichkeiten und Bedingungen hinsichtlich der Inputs und des Management des Gesamtprozess abzielen.

6 Ein weiterer Faktor kam in diesem Fall noch hinzu, nämlich dass Dupont bereits eine Alternative zu CFCs entwickelte hatte (vgl. Barrett 1999).

7 Diese Schätzung berücksichtigt öffentliche Gelder, die auf nationaler und internationaler Ebene für Zwecke verwandt wurden, die sich auf globale öffentliche Güter beziehen. Nationale Ausgaben belaufen sich auf etwa 6 Trillionen US-$. Die „internationalen" Ausgaben wiederum schließen solche ein, die über bilaterale und multilaterale Kanäle in andere Länder geleitet werden und auch die, die von internationalen Organisationen direkt für den Kauf verschiedener Güter und Dienstleistungen verwandt werden. Diese belaufen sich auf etwa 7.5 bis 24.0 Billionen US-$.(vgl. Kaul/Le Goulven 2003b: 340). Da es im Augenblick nur bruchstückhafte Daten über Allokationen für globale öffentliche Güter gibt, müssen diese Zahlen als grobe Schätzungen gesehen werden.

8 Das gilt natürlich nur in den Fällen, in denen die Eigenschaften des Gutes manipulierbar sind, d.h. es zur Wahl steht, ob das Gut auschliessend oder nicht-auschliessend gemacht werden soll.

Literaturverzeichnis

Arce, Daniel G./Todd Sandler (2002): Regional Public Goods: Typologies, Provision, Financing, and Development Assistance, Stockholm: Sweden Ministry of Foreign Affairs, Expert Group of Development Issues.

Barrett, Scott (1999): Montreal versus Kyoto: International Cooperation and the Global Environment, in: Kaul, Inge/Grunberg, Isabelle/Stern, Marc A. (eds.): Global Public Goods: International Cooperation in the 21st Century, New York: Oxford University Press.

- (2003): Creating Incentives for Cooperation: Strategic Choices, in: Kaul, Inge/Conceicao, Pedro/Le Goulven, Katell/Mendoza, Ronald U.(eds.): Providing Global Public Goods. Managing Globalization, New York: Oxford University Press.

Kaul, Inge et al. (2003): Providing Global Public Goods. Managing Globalization, New York: Oxford University Press.

- et al. (2003a): Zusammenfassung. Die Bereitsstellung globaler öffentlicher Güter. Globalisierung gestalten, New York: UNDP.

-/Le Goulven, Katell (2003a): Institutional Options For Producing Global Public Goods, in: Kaul, Inge/Conceicao, Pedro/Le Goulven, Katell/Mendoza, Ronald U.(eds.): Providing Global Public Goods. Managing Globalization, New York: Oxford University Press

-/Le Goulven, Katell (2003b): Financing Global Public Goods: A New Frontier of Public Finance, in: Kaul, Inge/Conceicao, Pedro/Le Goulven, Katell/Mendoza, Ronald U.(eds.): Providing Global Public Goods. Managing Globalization, New York: Oxford University Press

-/ Mendoza, Ronald U. (2003): Advancing The Concept of Public Goods." in: Kaul, Inge/ Conceicao, Pedro/Le Goulven, Katell/Mendoza, Ronald U.(eds.): Providing Global Public Goods. Managing Globalization, New York: Oxford University Press

Oates, Wallace E. (1994): Federalism and Government Finance, in: Quigley, John M./ Smolensky, Eugene (eds): Modern Public Finance, Cambridge (MA): Harvard University Press.

Reinicke, Wolfgang/Deng, Francis (2000): Critical Choices: The United Nations Networks and the Future of Global Governance, Ottawa: International Development Research Centre.

Teil II
Finanzmärkte und Finanzinstrumente

Brigitte Young

„Rauschzustand der Besoffenheit über den Sieg der Marktwirtschaft" Die Liberalisierung von Finanzdienstleistungen in der EU und der WTO

1 Sind instabile Finanzmärkte ein „Public Bad"?

Die Verhandlungen über die Handelsliberalisierung von Dienstleistungen, die in der WTO im Rahmen des seit 1995 rechtsgültigen GATS-Vertrages geführt werden, befinden sich derzeit unter hohem Legitimationsdruck. Der Nachrichtendienst des Österreichischen Gewerkschaftsbundes (ÖGB) sieht in den „vier Buchstaben GATS (General Agreement on Trade in Services) die größte Attacke der Weltkonzerne auf die Arbeits- und Lebensbedingungen der Menschen auf der ganzen Welt" (ÖGB 2003: 2). In den öffentlichen Debatten steht vor allem die Liberalisierung der öffentlichen Daseinsvorsorge (wie z.B. Bildung, Gesundheit, Wasserversorgung, Energie) im Zentrum der Kritik. Gewerkschaften, Nichtregierungsorganisationen,[1] Kirchen und auch Parlamentarier fordern, öffentliche Güter von internationalen Liberalisierungsabkommen wie dem GATS auszuschließen (siehe auch Bsirske in diesem Band).[2]

Die Kritik richtet sich auch gegen die Legislative, die lange Zeit in einem „Globalisierungs-Dämmerschlaf" verharrte. So verabschiedete der Bundestag im Jahr 1995 die Welthandelsverträge in wenigen Wochen ohne vertiefende Beratung. Ernst Ulrich von Weizsäcker (SPD-MdB) erklärt den damaligen Zeitgeist als einen „Rauschzustand der Besoffenheit über den Sieg der Marktwirtschaft" (Die ZEIT 2003: 17). Das derzeitige Erwachen der Legislative im Hinblick auf die laufenden WTO-Verhandlungen ist gleichzeitig auch ein Eingeständnis, dass Parlamente bei internationalen Verhandlungen an Einfluss verlieren. Diese werden vielmehr im Auftrag der Regierung zunehmend hinter verschlossenen Türen und streng vertraulich mit dem Rest der Welt geführt. Die nationalen Parlamente sind nur mehr gefragt, den Verhandlungsergebnissen formal zuzustimmen.

Die Demonstrationen in Seattle, Göteborg, Berlin, Prag und Genua haben gezeigt, dass auch der Zorn und das Misstrauen der Zivilgesellschaft die GATS-Verhandlungen nicht stoppen können. Als Reaktion auf die Proteste sah sich die WTO bisher lediglich genötigt, im März 2001 eine 16 seitige Broschüre „GATS – Fact und Fiction" zu veröffentlichen, worin die KritikerInnen der Liberalisierung beschuldigt werden, von „misunderstandings" und „scare stories" geleitet zu sein (WTO 2001). Dass die Proteste jedoch nicht auf Fehlinformationen beruhen, sondern sie sich vielmehr grundsätzlich gegen den Versuch wenden, Konkurrenz und Kommerzialisierung zu zentralen Werten des menschlichen Daseins zu machen, bringt Susan George auf den Punkt:

„Solange die Bürgerbewegung keine gründlichen Änderungen dieses Abkommens oder seine völlige Abschaffung erreicht hat, werden die sozialen Errungenschaften dort, wo es sie gibt, nur eine Galgenfrist haben. Wo es keine wirklich öffentlichen Dienstleistungen oder keine sozialen Schutzsysteme, kein allgemeines Gesundheits- und Bildungswesen gibt, wird das GATS sie für immer unmöglich machen. Gigantische Märkte schälen sich heraus: Der weltweite Bildungsmarkt wird auf 2.000 Milliarden Dollar, der Gesundheitsmarkt auf bis zu 3.500 Milliarden Dollar geschätzt" (George 2002: 51).

In den zivilgesellschaftlichen Anti-GATS Kampagnen und besonders in der von ATTAC und den Gewerkschaften vertretenen Forderung „Stopp/Moratorium der GATS-Verhandlungen" spielt die Liberalisierung von Finanzdienstleistungen bisher eine untergeordnete Rolle. Es kann aber davon ausgegangen werden, dass die Banken- und Finanzdienstleistungssektoren sich zunehmend internationalisieren und an der „Speerspitze" der weiteren Dienstleistungsexpansion stehen werden. Für deutsche Banken und Versicherungen überwiegen dabei deutlich die Chancen und nicht die Risiken einer weiteren Liberalisierung der Banken- und Versicherungsmärkte auf dem europäischen Binnenmarkt wie auch auf globaler Ebene (Deutscher Bundestag 2003a). Es besteht dringender Forschungsbedarf, inwieweit die Liberalisierung der Finanzdienstleistungen die optimistischen Erwartungen im Hinblick auf Wettbewerbsfähigkeit, Beschäftigungszugewinne, Preissenkungen, ein höheres Wachstum und eine verbesserte Service-Qualität gerechtfertigt sind (UNDP 2003; Malhotra 2003).

Grundsätzlich stellt sich die Frage, inwieweit öffentliche Güter wie Gesundheit, Wasser, Bildung oder Klima durch die Liberalisierung der Finanzmärkte unter einen „disziplinierenden Druck" (Gill 2003) geraten und sie der Logik der Profitmaximierung zunehmend untergeordnet werden. Zudem wäre zu klären, ob die Liberalisierung der Finanzdienstleistungen die Krisenanfälligkeit und Instabilität nationaler Finanzsysteme erhöht. Mit anderen Worten: Wird durch den systematischen Abbau staatlicher Regulierungen die wichtige Funktion der Finanzsysteme und -märkte als öffentliches Gut für nachhaltige wirtschaftliche Entwicklung gefährdet und so möglicherweise ein globales „public bad" produziert? Und wie - wenn überhaupt - können öffentliche Güter in den komplexen und unter Ausschluss der Öffentlichkeit stattfindenden EU- und GATS-Verhandlungen geschützt werden? Die Bundesfachgruppe Wasser von ver.di merkt in diesem Zusammenhang ironisch an, dass GATS auch als Synonym für „*G*eheime *A*bsprachen zur *T*rinkwasserprivatisierung und aller anderen öffentlich organisierten *S*erviceleistungen" stehen könnte.

Im Streit um die Intransparenz und Geheimhaltung der EU- und GATS-Politik besteht ein grundlegender Konflikt in der Diskussion um die Demokratisierung transnationaler und internationaler Institutionen wie z.B. der WTO und der Europäischen Union. Zu Recht kritisiert von Weizsäcker in diesem Zusammenhang, dass wir uns in dieser Frage noch „mitten im Absolutismus befinden, etwa um 1745, zu Zeiten Montesquieus" (Die ZEIT 2003: 17).

Um den LeserInnen eine „Roadmap" über die Struktur des hochkomplexen Themas der Liberalisierung des Finanzdienstleistungssektors im folgenden Aufsatz zu übermitteln, werden im ersten Teil zunächst die unterschiedlichen Definitionen und Erscheinungsformen von Finanzdienstleistungen vorgestellt. Anhand von Elmar Altvaters theoretischen Analysen zum Geld- und Kreditwesen folgt anschließend eine Diskussion über die heutigen Instabilitäten der Finanzmärkte, die als Resultat der „Entbettung" des Geldes aus der Wirtschaft und die daraus abgeleiteten Instabilitäten der Weltwirtschaft gewertet werden können und als „public bad" in Erscheinung treten. Im Anschluss daran werden die globalen Akteure der weltweiten Liberalisierungsprozesse vorgestellt, um dann die Liberalisierung von Finanzdienstleistungen im europäischen Binnenmarkt als Vorreiter der GATS-Liberalisierungen zu beschreiben. Da das GATS-Abkommen sehr umfangreich ist, werden ergänzend dessen Verhandlungsgeschichte und Zeitplan, sowie einige Besonderheiten in der innerstaatlichen Regulierung, Aufsichtsrecht und Streitschlichtungsverfahren für den Finanzdienstleistungssektor beschrieben, um dann die ersten Liberalisierungszugeständnisse im 5. Protokoll des GATS-Abkommens von 1997, sowie die Liberalisierungsforderungen und -angebote in der neuen GATS-Runde vorzustellen. Erst mit diesem Instrumentarium wird dann rückwirkend auf die theoretische Diskussion zu den Instabilitäten der Finanzmärkte als „public bad" rekurriert und die daraus möglichen negativen Auswirkungen auf die öffentlichen Güter der Daseinsfürsorge nach Finanzkrisen kurz skizziert.

2 Was sind Finanzdienstleistungen und warum Liberalisierung?

Die gestiegene Attraktivität von Anlagen auf globalen Finanzmärkten hat zu Finanzinnovationen geführt, die es ermöglichen, Kapital mobiler und vielfältiger anzulegen. Besonders die Intensivierung der finanziellen Intermediation des Bankensystems hat die internationalen Transaktionen und das monetäre Transaktionsvolumen auf den Finanzmärkten drastisch erhöht. Deshalb zielt die Liberalisierung der Finanzdienstleistungen auf den Abbau existierender nationalstaatlicher Regulierungen auf den Banken-, Versicherungs- und Finanzmärkten in Industrieländern, zunehmend aber auch in Schwellenländern. Der europäische Finanzdienstleistungssektor (Banken, Versicherung und Wertpapiere) beschäftigt derzeit 3.4% der Erwerbstätigen und hat einen Anteil von über 6% des BIP in der Europäischen Gemeinschaft (http://europa.eu/int/comm/trade/services/gats_sum.htm).

Bisher existiert keine international akzeptierte Definition von Finanzdienstleistungen. Der GATS-Anhang von 1997 definiert Finanzdienstleistungen sehr allgemein. Dazu zählen verhandelbare Versicherungs-, Bank- und sonstige Finanzdienstleistungen (Wertpapiere)[3] (Leroux 2002). Aber nicht jede internationale Zahlungsbewegung ist per se eine Finanzdienstleistung. Eine Finanzdienstleistung ist dann mit einer internationalen Zahlungsbewegung verbunden, wenn eine Bank oder ein anderer Anbieter Finanzmanagementleistungen erbringt. Dies impliziert, dass es sich bei den Transaktionen auf den Finanzmärkten, in denen Geldkapital lediglich in die von den Anlegern gewünschten Formen transformiert wird, nicht um Finanzdienstleistungen handelt (Barth 1998: 70).

In der deutschen Zahlungsbilanzstatistik werden Finanzdienstleistungen auf Basis der Einnahmen und Ausgaben von Bankprovisionen ausgewiesen. Die Vermögenseinkommen in Form von Dividenden oder Zinseinahmen werden in der Statistik gesondert erfasst. Nach dem GATS-Anhang zählen zu Finanzdienstleistungen

„vor allem die Annahme von Spar- und sonstigen rückzahlbaren Kundeneinlagen, die Ausreichung von Krediten, Zahlungs- und Überweisungsdienstleistungen einschließlich Kredit- und Scheckkarten, Reiseschecks und Bankwechsel, Geschäfte für eigene und für Kundenrechnung mit Geldmarkttiteln, Devisen, derivativen Instrumenten,[4] Wertpapieren, Beteiligung von Wertpapieremissionen, Vermögensverwaltung sowie Beratung und Vermittlung von Vermögensanlagen" (Barth 1998: 70).

Durch die Unterscheidung von 16 verschiedenen Untergruppen im Dienstleistungssektor wird der Tätigkeitsbereich der drei Unternehmensgruppen Banken, Wertpapierhäuser und Versicherungsunternehmen fast vollständig abgedeckt (Werner 1999: 34).

Der Handel mit Wertpapieren, derivativen Finanzinstrumenten und internationalen Schuldtiteln hat in jüngster Zeit zum dynamischen Wachstum der Umsätze auf den Finanzmärkten beigetragen. Der Börsenumsatz von Wertpapieren hat in den späten 1990er Jahren in Nordamerika jährlich mehr als 40 Billionen US-$, in Europa etwa 30 Billionen US-$ und in Asien an die 15 Billionen US-$ erreicht (Altvater 2002: 235). Der Markt für Derivate, der vor 25 Jahren noch kaum existierte, ist seit den 1990er Jahren der am schnellsten wachsende Bereich der internationalen Finanzmärkte. Ende 2001 betrug die Summe der bestehenden Finanzderivate über 120 Billionen US-$, wie dies Huffschmid exemplarisch aufzeichnet:

„Im April 2001 wurden *arbeitstäglich* Derivate mit einem Anspruchswert von 2.209 Mrd. Dollar an Börsen und weitere 575 Mrd. Dollar ohne Dazwischenschalten einer Börse (over the counter, OTC) gehandelt. Dieses Handelsvolumen von 2.784 Mrd. Dollar ist mehr als das Doppelte des täglichen Devisenhandels. Bei 250 Arbeitstagen entspricht es einem kaum vorstellbaren Jahresumsatz von 696 Billionen Dollar. Allein der Umsatz an den Derivatbörsen hatte sich gegenüber 1990 mehr als vervierfacht" (Huffschmid 2002: 52).[5]

Die Ausdehnung des Welthandels alleine kann die hohe Liquidität auf den globalen Finanzmärkten nicht erklären. Für den Umsatz des Welthandels und der Direktinvestitionen würden drei bis fünf Prozent der Devisenumsätze ausreichen. Zwischen 1985 und 1995 haben sich die Finanzströme um das 1500fache erhöht. Die internationalen Kapitalbewegungen haben sich verselbstständigt und dienen nur noch in geringem Maße der Finanzierung des Außenhandels und der Investitionen (Börner 2003). Werden die Bestandswerte der internationalen Direktinvestitionen zwischen 1980 und 1999 analysiert, zeigt sich, dass sich diese fast verzehnfacht haben. Das stärkste Wachstum ist in den 1990er Jahren zu beobachten. Die regionale Ausrichtung der internationalen Direktinvestitionen verdeutlichen, dass Unternehmen aus Industrieländern ca. 90% der internationalen Direktinvestitionen tätigen, während es 1980 noch ca. 97% waren. (HWWA 2002). Etwa zwei Drittel der weltweiten Investitionen werden von den fünf führenden Herkunftsländern USA, Vereinigtes Königreich, Deutschland, Japan und Frankreich getätigt (Barth 1998). Diese fünf Länder sind auch die größten Empfängerländer von internationalen Direktinvestitionen, gleichwohl sind mittlerweile auch Entwicklungs- und Schwellenländer zu wichtigen Empfängerländern geworden (Barth 1998). Nach Angaben des HWWA fließen ca. zwei Drittel der weltweiten internationalen Direktinvestitionen in Entwicklungsländer. Dabei erhielten neben Lateinamerika (Brasilien, Mexiko, Argentinien) und Asien/Pazifik (Hongkong, ASEAN) vor allem China und die europäischen Transformationsländer in den 1990er Jahren steigende Direktinvestitionen (HWWA 2002).

3 Geld- und Kreditwesen als öffentliches Gut

Die Stabilität des Geldwerts und die Integrität der Institutionen des Geld- und Kreditwesens stellen ein öffentliches Gut dar, welches für die menschliche Sicherheit in einer kapitalistischen Geldwirtschaft von zentraler Bedeutung ist (Altvater/Mahnkopf 2002; Wyplosz 1999). Geld hat, wie im folgenden gezeigt wird, eine soziale, politische und vor allem ökonomische Bedeutung.

So bergen die Forderungen der Versicherungskonzerne, Investment- und Bankgesellschaften, die zumeist noch national regulierten Finanzmärkte zu liberalisieren, erhebliche Risiken für Kapitalmärkte sowohl kleinerer Länder als auch ganzer Regionen. Erstens ist bereits ein geringer Umfang internationaler Investitionen für kleine und schwache Volkswirtschaften von hoher Bedeutung. Die jüngste Vergangenheit hat eindeutig gezeigt, dass die „finanzielle Invasion" der internationalen Investmentfonds in lateinamerikanischen, asiatischen und russischen „emerging markets“ die Absorptionsfähigkeit dieser Staaten überforderte. Bei ersten Anzeichen der Krise wurde das Kapital abrupt abgezogen. Diese Umkehr der Kapitalabflüsse hatte verheerende Konsequenzen für die lokale Ökonomie, die öffentlichen Staatshaushalte dieser Länder und die menschliche Sicherheit insbesondere für große Teile der ärmeren Schichten (Young 2003).

Zweitens können mit vergleichsweise geringem Kapitaleinsatz, der oft noch kreditfinanziert ist, große Marktbewegungen durch sogenannte Hedge-Fonds ausgelöst werden.[6] Eine besondere Rolle spielen dabei die Rating-Agenturen, deren Einschätzungen in der Regel an Risiko und Rendite für potentielle Anleger orientiert sind. Die ökonomischen und sozialen „Kosten“ des Ratings sind jedoch von den Schuldenländern zu tragen (Deutscher Bundestag 2002).

Die Instabilität auf den internationalen Finanzmärkten hat folglich einen „Preis“, der sich an den hohen sozialen, ökonomischen, politischen Kosten der Finanzkrisen des vergangenen Jahrzehnts in Asien, Lateinamerika und Russland messen lassen. Mit Recht deklariert Wyplosz (1999) deshalb finanzielle Stabilität als ein internationales öffentliches Gut, das wie Frieden und Sicherheit, Gesundheit, Wissen und Information, Umwelt und Kulturerbe, Recht und Gerechtigkeit für eine sozial und nachhaltig ausgerichtete Weltwirtschaft und für die menschliche Sicherheit außerordentlich wichtig ist. Umgekehrt kann finanzielle Instabilität als „public bad“ bezeichnet werden, da finanzielle Instabilität die Gefahr eines internationalen „spillovers“ birgt. Wenn Vermögenspreise eine starke Volatilität aufweisen, sind gleichzeitig Millionen von Entscheidungen (z.B. individueller Konsum und Investitionen von Firmen) davon betroffen. Aber auch nationale Regierungen werden mit unangenehmen Entscheidungen konfrontiert, die wiederum politische Instabilität über das betroffene Land hinaus auslösen können (Wyplosz 1999: 156, siehe auch Dieter in diesem Band).

Die Gründe für die hohe Liquidität auf den globalen Finanzmärkten und die dadurch immer wieder festgestellte Volatilität auf den Währungsmärkten hat Elmar Altvater in seinen zahlreichen Büchern und Aufsätzen detailliert analysiert. Auf der Basis der Marxschen Wertformanalyse des Geldes öffnet er den Blick für die „Verdinglichung- und Verselbständigungsprozesse“ der globalen Geldsphäre. Altvater betont dabei, dass die Finanztransaktionen nur noch begrenzt in Zusammenhang mit dem Welthandel stehen. Geld fungiert nur noch als Zahlungsmittel (zu 1% als Zirkulationsmittel, zu 99% als Zahlungsmittel) (Altvater/Mahnkopf 1996: 159). Die Analyse von Geld- und Finanzmärkten steht bei Altvater in einem breiten Kontext und baut auf der Tradition von Karl Marx und Karl Polanyi auf. Es wird nicht in erster Linie mit den unterschiedlichen Geldfunktionen argumentiert, sondern es wird von Geld als *spezifischer Wertform* ausgegangen. Über diese

Wertform wird gleichzeitig sowohl ein spezifischer gesellschaftlicher Zusammenhang hergestellt als auch verschleiert. Der soziale Prozess erscheint nur noch als Ausdruck von reiner „Sachlichkeit“. Geld ist aber, wie Altvater Marx zitiert, weder Schleier alleine noch „pfiffig ausgedachtes“ Auskunftsmittel noch neutrales Zirkulationsmittel. Vielmehr werden ökonomische Prozesse durch Geld gesteuert, wie dies die Geldanalyse zeigt.

„Dass der 'Reichtum der Nationen' (Adam Smith) nicht nur als ‚ungeheure' Warensammlung (Marx), sondern auch als *Geldvermögen* erscheint, hat mit dieser Form zu tun, die sich im Verlauf der historischen Entwicklung fantasiereich entwickelt hat. Denn Geld macht sinnlich und ist daher mindestens ebenso Anlass für Innovationen wie die Fortbewegungsmittel von der Kutsche bis zum Automobil oder die Technik des Produktionsprozesses.“ Eine Steigerungsdynamik ist somit ausgelöst und „mehr zu haben“ tritt nun an die Stelle von „besser zu sein“ (Altvater/Mahnkopf 1996: 145).

Die Globalisierung der Finanzmärkte hat den explosionsartigen Anstieg der Kapitalbewegungen ermöglicht. Aber diese ökonomischen Veränderungen können nicht im Kontext von Effizienz, Profit und Kosten diskutiert und erklärt werden, wie dies in der neoklassischen Ökonomie und dem Keynesianismus üblich ist. Vielmehr weist Altvater auf den sozialen, herrschaftlichen und ökologischen Prozess hin, der aber als solcher nicht unmittelbar in Erscheinung tritt, sondern als Ausdruck von reiner „Sachgesetzlichkeit“ erscheint, denen sich alle unterzuordnen haben. Ob im Zuge der Globalisierung die durch Finanzkrisen gebeutelten Schwellenländern sich dem Diktat der Strukturanpassungsprogramme des IWF anpassen müssen oder die europäischen Mitgliedsstaaten sich einer restriktiven Fiskalpolitik beugen, zeigt, dass der „Sachzwang“ des Geldes globalisiert wurde und nun von der Existenz eines „ubiquitären Geldfetisches“ ausgegangen werden kann (Altvater/Mahnkopf 1996; Altvater/Mahnkopf 2002; Altvater 1996).

Die gegenwärtigen Globalisierungstendenzen sind Resultat mehrfacher, miteinander verschränkter „Entbettungsvorgänge“ (Polanyi), die ihrerseits fossile und technische Voraussetzungen und aber auch soziale Konsequenzen haben und der Wirtschaft ihre „Sachgesetze“ aufzwingen. Die „Entbettung“ des Geldes aus der Wirtschaft deutet darauf hin, dass Geld nicht nur Mittel des Warentausches und Zirkulationsmittel ist. Vielmehr misst Geld sich mit dem Zins nur noch an sich selbst. Geld wird vom Kreditgeber vorgestreckt, um nach Ablauf der Leihfrist mehr zurückzuerhalten. Hier treten zwei Seiten des Geldes in Erscheinung. Die Vermögensseite derjenigen, die über monetäre Aktiva verfügen, und die Schuldnerseite derjenigen, die Vermögensbesitzer mit dem Schuldendienst zu bedienen haben. Geld ist somit Doppeltes: eine Forderung (Geldvermögen) einerseits, der aber andererseits eine Verpflichtung (Schuld) andererseits entspricht. Die durch Geld manifestierte gesellschaftliche Spaltung in Schuldner und Gläubiger ist Ausdruck der „Verselbständigung der äußerlichen Wertgestalt eines sozialen Verhältnisses in dinglicher Form (in Geldform)“ (Altvater/Mahnkopf 1996; Heinrich 1999).

Die „Entkoppelung“ der monetären von der realen Akkumulation hat daher nicht nur den quantitativen Ausdruck überschießender Finanzkontrakte über realwirtschaftliche Umsätze, sondern die qualitative Wirkung einer Unterwerfung der realen ökonomischen und sozialen Verhältnisse unter das Finanzsystem. Die zunehmende Verschuldungsquote von Konsumenten, Unternehmen und von öffentlichen Haushalten und Staaten ist ein Ausdruck für die relative Verselbstständigung monetärer Prozesse und den daraus abgeleiteten Instabilitäten der Weltwirtschaft. Es sind diese theoretischen Einsichten in die „Gewalt des Geldes“ (Altvater/Mahnkopf 1996: 169), die in der derzeitigen Euphorie der Liberalisierungsdiskussion in Vergessenheit geraten und ihren sichtbarsten Ausdruck in den weltgesellschaftlichen Beziehungen zwischen Geldvermögensbesitzern und Schuldnern finden.

4 Globale Akteure als Motor der weltweiten Liberalisierungsprozesse

Vor dem Hintergrund des rasanten Anstiegs des Geldvermögens auf den Finanzmärkten ist es nicht verwunderlich, dass besonders der Druck seitens des amerikanischen Finanzsektors die Dienstleistungen auf die Tagesordnung der WTO-Verhandlungen gebracht hat. David Hartridge, Direktor der Abteilung „Trade in Services“ in der WTO, gab dies auf einem Symposium[7] im Jahr 1997 zu verstehen:

> „Ohne den enormen Druck des amerikanischen Finanzsektors, namentlich von Konzernen wie American Express und Citicorp, hätte es kein Abkommen über die Dienstleistungen und daher vielleicht auch keine Uruguay-Runde und keine WTO gegeben“ (Hartridge zit. nach George 2002: 15).

Auch große amerikanische Industrieunternehmen betätigen sich zunehmend auf Finanzdienstleistungsmärkten. So gehören z.B. General Motors, Ford, Exxon und IBM zu den größten Anbietern von Finanzdienstleistungen. Gleiches gilt für Industrieunternehmen aus Ländern der EU und der OECD. Die OECD entwickelte bereits 1961 Kodizes zur Liberalisierung des gesamten Spektrums internationaler Kapitalbewegungen und zum schrittweisen Abbau aller Beschränkungen für bestimmte unsichtbare Transaktionen. Fast alle OECD Mitgliedsstaaten hatten bis Ende 1992 ihre Kapitalverkehrskontrollen abgeschafft. Bei der Überprüfung im Jahre 1992 wurden die Liberalisierungslisten für die Finanzdienstleistungen noch erweitert (Barth 1998).

Für global agierende Banken ist der Handel mit Wertpapieren gegenüber dem traditionellen Kreditgeschäft (Verbriefung von Finanzbeziehungen) charakteristisch. Ihre Funktion ist nicht mehr auf langfristige Kreditvergaben beschränkt, sondern sie treten als Vermittler von Bank- und Finanzdienstleistungen auf. Ihre Profite beziehen sie folglich weniger aus Zinsdifferenzen für Spareinlagen und Kreditausleihungen als aus Provisionen aus Aktien- und Wertpapierhandel und für Beratungstätigkeiten (Deutscher Bundestag 2002: 69). Besonders die Entwicklung der Direktinvestitionen in ausländische Banken, Kapitalanlagegesellschaften und Finanzierungsinstitutionen illustrieren die zunehmende Bedeutung von Bank- und Finanzdienstleistungen. Auch die Versicherungsmärkte expandieren durch die steigenden Direktinvestitionen im Ausland, da die zunehmenden Handelsströme die Nachfrage nach Versicherungen erhöhen. Derzeit ist das Volumen des grenzüberschreitenden Versicherungsgeschäftes weltweit noch relativ begrenzt. Aber die Liberalisierung und Deregulierung der Märkte ermöglicht die Expansion des grenzüberschreitenden Handels besonders bei den Rückversicherungen (Gesamtverband der Deutschen Versicherungswirtschaft: 2003).

Entsprechend dieser neuen grenzüberschreitenden Möglichkeiten sind globale Banken, Kredit- und Finanzinstitute sowie Versicherungsunternehmen ein zentraler Motor der weltweiten Liberalisierungsprozesse. Banken sehen in den noch existierenden staatlichen Regulierungen vor allem institutionelle Handelshemmnisse. So wird bemängelt, dass diese die grenzüberschreitenden Niederlassungen von Banken im Ausland und deren Tätigkeiten einschränken. Dies betrifft insbesondere die Beschränkungen der Niederlassung, wirtschaftliche Bedarfsprüfung, Beschränkung der Investitions- und Beteiligungsmöglichkeiten, sowie auch staatliche Monopole (Bundesverband Deutscher Banken 2003). Des weiteren identifiziert Barth „Diskriminierungen und Einschränkungen der Geschäftstüchtigkeit zugelassener ausländischer Banken, z.B. Beschränkungen des Devisen- und Kapitalverkehrs, des Direktkundengeschäfts, des Börsenhandels und der Refinanzierung" (Barth 1998: 72). Zudem werden auch die staatlichen Regulierungen für den Zugang des ausländischen Personals in die Liste der Liberalisierungshemmnisse aufgenommen. Die Versicherungen wiederum erwarten einen lukrativen Markt für Erst- und Rückversicherer in den Schwellenländern und fordern die Öffnung der Versicherungsmärkte in diesen Ländern (Gesamtverband der Deutschen Versicherungswirtschaft, GDV: 2003).

Dass gerade die nationalstaatlichen Kapitalverkehrskontrollen und Regelungen in Malaysia, Chile und China die Auswirkungen der Finanzkrisen auf die lokale Ökonomie im Vergleich zu den Staaten mit offenen Kapital- und Devisenmärkten „abfedern" konnten, scheint in den derzeitigen Liberalisierungsforderungen der Industriestaaten an die Schwellenländer in Vergessenheit geraten zu sein.

Liberalisierung der Finanzmärkte und Finanzdienstleistungen ist kein Naturereignis sondern - wie Elmar Altvater auch immer wieder betont - vordergründig ein „politisches Projekt“, gesteuert und gefördert von globalen Akteuren. Liberalisierung ist für diese Akteure gleichbedeutend mit mehr Freiheit und vor allem Effizienzgewinnen auf den globalen Dienstleistungsmärkten. Die letzten Handelshemmnisse müssen abgebaut und die Regierungen verpflichtet werden, sich den ehernen Gesetzen des „Sachzwanges der Finanzmärkte“ anzupassen. Zu diesen globalen Liberalisierungsakteuren gehört auch die EU, die dem US-amerikanischen Liberalisierungsbemühungen keineswegs nachsteht.

5 Der europäische Binnenmarkt und die Liberalisierung von Finanzdienstleistungen

In den derzeitig kontrovers geführten öffentlichen Debatten wird das General Agreement on Trade in Services (GATS) als die treibende Kraft für die Liberalisierung des Dienstleistungssektors deklariert. Übersehen wird dabei, dass keineswegs alle oder die meisten Veränderungen von diesem Abkommen ausgehen. Der stärkste Deregulierungsdruck stammt vom europäischen Binnenmarktprogramm. Seit der Entstehung des Gemeinsamen Marktes werden die vier Grundfreiheiten (Freiheit des Warenverkehrs, des Dienstleistungsverkehrs, die Freiheit des Kapitalverkehrs, sowie des Personenverkehrs) sukzessive durchgesetzt (Yalçin/Scherrer 2002). Die ersten Schritte zur Liberalisierung des Kapitalverkehrs wurden bereits 1961 eingeleitet. Die OECD-Liberalisierungskodizes verpflichteten andere OECD-Mitgliedstaaten zur Marktöffnung des gesamten Spektrums internationaler Kapitalbewegungen sowie der unsichtbaren Transaktionen. Aber erst mit der Absichtserklärung, einen gemeinsamen europäischen Binnenmarkt zu schaffen, wurde im Weißbuch von 1985 zur Vollendung des Binnenmarktes und der „Einheitlichen Europäischen Akte“ von 1987 beschlossen, alle Hindernisse für den freien Dienstleistungsverkehrs innerhalb der Gemeinschaft zu beseitigen.

Aufgrund der Richtlinie 88/361/EWG zur vollständigen Liberalisierung des Kapitalverkehrs wurden alle Kapitalverkehrskontrollen innerhalb der Gemeinschaft aufgehoben. Die Zweite Bankenrechtskoordinierungsrichtlinie vom 15.12.1989 über die Zulassungsbedingungen für Banken, Eigenmittelanforderungen und Bankenaufsicht hat im Wesentlichen die Dienstleistungs- und Niederlassungsfreiheit für Banken in der Gemeinschaft gesichert (Barth 1998: 55). Ein zentrales Element ist der so genannte „Europäische Pass“, wonach die Zulassung und Aufsicht einer Bank in ihrem Herkunftsland durch alle Mitgliedsstaaten anerkannt wird. Nach der Zulassung in einem Mitgliedstaat können Finanzinstitute ohne weitere Zulassung Filialen gründen und grenzüberschreitende Geschäfte tätigen (Bundesverband

Deutscher Banken 2001; Scherrer/Fritz/Mosebach 2003).[8] Des weiteren wurde auch in der zweiten und dritten „Koordinationsrichtlinie Schaden" 1988 bzw. 1992 grenzüberschreitende Tätigkeiten der Versicherungsunternehmen in der Schadenversicherung ohne Niederlassung im Ausland festgeschrieben.

Zwar konnten nicht alle Gesetzgebungsvorschläge bis Ende 1992 abgeschlossen werden. So bemängelt die Europäische Gemeinschaft im Juni 2002, dass das Klima sich zwar verbessert habe, „doch ist noch Einiges zu tun" (Europäische Gemeinschaft 2002). Die EU-Liberalisierungsmaßnahmen im Finanzdienstleistungssektor gehen den WTO-Verhandlungen bezüglich des Tempos und der weitgehenden Finanzmarktintegration weit voraus. Parallel zu den Verhandlungen über Finanzdienstleistungen innerhalb des GATS-Abkommens hat der Europäische Rat von Lissabon das Jahr 2005 als Frist für die Errichtung eines integrierten europäischen Finanzdienstleistungsmarkts gesetzt. Im Rahmen des umzusetzenden Aktionsplans[9] für Finanzdienstleistungen (FSAP) wurden - basierend auf den Beratungen der Politischen Gruppe für Finanzdienstleistungen (FSPG), die sich aus den persönlichen Vertretern der Finanzminister und der Europäischen Zentralbank zusammensetzt - drei strategische Liberalisierungsziele festgelegt:

- Errichtung eines einheitlichen Firmenkundenmarktes für Finanzdienstleistungen
- Schaffung offener und sicherer Privatkundenmärkte
- Modernisierung der Aufsichtsregeln.

Bereits im vorigen Jahre hat der Europäische Rat und das Europäische Parlament Richtlinien über den Fernabsatz von Finanzdienstleistungen, Finanzsicherheiten, Versicherungsvermittlung, Marktmissbrauch, Finanzkonglomerate und Einrichtung zur betrieblichen Altersversorgung verabschiedet. Dazu gehört auch die weitere Integration der Wertpapiermärkte („Lamfalussy-Vorschläge") und das vom Rat gebilligte Vier-Stufen-Konzept für die Liberalisierung der Wertpapierdienstleistungen. Ferner wurde eine endgültige Verordnung über die Anwendung internationaler Rechnungslegungsgrundsätze angenommen. Die zum Teil kriminellen Machenschaften im Bilanzskandal des zusammengebrochenen US-Energiehändler Enron veranlasste die Kommission, konsolidierte Abschlüsse von börsennotierten Unternehmen aus der EU ab dem Jahr 2005 nach den International Accounting Standards (IAS) erstellen zu lassen. Weitere Richtlinien für Börsenprospekte, Abwicklung von Übernahmeangeboten und Vorschläge für eine Richtlinie über grenzübergreifende Zusammenschlüsse sind für 2003 geplant. Des weiteren sind eine Ergänzung der nach den Ereignissen des 11. September 2001 erlassenen Geldwäsche-Richtlinie sowie die Umsetzung der geänderten Eigenkapitalvorschriften für Kreditinstitute und Wertpapierfirmen im Anschluss an die Diskussionen im Baseler Ausschuss der G-10 bis 2006 geplant (Europäische Gemeinschaft 2002).

Unter Ausschluss der breiten Öffentlichkeit wird die Umsetzung des Aktionsplans für Finanzdienstleistungen (FSAP) von der Europäischen Gemeinschaft mit hohem Tempo vorangetrieben. In den EG-Fortschrittsberichten zu den Finanzdienstleistungen[10] äußert die Europäische Gemeinschaft Bedenken hinsichtlich des in der Vergangenheit zu langsam erachteten Umsetzungstempos der Legislativverfahren. Sie fordert, die Lesungen zu verkürzen: „Auch größtmögliche Zusammenarbeit zwischen den EU-Institutionen ist von zentraler Bedeutung, soll die Annahme in möglichst vielen Fällen in einer einzigen Lesung oder in einer beschleunigten zweiten Lesung erreicht werden" (Europäische Gemeinschaft 2002: 5).

Hier stellt sich die Frage, wie die Stabilität der Finanzmärkte als öffentliches Gut geschützt werden kann, wenn Liberalisierungsprozesse ohne ausreichende demokratische Mitbestimmung in den entsprechenden Institutionen im Schnellverfahren entschieden werden. Diese undemokratische Vorgehensweise führt dazu, dass die Vor- und Nachteile der Liberalisierung der Finanzdienstleistungen im Hinblick auf Beschäftigungsauswirkungen, Wettbewerbsfähigkeit und verbesserter Service-Qualität in den einzelnen Mitgliedsstaaten nicht diskutiert werden können. Peter Wahls Forderung einer Entschleunigung der WTO-Verhandlungen kann somit auch auf die EU übertragen werden: „Tempo raus, Komplexität raus. Demokratie rein" (Wahl zitiert in: Die ZEIT 2003: 18).

Die durch den europäischen Binnenmarkt initiierte Liberalisierung von Finanzdienstleistungen wird derzeit sukzessive in den parallel stattfindenden GATS-Verhandlungen auf globaler Ebene ausgeweitet. Somit können die Dienstleistungsliberalisierungen innerhalb der EU und des GATS als sich ergänzende Liberalisierungsebenen verstanden werden. Yalçin/Scherrer (2002) deuten zu Recht darauf hin, dass einige derzeit noch regulierte Bereiche über die GATS-Verhandlungen unter Liberalisierungsdruck gesetzt werden können. Zudem können mögliche nationale Forderungen nach einer Rücknahme von Liberalisierungen zukünftig durch einen Verweis auf GATS-Verpflichtungen abgewiesen werden. Wie bereits in der Einführung erwähnt, stehen die GATS-Verhandlungen derzeit in der öffentlichen Kritik. Wichtig ist dabei jedoch zu betonen, dass die Liberalisierungsmaßnahmen als ein Mehrebenenprozess betrachtet werden müssen und der stärkste Liberalisierungsdruck vom europäischen Binnenmarkt ausgeht.

Verhandlungsgeschichte und Zeitplan der Finanzdienstleistungen in der WTO

– 1993	Keine Einigung zum Abschluss der Uruguay Runde über ein Finanzdienstleistungsabkommen. Beratungen zum Rahmenvertrag anschließend dreimal vertagt
– 1995	Von der EU moderiertes Interim Abkommen ohne Beteiligung der USA
– 1997	Unterzeichnung des 5. Protokolls zum GATS. 56 WTO-Mitgliedsstaaten reichten Liberalisierungsverpflichtungen ein
– 1999	Inkrafttreten des 5. Protokolls zum GATS. 102 WTO Mitgliedsstaaten übernahmen Verpflichtungen zur Liberalisierung
– 1999	Ablauf der Fristen für die nationale Ratifizierung und Umsetzung des Abkommens
– 1999	3. WTO-Ministerkonferenz in Seattle gescheitert
– 2000	Aufnahme der vertragsgemäßen Liberalisierungsverhandlungen des GATS-Abkommens. Auf der Basis der Verpflichtungsliste zum 5. Protokoll wird verhandelt
– 2001	4. WTO-Ministerkonferenz in Doha, Katar (November 9-13). „Doha Entwicklungsrunde“. Zeitplan für die weiteren GATS-Verhandlungen vereinbart:
– Juni 2002	Austausch gegenseitiger Marktzugangsforderungen („requests“) der WTO-Mitgliedsstaaten. Die EU hat an 109 Länder jeweils länderspezifische differenzierte Liberalisierungsanforderungen für alle Dienstleistungen übermittelt und Forderungen von 35 WTO-Mitgliedern, darunter 27 von Schwellenländern, erhalten.
– März 2003	Abgabe von Liberalisierungsangeboten („initial draft offers“) der WTO-Mitglieder in Genf. Insgesamt sind derzeit 16 „initial draft offers“ eingegangen (weniger als 1/8 der WTO-Mitgliedsstaaten)
– 2003	5. WTO-Ministerkonferenz in Cancún, Mexiko (10.-14. September). Im Bereich Finanzdienstliberalisierung wird aufgrund der eingereichten Marktzugangsforderungen und Liberalisierungsangebote in den nachfolgenden Verhandlungen eine neue Verhandlungsdynamik beginnen
– Januar 2005	Abschluss der WTO-Verhandlungen

6 Das GATS-Abkommen – Liberalisierung von Finanzdienstleistungen

6.1 Die Verhandlungsgeschichte

Das Allgemeine Abkommen über den Handel mit Dienstleistungen liefert den Rahmen für multilaterale Verhandlungen über die Liberalisierung von über 160 Dienstleistungsbereichen. Diese umfassen u.a. Finanzdienstleistungen, Gesundheits- und Bildungsdienstleistungen, Verkehrswesen, Kommunikation, Energie- und Wasserversorgung wie auch die Freizügigkeit von Personen (Modus 4) (Fritz/Scherrer 2002). Bei Abschluss der Uruguay-Runde 1993 konnte keine Einigung über die Aufnahme eines Finanzdienstleistungsabkommen in das Rahmenabkommen der Welthandelsorganisation (WTO) erzielt werden. Lediglich die Vertagung des Finanzdienstleistungssektors wurde mit zwei anderen Dienstleistungsbereichen in der Schlussakte der Uruguay-Runde 1994 festgehalten. Die Verschiebung der Verhandlung wurde aufgrund der umfassenden Forderungen für die Finanzdienstleistungsliberalisierung der USA notwendig, die weit über die Erwartungen anderer Verhandlungsparteien hinausgingen. Die USA sah in der weitreichenden Expansion des internationalen Dienstleistungssektors einen komparativen Wettbewerbsvorteil, um ihr steigendes Defizit im Warenverkehr auszugleichen. Erst nach Inkrafttreten der WTO-Verträge wurde ein von der EU moderiertes Interim-Abkommen im Jahr 1995 ohne Beteiligung der USA ausgehandelt. Die USA legte eine zeitlich begrenzte *Meistbegünstigungsausnahme*[11] ein, die erst dann zurückgenommen wurde, als in den weiteren Verhandlungen Liberalisierungsangebote gemacht wurden, die den Interessen der USA entsprachen (Werner 1999).

Im Dezember 1997 gelang dann eine Einigung, die auch die USA zur Zustimmung bewegte. Ausschlaggebend war dabei die Unterstützung der amerikanischen Interessensvertretung des Finanzdienstleistungssektors. In einem Schreiben signalisierte die Coalition of Services Industries (CIS) an den US-amerikanischen Kongress: „We believe that the offers on the table provide significant commercial opportunities for the US financial services industry ..." (Werner 1999: 19). Zum Zeitpunkt des Inkrafttretens des 5. Protokolls zum GATS (1999) hatten von insgesamt 132 WTO-Mitgliedsstaaten 102 Liberalisierungsangebote für das Finanzdienstleistungsabkommen unterbreitet. Auf der Grundlage des Understanding on Commitments in Financial Services haben alle 25 Industrieländer der WTO sowie 77 Entwicklungs- und Schwellenländer ihre Liberalisierungsangebote vorgelegt.

Das GATS-Abkommen zu den Finanzdienstleistungen kam vor allem durch den Druck der Industrieländer zustande, die sich dadurch den Zugang zu lukrativen Finanzmarktgeschäften in asiatischen und lateinamerikanischen Schwellenländern sichern wollten. Dagegen stand die Mehrzahl der Entwicklungsländer in der WTO, die an der Liberalisierung der Dienstleistungssektoren wenig Interesse hatten. Entwicklungsländer befürchteten, dass ihr eigener Servicesektor zu schwach entwickelt sei, so dass sie zum einen dem verschärften Wettbewerb nicht standhalten könnten. Zum anderen seien ihre Finanzdienstleistungen für den Export zu unterentwickelt, um die GATS Regelungen für ihren eigenen Vorteil zu nutzen (Deutscher Bundestag 2002). Der Widerstand der Entwicklungsländer führte dazu, dass sie in der Gestaltung des GATS-Rahmenvertrages wichtige formale Zugeständnisse erreichen konnten. So schreibt der Vertragtext vor, dass jedes Land entscheiden kann, ob, in welchen Sektoren und mit welchen Begrenzungen und Auflagen Liberalisierungmaßnahmen vorgenommen werden. In den zentralen Vertragsverpflichtungen wurde der *Marktzugang*[12] (GATS Artikel XVI) und die *Inländerbehandlung*[13] (GATS Artikel XVII) als *spezifische Verpflichtungen* aufgenommen, d.h. Marktzugang und Inländerbehandlung beziehen sich nur auf diejenigen Sektoren, für die Staaten Länderlisten angeboten haben. Andererseits verlangt das *Meistbegünstigungsprinzip* (GATS Artikel II), dass Liberalisierungszugeständnisse ohne Ausnahme auf alle anderen Vertragsparteien zu übertragen sind. Somit soll eine Diskriminierung zwischen WTO-Mitgliedstaaten vermieden werden. Neben der Meistbegünstigungsklausel gehört auch das Gebot der *Transparenz*[14] (Artikel III GATS) zu den *allgemeinen Vertragsverpflichtungen*, die von allen Mitgliedstaaten eingehalten werden müssen (Fritz/Scherrer 2002).

Scherrer/Fritz/Moselbach (2003) machen in ihrem Gutachten zur GATS-Dienstleistungsliberalisierung darauf aufmerksam, dass die Meistbegünstigungsklausel ein äußerst effektiver Mechanismus für die weltweite Ausbreitung von Handelsliberalisierung sei. Zwar ist es möglich, individuelle Abweichungen von der Meistbegünstigungspflicht vorzunehmen, aber diese Ausnahmeregelungen gelten prinzipiell nur als Übergangslösung. Nach fünf Jahren sollen sie durch den GATS-Rat überprüft werden und nach zehn Jahren vollständig entfallen. Die neue Handelspolitik unterscheidet sich gerade in diesem Punkt - der Institutionalisierung einer progressive Liberalisierung bereits im Vertragstext - von ihrem Vorläufer. „In Artikel XIX (1) GATS verpflichten sich die Vertragsparteien, in Zukunft weitere Verhandlungsrunden mit dem Ziel anzugehen, ein höheres Liberalisierungsniveau für den internationalen Diensthandel zu erreichen." (Werner 1999: 24)

Somit ist die Beschwichtigung seitens der WTO, dass GATS niemanden zwingt, seine Dienstleistungsmärkte für ausländische Konkurrenten zu öffnen, eine Versprechung, die die asymmetrischen Machtverhältnisse und die unterschiedlichen Kapazitäten zwischen den Industriestaaten und Entwicklungsländern gänzlich unberücksichtigt lässt. Deshalb gibt Kamal Malhotra (UNDP 2003) zu bedenken, dass viele Entwicklungsländer nicht in der Lage sind, die Flexibilität und die günstigen Regelungen in der tatsächlichen Anwendung des Abkommens für sich zu nutzen. Dass das GATS-Abkommen eher den Interessen der Industrieländer entspricht, zeigt sich auch daran, dass die Entwicklungsländer mit ihrer Forderung, die weitere Liberalisierungsmaßnahmen an Fortschritte bei der Freizügigkeit des Dienstleistungspersonals (Mode 4) zu koppeln, nicht durchsetzen konnten. Viele Schwellenländer kritisieren den „befristeten Zuzug von gelernten und ungelernten Arbeitskräften“ und sehen gerade in der Erweiterung des Zugangs zu den Arbeitsmärkten in den Industriestaaten positive Effekte für Entwicklungsländer (Malhotra 2003).[15] Für den Finanzdienstleistungssektor steht der Grenzübertritt natürlicher Personen (Mode 4) im Vergleich mit der Tourismusbranche oder der Computerbranche nicht an erster Stelle.

In der Erbringung der Dienstleistungen unterscheidet das 1995 in Kraft getretene Rahmenabkommen vier Formen der Erbringung, die so genannten „Modes“ (Art I, (2), GATS). Im folgenden Kasten werden selektive Beispiele anhand der unterschiedlichen Erbringungsformen im Finanzdienstleistungssektor aufgezeigt:

Formen der Internationalen Dienstleistungserbringung Finanzdienstleistungen[16]

Mode 1: Internationaler Handel (Grenzüberschreitende Erbringung)
Eine Bank aus Land A gewährt einem Unternehmen aus Land B einen Kredit zur Finanzierung eines Importes aus Land A.

Mode 2: Konsum im Ausland
Eine Privatperson aus Land B reist nach Land A, um bei einer dortigen Bank Sorten zu tauschen

Mode 3: Kommerzielle Präsenz
Banken, Versicherungsunternehmen und Wertpapierhäuser bieten in ihren Auslandsniederlassungen Leistungen an Privat- und Geschäftskunden an.

Mode 4: Grenzübertritt des Dienstleistungserbringers
Von einer Bank oder Versicherungsunternehmen in Land A nach Land B entsandtes Personal

(Werner 1999: 36; Bundesverband deutscher Banken 2001).

6.2 Innerstaatliche Regulierung, Aufsichtsrecht und Streitschlichtungsverfahren

Dienstleistungen, die „in Ausübung hoheitlicher Gewalt erbracht“ werden (Art. I, Abs. 3b GATS) sind vom GATS-Abkommen ausgenommen. Unklarheit besteht darüber, was als hoheitliche Aufgabe unter dem GATS gelten soll. Ob öffentliche

Güter, die zur Befriedigung grundlegender gesellschaftlicher Bedürfnisse dienen, als Dienstleistungen „in Ausübung hoheitlicher Gewalt" gelten, wird durch den Zusatz in Art. I, Abs. 3c nivelliert, wonach als Dienstleistungen in hoheitlicher Gewalt nur jene gemeint sind, „die weder zu kommerziellen Zwecken noch im Wettbewerb mit einem oder mehreren Dienstleistungserbringern erbracht" werden (Scherrer/Fritz/Mosebach 2003: 33). Mit anderen Worten: Nur wenn kein privater Anbieter diese Dienstleistung gleichzeitig mit der öffentlichen Vorsorge anbietet, kommt die Bestimmung „in Ausübung von hoheitlicher Gewalt" zum Tragen. Absatz 2 des Anhangs zu Finanzdienstleistungen garantiert die Integrität und die Stabilität des Finanzsystems. Damit werden Souveränitätsrechte des Staates zur Garantie der Stabilität und Integrität des Finanzsystems gewährleistet und die Tätigkeiten einer Zentralbank oder einer Währungsbehörde als hoheitliche Aufgabe deklariert. Widersprüchlich bleibt aber weiterhin die genaue Reichweite dieser Rechte. Einerseits besagt Artikel XII GATS, dass Mitgliedstaaten Beschränkungen des Zahlungs- und Überweisungsverkehrs im Fall von Zahlungsbilanzkrisen vornehmen können. Gleichzeitig besagt aber Absatz 2, „dass die Unterzeichnerstaaten die Souveränitätsrechte nicht zur Umgehung der eigentlichen Vertragspflichten benutzen dürfen" (Werner 1999: 29). Diese Regelung widerspricht der zuvor genannten Vertragsregelung in Absatz 2 und somit bleibt die genaue Reichweite der Souveränitätsrechte der Mitgliedsstaaten unklar.

In der Gestaltung der Souveränitätsrechte gibt es eine weitere Ausnahmeregelung. Die Vertragsparteien dürfen „Maßnahmen zum Schutz von Sparern, Versicherungsunternehmern, Investoren etc. ergreifen" (Werner 1999). Dieser aufsichtsrechtliche Vorbehalt, der unter dem Begriff *prudential carve out* bekannt ist, belässt das Aufsichtsrecht für Kernbereiche nationalstaatlicher Wirtschaftspolitik ungeachtet etwaiger sonstiger Bestimmungen des Übereinkommens bei den Unterzeichnerstaaten. Eine zusätzliche Besonderheit in Bezug auf die Finanzdienstleistungen betrifft das *Streitschlichtungsverfahren*[17] mit zwei, nur die Finanzdienstleistungen betreffenden Sonderregelungen. Die Besetzung der Ausschüsse zur Streitschlichtung im Finanzdienstleistungssektor dürfen nicht allein mit Handelsexperten besetzt werden, sondern zusätzlich mit Fachexperten (Vertreter von Finanzministerien, Aufsichtsämtern und Zentralbanken), die die „erforderliche Sachkenntnis bezüglich der umstrittenen speziellen Finanzdienstleistungen besitzen" (GATS-Anlage zitiert in Scherrer/Fritz//Mosebach 2003: 33; Leroux 2002). Des weiteren besteht die Sonderregelung für Finanzdienstleistungen darin, „dass dieser Sektor von der Ultima ratio eines Streitschlichtungsverfahren, der sektorübergreifenden Rücknahme von Liberalisierungszugeständnissen, ausgenommen bleibt" (Werner 1999: 30). Folglich erlaubt die GATS-Anlage, „dass ein WTO-Mitglied bei der Regulierung seines Finanzmarktes aufsichtsrechtliche Maßnahmen eines anderen Mitglieds anerkennen kann" und „dass diese Anerkennung auf einer Vereinbarung oder Absprache mit dem betreffenden Land oder autonom gewährt werden kann" (Scherrer/Fritz/Mosebach 2003: 33-34).

6.3 Liberalisierungszugeständnisse im 5. Protokoll des GATS (1997)

Im GATS-Abkommen von 1997 haben Industrieländer bereits weitreichende Verpflichtungen besonders im sogenannten GATS-Mode 3 (Gründungs- und Betätigungsrechte im Ausland) übernommen. Das „Export-Interesse" der Banken, Wertpapierhäuser und Versicherungsgesellschaften ist erheblich im Hinblick auf die Niederlassungsrechte in Drittstaaten, wovon die Industriestaaten sich vor allem positive Wirkungen für das Zielland in Bezug auf Kapitalzuflüssen und den damit verbundenen Beschäftigungswirkungen versprechen. Auch für die wirtschaftlich bedeutenden Entwicklungsländer stand Mode 3 deutlich im Mittelpunkt der Verhandlungen. Weit weniger Verpflichtungen gingen die Industriestaaten beim grenzüberschreitenden Handel ein (Mode 1). Nur in 36% aller in den Länderlisten gebotenen Möglichkeiten wurden Zusagen gemacht. Diese geringen Zugeständnisse im grenzüberschreitenden Handel können auf die relativ neue Entwicklung dieser Erbringsform und auch auf Bedenken hinsichtlich aufsichtsrechtlicher Verbindlichkeiten zurückgeführt werden. Im Bereich der Erbringungsform Mode 2 (Konsum im Ausland) wird von einer begrenzten wirtschaftlichen Bedeutung ausgegangen. Sie spielt deshalb auch in den eingegangen Verpflichtungen nur eine untergeordnete Rolle. In der Erbringungsform des Grenzübertritts natürlicher Personen (Mode 4) haben Industriestaaten Angebote von über 90% aller Finanzdienstleistungsgeschäfte vorgelegt. Trotz dieser weitreichenden Zugeständnisse sind diese Angebote mit erheblichen Einschränkungen verknüpft (Werner 1999).

Die 77 Entwicklungsländer unter den 102 WTO-Mitglieder lagen trotz länderspezifischer Unterschiede in ihren Liberalisierungszugeständnissen 1997 weit hinter den Industrieländern. Wichtig ist hier zu betonen, dass die Zugeständnisse der Entwicklungsländer seitens der Industriestaaten differenziert beurteilt wurden. Das größte Interesse der Industrieländer zogen die asiatischen Schwellenländer auf sich, von denen sich die Industrieländer den Zugang zu lukrativen Finanzdienstleistungen versprachen, um die teilweisen Verluste auf den Warenmärkten mit diesen Ländern auszugleichen. In einer zweiten Gruppe rangieren größere Entwicklungsländer wie z.B. Indien, China, Ägypten, Südafrika, Brasilien, Argentinien wie auch Chile, Mexiko, Peru, Uruguay, Venezuela, Türkei und auch die osteuropäischen Transformationsländer. Das geringste Interesse zog die große Mehrzahl der Entwicklungsländer auf sich (eine Gruppe von 70-80 Ländern), die weniger als 3% des Bruttoinlandsprodukt erzeugen. Dreißig dieser Staaten beteiligte sich erst gar nicht an den Angeboten, andere wiederum legten Angebote vor, die die Zusagen der Industrieländer in den Formen der Dienstleistungserbringungsformen weit übertrafen (Werner 1999).

Diese - von dem Autor nicht weiter analysierte oder kommentierte - „Überraschung" wirft aber die Frage auf, ob die ärmsten der Entwicklungsländer überhaupt die ökonomischen und juristischen Fachkräfte und Kapazitäten vor Ort haben, um dieses komplexe GATS-Dokument mit seinen widersprüchlichen und verschlüsselten Regelwerk hinsichtlich der Liberalisierungsverpflichtungen und deren Auswirkungen auf die innerstaatlichen Verhältnisse interpretieren zu können.

6.4 Finanzdienstleistungsliberalisierungsforderungen und Angebote in der neuen GATS-Runde

Auf der 4. WTO-Ministerkonferenz in Doha, Katar, wurde 2001 der Zeitplan für die weiteren GATS-Verhandlungen vereinbart. Ende Juni 2002 mussten Mitgliedsstaaten ihre gegenseitigen Marktzugangsforderungen („requests") einreichen. Die EU hat an 109 Mitgliedsstaaten jeweils länderspezifische Anforderungen für alle Dienstleistungen übermittelt und Liberalisierungsforderungen von 35 WTO-Staaten, darunter auch 27 Schwellenländern, erhalten. Daraufhin mussten die WTO-Mitglieder ihre Liberalisierungsangebote bis März 2003 in Genf vorlegen. Insgesamt sind bis Ende April nur 16 „initial draft offers" eingegangen, dies ist weniger als 1/8 der WTO-Mitgliedsstaaten. Auf der Basis dieser länderspezifischen Marktzugangsforderungen und Liberalisierungsangebote hat auf der 5. WTO-Ministerkonferenz in Cançun von 10.-14. September 2003 eine neue Verhandlungsrunde begonnen, die dann bis Januar 2005 abgeschlossen sein soll.

Die hier nur selektiv diskutierten Forderungen und Angebote erheben keinen Anspruch auf Vollständigkeit.[18] Eine umfassende Analyse ist unter den gegebenen Umständen der Intransparenz kaum zu leisten. Obwohl die EU ihre länderspezifischen Forderungen am 4. Juli 2002 vorlegte, wurde die Öffentlichkeit und auch die nationalen Parlamente über deren Inhalt zunächst nur über „undichte Stellen" informiert. Der vollständige Text der 109 EU-Forderungen wurde erst durch die Internetpublikation des Polaris Instituts in Kanada bekannt (www.polarisinstitute.org/gats/main.html). Mike Waghorne von Public Service International gab dem Publikum auf einer Konferenz in Berlin zum Thema GATS-Dienstleistungsliberalisierung zu bedenken: „Democracy that works by leaks is not a democracy".[19]

Auf Grund der „Geheimdiplomatie" und des viel zu knappen Zeitraums für Beratungen der GATS-Dokumente hat das deutsche Parlament erstmalig in der Parlamentsgeschichte der Bundesrepublik gegenüber der EU-Kommision bei internationalen Verhandlungen einen Parlamentsvorbehalt eingelegt. Damit hat der

Bundestag auf die zunehmende Einschränkung der Parlamente bei der Gestaltung des GATS reagiert.[20] Auslöser waren die am 7. Februar 2003 von der EU-Kommission unter strikter Vertraulichkeitssauflage den nationalen Parlamenten übermittelten „initial draft offers", worauf den Mitgliedsstaaten eine Frist zur Stellungnahme bis 18. März 2003 eingeräumt wurde. In ihrem Bundestagsantrag stellten die Fraktionen SPD und Bündnis 90/Die Grünen am 12.03.2003 fest, dass die den Mitgliedstaaten gesetzte Frist zur Stellungnahme bis 18. März 2003 äußerst knapp ist „und den beteiligten Parlamenten keine angemessene Möglichkeit (bietet), sich sorgfältig zu informieren, Sachverständige anzuhören und eine der Bedeutung dieser Bereiche angemessene Willensbildung in den zentralen Fragen der Öffnung und Liberalisierung des Handels mit Dienstleistungen zu gewährleisten. (...) Die Vorstellung, internationale Verhandlungen ‚hinter verschlossenen Türen' führen zu können, entspricht weder der Bedeutung des Themas noch einschlägiger Erfahrungen mit anderen international verhandelten Regelwerken und Konventionen" (Deutscher Bundestag 2003b). In der Zwischenzeit haben auch die Niederlande einen Parlamentsvorbehalt zur Prüfung der Angebotsliste angekündigt (ver.di 2003).

Außerdem monierte Dr. Sigrid Skarpelis-Sperk, SPD-MdB und Sprecherin der Arbeitsgruppe Weltwirtschaft und Globalisierung der SPD-Bundestagsfraktion, dass die EU-Kommission einen „unzumutbaren sperrigen" englischen Text vorlegte, mit kryptischen Kürzeln, der auch für sie als Expertin kaum durchschaubar sei (zitiert in Die ZEIT 2003).

Die bisher an die Öffentlichkeit gedrungenen Liberalisierungsforderungen der EU an Drittstaaten richten sich vor allem an die weitere Öffnung der bereits erzielten Liberalisierungszugeständnisse von 1997 an Industrie- und wirtschaftskräftige Schwellenländer. So fordert die EU besonders den weiteren Abbau von verbleibenden Marktzugangshemmnissen für Niederlassungen im Ausland für Banken, Versicherungen und Investmenthäuser (GATS-Mode 3). Gemeint sind damit generell Marktzugangsrechte, Abbau von Diskriminierung, Abbau von Bedarfsprüfungen für die Errichtung ausländischer Niederlassungen („economic needs test"), Beteiligungsgrenzen, Limitierung der Anzahl ausländischer Filialen für bestimmte Etablierungsformen, die Vereinfachung der Lizenzierungsverfahren, die Aufhebung von Lizenzierungen oder Begrenzung „on foreign shareholding in subsidiaries abroad" sowie auch Liberalisierung des grenzüberschreitenden Handels wie z.B. für „reinsurance and provisions of financial information" (Mode 1) (http://europa.eu.int/comm/trade/services/gats_sum.htm).

Damit sind sehr spezifische Liberalisierungsforderungen an Industrie- und Schwellenländer verbunden, die besonders die Stabilität der Finanzmärkte in den Entwicklungsländern gefährden könnten. So erwähnen Scherrer/Fritz/Mosebach in ihrem Gutachten die Forderungen der EU an Argentinien, „dass niedergelassene

Banktöchter das Kapital ihrer europäischen Mutterkonzerne verwenden dürfen, um den argentinischen aufsichtsrechtlichen Kapitalanforderungen zu genügen" (2003: 37). Von Malaysia wird die vollständige Freigabe des Handels mit der inländischen Währung Ringgitt verlangt. Diese Forderung ist umso problematischer angesichts der Spekulationswelle gegen die asiatischen Währungen, die die verheerende Finanzkrise in diesen Ländern 1997/98 (mit-)auslöste. Des weiteren wird von Malaysia gefordert, die Regelung von 51% ausländischer Kapitalbeteiligung aufzuheben. Die Begrenzung der ausländischen Kapitalbeteiligung wurde jedoch gerade mit dem Ziel geschaffen, den malaysischen Banken- und Versicherungssektor vor zu großer ausländischer Konkurrenz zu schützen. Der malaysische Premierminister Mahathir Mohamad hat während der Verhandlungen 1997 seinen Einwand diesbezüglich bereits bekräftigt, in dem er betonte, dass die ausländische Firmen die lokalen Firmen verdrängen und dies zu Fusionen und Übernahmen führt (World Development Movement 2003). Auch von den Philippinen fordert die EU, Offshore-Töchtern ausländischer Banken Geschäfte in einheimischer Währung zu ermöglichen, sowie von Indien die Zulassung von derivativen Finanzgeschäften (Scherrer/Fritz/Mosebach 2003: 37).

Anhand dieser wenigen Beispiele kann abgeleitet werden, dass die EU eine Öffnung der Finanzdienstleistungsmärkte in Schwellenländern forciert, ohne die entwicklungspolitischen Probleme und möglichen Destabilisierungstendenzen auf den Finanzmärkten, die damit verbunden sein könnten, zu reflektieren (Singh 2001). Somit ist es nur konsequent, wenn der Gesamtverband der Deutschen Versicherungswirtschaft in der schriftlichen Stellungnahme zur öffentlichen Anhörung im Deutschen Bundestag am 07.04.2003 auf die Frage, welche Chancen GATS im Bereich der Entwicklungspolitisch hat, antwortet: „GATS ist ein Abkommen zur Erleichterung der grenzüberschreitenden Dienstleistungserbringung und nicht ein entwicklungspolitisches Instrument" (Deutscher Bundestag 2003a).

Aber auch von den EU-Staaten werden weitere sektorspezifische Liberalisierungen gefordert, die u.a. auch negative Auswirkungen auf den Beschäftigungsbereich des Finanzdienstleistungssektors in den einzelnen EU-Mitgliedsstaaten haben können. So fordern einige WTO-Mitglieder Lockerungen von staatlichen Auflagen. Die Schweiz fordert die Beseitigung von Garantie- und Kapitalisierungsanforderungen gegenüber Versicherungsfilialen. Von Japan kommt die Forderung nach einer Lockerung der Mindestreserveauflagen, und Australien verlangt von der EU eine „verpflichtende Offenlegung der Grundlagen, nach denen die EU-Staaten im Allgemeininteresse intervenieren". Im Bereich der Vermögensverwaltung fordert die Schweiz von der EU „to undertake full commitments for asset management", und Japan drängt auf eine EU-Verpflichtung, Pensionsfonds keine quantitativen Restriktionen aufzuerlegen. Außerdem verlangen mehrere WTO-Mitglieder (USA,

Japan, Kanada, Schweiz, Uruguay) für ihre Filialen den Zugang zum „europäischen Pass". Damit wird die rechtliche Gleichbehandlung von Filialen ausländischer Finanzinstitute in der EU eingeklagt. Als zusätzliche Forderung im Bereich der kommerziellen Präsenz von Investmentgesellschaften fordern Japan und Australien die innereuropäische Harmonisierung der Zulassung von Investmentgesellschaften sowie die Aufhebung von Beschränkungen für bestimmte Wertpapiere (Scherrer/Fritz/Mosbach 2003: 36).

Die von der EU vorgelegten spezifischen Liberalisierungsangebote vom 29. April 2003 betreffen vor allem die Bereiche „Kommerzielle Präsenz" (Mode 3) und „Grenzüberschreitender Handel" (Mode 1). Angesichts der Kürze der Zeit konnten diese Angebote nicht näher analysiert werden. Gleichzeitig muss noch einmal daran erinnert werden, dass die eingegangenen Forderungen und Angebote erst in der WTO-Runde von Cançun Gegenstand weiterer Verhandlungen werden und dass die derzeitigen Angebote jederzeit und grundsätzlich modifiziert werden können.

7 Liberalisierung der Finanzdienstleistungen als „Public Bad"?

Die bisherigen GATS-Verhandlungen in der WTO und die Liberalisierungsmaßnahmen auf dem europäischen Binnenmarkt zeigen, dass die Industrieländer die Marktöffnung der Schwellenländer und den grenzüberschreitenden Handel mit Finanzdienstleistungen angesichts von Innovationen wie e-commerce und e-banking weiter vorantreiben werden (Europäische Kommission 2001). Aus den schriftlichen Stellungsnahmen des Bundesverbands deutscher Banken und dem Gesamtverband der Deutschen Versicherungswirtschaft anlässlich der Anhörung zu GATS im Ausschuss für Wirtschaft und Arbeit des Deutschen Bundestages geht eindeutig hervor, dass auch die globalen Akteure in Deutschland die noch bestehenden nationalstaatlichen Marktzugangshemmnisse in der Europäischen Union sowie in anderen WTO-Mitgliedsstaaten beseitigt sehen wollen. Vor allem sehen sie große wirtschaftliche Vorteile, wenn Finanzdienstleistungsmärkte in Schwellenländern geöffnet werden (Deutscher Bundestag 2003a).

Wird jedoch von der Sicherheit, Stabilität und Integrität der Institutionen des Geld- und Kreditwesens als öffentliches Gut ausgegangen und werden nicht die Interessen der am „Shareholder Kapitalismus" (Young/Hegelich 2003) orientierten Geldvermögensbesitzer (Altvater/Mahnkopf 1996) in den Blickwinkel des ökonomischen Weltgeschehens genommen, dann müssen die derzeitigen globalen Liberalisierungsmaßnahmen im Finanzdienstleistungssektor kritisch beurteilt werden. Einerseits ist es zu begrüßen, dass die Europäische Union keine Liberalisierungsangebote über den Stand von 1995 im Bereich der öffentlichen Daseinsvorsorge (Gesundheits- und soziale Dienste, Bildungsdienstleistungen, Audiovisuelle

Dienstleistungen und auch im Bereich der Freizeit- und Kulturdienstleistungen) in die derzeitigen GATS-Verhandlungen eingebracht hat. Auch wenn dies noch nichts darüber aussagt, dass diese Bereiche nicht doch als Tauschoption für die Marktöffnung privater Dienstleistungen in die Endverhandlungen bis 2005 eingebracht werden.

Viel wichtiger ist aber zweitens, dass die Instabilitäten auf den Finanzmärkten einen „disziplinierenden" Druck auf die öffentliche Daseinsvorsorge ausüben. Das Diktat der Strukturanpassungsprogramme des IWF oder der rigide Stabilitätspakt in der Europäischen Union erscheinen nur noch als Form von reiner „Sachgesetzlichkeit". Diese verschleiert jedoch die sozialen und herrschaftlichen Prozesse. In Reaktion auf Strukturanpassungsprogramme kürzen Staaten ihre Ausgaben für soziale Dienstleistungen im Verhältnis zu den Ausgaben für militärische oder verwaltungstechnische Zwecke oftmals unverhältnismäßig stark, um den Haushalt zu konsolidieren. Die internationalen Finanzinstitute schließen ihre Augen vor der einfachen Wahrheit: Wer Schulden in harter Währung macht, muss auch in der Lage sein, diese irgendwann in harter Währung wieder abzutragen. Von Argentinien, Brasilien bis in die von der Finanzkrise betroffenen Länder in Asien hat sich dabei die soziale Reproduktion der Arbeitskraft und Reproduktion der „Care"-Ökonomie gravierend verschlechtert. Breite Bevölkerungsschichten bekamen die Auswirkungen der sozialen Krise zu spüren. Zunehmende Armut, Verelendung sowie der Abbau von staatlichen Subventionen und Fürsorgedienstleistungen gefährden darüber hinaus die menschliche Sicherheit und die Überlebenschancen der sich am unteren Ende der Globalisierung befindenden Bevölkerungsschichten (Young 2003).

Um abschließend mit den Worten von Elmar Altvater zu sprechen: Geldvermögensbesitzer haben vor allem Interesse an stabilem Geld, „aber fast kein Interesse an staatlichen Leistungen zur Sicherung der Infrastruktur und der sozialen Stabilität durch sozialstaatliche Ausgaben für Zwecke, die nicht der kurzfristigen Geldwert- und Wechselkursstabilisierung dienen" (Altvater/Mahnkopf 1996: 162-163). Es sind diese theoretischen Einsichten über die „Gewalt des Geldes", die heute mehr denn je die Verarmung und Verelendung großer Teile der Weltbevölkerung als einen herrschaftlichen Prozess erklären.

Anmerkungen

1 Dazu die „Gemeinsame Erklärung von Attac, VENRO und dem DGB" (2002). An dieser Erklärung haben auch Vertreter des Forums Umwelt und Entwicklung, des Forums Menschenrechte und von Social Watch Deutschland-Forum Weltsozialgipfel mitgearbeitet.

2 Der Schlussbericht der Enquete-Kommission des Deutschen Bundestages, Globalisierung der Weltwirtschaft – Herausforderungen und Antworten, fordert in seiner Empfehlung

3-13 den „Ausschluss von Bildung und weiteren Leistungen der öffentlichen Daseinsvorsorge aus den GATS Verhandlungen". Des weiteren wird auch empfohlen, dass diese öffentliche Güter nicht als Tauschoptionen für die Marktöffnung privater Dienstleistungen gelten (Deutscher Bundestag 2002: 155).

3 Wertpapiere sind 1) Aktien, Zertifikate, die Aktien vertreten, Schuldverschreibungen, Genussscheine, Optionsscheine und 2) andere Wertpapiere, die mit Aktien oder Schuldverschreibungen vergleichbar sind, wenn sie an einem Markt gehandelt werden können. Der Begriff „Markt" umfasst sowohl den organisierten (z.B. Börse) als auch den nicht organisierten Markt (z.B. Telefonhandel). Wertpapiere sind auch Anteilsscheine, die von einer Kapitalanlagegesellschaft oder einer ausländischen Investmentgesellschaft ausgegeben werden (Bundesaufsichtsamt für Kreditwesen 1998: 4).

4 Derivate sind als Festgeschäfte oder Optionsgeschäfte ausgestaltete Termingeschäfte, deren Preis unmittelbar oder mittelbar abhängt von 1) dem Börsen- oder Marktpreis von Wertpapieren, 2) dem Börsen oder Marktpreis von Geldmarktinstrumenten, 3) dem Kurs von Devisen oder Rechnungseinheiten, 4) Zinssätzen oder anderen Erträgen oder 5) dem Börsen- oder Marktpreis von Waren oder Edelmetallen (Bundesaufsichtsamt für das Kreditwesen 1998: 4).

5 Im Vergleich betrug die Summe der Ende 1998 bestehenden Finanzderivate 65 Mrd. US-$, ihr Jahresumsatz lag bei 388 Billionen US-$. Bei 250 Arbeitstagen sind das 1,6 Mrd. pro Tag (Huffschmid 1999: 51).

6 Bei den Hedge Fonds handelt es sich um Personenunternehmen, deren Teilhaber (häufig institutionelle Investoren wie Investment Fonds, Versicherungen) in der Regel mit hohem Investitionsvolumen spekulieren. Bei dem Beinahe-Zusammenbruch des Long Term Capital Management (LTCM) im September 1998 wurden auf der Basis von etwa fünf Milliarden US-Dollar Eigenkapital 120 Milliarden US-Dollar Kredit aufgenommen. Damit sind Derivate gekauft worden, die einen Nennwert von etwa 1.300 Milliarden US-Dollar verkörpert haben (Deutscher Bundestag 2002: 67).

7 Beitrag auf dem 1997 (fälschlich im Text von Susan George als 1977 angegeben) von der internationalen Anwaltsfirma Clifford Chance veranstalteten Symposium „Opening markets for banking worldwide").

8 Filialen von Auslandsbanken ohne EU-Tochter in Deutschland haben dagegen strengere Auflagen zu erfüllen als Filialen von EU-Banken. „So haben diese Filialen Dotationskapital vorzuhalten, und auf dieses - statt auf das Gesamtkapital der Auslandsbank - werden die üblichen aufsichtlichen Kreditlimite bezogen, was die Geschäfttätigkeit stärker eingrenzt" (Bundesverband Deutscher Banken 2001: 15).

9 Von den 42 ursprünglichen Maßnahmen des Aktionsplans für Finanzdienstleistungen (KOM 199) wurden 26 bereits zum Abschluss gebracht (Stand 2002).

10 Die Europäische Gemeinschaft hat den Sechsten Fortschrittsbericht zu den Finanzdienstleistungen am 3. Juni 2002 publiziert.

11 Das Meistbegünstigungsprinzip (GATS Artikel II) ist eine allgemeine Verpflichtung und verlangt, dass Handelsvergünstigungen allen WTO-Mitgliedstaaten in gleichem Maße zugestanden werden müssen.

12 Die Marktzugangsregel verbietet eine Reihe von quantitativen Handelsbeschränkungen. Die Liste der Zugangsbarrieren, die es abzubauen gilt, „es sei denn sie haben sich entsprechende Rechte in ihren Länderlisten vorbehalten, umfassen sechs Punkte: 1) Beschränkung der Anzahl zugelassener Unternehmen durch Monopole, Quoten oder Bedarfsprüfungen, 2) wertmäßige Beschränkungen internationaler Dienstleistungstransaktionen, 3) Beschränkung der Zahl der Geschäftsstellen, 4) Beschränkungen des Dienstleistungspersonals, 5) Verknüpfung der Niederlassungserlaubnis mit der Wahl bestimmter Rechtsformen und 6) Höchstgrenzen ausländischer Kapitalbeteiligungen (Werner 1999: 40).

13 Nach dem Prinzip der Inländerbehandlung verpflichtet sich jedes Mitglied anderen Mitgliedern „eine Behandlung, die nicht weniger günstig ist, als die, die es seinen gleichen Dienstleistungen und Dienstleistungserbringern gewährt" (Artikel XVII.1) (Scherrer/Fritz/Mosebach 2003: 13).

14 „Das Gebot der Transparenz schreibt die (rechtzeitige) Bekanntgabe aller für den internationalen Dienstleistungshandel relevanten Gesetze, Bestimmungen und regierungsamtlichen Forderungen und Maßnahmen vor" (Werner 1999: 31).

15 Die Forderung der Entwicklungsländer, den Markt für „Präsenz natürlicher Personen" (Mode 4) zu öffnen wird äußerst kritisch von europäischer Gewerkschaftsseite beurteilt, die befürchten, dass hierdurch zeitlich befristete „billige" Arbeitskräfte importiert werden können.

16 Diese Liste dient nur zur Illustration und ist auch nicht repräsentativ für die einzelnen grenzüberschreitenden Aktivitäten.

17 Das WTO-Streitschlichtungsverfahren hat die Aufgabe, Konflikte zwischen den Unterzeichnerstaaten zu klären (Artikel XXIII GATS).

18 Die Europäische Kommission hat die „Conditional Offers from the EC and Its Member States" am 29.April 2003 ins Netz gestellt (http://europa.eu.int/comm/trade/services/pr290403_en-htm).

19 Konferenz zu „GATS-Dienstleistungsliberalisierung: Demokratie, soziale Regeln und öffentliche Verantwortung", Berlin, 26.03.2003.

20 In Deutschland ist das Bundesministerium für Wirtschaft und Arbeit federführend für die GATS-Verhandlungen. Für die EU und deren Mitgliedsstaaten fungiert der Ausschuss 133 als Entscheidungszentrum für die Handlungspolitik der Europäischen Union. Der Ausschuss 133 ist nach Artikel 133 des Vertrags von Amsterdam benannt und stellt die Verbindung zwischen Kommission und Rat her.

Literatur

Altvater, Elmar (1996): Globale Finanzinnovationen, privates Computergeld und sozialisierte Schulden, in: PROKLA 103 (Juni), S. 241-258

-/Mahnkopf, Birgit (1996): Grenzen der Globalisierung, Münster: Westfälisches Dampfboot

-/- (2002): Globalisierung der Unsicherheit, Münster: Westfälisches Dampfboot.

Barth, Dietrich (1998): Perspektiven des internationalen Dienstleistungshandels, Bonn: Friedrich Ebert Stiftung.

Börner, Anton F. (2003): Die Globalisierung als Chance begreifen, in: Börsen-Zeitung, Frankfurt/Main (17. Januar).

Bundesaufsichtsamt für das Kreditwesen (1998): Informationsblatt 1/98 für inländische Unternehmen im Finanzdienstleistungssektor (Stand: April 1998), Berlin.

Bundesverband Deutscher Banken (2001): Liberalisierung von Bankdienstleistungen in der WTO, Berlin (Januar); www.bdb.de/download/internationales/WTOBrdt.pdf

Bundesministerium für Wirtschaft und Arbeit (2003): Aktueller Stand (März 2003) der Verhandlungen zur 'Neuen Handelsrunde', aus: Homepage des BMWA www.bmwi.de.

Bundesverband Deutscher Banken (2001): Liberalisierung von Bankdienstleistungen in der WTO (Januar); www.bdb.de/download/internationales/WTOBrdt.pdf

- (2003): Schriftliche Stellungnahme zu der öffentlichen Anhörung am 7. April in Berlin zum Thema „Die Verhandlungen über das Internationale Dienstleistungsabkommen (GATS) - Chancen und Risiken für Wirtschaft und Beschäftigung in Deutschland“, Deutscher Bundestag, Ausschussdrucksache 15 (9)353 (3. April).

Deutscher Bundestag (2002): Schlussbericht der Enquete-Kommission Globalisierung der Weltwirtschaft - Herausforderungen und Antworten, Drucksache 14/9200.

- (2003a): hib - heute im bundestag Nr. 075 (07. April 2003); www.bundestag.de/aktuell/hib/2003-_-075/01.html

- (2003b): Antrag der Fraktionen SPD und Bündnis 90/Die Grünen, „GATS-Verhandlungen - Transparenz und Flexibilität sichern“, Drucksache 15/576 (12.03.2003).

Die ZEIT (2003): Streng Vertraulich. In der Handelspolitik herrscht zu viel Geheimniskrämerei (3. April 2003).

Europäische Gemeinschaft (2002): Finanzdienstleistungen. Das Klima bessert sich - doch ist noch Einiges zu tun, sechster Fortschrittsbericht, KOM(2002)267, Brüssel; http://europa.eu.int/comm.internal_market/en/finances/actionplan/index.htm

European Commission (2003): Trade in Services. Conditional Offer from the EC and Its Member States. 29. April 2003. Brüssel; http://europa.eu.int/comm/trade/services/pr290403_en.htm

Europäische Kommission der Europäischen Gemeinschaften (2001): Mitteilung der Kommission an den Rat und das Europäische Parlament. Elektronischer Geschäftsverkehr und Finanzdienstleistungen. KOM(2001), Brüssel.

Fritz, Thomas/Scherrer, Christoph (2002): GATS: Zu wessen Diensten?, Hamburg: VSA.

George, Susan (2002): WTO: Demokratie statt Drakula, Hamburg: VSA-Verlag.

Gesamtverband der Deutschen Versicherungswirtschaft (2003): Schriftliche Stellungnahme zu der öffentlichen Anhörung am 7. April im Ausschuss für Wirtschaft und Arbeit, Deutscher Bundestag; www.bundestag.de/aktuell/hib/2003_075/01.html.

Gill, Stephan (2003): Power and Resistance in the New World Order, Hampshire: Palgrave Macmillian

Hamburger Weltwirtschaftsarchiv HWWA (2002): Stand und Perspektiven der Globalisierung - Außenhandel und Direktinvestitionen. Kurzgutachten auf der Basis der HWWA-Materialsammlung der Globalisierung, Hamburg: HWWA.

Heinrich, Michael (1999): Die Wissenschaft vom Wert. Die Marxsche Kritik der Politischen Ökonomie zwischen wissenschaftlicher Revolution und klassischer Tradition, Münster: Westfälisches Dampfboot.

Huffschmid, Jörg (2002): Politische Ökonomie der Finanzmärkte, Hamburg: VSA.

- (1999): Politische Ökonomie der Finanzmärkte, Hamburg: VSA.

Leroux, Eric (2002): Trade in Financial Services under the World Trade Organization, in: Journal of World Trade 36(3), S. 413-442.

Malhotra, Kamal (2003): Grundlinien einer Reform der Welthandelsordnung, in: WEED: Informationsbrief Weltwirtschaft & Entwicklung, Nr. 1-2/März.

ÖGB Nachrichtendienst (2003): Das GATS-Abkommen. 'Ober sticht Unter', 6. Februar.

Scherrer, Christoph/Fritz, Thomas/Mosebach, Kai (2003): GATS-Dienstleistungsliberalisierung. Szenarien sektoraler Auswirkungen. Finanz-, Umwelt-, Transport- und Gesundheitsdienstleistungen. Studie im Auftrag der Hans-Böckler-Stiftung und ver.di

Singh, Ajit (2001): Foreign Direct Investment and International Agreements. A South Perspective. Trade-Related Agenda, Development and Equity. Occasional Papers No. 6., South Centre

UNDP (2003): Making Global Trade Work for People, London/New York: UNDP; www.taz.de/pt/2003/04/15/a0098.nf/textdruck (15.04.2003)

ver.di (2003): Entwurf. Einschätzung der GATS-Strategie nach den jüngsten Informationen, Berlin (11. März).

WTO (2001): GATS - Fact and Fiction; www.lancs.ac.uk/depts/law/intlaw/ibuslaw/docs/wtogatsfacts.pdf

Werner, Welf (1999): Das WTO-Finanzdienstleistungsabkommen, München/Wien: R. Oldenbourg Verlag.).

World Development Movement (2003): Whose development agenda? A preliminary analysis of the 109 EU GATS requests; http://wdm.org.uk/presrel/current/wtosydney.htm.

Wyplosz, Charles (1999): International Financial Instability, in: Kaul, Inge/Grunberg, Isabelle/Stern, Marc A.: Global Public Goods, New York: UNDP/Oxford University Press, S. 152-189

Yalçin, Gül/Scherrer, Christoph (2002): GATS-Verhandlungsrunde im Bildungsbereich. Gutachten für die Max-Traeger-Stiftung (April).

Young, Brigitte (2003): Financial Crises and Social Reproduction: Asia, Argentina and Brazil, in: Bakker, Isabella/Gill, Stephen (Hrgs.), Power, Production and Social Reproduction, Houndsmills: Palgrave Macmillan).

-/Hegelich, Simon (2003): Shareholder Kapitalismus und das Casino Spiel an den Aktienbörsen, in: Österreichische Zeitschrift für Politikwissenschaft 2003/1, S. 77-96.

Heribert Dieter

Das globale öffentliche Gut Finanzielle Stabilität
Wege zur Reduzierung der Turbulenzen auf den internationalen Finanzmärkten

1 Einleitung

Die Währungs- und Finanzkrisen der letzten zehn Jahre haben zu einer Intensivierung der Debatte über eine neue Finanzarchitektur geführt. Seit der Mexikokrise in den Jahren 1994 und 1995 wurden Finanzmärkte immer wieder erschüttert. Seit 1945 hat es in keiner Dekade so viele Finanzkrisen gegeben wie in den 1990er Jahren. Davon waren auch Länder betroffen, die bis zum Ausbruch der Krise als Musterschüler galten.

Besonders überrascht hat die im Juli 1997 ausgebrochene Asienkrise. Sie betraf nicht nur ein Land, sondern eine ganze Gruppe von Ländern. Vorher hatte es nahezu keine Warnungen gegeben. Dies ist ein gravierender Unterschied zu anderen Finanzkrisen in Entwicklungs- und Schwellenländern. Sowohl die Unfähigkeit, die Krise zu prognostizieren, als auch die Dimension dieser größten Wirtschaftskrise seit dem Zweiten Weltkrieg (Bill Clinton) haben Anlass zur Sorge gegeben, ohne dass jedoch Maßnahmen zur Stabilisierung der Finanzmärkte getroffen worden wären. Seit 1998 ist die Kette von Finanzkrisen nicht abgerissen: Die Rußlandkrise 1998, die brasilianische Währungskrise 1999, die Türkeikrise 2001, die schwere Währungs- und Finanzkrise in Argentinien seit Ende 2001 sowie die Probleme Brasiliens Ende des Jahres 2002 zeigen, dass die Finanzmärkte in den letzten Jahren von regelmäßiger Instabilität gekennzeichnet sind.

Die ungezügelte Liberalisierung des Kapitalverkehrs und der internationalen Finanzmärkte hatten also bislang nicht die von den Befürwortern erwarteten positiven Folgen. Vor diesem Hintergrund erscheint die Stabilisierung der internationalen Finanzmärkten dringend geboten.

Es gibt aber neben diesen Gründen noch weitere Argumente für eine neue, andere Finanzarchitektur. Sofern das Ziel der Schaffung einer globalisierten Weltwirtschaft weiter verfolgt werden soll, ist es notwendig, auf globaler Ebene einen ordnungspolitischen Rahmen zu schaffen, der für nationale Finanzmärkte absolut selbstverständlich ist. Die Finanzmärkte sämtlicher OECD-Länder sind, wenn auch auf unterschiedliche Art und Weise, hochgradig reguliert. So gibt es beispielsweise Verfahren für den Fall des Konkurses eines Schuldners; aber auch Gläubiger haben im Krisenfall Verpflichtungen und können sich diesen nicht entziehen. So müssen sie im Konkursfall in aller Regel einen teilweisen Forderungsverzicht hinnehmen.

Doch die nationalen Finanzmärkte verfügen über sehr viel mehr Instrumente. Neben Bankenaufsichten und anderen Maßnahmen zur Einhegung der Aktivitäten von Marktteilnehmern gibt es im nationalen Raum einen mächtigen Gläubiger der letzten Instanz, die Notenbank. Im Falle einer Kreditkrise kann sie den Finanzinstituten Liquidität zur Überbrückung einer Krise bereitstellen.

Entwicklungs- und Schwellenländer verfügen nicht über diese Instrumente. Sie haben keine entwickelten Finanzmärkte, auf denen Unternehmen ihre Investitionen finanzieren können. Daher müssen sich Firmen im Ausland verschulden, wenn sie investieren wollen. Aber das heutige System stellt den Entwicklungs- und Schwellenländern keinen ausreichenden Schutz im Falle einer Krise zur Verfügung. Eher im Gegenteil: In der Vergangenheit wurden Finanzkrisen häufig mißbraucht. Die betroffenen Länder mussten Maßnahmen implementieren, die der Finanzwirtschaft der OECD-Länder, nicht aber dem Land selbst nutzten.

In diesem Beitrag werde ich zunächst untersuchen, welche Erwartungen an die Liberalisierung des Kapitalverkehrs gerichtet waren und welche Ergebnisse zu verzeichnen sind. Anschließend untersuche ich, ob stabile internationale Finanzmärkte als ein globales öffentliches Gut betrachtet werden können. Im vierten Abschnitt werde ich der Frage nachgehen, ob eine Tobin-Steuer einen wesentlichen Beitrag zur Steigerung der Stabilität der Wechselkurse leisten könnte. Da ich nicht erwarte, dass dies erreicht werden kann, frage ich im nächsten Abschnitt nach Wechselkursregimen, die stabilitätsfördernd wirken können. Schließlich werde ich mich mit dem möglichen Ausbau des Internationalen Währungsfonds (IWF) zu einem Gläubiger der letzten Instanz beschäftigen.

2 Die ernüchternden Ergebnisse der Liberalisierung des internationalen Kapitalverkehrs

Betrachtet man die Verheißungen der Globalisierung, müssen die häufigen Krisen in Entwicklungs- und Schwellenländern überraschen. Die Befürworter einer umfassenden Liberalisierung und Deregulierung hatten ein völlig anderes Ergebnis prognostiziert. Die Liberalisierung des internationalen Kapitalverkehrs nach dem Zusammenbruch des Systems von Bretton Woods im Jahr 1973 sollte für Entwicklungs- und Schwellenländer erhebliche Vorteile mit sich bringen.

Die USA hatten am 1. Januar 1974 sämtliche Kapitalverkehrsbeschränkungen abgeschafft. Bereits ein Jahr zuvor hatten Kanada, die Schweiz und die Bundesrepublik Deutschland diesen Schritt vollzogen. Großbritannien folgte 1979, als Margret Thatcher den Pfad einer radikalen Liberalisierung einschlug. Japan liberalisierte den Kapitalverkehr im Jahr 1980. Aus heutiger Sicht ist es schon fast überraschend, dass Italien und Frankreich erst 1990 die letzten Beschränkungen aufhoben, Portugal und Spanien gar erst 1992 (vgl. Eatwell 1997: 3).

Seit 1973 haben die grenzüberschreitenden Kapitalbewegungen stark zugenommen. Wurden in jenem Jahr lediglich zwischen 10 und 20 Mrd. $. pro Tag an den Devisenbörsen der Welt gehandelt, so betrug der tägliche Umsatz an den Devisenbörsen 1980 bereits 80 Mrd. $ pro Tag, und das Verhältnis von Devisen- und Warenhandel belief sich auf 10 zu 1. Bis 1995 hatten sich die Verhältnisse radikal gewandelt: Die täglichen Umsätze an den Devisenbörsen waren auf 1.260 Mrd. $ pro Tag gestiegen, das Verhältnis von Devisen- zum Warenhandel auf 70 zu 1 (Eatwell 1997: 4).

Die Liberalisierung des Kapitalverkehrs war von überzogen hohen Erwartungen begleitet worden. Das Beispiel von Ländern, die früher liberalisiert hatten, hätte den Optimismus dämpfen können. Schon Mitte der 1980er Jahre warnte Carlos Diaz-Alejandro in seinem Aufsatz „Good-Bye Financial Repression, Hello Financial Crash“ (Diaz-Alejandro 1985) vor den Folgen einer umfassenden Liberalisierung des Kapitalverkehrs und der Deregulierung des Finanzsektors. Chile hatte Ende der 1970er/Anfang der 1980er Jahre die bittere Erfahrung machen müssen, dass Liberalisierung des Kapitalverkehrs und Deregulierung zu stark schwankenden Wechselkursen und instabilen Kapitalströmen führen (ebd. 11f.).

Es erscheint sinnvoll, sich die an die Liberalisierung des Kapitalverkehrs gerichteten Erwartungen zu vergegenwärtigen. Mit folgenden vier Effekten wurde von den Befürwortern von Liberalisierungsmaßnahmen gerechnet:

- Kapital sollte verstärkt in Entwicklungs- und Schwellenländer fließen.
- Die Investitionsmöglichkeiten für Anleger sollten verbessert werden, und zugleich sollten die Kosten der Finanzierung von Investitionen sinken.
- Liberalisierung sollte dazu dienen, das Wachstum insbesondere in Entwicklungs- und Schwellenländer zu stärken.
- Schließlich sollte die Liberalisierung des internationalen Kapitalverkehrs eine disziplinierende Wirkung auf die Wirtschaftspolitiker ausüben (Eatwell 1997: 2).

Abnehmende Kapitalflüsse

Überprüft man die Ergebnisse, stellt sich sehr deutlich Ernüchterung ein. Zunächst in Hinblick auf die erwartete Zunahme von Kapitalflüssen in Entwicklungsländer. Die entsprechenden Erwartungen haben sich nicht erfüllt. Insbesondere seit der Asienkrise fließt Kapital aus Entwicklungs- und Schwellenländern ab, wenn man Direktinvestitionen nicht berücksichtigt (vgl. Tabelle 1).[1]

Für Entwicklungs- und Schwellenländer ist es besonders problematisch, dass Kapitalströme sehr stark schwanken. Während im Jahr 1996, also vor der Asien-

Tabelle 1: Kapitalflüsse in Entwicklungs- und Schwellenländer von 1993 bis 2002 (in Mrd. US-Dollar)*

	1993	1994	1995	1996	1997	1998	1999	2000	2001	2002	2003
Privates Kapital, netto	139,1	147,5	211,5	228,8	102,2	62,1	84,8	29,4	24,9	62,4	64,9
Direktinvestitionen, netto	57,6	81,4	98,2	114,4	141,7	153,6	164,0	158,0	172,1	151,3	160,9
Portfolioinvestitionen, netto	87,6	112,8	42,7	90,2	46,7	-0,1	34,3	-4,3	-42,6	-3,0	-4,0
Andere private Ausleihungen, einschl. Bankkredite, netto	-6,1	-46,8	70,5	24,1	-86,2	-91,5	-113,4	-124,3	-104,6	-85,9	-91,9
Öffentliche Kapitalflüsse, netto	50,3	5,5	26,5	-2,3	68,3	69,9	12,2	0,2	15,4	20,6	18,2

* Entwicklungsländer, Transformationsländer, Israel, Singapur, Südkorea, Taiwan. Quelle für 1993 und 1994: IMF World Economic Outlook, October 2001, S. 9. Alle anderen Jahre: IMF World Economic Outlook, October 2002, S. 12. Ein Minuszeichen bezeichnet einen Abfluß von Kapital.

krise, netto etwa 230 Mrd. $ an privatem Kapital in Entwicklungs- und Schwellenländer floss, nahmen diese Kapitalflüsse bis zum Jahr 2000 auf gerade noch 30 Mrd. $ ab. Noch problematischer wird das Bild, wenn nicht die gesamten Kapitalströme, sondern einzelne Kategorien betrachtet werden. Während im Jahr 1996 noch ein Zufluß von Bankkrediten in alle Entwicklungs- und Schwellenländer von 24 Mrd. $ (netto) zu verzeichnen war, mussten diese Länder im Jahr 2000 einen Nettoabfluss von 124 Mrd. $ verkraften (vgl. Tabelle 1).[2] In den Jahren 1997 und 1998 schlossen öffentliche Kapitalzuflüsse diese Lücke zumindest teilweise.

Für Entwicklungs- und Schwellenländer sind die starken Schwankungen von Kapitalströmen sehr problematisch. Dies gilt beileibe nicht nur für den Fall von Kapitalabflüssen inmitten von Finanzkrisen. Starke Kapitalzuflüsse können zu einer wirtschaftspolitisch völlig unerwünschten Überhitzung der Konjunktur beitragen. Dies ist aber gerade das Charakteristikum von Kapitalströmen: Sie sind tendenziell pro-zyklisch und fließen genau dann in ein Land, wenn dieses ohnehin rasch wächst und im Grunde keinen Bedarf an ausländischem Kapital hat. Ein gutes Beispiel dafür ist Thailand. Die thailändischen Bürger haben in den 1990er Jahren einen erheblichen Teil ihrer Einkünfte gespart. In den Jahren vor Ausbruch der Krise betrug die Sparquote regelmäßig mehr als 30% des Bruttoinlandsproduktes. Zusätzlich hatte das Land Kapitalzuflüsse von 6,7% des BIP in den Jahren 1990-1995 und sogar 7,9% des BIP im Jahr 1996 zu verkraften. Für eine solche Menge Anlage suchenden Kapitals gab es in Thailand keine sinnvolle Verwendung, was letztlich zur Entwicklung einer spekulativen Blase im Immobiliensektor maßgeblich betrug.

Die Notenbank Thailands, und daran zeigt sich ein Dilemma aller Zentralbanken von Schwellenländern, hatte keine Instrumente zur Verfügung, um den Zustrom von Kapital zu dämpfen. Im Grunde wäre es angemessen gewesen, wenn die Notenbank die inländischen Zinsen zur Dämpfung der überhitzten Konjunktur angehoben hätte. Dies hätte aber zwei Folgen gehabt: Erstens wäre der Anreiz für thailändischen Unternehmen, sich im Ausland zu verschulden, angestiegen. Damit wäre noch mehr ausländischen Kapital nach Thailand geströmt, und die Verwundbarkeit Thailands im Falle einer Panik von ausländischen Investoren wäre weiter gewachsen. Zweitens hätte Thailand wegen der hohen Zinsen für ausländischen Investoren weiter an Attraktivität gewonnen. Damit wären auch autonome Kapitalzuflüsse, die nicht auf einer Entscheidung thailändischer Akteure basiert hätten, weiter gestiegen.

Wenngleich auch hohe Zuflüsse von Kapital für ein Schwellenland problematisch sein können, so sind es doch in erster Linie hohe Kapitalabflüsse, die in einer Volkswirtschaft erhebliche Probleme verursachen. Für Unternehmen, Banken und Regierungen stellen hohe Kapitalabflüsse ein kaum zu bewältigendes Problem dar, insbesondere dann, wenn unmittelbar zuvor noch hohe Zuflüsse zu verzeichnen waren. In einer solchen Situation rächt es sich, dass Kreditnehmer wegen der niedrigeren Zinsen Krediten mit kurzer Laufzeit den Vorzug gegeben haben. Ganze Volkswirtschaften können plötzlich mit der Forderung konfrontiert sein, innerhalb von wenigen Wochen einen erheblichen Teil ihrer Außenverschuldung zurückzahlen zu müssen. Der „Herdentrieb" von Anlegern verschärft die Situation weiter. Die kollektive Panik facht ein einmal entstandenes Feuer weiter an, und sowohl Kreditgeber als auch Portfolioinvestoren versuchen gleichzeitig, ihre Investitionen zu liquidieren. Solche Transaktionen führen außerdem zu einem erheblichen Druck auf den Wechselkurs, da inländische Währung verkauft und ausländische Währung gekauft wird. Im Falle fester Wechselkurse schwinden in einer solchen Situation die Reserven der Zentralbank, bei flexiblen Kursen sinkt der Wechselkurs unmittelbar. Modellhaft konnte man diese Entwicklung in Südkorea Ende 1997 verfolgen. Innerhalb von Wochen wurde die südkoreanische Volkswirtschaft durch die geschilderten Mechanismen in die Zahlungsunfähigkeit getrieben (vgl. Dieter 1998).

Hohe Zinsraten für Entwicklungsländer

Versprochen hatte man zudem bessere Chancen für Anleger und niedrigere Kosten für Kreditnehmer. Auch dies ist nicht eingetroffen. Die Anleger wurden mit sehr hohen Realzinsen belohnt. Die Zeche zahlen die Schuldner. Die hohen realen Kosten für die Kreditaufnahme dämpfen die Bereitschaft zu neuen Investitionen. Dies gilt in verstärktem Maß für die Länder des Südens. Beispiel Brasilien: Dort müssen schon Kreditnehmer mit sehr guter Bonität für in Dollar denominierte Kredite zeitweise 20% Aufschlag auf den Londoner Interbankenzinssatz (LIBOR) zahlen. Solch hohe Zinsen bremsen die wirtschaftliche Entwicklung in dramatischer Weise. Auch für andere Länder lässt sich zeigen, dass die realen Zinssätze sehr hoch geblieben sind. Das Versprechen niedriger Finanzierungskosten hält also ebenfalls einer empirischen Überprüfung nicht stand.

Trotz Liberalisierung schwaches Wachstum

Das dritte Ziel, das durch die Liberalisierung des internationalen Kapitalverkehrs erreicht werden sollte, war die Steigerung des Wirtschaftswachstums. Auch hierfür gibt es keinen überzeugenden Beleg, im Gegenteil. Im historischen Vergleich weist die Ära von Bretton Woods sehr hohe Wachstumsraten auf, während das Wachstum der Weltwirtschaft seit Beginn der 1970er Jahre zurückgeht.[3]

Tabelle 2: Wachstum in der Weltwirtschaft 1982-2001 (durchschnittliche jährliche Veränderung des Bruttoinlandsprodukts pro Kopf in %)

	1982-1991	1992-2001
Industrieländer	2,5	2,3
Afrikanische Länder	-0,5	0,2
Asien	5,0	6,1
Lateinamerika	-0,3	1,7

Quelle: Internationaler Währungsfonds, World Economic Outlook, October 2000.

Die Daten in Tabelle 2 belegen, dass die einzelnen Regionen der Weltwirtschaft in sehr unterschiedlichem Maß von der Liberalisierung des Kapitalverkehrs und anderen Veränderungen der weltwirtschaftlichen Rahmenbedingungen profitierten. Sowohl in den 1980er wie auch in den 1990er Jahren fallen zwei Ländergruppen durch mäßiges oder hohes Wachstum auf: einmal die Industrieländer, zum anderen einige asiatische Länder. Eindeutige Verlierer sind die afrikanischen Länder. Lateinamerikanische Volkswirtschaften konnten in den 1990er Jahren auf Pro-Kopf-Basis ein schwaches Wirtschaftswachstum realisieren, das aber zu gering ausfiel, um das Problem der Massenarmut zu reduzieren.[4]

Die Korrelation von Liberalisierung des Kapitalverkehrs und schwächerem Wachstum in zwei großen Weltregionen begründet gewiss noch keine kausale Beziehung. Aber es gibt umgekehrt auch keinen empirischen Befund, der einen Zusammenhang von liberalisierten Kapitalströmen und höherem Wachstum bestätigen würde (Eatwell 1997: 24).[5] Für einzelne Länder lässt sich indes deutlich zeigen, dass die Beschränkung des Kapitalverkehrs kein Wachstumshemmnis sein muß. Bestes Beispiel hierfür ist China, das trotz, wahrscheinlich aber eher wegen seiner umfassenden Kapitalverkehrsbeschränkungen extrem schnell wächst.

Kontrolle oder Schikane: Der Einfluß der Finanzmärkte auf nationale Wirtschaftspolitik

Schließlich betonten die Befürworter der Liberalisierung, dass die internationalen Finanzmärkte einen disziplinierenden Einfluß auf Regierungen ausüben würden. Damit würde eine bessere Wirtschaftspolitik gefördert. Aber auch hier hat sich in der Praxis gezeigt, dass das Argument nicht stichhaltig ist. Häufig genug werden die Regierungen von Entwicklungs- und Schwellenländern nämlich nicht diszipliniert, sondern schikaniert. Der Fall Brasilien im Jahr 2002 zeigt mit großer Deutlichkeit, dass Finanzmärkte in unangemessener Weise Einfluss auf den demokratischen Prozeß eines Landes nehmen können: Allein die Perspektive, dass einer der linken Kandidaten die Präsidentschaftswahl im Oktober gewinnen könnte, führte zu panischen Aktivitäten von Investoren. Selbst George Soros, einer der erfolgreichsten Spekulanten der letzten Jahrzehnte, geht diese Aushebelung der Demokratie entschieden zu weit. Soros behauptet sogar, dass die gegenwärtigen Probleme des Landes rein gar nichts mit Brasiliens Wirtschaftspolitik zu tun haben, sondern in erster Linie auf die unangemessene Panik der ausländischen Investoren zurückzuführen sei (Soros 2002).

3 Sind stabile internationale Finanzmärkte ein globales öffentliches Gut?

Die Bereitstellung eines stabilitätsfördernden ordnungspolitischen Rahmens für internationale Finanzmärkte kann auch als globales öffentliches Gut bezeichnet werden. Ein derart zu charakterisierendes internationales Finanzsystem würde die zwei Hauptkriterien für öffentliche Güter erfüllen: Kein Land könnte von der Nutzung dieses öffentlichen Gutes ausgeschlossen werden, und die Nutzung des Gutes würde nicht seine Verfügbarkeit reduzieren. Das öffentliche Gut Finanzielle Stabilität kann nur durch die gemeinsamen Bemühungen nationalstaatlicher Regierungen hergestellt werden, aber die Nichtbereitstellung verursacht in allen Ländern Kosten für viele Akteure, sowohl staatliche wie private.

Das klassische Beispiel für ein öffentliches Gut ist saubere Luft: Wenn die Luft sauber ist, kann niemand gehindert werden, diese saubere Luft zu nutzen und sie einzuatmen. Zudem versucht die Bereitstellung des öffentlichen Gutes für einen weiteren, zusätzlichen Nutzer keine Kosten.

Wenn die Nutzung eines öffentlichen Gutes geographisch beschränkt werden kann, handelt es sich um ein nationales öffentliches Gut. Im Falle eines von allen Ländern zu nutzenden öffentlichen Gutes ist es ein globales öffentliches Gut (vgl. Development Committee 2000: 1f.). In der Praxis könnte es eine große Zahl globaler öffentlicher Güter geben, insbesondere in Hinblick auf die Umwelt. Aber auch in der Gesundheitspolitik gibt es globale öffentliche Güter: Wenn die Forschung einen Impfstoff gegen eine tödliche Krankheit finden würde *und* die Kenntnisse, die zur Herstellung dieses Impfstoffes nötig sind, allen Ländern zur Verfügung gestellt werden würden, so würde es sich um ein globales öffentliches Gut handeln. Der Impfstoff als solcher wäre hingegen ein privates Gut, da er sowohl durch Nutzerkonkurrenz endlich wäre (rivalry) als auch ein Ausschluß von der Nutzung möglich wäre (excludability).

Mit einer sehr weiten Definition werden aber zu viele Güter zu öffentlichen Gütern erklärt, vor allem im internationalen Raum. Deshalb muss die Frage gestellt werden, wie universell der Nutzen eines öffentlichen Gutes sein muss, damit es als globales öffentliches Gut betrachtet werden kann. Inge Kaul, Isabell Grunberg und Marc Stern haben für die Identifizierung eines globalen öffentlichen Gutes drei Kriterien vorgeschlagen:

- Erstens muss ein globales öffentliches Gut mehr als einer Gruppe von Ländern nutzen. Dementsprechend müsste man bei nur regionaler Nutzbarkeit von einem regionalen öffentlichen Gut sprechen (Kaul/Grunberg/Stern 1999: 10). Zugleich wäre ein öffentliches Gut, das nur von einer bestimmten Ländergruppe gleichen Entwicklungsstandes genutzt werden könnte, ebenfalls kein globales öffentliches Gut.[6]
- Zweitens muss die sozio-ökonomische Reichweite berücksichtigt werden. Der Nutzen des öffentlichen Gutes muß, neben einer großen Zahl von Ländern, auch ein breites Spektrum der Weltbevölkerung erreichen (11).
- Drittens muss auch der Generationenausgleich bedacht werden. Ein globales öffentliches Gut darf weder nur den Alten noch nur den Jungen nutzen, sondern muss für Gerechtigkeit auch zwischen den Generationen („intergenerational equity") sorgen (11).

Daher ist die Definition echter globaler öffentlicher Güter von Universalität geprägt: Es muss allen Ländern, allen sozio-ökonomischen Gruppen und allen Generationen Vorteile bringen. Ein solches echtes globales öffentliches Gut ist allerdings selten. Eine nützliche und pragmatische Präzisierung wird von Kaul et al. vorgeschlagen:

„An impure global public good would tend towards universality in that it would benefit more than one group of countries, and would not discriminate against any population segment or set of generations“ (Kaul/Grunberg/Stern 1999: 11).

Die Weltbank hat sich ebenfalls um eine weitere Präzisierung des Begriffs bemüht und hat Entwicklungsaspekten einen höheren Stellenwert eingeräumt:

„... global public goods are commodities, resources, services - and also systems of rules or policy regimes with substantial cross-border externalities that are important for development and poverty-reduction, and that can be produced in sufficient supply only through cooperation and collective action by developed and developing countries“ (Development Committee 2000: 2).

Diese Definition macht deutlich, dass ein stabiles Finanzsystem ein Regime sein würde, das nur durch die gemeinsamen Anstrengungen von Entwicklungs- und Industrieländern geschaffen werden könnte. Die Begriffsbestimmung der Weltbank weist auf die politische Dimension finanzieller Stabilität hin: Weder können dies einzelne Länder noch Ländergruppen bewerkstelligen. Betrachtet man Wechselkursregime, wird die begrenzte Reichweite nationalstaatlicher Politik besonders deutlich. Entwicklungsländer, die sowohl mit der Dollarzone als auch mit der Eurozone Handel treiben, können so lange keinen stabilen realen Wechselkurs haben, solange es Schwankungen zwischen Dollar und Euro geben wird. Selbst die OECD-Länder sind auf die Unterstützung anderer Akteure angewiesen, wenn sie finanzielle Stabilität sichern wollen. Beispielsweise würde die Bereitstellung des öffentlichen Gutes Finanzielle Stabilität erfordern, dass die Operationsfelder für Spekulanten, insbesondere bestimmte Hedge-Fonds, eingeschränkt werden müssten. Diese wiederum sind vorwiegend in sogenannten Offshore-Finanzplätzen, d.h. meist kleinen Entwicklungsländern, registriert. Wenn nun die OECD-Länder Spekulation gegen ihre eigenen Währungen eindämmen wollten, müssten sie von diesen Offshore-Finanzplätzen Unterstützung bekommen.[7]

Ein stabiles internationales Finanzsystem würde allen Ländern wirtschaftlichen Nutzen bringen. Dies heißt allerdings nicht, daß die Stabilisierung des Finanzsystems in allen Ländern ausschließlich Gewinner hervorbringen würde. Einige Akteure müssten auf Profite verzichten. Vor allem diejenigen, die entweder selbst als Spekulanten operieren oder Versicherungen gegen Spekulation, allgemeiner gegen schwankende Wechselkurse, anbieten, würden Nachteile in Kauf nehmen müssen. Diese Akteure widersetzen sich verständlicherweise einer Veränderung der heutigen Finanzordnung. Obwohl diese Einschätzung vor allem für Devisenmärkte zutrifft, unterscheidet sich das Bild auf Kreditmärkten nur graduell. Auch diese Märkte könnten verstetigt werden, aber die dazu notwendigen Regulierungsmaßnahmen würden die Handlungs- und Profitmöglichkeiten von Akteuren beschränken.

Nach der Erörterung der Frage, ob finanzielle Stabilität ein globales öffentliches Gut wäre, ist eine weitere Definition notwendig. Was ist eigentlich Finanzielle Stabilität?

Dieser Frage kann man sich aus verschiedenen Perspektiven nähern. Zunächst ist es wichtig zu bedenken, dass finanzielle Stabilität zwar ein globales öffentliches Gut ist, dass aber deren Abwesenheit aus der Perspektive der nationalen Ökonomien empfunden wird. Weiterhin könnte man finanzielle Stabilität einfach dadurch definieren, dass das Ausbleiben von Kredit- und Währungskrisen als finanzielle Stabilität bezeichnet wird. Eine solche Definition wäre jedoch sowohl vage als auch unrealistisch. Zum einen ist nicht jede Turbulenz an den Finanzmärkten notwendigerweise eine Finanzkrise. Kapitalistische Entwicklung verläuft nicht störungsfrei. Krisen sind im Gegenteil für den Kapitalismus ebenso wichtig wie Phasen der Prosperität und stellen ein wichtiges Element der Entwicklung einer Volkswirtschaft dar. Daher sind es schwere, anhaltende Krisen, die es rechtfertigen, von finanzieller Instabilität zu sprechen. Eine schwere Krise liegt dann vor, wenn die Wirtschaftsleistung in einem Kalenderjahr real um mehr als fünf Prozent sinkt.[8] Im Falle von Finanzkrisen, die kurzfristig ganze Gesellschaften destabilisieren und die mittel- und langfristig negative ökonomische Konsequenzen haben, ist es angebracht, von finanzieller Instabilität zu sprechen. Deren Abwesenheit würde finanzielle Stabilität bedeuten.

Aber auch diese Definition bedarf weiterer Präzisierung. Im Grunde bedarf es der Stabilisierung auf zwei Gebieten: Wechselkurse und Kapitalflüsse sollten stetig sein. Der Begriff der Stetigkeit impliziert bereits, dass es hier nicht um absolut starre Kurse geht. Ein realer Wechselkurs, der sich überhaupt nicht verändert, ist weder erreichbar noch notwendig. Wenn man dennoch versucht, eine Definition zu finden, die stabile von instabilen Wechselkursen unterscheidet, setzt man sich dem Vorwurf der willkürlichen Setzung von Grenzwerten aus: Ab welcher Schwankungsbreite ist ein Wechselkurs schon instabil? Bis zu welcher ist er noch stabil? Die zentrale Frage dabei ist: Ab welcher Schwankungsbreite dürften sich Handel treibende Unternehmen genötigt sehen, Risikovorsorge zu betreiben? Wann also sind Unternehmen gezwungen, Geld für Versicherungen auszugeben und damit das Wechselkursrisiko zu privatisieren? Es erscheint plausibel, Schwankungen des realen Wechselkurses von ± 5 Prozent innerhalb eines Jahres als so stabil zu betrachten, dass weder Handel treibende Firmen noch sich im Ausland verschuldende Akteure sich dagegen absichern müssen. Um es noch einmal zu wiederholen: Eine exakte Bestimmung der Schwelle, ab der von Wechselkursveränderungen betroffene Akteure diese nicht mehr verkraften können, ist über Branchen und Ländergrenzen hinweg kaum zu erstellen. Aber sowohl für den Handel als auch für den Kapitalverkehr sind größere Schwankungen als ± 5 Prozent nur schwer zu verkraften.

Noch komplexer erweist sich die Festlegung eines Niveaus von Kapitalbewegungen, die von einer Volkswirtschaft ohne gravierende Probleme verkraftet werden können. Der drastischste Weg zur Stabilisierung von Kapitalbewegungen ist deren Verbot. In der Geschichte des 20. Jahrhunderts waren solche Beschränkungen des internationalen Kapitalverkehrs durchaus üblich. Im System von Bretton Woods war grenzüberschreitender Kapitalverkehr hochgradig reguliert. Viele Transaktionen bedurften der Genehmigung entweder durch die Regierung oder durch die Notenbank. Leistungsbilanztransaktionen waren nicht beschränkt, Kapitalbilanztransaktionen hingegen sehr wohl.

Im heutigen System weitgehend unbeschränkten Kapitalverkehrs müsste eine Definition stabiler Kapitalflüsse deren Größe im Verhältnis zur Wirtschaftsleistung berücksichtigen. Denkbar wäre, eine Veränderung der Kapitalströme von mehr als zwei Prozent des Bruttoinlandsproduktes als instabil zu betrachten, während ein niedrigerer Wert als stabil betrachtet werden könnte. Auch diese Festsetzung eines Schwellenwertes ist angreifbar.[9] Allerdings zeigt sich bei der Betrachtung von Finanzkrisen in den 1990er Jahren, dass sowohl stark zunehmende Kapitalzuflüsse als auch die Abflüsse in einer Krise eine Volkswirtschaft mit nicht lösbaren Herausforderungen konfrontieren. Schwankungen von weniger als zwei Prozent des BIP erscheinen hingegen vertretbar und stellen keine krisenhafte Entwicklung dar.

Finanzielle Stabilität wäre damit durch drei Elemente zu charakterisieren: die Abwesenheit von schweren Finanzkrisen, Wechselkursschwankungen von weniger als ± 5 Prozent und Schwankungen in der Kapitalbilanz, die unter ± 2 Prozent des BIP liegen.

Es wäre allerdings falsch, Geldwertstabilität im nationalen Raum als wichtige Voraussetzung für finanzielle Stabilität zu betrachten. Dies ist keine notwendige Bedingung.[10] Interne monetäre Stabilität, die sich am deutlichsten am stabilen Wert der Währung zeigt, benötigt im Grunde nicht die Zusammenarbeit mit anderen Ländern oder multilateralen Institutionen. Daher ist Geldwertstabilität für die Debatte über stabile internationale Finanzmärkte nur von nachrangiger Bedeutung.

Bei der Diskussion über Re-Regulierung der internationalen Finanzmärkte zur Steigerung der Stabilität muss man sich vergegenwärtigen, dass Wandel und Veränderungen in diesem wirtschaftspolitischen Gebiet der Normalfall sind. Im gesamten 20. Jahrhundert unterlagen sowohl Wechselkursregimes als auch die Regulierung des internationalen Kapitalverkehrs einer beständigen Neuorientierung. Eine Tendenz zur Wiederholung von früheren Fehlern ist nicht zu übersehen. Phasen der Deregulierung, zum Beispiel in den 1920er Jahren, endeten regelmäßig in Finanzkrisen, die dann wiederum Forderungen nach einer verstärkten Regulierung nach sich zogen. Die hochgradig regulierten Finanzmärkte der 1930er Jahre wurden nach dem Zweiten Weltkrieg von einem System abgelöst, das liberaler war, aber sehr

mit einer derartig geringfügigen Steuer kaum etwas auszurichten (vgl. Nunnenkamp 2001: 16; Frenkel/Menkhoff 2000: 66). Zu diesem Ergebnis kommen auch zwei Studien der Europäischen Kommission und des Bundesministeriums für wirtschaftliche Zusammenarbeit und Entwicklung: Die Tobin-Steuer trägt weder zur Stabilisierung von Wechselkursen bei, noch verhindert sie spekulative Attacken gegen einzelne Währungen (vgl. Commission of the European Communities 2002: 44; Spahn 2002: 4).

Zudem ist grundsätzlich unklar, ob die Erhöhung von Transaktionskosten ein erfolgversprechendes Mittel gegen Spekulation ist. So dürfte es dieser Annahme zufolge auf Immobilienmärkten mit ihren sehr hohen Transaktionskosten kaum zu spekulativen Übertreibungen kommen. Es gibt aber keinen empirischen Befund, der diese Einschätzung belegt (vgl. Shiller 2000: 227).

Wertpapiermärkte mit höheren Transaktionskosten weisen außerdem keine geringere Volatilität auf als solche, wo diese Kosten niedriger sind (vgl. Shiller 2000: 227). Ein Beispiel für eine Börse mit vergleichsweise hohen Transaktionskosten ist die London Stock Exchange. Dort wird seit immerhin 1694 eine „stamp duty" erhoben. Diese Steuer ist heute die älteste in England erhobene Steuer. Sie beträgt 0,5% des Umsatzes und ist vom Käufer einer Aktie zu tragen. Die Einnahmen aus dieser Steuer sind beträchtlich: 1999-2000 nahm der britische Finanzminister mehr als 5 Mrd. Euro aus dieser Steuer ein, mehr als das Vierfache der Einnahmen des Fiskaljahres 1994-1995. Gleichwohl hat sich die Londoner Börse nicht weniger volatil gezeigt als andere Börsenplätze. Die Steuerungsfunktion einer Börsenumsatzsteuer, das heißt die Dämpfung spekulativer Tendenzen, kann am Londoner Beispiel nicht nachgewiesen werden.

Schließlich kann die Tobin-Steuer vermutlich nur dann erfolgreich implementiert werden, wenn sie mehr oder weniger überall auf der Welt erhoben wird. Falls sich auch nur ein Finanzzentrum nicht daran beteiligen würde, hätte dies Kostennachteile für die übrigen Handelsplätze zur Folge und könnte zur Verlagerung des Devisenhandels in die Finanzzentren mit niedrigeren Transaktionskosten führen.[13]

Die dauerhafte Einführung der Tobin-Steuer erfordert also einen multilateralen Ansatz (vgl. Commission of the European Communities 2002: 91). Vor dem Hintergrund der gegenwärtigen Schwächung des Multilateralismus erscheint dies allerdings unrealistisch (vgl. Dieter 2003).

Die Debatte um die Tobin-Steuer hat sich möglicherweise im Endergebnis sogar nachteilig ausgewirkt, weil sie von vielen gravierenden Problemen der internationalen Finanzmärkte ablenkte. Darüber hinaus dämpfte sie - sowohl in der Politik als auch bei den Globalisierungskritikern - die Bereitschaft, sich mit komplexen ökonomischen Zusammenhängen zu beschäftigen (vgl. Flassbeck/Noé 2001: 1368). Mit Hilfe eines vermeintlichen Wundermittels sollten sowohl die Finanzmärkte stabilisiert als auch eine ergiebige Quelle zur Finanzierung von Entwicklungspolitik erschlossen werden. Weder das eine noch das andere wird aber mit der Tobin-Steuer erreicht werden können; insbesondere zur Finanzierung von entwicklungs- und umweltpolitischen Projekten sind andere Steuern, z.B. auf Flugbenzin, weitaus geeigneter (vgl. Commission of the European Communities 2002: 91).

Angesichts der eklatanten Schwächen der Tobin-Steuer wird inzwischen über modifizierte Varianten nachgedacht. Der Frankfurter Ökonom und Gutachter des BMZ, Paul Bernd Spahn, hat eine zweistufige Devisentransaktionssteuer vorgeschlagen. Die erste Stufe erfasst alle Wechselkurstransaktionen und gleicht hier der Tobin-Steuer. Allerdings soll der Steuersatz sehr niedrig sein und sich zwischen 0,005% und 0,02% bewegen. Damit würden zwar nicht die Wechselkurse stabilisiert, aber Steuern eingenommen und Devisentransaktionen statistisch erfasst, was die spätere Erhebung hoher Steueren erleichtern würde. Die Stabilisierung der Wechselkurse soll grundsätzlich durch eine zweite Stufe erfolgen. Spahn zufolge soll ein Land den Wechselkurs seiner Währung innerhalb einer Bandbreite festlegen. Um den administrativ festgelegten Wechselkurs herum können die Kurse im Rahmen von beispielsweise ±3% frei schwanken. Außerhalb des Wechselkurskorridors würde aber eine hohe Steuer von 50 bis 100% greifen (Spahn 2002: 21-28). Diese Spahn-Steuer sollte unilateral von Transformations-, Schwellen- und Entwicklungsländern sowie von außerhalb der großen Währungsräume gelegenen Industrieländern eingeführt werden (Spahn 2002: 27).

Die Spahn-Steuer verspricht umfassende Vorteile. Entwicklungs- und Schwellenländer müssten nur noch zwei Instrumente implementieren: die Wechselkurszielzone und die Spahn-Steuer. Von der Steuer betroffen wären ausschließlich spekulative Attacken außerhalb der Zielzone. Der Warenhandel und der zur Bereitstellung von Liquidität notwendige Arbitragehandel würden also nicht belastet.

Bei etwas genauerer Betrachtung wird deutlich, dass die Spahn-Steuer nicht funktionieren kann. Der „Knackpunkt" ist die Reichweite der Steuer. Die Währung eines Landes wird nicht nur an den Finanzplätzen des eigenen Staates, sondern auch an anderen Finanzplätzen und - dies ist besonders wichtig - an Offshore-Finanzplätzen gehandelt. Um nun zu verhindern, dass spekulative Attacken gegen eine Währung stattfinden, muss der Handel auf die landeseigenen Finanzplätze beschränkt werden. Nur hier kann die Spahn-Steuer erhoben werden, nicht jedoch auf anderen Finanzplätzen und schon gar nicht an unregulierten Offshore-Finanzplätzen. Die Spahn-Steuer funktioniert also nur mit Kapitalverkehrskontrollen. Wenn aber ein Land Kapitalverkehrskontrollen erlässt, braucht es keine Spahn-Steuer, da dann ohnehin nicht gegen die Währung des Landes spekuliert werden kann. Mit anderen Worten: Ohne Kapitalverkehrskontrollen funktioniert die Spahn-Steuer nicht, mit Kapitalverkehrskontrollen braucht man sie nicht.

Die Quintessenz ist: Weder die Tobin-Steuer noch modifizierte Varianten können einen wesentlichen Beitrag zur Erzielung von finanzieller Stabilität leisten.

5 Wechselkursregime und das Trilemma der internationalen Finanzpolitik

Vor der Diskussion von Wechselkursregimes, die eine Steigerung der finanziellen versprechen, ist es wichtig, das Trilemma der internationalen Finanzpolitik zu berücksichtigen. Nobelpreisträger Robert Mundell hat in den 1960er Jahren auf dieses zentrale Problem aufmerksam gemacht. Die Geldpolitik nationaler Notenbanken steht vor dem Problem, dass gleichzeitig drei verschiedene Ziele angestrebt werden:

- Erstens streben Volkswirtschaften nach einer unabhängigen Geldpolitik, die eine Reaktion auf Phasen der wirtschaftlichen Schwäche wie auch der Überhitzung der Ökonomie ermöglichen sollte. Die Notenbank einer Volkswirtschaft sollte also in die Lage versetzt werden, auf eine Rezession mit einer deutlichen Zinssenkung zu antworten. Umgekehrt sollte eine Notenbank auf Überhitzungserscheinungen in einer Ökonomie mit Zinserhöhungen reagieren können.
- Zweitens streben Volkswirtschaften nach stabilen Wechselkursen ihrer Währung. Stabile Wechselkurse erleichtern nicht nur den internationalen Handel, sondern auch internationale Finanztransaktionen, da die Wirtschaftssubjekte über eine stabilere Kalkulationsbasis verfügen. Umgekehrt stellen stark schwankende Wechselkurse für international operierende Unternehmen entweder ein Risiko oder - bei Wechselkurssicherung durch Derivate - Kosten dar.
- Drittens schließlich streben Volkswirtschaften nach voller Konvertibilität ihrer Währung, d.h. nach der Abschaffung von Kapitalverkehrsbeschränkungen: Sowohl die Ein- als auch die Ausfuhr der Währung sollte uneingeschränkt möglich sein.

Mundell hatte festgestellt, dass sich nur zwei dieser drei Ziele zugleich erreichen lassen. Wenn man unterstellt, dass in heutigen Gesellschaften eine unabhängige Geldpolitik unverzichtbar ist, so bleibt für die Geldpolitik nur noch eine Wahl zwischen zwei Optionen: Entweder für flexible Wechselkurse und freien Kapitalverkehr, oder für feste Wechselkurse mit beschränktem Kapitalverkehr.

Seit dem Ende des Systems von Bretton Woods im Jahr 1973 haben sich Wirtschaftspolitiker der meisten OECD-Länder dafür entschieden, den Kapitalverkehr zu liberalisieren und im Gegenzug schwankende Wechselkurse in Kauf zu nehmen. Die Alternative hierzu - feste Wechselkurse und unabhängige nationale Geldpolitik - kann nach Mundells Überlegungen nur bei umfassenden Kapitalverkehrsbeschränkungen funktionieren. Obwohl sie von OECD-Ländern im System von Bretton Woods lange Zeit verwendet wurden, ist eine Rückkehr zu Kapitalverkehrsbeschränkungen gegenwärtig mehr als unwahrscheinlich. Wegen dieser Präferenz der Politik wird es bis auf weiteres beim gegenwärtigen System - vergleichsweise unabhängige nationale Geldpolitik, keine Kapitalverkehrsbeschränkungen, schwankende Wechselkurse - bleiben.

Vor diesem Hintergrund kann man die Debatte um Wechselkursregimes leichter verstehen. Nach den Währungskrisen der 1990er Jahre wurde von zahlreichen Ökonomen vorgeschlagen, entweder auf flexible oder auf sehr fest verankerte Wechselkurse (currency board) zu setzen. So sah der langjährige Stellvertretende Direktor des IWF, Stanley Fischer, keine realistische Chance dafür, dass in Ländern, die sich in internationale Kapitalmärkte integriert haben, erfolgreich Wechselkurse implementiert werden können, bei denen es sich um andere als die beiden Ecklösungen handelt (Fischer 2001: 7). Allerdings haben diese Wechselkursregimes wiederum spezifische Schwächen. Man muss fragen, wie krisenanfällig und instabil diese Systeme sind und welche Nachteile sie für die gesamtwirtschaftliche Entwicklung aufweisen. Zudem ist die Beschränkung auf die beiden Ecklösung nur bei liberalisiertem Kapitalverkehr ein Problem. Es wird ein Dilemma aufgebaut, das nur deshalb existiert, weil liberalisierter internationaler Kapitalverkehr als unveränderbarer Faktor definiert wird (vgl. Edwards 2000: 15).

Zwischen den beiden Ecklösungen currency board und flexibler Wechselkurs sind eine Reihe von intermediären Regimes denkbar. Beiden Ecklösungen ist gemeinsam, daß die Zentralbanken auf eine sehr passive Rolle festgelegt werden. Bei den zwischen den Extremen liegenden Regimes übernimmt die Notenbank eine mehr oder minder aktive Rolle bei der Stabilisierung des Wechselkurses. Wichtiger ist aber, dass keines der intermediären Regimes auf Dauer völlig auf Kapitalverkehrskontrollen verzichten kann. Folgende acht Wechselkursregimes sind denkbar:

- ein Währungsamt (currency board): Ein Fixkurssystem mit vollständiger Deckung der inländischen Geldmenge durch Devisenreserven
- ein Fixkurssystem mit einer Ankerwährung: Bindung an eine Währung mit engen Bandbreiten und seltenen Anpassungen
- ein Fixkurssystem mit einem Währungskorb: Bindung an mehrere Währungen mit engen Bandbreiten und seltenen Anpassungen
- ein Fixkurssystem mit Bandbreiten: Mehrere Länder vereinbaren untereinander Zielzonen und stützen die Kurse wechselseitig
- *crawling pegs*: Der Wechselkurs ist nicht fest, sondern wird regelmäßig angepasst, z.B. wegen unterschiedlicher Inflationsentwicklung
- *crawlings bands*: Der Wechselkurs schwankt innerhalb einer Zielzone, die regelmäßig angepaßt wird
- *managed floating*: Die Zentralbank versucht, den Wechselkurs zu steuern

- flexibler Wechselkurs: Die Zentralbank verfolgt passiv die Entwicklung des Wechselkurses.

Die sechs intermediären Wechselkursregimes weisen einen gemeinsamen Nachteil auf: Unter der Bedingungen liberalisierter Kapitalmärkte funktionieren sie schlecht. Hohe, volatile Kapitalzu- und -abflüsse machen es Zentralbanken auf Dauer sehr schwer, den Wechselkurs zu stabilisieren. Zwar kann eine Notenbank den Wechselkurs eine gewisse Zeit kontrollieren. Schwierig wird die Situation dann, wenn bestimmte Akteure auf den internationalen Finanzmärkten, d.h. Spekulanten, den Wechselkurs einer Währung zu attackieren zu versuchen. Im Falle liberalisierten Kapitalverkehrs hat die Notenbank eines Entwicklungs- und Schwellenlandes dann nahezu keine Instrumente, um einen solchen Angriff erfolgreich abzuwehren.

Im Rahmen dieses Beitrages ist eine ausführliche Diskussion der Vor- und Nachteile der einzelnen intermediären Regime nicht möglich. Festzuhalten bleibt, dass finanzielle Stabilität von einzelnen Ländern nur schwer erreicht werden kann. Als globales öffentliches Gut ist finanzielle Stabilität nur dann erreichbar, wenn die großen Akteure der Weltwirtschaft dieses Ziel gemeinsam anstreben. Dies ist gegenwärtig und auf absehbare Zeit nicht der Fall, und infolgedessen bleibt für stabilitätsorientierte Entwicklungs- und Schwellenländer im Grunde nur der Weg über Beschränkungen des Kapitalverkehrs. Dabei soll nicht verschwiegen werden, dass dies ebenfalls schwierig ist: Sowohl Kontrollen der Zuflüsse als auch der Abflüsse sind auf Dauer nicht leicht. Auch hier wäre die Schaffung von finanzieller Stabilität leichter, wenn die OECD-Länder Kooperationsbereitschaft zeigen würden und Kapitalzuflüsse aus Entwicklungs- und Schwellenländern den dortigen Zentralbanken mitteilen würden. Selbstredend haben die großen Industrieländer, allen voran das ausländisches Kapital benötigende Amerika, daran kein Interesse. Die Alternative zu Beschränkungen des Kapitalverkehrs - stark schwankende Wechselkurse - ist für eine Volkswirtschaft allerdings noch schwerer zu meistern.

6 Die Rolle des Internationalen Währungsfonds: Ausbau zum Gläubiger der letzten Instanz?

Neben der Stabilisierung der Wechselkurse durch multilaterale Kooperation sind es vor allem die volatilen Kapitalströme, die der Verstetigung bedürfen. Die Frage ist, wie auf multilateraler Ebene mit Finanzkrisen umgegangen werden soll, die in erster Linie auf der Panik von Investoren beruhen. Von erheblicher Bedeutung ist dabei die Bereitstellung von Liquidität. Soll der IWF in künftigen Finanzkrisen Liquidität also schneller und großzügiger als bisher zur Verfügung stellen?

Betrachtet man das Beispiel der Krise Südkoreas, wird deutlich, dass Investoren dort über Nacht die Rückzahlung von Forderungen erwarteten. Das Land brauchte kurzfristig Liquidität, bekam diese aber nicht, weil der IWF auf solche neuen Formen von Finanzkrisen nicht vorbereitet war. Demzufolge sollte Liquidität rascher als bisher abrufbar sein. Dies heißt, dass man die Form einer solchen Hilfe genauer festgelegen muss. Drei Optionen stehen zur Verfügung: (a) Der IWF könnte, wie in der Vergangenheit, Liquidität in begrenztem Umfang und nur in Verbindung mit Auflagen bereitstellen. (b) Alternativ könnten sich Länder vorab für ebenfalls begrenzte Liquiditätshilfen qualifizieren. Dies entspricht dem Ansatz der 1999 eingeführten „Contingent Credit Lines" (CCL), für die sich allerdings noch kein Land beworben hat. (c) Schließlich ist es denkbar, den IWF zu einem reinen Liquiditätsfonds weiterzuentwickeln. Dies würde bedeuten, dass sich Mitgliedsländer beim Fonds ohne Auflagen mit Liquidität versorgen können (vgl. Fischer 2000).

Der IWF würde damit zu einem internationalen Gläubiger der letzten Instanz ausgebaut.[14] Stanley Fischer betont die Notwendigkeit eines internationalen Gläubigers der letzten Instanz wegen der Volatilität der Kapitalströme. Die nationale Notenbank kann die von Privatsektor und öffentlicher Hand benötigten Devisen nicht bereitstellen, da sie nicht über unbegrenzte Devisenreserven verfügt. In dieser Situation hilft nur ein internationaler Gläubiger der letzten Instanz, der Panikreaktionen auf den Finanzmärkten möglicherweise schon im Ansatz unterbindet:

> „There is a potential need for such assistance to a country, not only because international capital flows are extremely volatile, but also because that volatility is contagious, reflecting instability inherent in financial panics. An international lender of last resort can help mitigate the effects of this instability and, perhaps, instability itself (Fischer 2000, S. 16).

Die Umsetzung des Vorschlages stößt sowohl auf konzeptionelle als auch auf politische Hemmnisse. Relativ unproblematisch ist die Festsetzung eines angemessenen Zinssatzes. Dieser müsste höher sein als in Nicht-Krisenzeiten, aber niedriger als die von Geschäftsbanken in der Krise verlangten Sätze. Schwierig hingegen ist die Bereitstellung angemessener Sicherheiten. Hier ist die Unterscheidung zwischen einer temporären Liquiditätskrise und einer Solvenzkrise zu treffen. In einer Krisensituation ist es für einen Kreditgeber jedoch schwierig, künftige Deviseneinnahmen einzuschätzen. Am ehesten geht dies noch bei Rohstoffexporten,[15] bei anderen Exporten sind Sicherheiten weniger leicht auszumachen.

Wenn es gelingt, in ausreichendem Maß Sicherheiten bereitzustellen, muss geklärt werden, was geschieht, falls die Liquiditätshilfen nicht ausreichen und das Land in eine Solvenzkrise geraten sollte. Dem Gläubiger der letzten Instanz müsste dann die Möglichkeit eingeräumt werden, auf die eingesetzten Sicherheiten zurückzugreifen. Dazu ist ein internationales Insolvenzgericht oder ein anderes geordnetes Verfahren vonnöten, mit dem die Souveränität des zahlungsunfähigen Schuldnerlandes eingeschränkt werden würde.[16]

Jenseits dieser konzeptionellen Probleme gilt es zudem, erhebliche politische Widerstände zu überwinden. Durch den Ausbau würde der IWF im Grunde in eine Genossenschaftsbank verwandelt, in der die kleineren Anteilseigner über weitgehende Rechte zur Nutzung von Liquiditätshilfen verfügen würden. Der politische Einfluss der OECD-Länder würde erheblich sinken, weil Kredite des IWF nicht mehr zur Durchsetzung politischer Interessen genutzt werden könnten. Die Mitgliedsländer könnten in Notfällen auf den Fonds zurückgreifen, ohne sich bestimmten Auflagen unterwerfen zu müssen.

Eine solche Transformation des IWF würde zwar einen wichtigen Beitrag zur Steigerung der Stabilität der internationalen Finanzmärkte leisten, ist aber gegenwärtig nicht wahrscheinlich. Weder die USA noch die EU sind willens, dieses globale öffentliche Gut bereitzustellen. Diese Verweigerungshaltung bleibt aber nicht ohne Folgen: In Ostasien sind seit dem Jahr 2000 erste Ansätze zur Schaffung eines regionalen Gläubigers der letzten Instanz zur erkennen (vgl. Dieter/Higgott 2002). Unterbleibt die Schaffung dieses öffentlichen Gutes auf der globalen Ebene, können sich auf regionaler Ebene alternative Modelle entwickeln. Dies führt im Endeffekt zur Schwächung der multilateralen Wirtschaftsordnung (vgl. Dieter 2003).

7 Schlussbemerkungen

Finanzielle Stabilität ist ein globales öffentliches Gut. Durch multilaterale Kooperation könnten die Bedingungen für die Finanzierung von Investitionen und die Abwicklung des internationalen Warenhandels auf eine solidere, stetigere Basis gestellt werden. Finanzielle Stabilität zeigt sich in Form der Abwesenheit von schweren Finanzkrisen, durch stabile Wechselkurse und nur mäßig schwankende Kapitalströme. Entwicklungs- und Schwellenländer sind aus eigener Kraft nicht in der Lage, dieses globale öffentliche Gut bereitzustellen.

Die Erhöhung der finanziellen Stabilität ist keine simple Aufgabe. Es hat sich gezeigt, dass die von einigen Beobachtern als sinnvoll betrachtete Tobin-Steuer vermutlich weder zur Stabilisierung der Wechselkurse führen würde noch die Implementierung dieser Maßnahme leicht fallen würde. Auch ausgefeiltere Varianten wie die Spahn-Steuer funktionieren nicht bei freiem Kapitalverkehr.

Dieser Punkt ist letztlich der entscheidende. Wenn man für finanzielle Stabilität auf der internationalen Ebene plädiert, dann kommt man an der Forderung nach Beschränkungen des internationalen Kapitalverkehrs nicht vorbei. In demokratischen Gesellschaften steht die Geldpolitik im Grunde vor der Wahl zwischen schwankenden Wechselkursen und freiem Kapitalverkehr. In den OECD-Ländern ist die Entscheidung für freien Kapitalverkehr in den 1970er und 1980er Jahren getroffen worden. Wenn man die seither stark schwankenden Wechselkurse stabilisieren will, muss man zu einer Regulierung des Kapitalverkehrs zurückkehren.

Dies gilt natürlich in verstärktem Maß für Entwicklungsländer. Verstärkt deshalb, weil in diesen Ländern mit ihren flacheren Kapitalmärkten Schwankungen der Wechselkurse eine stärkere Wirkung haben als in großen Industrieländern mit ebensolchen Binnen- und Kapitalmärkten. Für die meisten Entwicklungs- und Schwellenländer sind daher Beschränkungen des Kapitalverkehrs sinnvoll. Erneut scheitert die Umsetzung aber am mangelnden Kooperationswillen der großen OECD-Länder, die ihrerseits an einer Meldepflicht für Kapitalzuflüsse kein Interesse haben.

Finanzielle Stabilität könnte allerdings durch die Schaffung eines globalen Gläubigers der letzten Instanz erhöht werden. Auch dieses öffentliche Gut, im nationalen Raum von der Zentralbank bereitgestellt, weist in der Theorie sehr viele Vorzüge auf. Bei einer Panik von Investoren stellt der Gläubiger der letzten Instanz kurzfristig Liquidität zur Verfügung und federt so Panik auf den Märkten ab. Der IWF könnte zu einem solchen „lender-of-last-resort" ausgebaut werden, aber auch hier fehlt die Unterstützung durch die großen OECD-Länder.

Das Fazit dieses Beitrags ist daher wenig optimistisch. Zwar könnte finanzielle Stabilität durch internationalen Kooperation entscheidend gesteigert werden, aber die Bereitschaft dazu ist sehr gering. Vermutlich bedarf es einer großen Finanzkrise im Zentrum der Weltwirtschaft, um die Bereitschaft zur Regulierung der Finanzmärkte in ausreichendem Maße zu steigern. Die sich im Jahr 2003 verstärkende Abwärtsbewegung des Dollar könnte der erste Vorbote einer solchen krisenhaften Entwicklung sein.

Anmerkungen

1 Die unterschiedliche Bewertung von Direktinvestitionen einerseits und Portfolio-Investitionen und Bankkrediten andererseits ist nicht willkürlich. Direktinvestitionen können auch bei umfassenden Beschränkungen des Kapitalverkehrs zugelassen werden, wie das Beispiel Chinas deutlich zeigt. Für die Einschätzung der Folgen der Liberalisierung des Kapitalverkehrs ist es deshalb sinnvoll, sich auf Portfolio-Investitionen und Bankkredite zu beschränken.

2 Der IWF führt Bankkredite in der nicht genauer aufgeschlüsselten Kategorie „other private borrowing", wobei dies nicht Direktinvestitionen und Portfolioinvestitionen betrifft.

3 Die Wachstumserfolge südost- und ostasiatischer Länder seit den 1970er Jahren änderten an diesem weltwirtschaftlichen Trend nichts.

4 Unter Berücksichtigung des Zusammenbruchs der argentinischen Wirtschaft würde das Bild für Lateinamerika heute deutlich schlechter ausfallen.

5 Nachgewiesen werden kann hingegen, dass Kapitalverkehrskontrollen und niedrigere reale Zinssätze korrelieren. Dies wurde in einer Untersuchung von 61 Ländern im Zeitraum von 1966-1989 gezeigt (Eatwell 1997: 17).

6 Dies bedeutet, dass es kein globales öffentliches Gut geben kann, das lediglich den OECD-Ländern nutzt. So würde ein Regime zum Schutz ausländischer Direktinvestitionen nicht als öffentliches Gut charakterisiert werden können. Kaul et al. sprechen bei einem solchen Gut von einem „club good" (vgl. Kaul/Grunberg/Stern 1999: 10).

7 Allerdings soll nicht der Eindruck erweckt werden, OECD-Länder seien ohne eigene Einflussmöglichkeiten. So könnten Bankaufsichtsbehörden Geschäfte mit Offshore-Finanzplätzen entweder vollständig verbieten oder mit einer extrem hohen Eigenkapitalunterlegung sanktionieren. Dies würde diese Schlupflöcher rasch schließen.

8 Beispielsweise erfüllen die Finanzkrisen Mexikos 1995 (-6,2%), Südkoreas 1998 (-6,7%) und der Türkei 2001 (-7,4%) dieses Kriterium. Indessen kann man darüber streiten, ob dieser Schwellenwert nicht zu hoch liegt und nicht schon geringere Rückgänge der Wirtschaftsleistung eine schwere Krise darstellen.

9 Warum nicht ein oder drei Prozent des BIP? Eine vollständig befriedigende Antwort wird man auf diese Frage kaum finden können.

10 Der reale Wechselkurs einer Währung kann durch regelmäßige Abwertungen auch dann gewährleistet werden, wenn hohe Inflation herrscht.

11 Die Entstehung dieser Blase hat Robert Shiller sehr klar analysiert (vgl. Shiller 2000).

12 Diese ökonomische Misere kann dazu führen, daß die USA auch künftig durch inszenierte militärische Konflikte von ihrer wirtschaftlichen Schwäche abzulenken versuchen werden (vgl. dazu Todd 2003).

13 Nunnenkamp weist darauf hin, daß die Verlagerung des Devisenhandels in Offshore-Finanzplätze allerdings auch erhebliche Kosten verursachen würde (vgl. Nunnenkamp 2001: 15).

14 Die Bedingungen für einen „lender-of-last-resort" wurden bereits im 19. Jahrhundert von dem englischen Ökonomen und langjährigen Herausgeber des „Economist", Walter Bagehot, formuliert. Demnach soll der Gläubiger der letzten Instanz Volkswirtschaften großzügig Kredite gewähren, wenn diese bereit sind, Zinsen oberhalb der jeweiligen Marktzinssätze zu bezahlen und angemessene Sicherheiten leisten können. Bagehot sprach von „lend freely, at penalty rates, against good collateral" (vgl. Fischer 2000: 9). Im engeren Sinn kann es auf globaler Ebene natürlich keinen „lender-of-last-resort" geben, da dies an die Fähigkeit zur Geldschöpfung gebunden ist. Solange es kein einheitliches Geld auf der ganzen Welt gibt, wird auch ein sehr gut ausgestatteter IWF immer nur ein „quasi-lender-of-last-resort" sein können. In der Praxis dürfte diese Unterscheidung unerheblich sein.

15 So haben die USA 1995 Mexiko großzügig Kredite bereitgestellt, sich aber die Einnahmen aus den künftigen Erdölexporten vertraglich gesichert.

16 Vgl. den Vorschlag der Stellvertretenden Vorsitzenden des IWF, Anne Krueger, vom November 2001 (Krueger 2001).

Literatur

Bank für Internationalen Zahlungsausgleich (2002): 72. Jahresbericht,. Basel

Commission of the European Communities (2002): Responses to the Challenges of Globalisation: A Study on the International Monetary and Financial System and on Financing for Development. Working document from the Commission Services, Brussels, 13. Februar 2002. DOC/02/04.

Development Committee (2000): Poverty Reduction and Global Public Goods. Issues for the World Bank in Supporting Global Collective Action, Joint Ministerial Committee of the Boards of Governors of the Bank and the Fund, DC/2000-16. 6 September 2000.

Diaz-Alejandro, Carlos (1985): Bye-bye Financial Repression, Hello Financial Crash, Journal of Development Economics, Vol. 19, S. 1-24.

Dieter, Heribert (2003): Abschied vom Multilateralismus? Der neue Regionalismus in der Handels- und Finanzpolitik, SWP-Studie 4/Februar 2003.

- (1998): Die Asienkrise: Ursachen, Konsequenzen und die Rolle des Internationalen Währungsfonds, Mar-burg: Metropolis Verlag.

-/Higgott, Richard (2002): Exploring alternative theories of economic regionalism: From trade to finance in Asian co-operation, Centre for the Study of Globalisation and Regionalisation (CSGR), Working Paper 89/02

Eatwell, John (1997): International Financial Liberalization: The Impact on World Development, UNDP, Office of Development Studies, Discussion Paper Series No. 12. New York;. im Internet: www.undp.org/ods/pdfs/interl-fin-liberal.pdf.

Edwards, Sebastian (2000): Exchange Rate Regimes, Capital Flows and Crisis Prevention, Paper prepared for the National Bureau of Economic Research Conference on Economic and Financial Crises in Emerging Market Economies, Woodstock

Fischer, Stanley (2000): On the Need for an International Lender of Last Resort. Essays in International Finance, No. 220, Department of Economics, Princeton University.

- (2001): Exchange Rate Regimes: Is the Bipolar View Correct? www.imf.org/external/np/speeches/2001/010601a.htm

Flassbeck, Heiner; Noé, Claus (2001): Abkehr vom Unilateralismus. Blätter für deutsche und internationale Politik, 11/2001, S. 1359-1369.

Frenkel, Michael; Menkhoff, Lukas (2000): Stabile Weltfinanzen? Die Debatte um eine neue internationale Finanzarchitektur, Berlin/Heidelberg: Springer-Verlag

Griffith-Jones, Stephanie (1998): Global Capital Flows. Should they be regulated?, Houndmills/ Basingstoke: Palgrave.

Kaul,Inge/Grunberg, Isabell/Stern, Marc A. (1999): Defining Global Public Goods, in: Kaul,Inge/Grunberg, Isabell/Stern, Marc A. (eds.): Global Public Goods. International Cooperation in the 21st Century, New York/Oxford: Oxford University Press, S. 2-17.

Krueger, Anne (2001): International Financial Architecture for 2002: A New Approach to Sovereign Debt Restructuring, Address given at the American Enterprise Institute, 26.11.2001. www.imf.org/external/np/speeches/2001/112601.htm.

und andere Kleingewerbetreibende, die aufgrund eines drastischen Rückgangs der Wirtschaftsleistung (z.B. des realen Bruttoinlandsprodukts in Südkorea 1998: -7%, Thailand 1998: -10%, Indonesien 1998: -13%, Türkei 2001: -7%, Argentinien 2002: -11%; Zahlen nach IMF 2003b) und dem abrupt endenden Zugang zu Krediten („credit crunch“) plötzlich ihrer wirtschaftlichen Grundlagen beraubt werden, bankrott gehen und in die Erwerbslosigkeit fallen. Allein in Indonesien hat die Krise 1997/98 die Anzahl der absolut Armen (d.h. Menschen mit einem Tageseinkommen von unter einem Dollar) um 20 Millionen Menschen von 11 % 1995 auf 22 % der Gesamtbevölkerung 1998 verdoppelt (WEED 2001: 40). Der Hauptgrund dafür lag in der dramatischen Zunahme der Erwerbslosigkeit von 5 auf 15 % (ebenfalls 1995 im Vergleich zu 1998).

Sind diese Auswirkungen „Externe Effekte"?

Auswirkungen von Marktprozessen, die jenseits der direkt beteiligten Akteure auch unbeteiligte Dritte treffen, werden von Ökonomen üblicherweise als externe Effekte bezeichnet. Eine Fabrik, die ihre Abwässer und Abgase teilweise ungereinigt in einen Fluss oder die Atmosphäre entlässt, benutzt die natürliche Umgebung, um ihre Kosten zu „externalisieren“, d.h. konkret zahlen die Natur bzw. die Anwohner die Zeche und nicht der Fabrikeigentümer. Solchen Beispielen für „negative externe Effekte“ stehen aber auch „positive Externalitäten“ gegenüber. Schulbildung ist ein gutes Beispiel dafür, dass es sich gesamtwirtschaftlich lohnt, ein gebührenfreies Bildungssystem zur Verfügung zu stellen. Denn wenn Schüler oder ihre Eltern die Schulbildung ganz oder teilweise privat finanzieren müssten (wie es heute in vielen Entwicklungsländern mangels staatlicher Ressourcen der Fall ist), dann würden viele auf den Besuch der Schule verzichten. Dies wiederum setzt aber einen Teufelskreis von mangelnder Qualifizierung, geringen Beschäftigungsmöglichkeiten, keinem oder niedrigem Wirtschaftswachstum etc. in Gang, der in der Summe gesamtwirtschaftlich mehr Kosten verursacht als die Bereitstellung eines gebührenfreien Bildungssystems. In solchen Fällen erkennen auch neoklassische Ökonomen an, dass der Markt als Regelungsmechanismus bei der Bereitstellung von Bildung ganz offensichtlich nur versagen kann („Marktversagen“) und es daher eine öffentliche Aufgabe sein muss, ein Bildungssystem für alle zur Verfügung zu stellen.

Das Vorliegen solcher externer Effekte ist eine wichtige Bedingung dafür, dass es sich um ein öffentliches Gut handelt. Externe Effekte sind somit das Pendant zum Kriterium der Nicht-Ausschließbarkeit, denn externe Effekte verteilen sich nicht marktvermittelt in der Ökonomie, ohne dass jemand vom Genuss positiver externer Effekte abgehalten oder vor der Bedrohung durch negative externe Effekte wirksam geschützt werden kann.

Genau hier aber beginnen die Probleme mit dem Charakter von internationaler Finanzstabilität als globalem öffentlichen Gut. Folgt man z.B. Wyplosz und Griffith-Jones (Wyplosz 1999, Griffith-Jones 2002), so haben finanzielle Instabilitäten enorme negative externe Effekte. „Such effects are clearly nonrival and nonexcludable: financial instability is undoubtly a public bad“ (Wyplosz 1999: 156). Beide unterscheiden zwischen „normaler“ finanzieller Volatilität bzw. Instabilität, die Finanzmarktakteure z.B. durch risikobedingte Zinsaufschläge oder Wechselkursveränderungen mit Preisen bewerten und dadurch in marktförmige Signale übersetzen. Anders sei es im Fall „exzessiver“ Volatilität, wie sie in Finanzkrisen vorkommt. „(...) The 'excessive' volatility that leads to crises is not priced. It is a negative externality, and it is nonpecuniary because (...) its sources and victims are too diffuse to be identified.“ (Wyplosz 1999: 157) Im Falle eines öffentlichen „bads“ anstatt eines öffentlichen Guts bedeuten die Kriterien „Nicht-Rivalität“ und „Nicht-Ausschließbarkeit“ nunmehr, dass die negative Betroffenheit der einen durch eine Finanzkrise nicht die negative Betroffenheit von anderen mildert und dass sich in letzter Konsequenz kaum jemand von den negativen Folgen solcher Krisen ausschließen kann.

Unstrittig ist, dass Finanzkrisen negative Effekte haben und gesamte Ökonomien und Gesellschaften in einen Abwärtsstrudel ziehen können. Offen bleibt aber die Frage, ob und in welchem Umfang es sich dabei wirklich um *externe* Effekte handelt. Wenn in der Folge z.B. von mehreren größeren Pleiten im Maschinenbausektor Banken die Kreditvergabe an ein beliebiges Maschinenbauunternehmen X verteuern und damit Investitionen ausbleiben und Arbeitsplätze wegfallen, so ist dies keineswegs ein externer Effekt. Natürlich haben die entlassenen Beschäftigten keinen Einfluss auf die Wirkungskette, der ihre Arbeitplätze zum Opfer gefallen sind. Aber die Verteuerung der Kreditkosten ist ein marktwirtschaftlich folgerichtiger Schritt der Banken und bedeutet gerade die Einpreisung des scheinbar gestiegenen Risikos im Sektor Maschinenbau.

Je schwerer die Krise, desto tiefer reichen die Wirkungsketten vom eigentlichen Ursprung (in diesem Fall den kreditverteuernden Banken) in andere Sektoren der Ökonomie (z.B. bis zum Bäcker, der aufgrund steigender Erwerbslosigkeit im Arbeiterviertel am anderen Ende der Stadt weniger Brötchen verkauft). Im Fall gesamtwirtschaftlicher Krisen, wie z.B. in Süd-Ost-Asien 1997/98, reichen diese Wirkungsketten bis in die letzten Winkel der Gesellschaft. Dann werden auch die Akteure des informellen Sektors, die schon in „normalen“ Zeiten keinen Zugang zu geregelten Kreditbeziehungen haben, durch den krisenbedingten Rückgang an Kaufkraft zusätzlich hart getroffen. Fraglich bleibt aber, ob dies als *externer* Effekt einer Finanzkrise bezeichnet werden kann.

„Externe Effekte" und Wirkungsketten zwischen Teilmärkten

Bei der Betrachtung internationaler Finanzstabilität als globalem öffentlichem Gut ist daher dringend Vorsicht geboten, denn große Teile der Begründung der angeblichen „externen Effekte" von Finanzsystemen fußen im Wesentlichen auf der Tatsache, dass es Wechselwirkungen zwischen Teilmärkten gibt. Diese Wechselwirkungen zwischen Finanz-, Güter/Dienstleistungs- und Arbeitsmärkten sind aber seit jeher ein anerkannter Wirkungsmechanismus, der Ausdruck gesamtwirtschaftlicher Marktregulierung ist. Arbeits- und Kapitalmärkte sind gesamtwirtschaftlich miteinander verwoben, und Krisen im einen können desaströse Folgen in anderen Teilmärkten haben (am dramatischsten zu sehen wohl in der Weltwirtschaftskrise der 1920er/30er Jahre). Zwar streiten sich die Ökonomen verschiedener Schulen gerne darüber, ob es zwischen diesen Teilmärkten Hierarchien gibt (Marxisten und Keynesianer) oder ob sie vielmehr gleichberechtigt aufeinander einwirken (Neoklassiker). Einig sind sie sich aber darin, dass die Wechselwirkungen zwischen den Teilmärkten ein geradezu konstitutives Element der Marktwirtschaft sind. Gerade die neoklassische Gleichgewichtstheorie fordert, dass jede Änderung auf einem der Teilmärkte (zumeist begriffen als „exogener Schock") notwendigerweise zu „Anpassungen" in den anderen Teilmärkten führen muss, um das Gleichgewicht zwischen den Märkten wieder herzustellen. Bei den Keynesianern und Marxisten gibt es dieses Gesetz der Marktanpassung zumindest entlang der Hierarchie der Teilmärkte von oben nach unten: Der Kapitalmarkt als dominierender Markt zwingt den Gütermarkt (als zweitrangigen Teilmarkt) und schließlich den Arbeitsmarkt (quasi als Residualgröße) zur „Anpassung".

Globale öffentliche Güter verdanken ihren Charakter ihrer natürlichen Beschaffenheit (z.B. Atemluft als notwendigerweise öffentliches Gut, von dem niemand ausgeschlossen werden kann) und der Tatsache, dass sie wegen hoher positiver externer Effekte nicht von privaten Akteuren bereitgestellt werden, dafür aber nichtrivalisierend genutzt werden können (z.B. der Leuchtturm, bedingt auch das Bildungssystem). Hohe positive (aber auch negative) externe Effekte führen also zu Marktversagen und rufen daher den Staat als Anbieter (bzw. Regulierer) auf den Plan. Letzteres gilt selbstverständlich auch für internationale Finanzstabilität, die ein hohes Maß an Regulierung und Kontrolle erfordert, die die privaten Akteure ganz offensichtlich bisher in eigener Verantwortung nicht bereitstellen konnten.

Hier kommt man auf den Widerspruch zurück, der schon weiter oben herausgearbeitet wurde. Die für die Charakterisierung von finanzieller Stabilität als öffentlichem Gut notwendigen externen Effekte beschränken sich bei näherem Hinsehen vielfach nur auf die Wechselwirkungen zwischen Teilmärkten, nämlich v.a. die Auswirkungen des Finanzmarkts auf den Güter- und Arbeitsmarkt. Dabei treten tatsächlich externe Effekte auf: Der Einkommensausfall des oben zitierten Bäckers aufgrund von wachsender Erwerbslosigkeit wird in der Tat nicht von den Verursachern, also den kreditverteuernden Banken, getragen[1]. Will man aber derartig komplexe gesamtwirtschaftliche Wirkungsketten allesamt als externe Effekte, d.h. als teilweises Marktversagen interpretieren, dann werden aus allen im Marktmodell gemeinhin als funktional angesehenen Mechanismen (z.B. einer Drosselung der Produktion infolge geringerer Nachfrage nach einer Finanzkrise) plötzlich Beispiele von Marktversagen. Die Schlussfolgerung ist gleichermaßen trivial wie unbestreitbar: Marktversagen gibt es immer und überall, und zwar in bedeutsamem Umfang.

Öffentliche Güter, „Externe Effekte", – Marktversagen – eine politische Frage

Vernunftbegabte Menschen und sogar Ökonomen sehen ein, dass die Realität vom idealtypischen Marktmodell abweicht und daher mehr oder weniger starke Elemente von Marktversagen überall im Spiel sind. Der Streit geht aber darum, wie stark der Anteil von Marktversagen im Vergleich zur Marktfunktion im Einzelfall ist und ob die negativen Marktergebnisse eine Regulierung staatlicherseits begründen kann. Argumentiert man im idealen Marktmodell, so dürfte es nur dann staatliche Interventionen geben, wenn die Kosten des Marktversagens größer sind als die Kosten, die mit der Setzung eines staatlichen Regulierungsrahmens zur Einschränkung des Marktversagens einhergehen. Allerdings ist die Bemessung dieser Kosten eine höchst politische und subjektive Sache. Wie bemesse ich die Kosten von Erwerbslosigkeit? Sind es die Kosten der Nichtbeschäftigung und Dequalifizierung der Ressource Mensch (eine ökonomistische Perspektive), oder muss ich nicht vielmehr die ganzen Folgewirkungen wie soziale Vereinsamung und Marginalisierung, psychische und familiäre Probleme, Verarmung etc. mit zu den „Kosten" rechnen (eine eher politische und gesellschaftliche Perspektive)? Ebenfalls hoch politisch und subjektiv ist die Beurteilung, welche Fähigkeiten ein Staat, eine Bürokratie oder eine Gesellschaft hat, derartiges Marktversagen durch kompetente Regulierung zu vermindern bzw. aufzufangen.

Spitzt man dieses ernüchternde Ergebnis zu, so verbleibt als zentrales Argument für internationale Finanzstabilität als globales öffentliches Gut aber nur noch, dass Finanzmärkte Auswirkungen in alle Teile von Gesellschaften haben und dass sie instabil und krisenanfällig sind. Ob und in welchem Umfange dieses regelmäßige Finanzmarktversagen aber eine staatliche Regulierung begründet, kann indes aus Sicht der Ökonomen nicht eindeutig beurteilt werden (siehe Scherrer in diesem Band). Es ist und bleibt eine politische Frage.

Will man an internationaler Finanzstabilität dennoch als globalem öffentlichen Gut festhalten, dann sind wir nunmehr endgültig auf der Ebene der Banalität angelangt. Denn mit demselben Argument wird nunmehr aus jeglicher staatlichen Regulierung ein öffentliches Gut. Auch Güter- und Arbeitsmärkte werden in vielerlei Bereichen zurecht staatlich reguliert, egal ob es nun um Arbeitsschutzbestimmungen, Kartellaufsicht oder um die Kontrolle von Lebensmitteln geht. Sind nun auch die Mehrwertsteuer und die Verpackungsverordnung öffentliche Güter? In letzter Konsequenz trifft sich hier also nur das öffentliche Gut mit der öffentlichen Sache, der res publica, der Republik, dem staatlichen Handeln.

Internationale Verschuldung und globale öffentliche Güter

Im weiteren soll nun versucht werden, die Bedeutung der internationalen Gläubiger-Schuldner-Beziehungen und des Schuldenmanagements für die Bereitstellung globaler öffentlicher Güter zu behandeln. Dreh- und Angelpunkt kann nach dem bisher gesagten aber nicht der Beitrag des Schuldenmanagements zur Herstellung eines ominösen öffentlichen Guts internationale Finanzstabilität sein. Vielmehr müssen die direkten Auswirkungen des Schuldenmanagements auf andere öffentliche Güter untersucht werden. Die These lautet daher: Finanzmärkte im Allgemeinen und die Gläubiger-Schuldner-Beziehungen im Besonderen haben bisher in „normalen", aber um so mehr in Krisenzeiten, die lokale, nationale und globale Bereitstellung öffentlicher Güter beeinträchtigt und verhindert (siehe auch Dussel Peters in diesem Band). Eine grundlegende Reform und Regulierung der Finanzmärkte und insbesondere des internationalen Schuldenmanagements ist daher lange überfällig, um Spielräume für die Bereitstellung öffentlicher Güter zurückzugewinnen.

Die nachfolgende Darstellung konzentriert sich daher auf die Frage, wie durch eine Reform des internationalen Schuldenmanagements die Bereitstellung öffentlicher Güter, v.a. von Bildungs- und Gesundheitssystemen, wieder ermöglicht und verbessert werden kann. Da das internationale Schuldenmanagement die Bereitstellung nationaler (z.B. Bildung) und teilweise globaler öffentlicher Güter (z.B. Gesundheit mit Blick auf globale Seuchenbekämpfung, Regenwaldrodung zwecks Schuldendienst etc.) im globalen Maßstab beeinträchtigt, ist es angemessen, Wege zur Überwindung des heutigen Schuldenmanagements als Beitrag zur Bereitstellung globaler öffentlicher Güter zu begreifen.

Dazu wird vorgeschlagen, das bislang von den Gläubigern dominierte Schuldenmanagement im IWF und dem Pariser und Londoner Club durch faire und transparente Schiedsverfahren (Fair and Transparent Arbitration Processes - FTAP) zu ersetzen, die sich an rechtsstaatlichen Kriterien von Insolvenzverfahren orientieren, den Schuldnerländern einen wirtschaftlichen Neuanfang ermöglichen und zugleich der Prävention gegen neue Schuldenkrisen dienen sollen.

Jeder Ansatz, der sich zur Lösung von Schuldenkrisen an insolvenzartigen Verfahren orientiert, identifiziert als Kernproblem des heutigen Schuldenmanagements die Dominanz der Gläubiger. Da heute, anders als in einem innerstaatlichen Insolvenzverfahren, nicht ein unparteiischer Dritter, sondern die Gläubiger als notwendigerweise befangene Partei über die Notwendigkeit und den Umfang von Schuldenstreichungen befinden, können deren subjektive Entscheidungen niemals objektiv angemessen sein. Eine Lösung kann daher nur durch die Übertragung der Entscheidungsgewalt an eine neutrale Instanz zustande kommen, die die Interessen aller Betroffenen berücksichtigt.

Die Allmacht der Gläubiger

Wenn heute vom internationalen Schuldenmanagement die Rede ist, so geht es um die Foren und Institutionen, in denen konkret über Schulden verhandelt wird. Diese sind

- der Pariser Club, zuständig für die bilateralen Schulden zwischen Regierungen
- der Londoner Club, in dem Schuldner bei Zahlungsschwierigkeiten über die Kredite bei privaten Geschäftsbanken verhandeln
- die Internationalen Finanzinstitutionen (IFIs) IWF und Weltbank, wo es um multilaterale Schulden geht.

In diesen Foren steht das Schuldnerland einer Vielzahl von Gläubigern gegenüber. Die Entscheidungen darüber ob einem Land ein Zahlungsaufschub („Umschuldung") oder ein Teilschuldenerlass gewährt wird, wird von den Gläubigern getroffen. Zwar bemühen sich IWF, Weltbank und Gläubigerregierungen, gebetsmühlenartig zu betonen, dass Schuldenvereinbarungen stets im Einvernehmen mit dem Schuldner getroffen werden, aber den Schuldnern bleibt praktisch nichts anderes übrig, als die mageren Angebote der Gläubiger zu akzeptieren und sich dafür deren Bedingungen zu unterwerfen. Tun sie das nicht, dann droht ihnen ein Boykott seitens der Gläubiger (d.h. Kapitalabzug bzw. keine neuen Kredite). Das wäre für einzelne Schuldner schon schlimm genug, aber so richtig vertrackt wird die Lage erst dadurch, dass die Gläubiger zugleich jene Staaten sind, die durch ihre wirtschaftliche und politische Macht auch die anderen für die Schuldnerländer bedeutsamen Bereiche kontrollieren: das Welthandelsregime bzw. die Welthandelsorganisation WTO und die Entwicklungshilfezuflüsse aus den Industrieländern und multilateralen Institutionen (v.a. UN, EU etc.). Darüber hinaus stammen fast alle großen Transnationalen Konzerne, die in Entwicklungsländern tätig sind, aus den Gläubigerländern und genießen den Schutz und die Unterstützung der dortigen Regierungen. Die ohnehin schon ungleiche Machtverteilung, die dem Verhältnis zwischen Schuldner und Gläubiger innewohnt, wird durch diese Umstände drastisch zugespitzt und findet im genannten Entscheidungsmonopol der Gläubiger im internationalen Schuldenmanagement seinen Ausdruck.

Da heute die Gläubiger die Entscheidungen treffen, setzen sie sich auch mit ihrer Ursachenanalyse systematisch durch: Die Schuld für Zahlungsprobleme wird immer dem Schuldnerland zugewiesen. Das Konzept der Strukturanpassung bringt dieses Verständnis der Gläubiger von den Ursachen der Schuldenkrise eindrücklich auf den Punkt: Nur die Schuldnerländer müssen ihre Strukturen anpassen, und zwar an die Gegebenheiten des Weltmarktes, um auf diese Weise wettbewerbsfähig zu werden und die Devisen erwirtschaften zu können, die zur Bedienung der Schulden und Befriedigung der Gläubiger vonnöten sind. Die Gläubigerregierungen negieren damit ihre Verantwortung für ein Welthandelsregime, das die Schuldnerländer, gerade in den Bereichen Landwirtschaft und Textilien, systematisch übervorteilt und ihnen so die Möglichkeit raubt, auf regulärem Wege Devisen zu erwirtschaften und Schulden zurückzuzahlen.

Konflikte zwischen den Gläubigern

Die einseitige Entscheidungsmacht der Gläubigerseite wird noch dadurch verschlimmert, dass die Zersplitterung der Verhandlungen über verschiedene Foren für bilaterale, multilaterale und private Schulden zu einem Wettbewerb zwischen den Gläubigergruppen um den geringsten Schuldennachlass führt. Denn immer schielt die eine Gläubigerfraktion darauf, im Verhältnis zu den anderen Gläubigern nicht zu viele Konzessionen zu machen. Das internationale Schuldenmanagement ist daher auch wesentlich durch die Konflikte zwischen den Gläubigern geprägt.

Der grundlegendste Konflikt, der gerade seit der Asienkrise 1997/98 offen zutage getreten ist, betrifft das Verhältnis zwischen staatlichen und privaten Gläubigern. Letztere wollen möglichst risikolos hohe Zinsen und Renditen durch die Überlassung von Kapital an Schwellen- und Entwicklungsländer in Form von Krediten oder Anleihen erwirtschaften. Dass gerade dies aber ohne Risiko nicht möglich ist, haben die vergangenen 20 Jahre von Schulden-, Finanz- und Währungskrisen deutlich gezeigt. Dabei hatten sich die privaten Gläubiger bis zur Asienkrise fast wie selbstverständlich darauf verlassen, dass im Falle von Krisen öffentliche Kreditgeber einspringen und den Schuldnerländern die nötige Liquidität zur Verfügung stellen, damit diese die privaten Gläubiger befriedigen können (sogenanntes „Bailout“ bzw. „Freikaufen“). Auch wenn dies im Falle der Asienkrise durch „Rettungspakete“ in einer Gesamthöhe von ca. 120 Mrd. US-$ an Südkorea, Thailand und Indonesien unter Leitung des IWF im Großen und Ganzen erneut so geschehen ist, reißt seitdem die Diskussion nicht ab, wie im Falle zukünftiger Krisen die privaten Gläubiger stärker an den Kosten der Krise beteiligt werden können. Diese Überlegungen (v.a. innerhalb des IWF und der G7) firmieren heutzutage unter dem Begriff der „Beteiligung des Privatsektors" bzw. „Private Sector Involvement" (PSI).

Um hier keine Missverständnisse aufkommen zu lassen: Natürlich werden die Bereitsteller der „Rettungspakete", allen voran der IWF, das Geld zurückbekommen. Da die Kredite des Währungsfonds immer mit höchster Priorität bedient werden, läuft dieser keine Gefahr, am Schluss auf Verlusten sitzen zu bleiben. Die Zeche zahlen die Schuldnerländer: Sie werden diese 120 Mrd. US-$ zurückzahlen bzw. haben dies unter Inkaufnahme von Wirtschaftskrisen, Arbeitslosigkeit und sozialer Verelendung bereits teilweise getan. Je umfangreicher die Rettungspakete werden, die vor allem die privaten Gläubiger befriedigen, desto höher fällt nachher der Schuldendienst aus. Bei längerfristigen Finanzkrisen, wie z.B. im Fall von Indonesien, droht daher die Bedienung der „Rettungspakete", den Schuldendienst für andere, frühere Kredite der Gläubigerregierungen (z.B. aus der Entwicklungshilfe oder auf verbürgte Exportkredite) in Mitleidenschaft zu ziehen. Auch wenn der IWF also schadlos aus den Rettungspaketen herauskommt, so können sie für einzelne Gläubigerregierungen durchaus Verluste mit sich bringen.

Daraus ergeben sich verschiedene Konflikte zwischen den Gläubigern. Einerseits geht es um die Machtposition und den Spielraum des IWF als Institution. Während es aus unterschiedlichen Ecken Kritik am Umfang und der wirtschaftspolitischen Stoßrichtung des IWF gibt, versucht sich der IWF selbst als oberster Krisenmanager zu inszenieren und dadurch seine Machtposition auszubauen. Dieses institutionelle Eigeninteresse des Fonds deckt sich mit dem der USA, die im Fonds den dominierenden Einfluss haben und ihn regelmäßig für ihre nationalen Interessen einspannen. Den USA ist daher ein politisch mächtiger und in seinen Instrumenten wenig beschränkter IWF unter ihrer eigenen Dominanz besonders sympathisch. Größere Vorbehalte dagegen gibt es bei den anderen G7-Ländern, die die Politik des Fonds einer stärkeren Regelbindung unterwerfen wollen, gerade um die IWF-Politik nicht vom jeweiligen krisenspezifischen Interesse der USA abhängig zu machen. Ganz offensichtlich war das starke Engagement des IWF z.B. in der Finanzkrise der Türkei nicht unwesentlich von der Parteinahme der USA für seinen NATO-Verbündeten geprägt. Im Falle der Argentinienkrise hingegen ist der Währungsfonds innerlich gespalten, wie weiter zu verfahren ist. Weder zeichnen sich größere Rettungspakete im klassischen Sinne für Buenos Aires ab, noch ergreift der Fonds eine Initiative für eine Umschuldung. Diese Zurückhaltung kann aber auch darauf zurückgehen, dass der Umfang der bisher unbefriedigten ausländischen Privatgläubiger Argentiniens gar nicht so hoch ist, denn nach verschiedenen Schätzungen befinden sich die internationalen Staatsanleihen Argentiniens ca. zur Hälfte in den Händen von Argentiniern selbst. Wenn diese Schätzungen zutreffen, dann gibt es für den IWF und die nördlichen Gläubigerregierungen ohnehin nur geringen Handlungsdruck, sich für die vergleichsweise geringen Forderungen von Privatgläubigern aus dem Norden zu engagieren.

Anders als der IWF und die USA haben die anderen öffentlichen Gläubiger (v.a. Japan, Deutschland und Frankreich) aber ein grundsätzliches Interesse, das Einschreiten des IWF im Fall von Finanzkrisen zu systematisieren und dadurch privaten Gläubigern im Voraus zu signalisieren, mit welchen Risiken sie zu rechnen haben. Nur wenn den Privatgläubigern glaubhaft gemacht werden kann, dass sie in zukünftigen Krisen wesentliche Kosten der Krise selbst tragen müssen, werden diese ihre Praxis bei der Bereitstellung von Krediten und dem Halten von Anleihen spürbar ändern. Die „Beteiligung des Privatsektors" (PSI) soll daher vor allem der Krisenprävention dienen. Der Konflikt um PSI ist also einerseits einer zwischen öffentlichen und privaten Gläubigern und andererseits einer zwischen dem IWF und den USA auf der einen Seite und anderen Gläubigerregierungen auf der andern Seite.

Daneben gibt es noch einen anderen Konflikt innerhalb der Gläubigergemeinschaft. Während es mit Londoner Club, Pariser Club und IWF/Weltbank schon Verhandlungsforen für bestimmte Schuldenkategorien gibt, blieb eine Gläubigergruppe bisher außen vor: die Anleihegläubiger. Bestanden in der zweiten Hälfte der 1970er Jahre noch über 80 % aller ausländischen Finanzzuflüsse der Entwicklungsländer aus Bankkrediten und Entwicklungshilfe, so machten diese beiden Kategorien zwischen 1990 und 1998 nur noch weniger als 45 % aus. Umgekehrt stieg der Anteil von Portfolioinvestitionen, d.h. der Erwerb von Aktien und Anleihen, im selben Zeitraum um den Faktor sieben von unter 3 auf 21 % (vgl. Akyüz/Cornford 1999: 10). Da Anleihen in großer Stückzahl ausgegeben werden, hat man es im Einzelfall mit Tausenden von Anleihegläubigern zu tun, die über den ganzen Globus verteilt sind. Zwar wird der Großteil der Anleihen über „institutionelle Investoren" (d.h. Investment- und Pensionsfonds) gehalten, aber für die Verhandlung auch nur einer einzelnen notleidenden Anleihe ist die Zustimmung aller Anleihehalter vonnöten. Ein Ausweg aus diesem Dilemma sind sogenannte „Collective Action Clauses" (CACs), die als Bestandteil von Anleiheverträgen die Möglichkeit bieten, dass eine qualifizierte Mehrheit der Gläubiger ausreicht, um einer Umschuldung zuzustimmen. Derartige Klauseln sind aber bisher kaum in Anleiheverträgen zu finden und könnten bestenfalls der Koordination der Gläubiger einer einzelnen Anleihe dienen. Eine Koordination mit den Gläubigern anderer Anleihen desselben Schuldners, geschweige denn mit den anderen Gläubigerkategorien (Geschäftsbanken, Regierungen, multilaterale Institutionen), ist mittels CACs aber nicht zu erreichen.

Die bisherige Folge war, dass unter allen Gläubigerkategorien die Anleihegläubiger im Fall von Finanzkrisen am wenigsten Federn lassen mussten, weil sie praktisch nicht an einen Tisch zu bringen sind. Davon sind die in Clubs organisierten anderen Gläubiger verständlicherweise wenig begeistert und suchen daher nach Wegen, die Anleihehalter stärker einzubinden. Auch dieser Aspekt wird unter PSI mitdiskutiert. Die Geschäftsbanken geraten dabei in ein Dilemma, denn einerseits bringt eine stärkere „Beteiligung des Privatsektors" Forderungsverluste mit sich, andererseits bietet aber die Einbindung der Anleihegläubiger die Chance, dass auf Seiten der Privatgläubiger nicht nur die Banken in die Pflicht genommen werden.

Aus diesen Konfliktkonstellationen ergibt sich ein erheblicher Handlungsdruck auf die Gläubiger, das Schuldenmanagement im eigenen Interesse zu modifizieren. Ein Anlauf in diese Richtung ist bei der zurückliegenden Frühjahrstagung von IWF und Weltbank im April 2003 unternommen worden, als der IWF einen eigenen Vorschlag für eine Reform des Schuldenmanagements, den „Sovereign Debt Restructuring Mechanism" (SDRM) vorlegte (vgl. Krueger 2001, IMF 2002 und 2003a; zur Bewertung des SDRM siehe Hersel 2003: 49f.). Die bemerkenswerte „Reformbereitschaft" des IWF wurde zwar durch die Intervention der USA zunächst gestoppt, und anstatt des SDRM wurde nur die verstärkte Anwendung von Collective Action Clauses zur besseren Koordination im Schuldenmanagement beschlossen. Aus den oben genannten Gründen können CACs aber die schwelenden Konflikte innerhalb der Gläubigergemeinschaft kaum lösen, und daher ist auch nach dem vorläufig offiziellen Ende der Reformdebatte über SDRM im IWF weiterhin mit Bewegung zu rechnen.

Ein Reformszenario: Faire und transparente Schiedsverfahren (FTAP)

Angesichts der systemischen Fehlkonstruktion des internationalen Schuldenmanagements wurden schon bald nach dem „offiziellen Ausbruch" der Schuldenkrise in den 1980er Jahren verschiedene Reformen vorgeschlagen. Darunter fand sich unter anderem der Gedanke, dass den verschuldeten Krisenländern ein insolvenzähnliches Verfahren eröffnet werden müsse, um ihnen einen angemessenen Schuldenerlass und damit einen Neustart zu ermöglichen. Diese Idee einer Insolvenz für Staaten (gemeinhin als „Souveräne Schuldner" bezeichnet) ist keineswegs neu. Sie findet sich schon bei Adam Smith:

> „Sobald die Schulden einer Nation sich zu einem bestimmten Grad angehäuft haben, wird es, so glaube ich, kaum ein Beispiel geben, wo sie noch angemessen und komplett bezahlt werden können. (...)Wenn es notwendig wird, dass ein Staat sich selbst für zahlungsunfähig erklärt, so wie es im entsprechenden Fall für einen Privatmann nötig wird, wird ein gerech-

ter, offener und erklärter Bankrott das Mittel sein, das am wenigsten ehrenrührig für den Schuldner und am wenigsten schmerzhaft für den Gläubiger ist." (Smith, 1910: 412-413)

Diese Idee eines geordneten Staatsbankrotts wurde seit den 1980er Jahren u.a. von der UNCTAD und von verschiedenen Wissenschaftlern weiterentwickelt. Eine besondere Variante schlug Kunibert Raffer vor, der in Ermangelung eines internationalen Insolvenzrechts für Staaten ad-hoc Schiedsverfahren für insolvente Länderfälle nach dem Vorbild des Kapitel 9 des US-amerikanischen Konkursrechts ins Spiel brachte. (Raffer 1990) Dieses Kapitel schreibt ein geregeltes Verfahren für zahlungsunfähige Städte und Gemeinden in den USA vor. Anders als bei Unternehmenskonkursen, wo die Geschäftsführung oftmals von den Gläubigern ausgetauscht oder sogar selbst übernommen wird, wird hier sichergestellt, dass die verschuldete Kommune in ihrer Souveränität als staatliche Einheit nicht beschnitten wird und sie z.B. weiterhin den sozialen Verpflichtungen gegenüber ihren Bürgern nachkommen muss, die Gehälter weitergezahlt werden und auch die kommunalen Steuern und Abgaben nicht beliebig zur Befriedigung der Gläubiger erhöht werden dürfen.

Auf Basis dieses Vorschlags haben verschiedene NGOs und Entschuldungskampagnen seit den 1990er Jahren die Einführung von insolvenzartigen Entschuldungsverfahren gefordert. Zwar unterscheiden sich die einzelnen Vorstellungen im Detail, z.B. bei der Frage, ob man sich zunächst auf ad-hoc Schiedsverfahren konzentriert oder statt dessen gleich einen völkerrechtlich bindenden Vertrag über einen Internationalen Insolvenzgerichtshof anstrebt. Im Großen und Ganzen laufen die Forderungen aber auf ähnliche Modelle hinaus. Im Weiteren wird der Vorschlag „Fairer und Transparenter Schiedsverfahren" vorgestellt, den inzwischen NGOs und Bewegungen aus über 30 Ländern unterstützen (für eine ausführlichere Darstellung siehe BLUE 21/Misereor 2002).

Faire und Transparente Schiedsverfahren gehen von folgenden Prinzipien aus:

1. Bei vielen Entwicklungsländern liegt Überschuldung vor. Diese kann nur durch eine entsprechende Streichung der Schulden gelöst werden.
2. Die politische Verantwortung für eine Schuldenkrise muss im einzelnen Fall geprüft werden. Nur durch eine Aufarbeitung der politischen Verantwortlichkeiten lassen sich die Hintergründe von Schuldenkrisen aufdecken und die Gefahr zukünftiger Krisen vermindern.
3. Die Menschenrechte und die Befriedigung der Grundbedürfnisse der Bevölkerung der Schuldnerländer genießen Vorrang vor den Forderungen der Gläubiger.
4. Eine Entscheidung über den Schuldenerlass kann nur von einer neutralen Instanz gefällt werden.

Ziel eines FTAP ist die Lösung einer konkreten Schuldenkrise eines einzelnen Landes durch die Streichung illegitimer Schulden und einen Gesamtschuldennachlass, der es dem Schuldnerland erlaubt, für die Befriedigung der Grundbedürfnisse seiner Bevölkerung zu sorgen und einen wirtschaftlichen Neuanfang[2] zu machen. Anders als das heutige fragmentierte Schuldenmanagement muss ein FTAP dazu sämtliche offenen Verbindlichkeiten eines einzelnen Schuldnerlandes in ein übergreifendes Verfahren einbeziehen und zusammen behandeln.

Praktisch sähe das wie folgt aus: Im Fall von Zahlungsschwierigkeiten hat eine Schuldnerregierung die Möglichkeit, ein Faires und Transparentes Schiedsverfahren in Gang zu bringen. Dazu stellt es den Schuldendienst ein und informiert darüber, dass es bereit ist, sich einem FTAP zu unterziehen. Damit tritt ein zeitweiliges Schuldendienst-Moratorium bis zur Beendigung des Insolvenzverfahrens in Kraft, welches durch Kapitalverkehrskontrollen flankiert wird, um den Zugriff der Gläubiger auf inländische Ressourcen zu unterbinden.

Im Anschluss daran wird ein FTAP-Schiedsgericht („FTAP-Jury") gebildet. Dies besteht aus jeweils ein oder zwei Personen sowohl der Schuldner- wie der Gläubigerseite. Diese müssen sich dann auf eine dritte bzw. fünfte Person einigen, so dass ein FTAP-Schiedsgericht mit einer ungeraden Zahl von Schiedsrichtern einfache Mehrheitsentscheidungen treffen kann.

Das dann vollständige Schiedsgericht bestimmt im nächsten Schritt ein Datum, bis zu dem alle Gläubigeransprüche der FTAP-Jury vorgelegt und veröffentlicht werden müssen. Im Anschluss daran weist das Schiedsgericht offensichtlich unbegründete Forderungen, falls vorhanden, ab; die restlichen Forderungen werden Gegenstand des Schiedsverfahrens.

Die Frage der Legitimität der Schulden

Die Sitzungen des Schiedsgerichts müssen für die Öffentlichkeit und alle vom Verfahren Betroffenen zugänglich sein: für Gläubiger, Schuldner und andere Parteien, die von der Schuldensituation betroffen sind. Vertreter der Schuldnerregierung und der Bevölkerung des Schuldnerlandes haben dann die Möglichkeit, Einspruch gegen die angemeldeten und veröffentlichten Forderungen der Gläubiger zu erheben. Dabei kann und soll es gerade um die Legitimität der einzelnen Forderungen gehen. So könnte von Vertretern der Zivilgesellschaft z.B. thematisiert werden, dass Kredite der Korruption, Kapitalflucht oder Militärrepression der Schuldnerregierungen oder den Exportinteressen der Gläubiger dienten. Desweiteren haben Geschäftsbanken im Rahmen des „Recyclings der Petrodollar" der Ölkrisen der 1970er Jahre große Mengen Geld ohne jede Prüfung des Verwendungszwecks als Kredite in Entwicklungsländer „gepumpt". Ebenfalls eine große Verantwortung tragen die Gläubigerregierungen, weil sie über ihre Exportkreditagenturen (wie z.B. die Hermes AG in der Bundesrepublik) großzügig staatliche Bürgschaften für

Kreditgeschäfte übernommen haben, um ihre heimische Exportwirtschaft zu fördern. Wenn mit solchen Kreditbürgschaften Kernkraftwerke auf Erdbebenspalten gebaut werden (wie z.B. im Fall der Philippinen), die dann zum Glück nie in Betrieb gehen, dann tragen die Gläubigerregierungen wesentliche Mitschuld daran, dass das kreditfinanzierte Projekt niemals seinen Schuldendienst erwirtschaften konnte.

Auf Grundlage öffentlicher Sitzungen mit entsprechenden Anhörungsrechten für alle Beteiligten urteilt dann das Schiedsgericht über die Legitimität der Schulden. Diese Legitimitätsprüfung stellt die Frage nach der politischen Verantwortung für die Schuldenkrise und ist nicht nur aus ethischen und politischen Gründen von großer Bedeutung. Nur eine klare Sanktionierung „illegitimer Schulden" durch die Entwertung der jeweiligen Gläubigerforderungen und die Strafverfolgung korrupter und betrügerischer Schuldnerregime bietet die Chance, dass die Gläubiger ihre Kreditvergabepraxis umstellen und der Bereicherung der Eliten in Nord und Süd Einhalt geboten wird, damit sich die Schuldenkrise nicht automatisch nach kurzer Zeit wiederholt. In Fällen von Korruption und Veruntreuung muss dem Verbleib entsprechender Gelder nachgegangen werden, um sie in den Besitz des Schuldnerlandes zurückzuholen.

Vorrang für die Sicherung der Grundbedürfnisse und der öffentlichen Güter

Nach der Prüfung der Legitimität muss das Schiedsgericht dann im nächsten Schritt bemessen, wieweit über die bis dahin schon als illegitim annullierten Forderungen noch weitere Schuldenreduzierungen nötig sind, um dem Land einen wirtschaftlichen Neuanfang und die Befriedigung der Grundbedürfnisse der Bevölkerung zu ermöglichen[3]. Mit dem Vorrang der Grundbedürfnisse der Bevölkerung vor den Ansprüchen der Gläubiger überträgt ein FTAP das in nationalen Rechtsprechungen weithin anerkannte Prinzip des Schuldnerschutzes auf die internationale Ebene. Parallel zum Schuldnerschutz bei individueller Überschuldung von Menschen, z.B. in der deutschen Verbraucherinsolvenz, dürfen dem Schuldnerstaat durch den Schuldendienst nicht die Mittel entzogen werden, die für die physische, psychische und gesellschaftliche Existenz seiner Bevölkerung notwendig sind. Verschuldete Individuen dürfen ihr Einkommen für Unterkunft und Ernährung ausgeben und haben ein Recht auf einen Mindestlebensstandard, bevor sie ihre Schulden bedienen müssen.

Auch im Völkerrecht ist das Prinzip des Schuldnerschutzes angelegt und würde durch ein FTAP endlich umgesetzt. In Artikel 1 (2) des Internationalen Pakts für Wirtschaftliche, Soziale und Kulturelle Rechte („Sozialpakt") heißt es:

„Alle Völker können für ihre eigenen Zwecke frei über ihre natürlichen Reichtümer und Mittel verfügen, unbeschadet aller Verpflichtungen, die aus der internationalen wirtschaftlichen Zusammenarbeit auf der Grundlage des gegenseitigen Wohles sowie aus dem Völkerrecht erwachsen. In keinem Fall darf ein Volk seiner eigenen Existenzmittel beraubt werden." Offensichtlich genießt das Recht eines Staates „nicht seines Lebensunterhaltes beraubt zu werden" einen bevorzugten Status vor „Verpflichtungen, die von internationaler wirtschaftlicher Zusammenarbeit herrühren".[4]

In Form der Menschenrechte gibt das Völkerrecht auch sehr klare Hinweise darauf, welche unveräußerlichen Rechte der Bevölkerung eines Schuldnerlandes nicht durch den Schuldendienst kompromittiert werden dürfen. Wenn auch die sozialen Menschenrechte auf Arbeit (Art. 6), auf soziale Sicherheit (Art. 9), „auf einen angemessenen Lebensstandard für sich und seine Familie, einschließlich ausreichender Ernährung, Bekleidung und Unterbringung" (Art. 11), auf das „erreichbare Höchstmaß an körperlicher und geistiger Gesundheit" (Art. 12) und auf Bildung (Art. 13) nicht allein durch einen Schuldenerlass realisiert werden können, so darf das Schuldenmanagement der Verwirklichung dieser Rechte wenigstens nicht im Wege stehen.

Für ein FTAP muss dieses Kriterium nun operationalisiert werden. Dies kann selbstverständlich nur fallweise geschehen, denn die Sicherung z.B. des Zugangs zu sauberem Trinkwasser wird in Argentinien und Äthiopien unterschiedlich teuer sein. Auch muss der Bevölkerung durch die oben genannten Anhörungsrechte vor dem FTAP die Möglichkeit offen stehen, landesspezifische Aspekte der Grundbedürfnisse vorzutragen.

In den Debatten um Grundbedürfnisstrategien seit den 1970er Jahren bis hin zu den heute oft genannten Millenniumszielen der UN zeichnet sich aber ein beeindruckender Grundkonsens darüber ab, was zu den Grundbedürfnissen gehört:

- materielle Bedürfnisse: ausreichende Ernährung und Zugang zu sauberem Trinkwasser, Unterkunft, Bekleidung und unverzichtbare Haushaltsutensilien.
- immaterielle Grundbedürfnisse: Bildung (mindestens Grund- und Sekundarunterricht), Basisgesundheitsdienste, essenzielle Beförderungsmöglichkeiten.

Außerdem besteht Konsens darüber, dass diese Grundbedürfnisse nur erfüllt werden können durch

- die Schaffung von wenigstens einem Mindesteinkommen für alle Menschen und
- die Erbringung grundlegender sozialer Dienstleistungen bzw. die Bereitstellung öffentlicher Güter durch den Staat.

Die Bemessung des notwendigen Schuldenerlasses

Auf Grundlage dieser Überlegungen muss nun im Rahmen eines FTAP ein Plan über die Qualität und den Umfang von zukünftigen Ausgaben der Schuldnerregierung entwickelt werden, wie die Sicherung dieser Grundbedürfnisse und die Bereitstellung öffentlicher Güter durch den Staat in Form von Bildungs- und Gesundheitsprogrammen, Infrastrukturinvestitionen und Beschäftigung und Einkommen schaffende Maßnahmen etc. erreicht werden kann.

Der generelle Ansatz dabei ist folgender: 1) Das Ziel der Grundbedürfniserfüllung wird transformiert in eine Berechnung der notwendigen Ausgaben für die Bereitstellung entsprechender öffentlicher Güter (Ausgaben für Grundbedürfnisse). 2) Es liegen Annahmen oder Berechnungen über andere notwendige öffentliche Ausgaben vor (andere öffentliche Ausgaben). 3) Es gibt Berechnungen, was sinnvolle Einnahmen für den Staatshaushalt sein könnten (Staatseinnahmen). Erste Möglichkeit : Die Ausgaben von 1) und 2). werden von 3) abgezogen, und das verbleibende öffentliche Budget steht für den Schuldendienst zur Verfügung. Zweite Möglichkeit: Die Ausgaben von 1) werden von 3) abgezogen, und ein bestimmter Anteil des verbleibenden Budgets steht für den Schuldendienst zur Verfügung (verfügbarer Schuldendienst).

Diese Berechnungen haben zwar diverse Schwächen, aber sie liefern länderspezifische Resultate und bieten daher die notwendige Flexibilität. Sie können als Basis sowohl für den Verfahrensablauf als auch für die Forderungen und Erwartungen dienen, die in einem FTAP vorgetragen werden.

Es gibt einige Referenzpunkte für die Ermittlung der Ausgabenziele für Grundbedürfnisse. Zuallererst sollte die Schuldnerregierung zur Bemessung des notwendigen Schuldenerlasses während eines FTAP einen Haushaltsplan für ihre zukünftigen Ausgaben für Grundbedürfnisse und andere öffentliche Aufgaben vorlegen. Da das Verfahren des Schiedsgerichts öffentlich ist, unterliegt dieser Haushaltsplan der Prüfung und Kritik durch die Öffentlichkeit. Sind Organisationen der Zivilgesellschaft der Meinung, dass der Haushaltsplan nicht die nötigen Ressourcen für die Grundbedürfnisse bereitstellt, können sie dies vor der FTAP-Jury vortragen und alternative Haushaltspläne vorschlagen.

Addison schlägt das folgende Verfahren zur Ermittlung von Ausgabenzielen für die „menschliche Entwicklung" („human development") vor (Addison 1996):

- Festlegung spezifischer Ziele zur Erreichung von Schlüsselindikatoren (z.B. Reduzierung der Kindersterblichkeitsrate um die Hälfte in fünf Jahren)
- Berechnung der Kosten, die mit dem Ausbau der dem Ziel entsprechenden öffentlichen Dienstleistungen bzw. Güter verbunden sind (in diesem Fall zusätzliche Ressourcen für grundlegende Gesundheitsdienste und geplante Ernährungsprogramme für Kinder und Frauen)

- Bewertung der verfügbaren Ressourcen in den entsprechenden Haushaltskapiteln (Gesundheit, Ernährungsprogramme) und Bewertung des Spielraums für eine Umverteilung innerhalb dieser Kapitel (z.B. von High-Tech-Medizin auf Basisgesundheitsdienste)
- Bewertung des Spielraums für eine Umverteilung innerhalb des Gesamtbudgets (z.B. von Verteidigung auf Gesundheit)
- Zusammenfassung aller Berechungen für die verschiedenen Ziele menschlicher Entwicklung zu einem Sozialausgabenplan, Kombination mit dem Ausgabenplan für andere öffentliche Ausgaben (Verwaltung, Infrastruktur, Dienste etc.) und Feststellung der Differenz zwischen diesem kombinierten Ausgabenplan und den für die Zukunft vorhergesagten Einnahmen. Nur wenn die projektierten Einnahmen die Ausgaben übersteigen, kann der verbleibende Rest für den Schuldendienst verwendet werden.

Addisons Vorschlag behandelt die Gesamtheit von Maßnahmen zur Verbesserung der „menschlichen Entwicklung". Zielgerichteter für unserer Frage ist es allerdings, sich auf die Grundbedürfnisse und die entsprechende Bereitstellung öffentlicher Güter zu konzentrieren. Dies lässt sich aber leicht erreichen, wenn man den Ansatz von Addison mit einigen Ergebnissen und Vorschlägen von Northover et al. kombiniert (Northover /Joyner/Woodward 1998). In einem Paper für die Aid and Development Agency der katholischen Kirche in England und Wales (CAFOD) schlagen die Autoren einige generelle Regeln zur Berechnung plausibler Staatseinnahmen und der für grundlegende Gesundheitsdienste und Grundschulen nötigen Ausgaben vor. Sie rechnen aus, dass die Staatseinnahmen sinnvollerweise bis zu 25 % des BIP betragen können (ein imaginärer Durchschnittssteuersatz von 25 % auf jedes Einkommen) und stellen sämtliche Einkommen unterhalb der absoluten Armutsgrenze von 1 US-$ pro Tag und Person (gemessen in der Kaufkraft von 1985) steuerfrei.

Ausgehend von Schätzungen der Weltbank nehmen sie außerdem Kosten von 16 US-$ bzw. 12 US-$ für die Bereitstellung der öffentlichen Güter Basisgesundheitsdienste und Grundschulbildung pro Person und Jahr an. Dann sollten nur 20 % der verbleibenden Einnahmen (Staatseinnahmen minus Ausgaben für die Grundbedürfnisse Gesundheit und Bildung) für den Schuldendienst ausgegeben werden. Sie verwendeten ihr Modell zur Analyse der Situation von Äthiopien, Tansania und Sambia und kamen zu dem Schluss, dass die ersten beiden Länder nicht in der Lage seien, irgendwelche Schulden zu bedienen (d.h. einen totalen Schuldenerlass benötigten) und dass Sambia viermal mehr Schuldenerlass brauchen würde, als ihm im Rahmen der damaligen Schuldeninitiative für die Heavily Indebted Poor Countries (HIPC-I-Initiative[5]) gewährt werden sollte.

Hanlon wendete das Modell von Northover et al. auf die gesamte Gruppe von vierzig HIPC-Ländern an und kam zu dem Schluss, dass die Einnahmen von zehn

Ländern ungenügend seien, um auch nur die für grundlegende Gesundheitsdienste und Grundschulen nötigen 28 US-$ pro Kopf im Jahr auszugeben, geschweige denn irgendwelche Schulden zu bedienen (Hanlon 1998). Folglich würden diese zehn Länder einen 100-prozentigen Schuldenerlass brauchen. Im Durchschnitt hätten die vierzig Länder nur ein Drittel des Schuldendienstes leisten können, wie er unter HIPC-I vorgesehen war. Hanlon verglich diese Ergebnisse mit zwei anderen Methoden zur Berechnung notwendiger öffentlicher Ausgaben, die das UN-Entwicklungsprogramm UNDP vorgestellt hatte (UNDP 1996, 1997). Ausgehend von Berechnungen im Human Development Report von 1996 (UNDP 1996: 113) nimmt er zunächst an, dass Mehrausgaben von 4 % des BIP notwendig wären, um die Mütter- und Kindersterblichkeit so zu reduzieren, dass das entsprechende internationale Entwicklungsziel erfüllt würde. Zweitens verwendet Hanlon eine Berechnung aus dem Human Development Report 1997 (UNDP 1997: 47, 112), die besagt, dass für die 1,3 Milliarden Menschen, die in absoluter Armut leben, pro Jahr 80 Milliarden US-$ zusätzlich ausgegeben werden müssen. „Das sind 62 US-$ pro Person pro Jahr, die für jeden Menschen mit einem Einkommen von unter 1 US-$ pro Tag mehr ausgegeben werden müssen." (Hanlon 1998: 4) Durch Berechnung dieser beiden alternativen Modelle kommt er zu dem Ergebnis, dass sogar noch mehr Länder nicht die notwendigen inländischen Ressourcen haben, um überhaupt Schuldendienst zu leisten, und dass ein Schuldenerlass von bis zu 100 Prozent für viele Schuldnerländern unverzichtbar ist.
Hanlon verweist auch auf einige interessante Budgetbetrachtungen anderer Autoren. Jeffrey Sachs z.B. schätzt, dass „ein gut aufgestellter Haushalt laufende Ausgaben für Erziehung (vor allem in der Grund- und Sekundarstufe) von etwa 4 % des BIP; Ausgaben für das öffentliche Gesundheitswesen von etwa 3 % des BIP; Kosten für die öffentliche Verwaltung von 2 % des BIP sowie Kosten für Polizei und Verteidigung von etwa 3 % des BIP enthalten dürfte. Die Ausgaben für die Infrastruktur betragen sicherlich mindestens 5 % des BIP, selbst wenn die Regierung die Finanzierung der Infrastruktur zu einem großen Teil dem privaten Sektor überlässt (z.B. für Stromversorgung, Telekommunikation und Häfen) und ihre Aufmerksamkeit auf Objekte richtet (z.B. Straßen im ländlichen Bereich), die viel schwerer durch den Markt zu finanzieren sind. Die Gesamtausgaben in diesem Modellfall betragen 18 % des BIP. Offensichtlich gibt es effektiv keinen Spielraum für Schuldendienst, ebenso wenig wie für Subventionen für Haushalte und Firmen oder Einkommenstransferprogramme außerhalb der Bereiche Gesundheit und Erziehung." (Sachs 1998: 53)

Die Anwendung dieser diversen Schätzungen auf eine Gruppe von 81 Entwicklungsländern[6] ergibt bemerkenswerte Ergebnisse (siehe Tabelle unten): Auf der Basis der von Northover/Joyner/Woodward vorgeschlagenen Einnahmebasis und un-

Berechnung der öffentlichen Ausgaben für Grundbedürfnisse und der verbleibenden Ressourcen für den Schuldendienst

Zu besteuernder Teil des Bruttoinlandsprodukts (BIP) bzw. Einnahmebasis des Staates:
- 25 % des BIP abzüglich der nicht steuerpflichtigen Einkommen unterhalb der absoluten Armutsgrenze (1 US-$ pro Einwohner/ Kaufkraftparität in US-Preisen von 1985) (Northover/Joyner/Woodward 1998)

Öffentliche Güter und sonstige soziale Ausgaben zur Erfüllung der Grundbedürfnisse:
- 16 US-$ und 12 US-$ pro Person pro Jahr für grundlegende Gesundheitsdienste und Grundschulen (Northover/Joyner/Woodward 1998)
- 4 % des BIP für Erziehung und Gesundheit, um die Mütter- und Kindersterblichkeit so zu verringern, dass das internationale Entwicklungsziel (die Sterblichkeitsrate der Mütter bis 2015 um drei Viertel zu reduzieren) erfüllt wird (UNDP 1996)
- 5 % des BIP für Bildung (vor allem in der Grund- und Sekundarstufe) und 3 Prozent des BIP für das öffentliche Gesundheitswesen (Sachs 1998)

Andere öffentliche Ausgaben und Schuldendienste:
- bis zu 20 % der verbleibenden Einnahmen (Einnahmebasis minus Ausgabenziele für Grundbedürfnisse Gesundheit und Bildung) für Schuldendienst, der Rest für andere öffentliche Ausgaben (Northover/Joyner/Woodward 1998)
- mindestens 10 % des BIP für andere, nicht-grundbedürfnisorientierte öffentliche Ausgaben (öffentliche Verwaltung: 2 %; Polizei und Verteidigung: 3 %; Ausgaben für die Infrastruktur: mindestens 5 % des BIP), verbleibende Einnahmen stehen für den Schuldendienst zur Verfügung (Sachs 1998)

ter Verwendung der Schätzungen von Northover et al. (erste Spalte), Hanlon (zweite Spalte) und Sachs (dritte Spalte) für das Jahr 1998 sehen wir, dass 48 bis 67 Länder einen Schuldenerlass brauchen würden. Davon brauchen 42 bis 53 Länder einen Schuldenerlass von 50 % und mehr, einschließlich jener 18 bis 38 Länder, die eine totale Schuldenstreichung brauchen.

Die folgende Tabelle sagt mindestens zwei Dinge aus: 1) Alle drei grundbedürfnisorientierten Berechnungsmodelle kommen zu dem Ergebnis, dass ein signifikant höherer Schuldenerlass nötig ist, als ihn irgendein Programm des gegenwärtigen Schuldenmanagements vorsieht. 2) Die jeweils angewandten Kriterien für die Definition der notwendigen Ausgaben für Grundbedürfnisse wirken sich massiv auf die Höhe des notwendigen Schuldenerlasses aus. Auch wenn allgemeine Regeln für die Definition der Ausgaben für Grundbedürfnisse höchst willkommen wären, so können natürlich geeignete Budgetpläne nur in einem konkreten FTAP entwickelt werden.

Bei der Interpretation dieser Ergebnisse im Hinblick auf die Befriedigung der Grundbedürfnisse und die Bereitstellung entsprechender öffentlicher Güter muss

Notwendige Reduzierungen des fälligen Schuldendienstes (in Prozent)

	Notwendige Reduzierungen des fälligen Schuldendienstes (in Prozent)		
Land	Northover et al.	Hanlon	Sachs
ÄGYPTEN			
ALGERIEN	62%	4%	61%
ANGOLA	93%	100%	100%
ARGENTINIEN[7]	35%		19%
ÄTHIOPIEN	100%	100%	100%
BANGLADESCH		100%	100%
BENIN	78%	100%	100%
BOLIVIEN	40%		81%
BOTSWANA			
BRASILIEN	26%		18%
BURKINA FASO	100%	100%	100%
BURUNDI	100%	100%	100%
CHILE	26%		12%
CHINA, VOLKSREP.			
COSTA RICA			
DOMINIKANISCHE REPUBLIK			
ECUADOR	58%	3%	75%
ELFENBEINKÜSTE	80%	81%	100%
EL SALVADOR			
ERITREA	100%	100%	100%
GABUN	36%		35%
GAMBIA	75%	100%	100%
GHANA	73%	94%	100%
GUATEMALA			
GUINEA	45%	52%	100%
GUINEA-BISSAU	100%	100%	100%
HAITI		91%	100%
HONDURAS	68%	44%	90%
INDIEN	15%	18%	70%
INDONESIEN	86%	81%	91%
IRAN, I.R.			
JAMAIKA	46%		60%
JEMEN, REPUBLIK	100%	100%	100%
JORDANIEN	65%	14%	69%
KAMBODSCHA		100%	100%
KAMERUN	64%	81%	100%
KENIA	87%	100%	100%
KOLUMBIEN	7%		2%
KONGO, REPUBLIK	100%	100%	100%

	Notwendige Reduzierungen des fälligen Schuldendienstes (in Prozent)		
Land	Northover et al.	Hanlon	Sachs
LAOS, DEM. VOLKSREP.	71%	100%	100%
LESOTHO	57%	61%	79%
MADAGASKAR	100%	100%	100%
MALAWI	100%	100%	100%
MALAYSIA	48%		40%
MALI	100%	100%	100%
MAROKKO	52%		63%
MAURETANIEN	85%	100%	100%
MAURITIUS	40%		28%
MEXIKO	35%		23%
MOSAMBIK	100%	100%	100%
NEPAL	88%	100%	100%
NICARAGUA	80%	84%	97%
NIGER	100%	100%	100%
NIGERIA	100%	100%	100%
PAKISTAN	50%	67%	100%
PANAMA	47%		45%
PAPUA NEUGUINEA	35%		80%
PARAGUAY			
PERU	4%		9%
PHILIPPINEN	54%		55%
RUANDA	100%	100%	100%
SENEGAL	72%	100%	100%
SIERRA LEONE	100%	100%	100%
SRI LANKA			3%
SÜDAFRIKA			
SYRIEN, ARAB. REPUBLIK			
TANSANIA	100%	100%	100%
THAILAND	64%	6%	60%
TOGO	57%	100%	100%
TRINIDAD UND TOBAGO	11%		
TSCHAD	100%	100%	100%
TUNESIEN	40%		35%
TÜRKEI	33%		26%
UGANDA	61%	100%	100%
URUGUAY	9%		
VENEZUELA	29%		27%
VIETNAM	51%	100%	100%
SAMBIA	100%	100%	100%
SIMBABWE	80%	69%	87%

	Notwendige Reduzierungen des fälligen Schuldendienstes (in Prozent)		
Land	Northover et al.	Hanlon	Sachs
ZENTRALAFRIKANISCHE REPUBLIK	78%	100%	100%
Gesamtzahl der Länder mit reduziertem Schuldendienst	65	48	67
Gesamtzahl der Länder mit um mehr als 50 Prozent reduziertem Schuldendienst	44	42	53
Gesamtzahl der Länder mit um 100 Prozent reduziertem Schuldendienst	18	32	38

Eine genauere Darstellung der Berechnungsmethoden findet sich in BLUE 21/Misereor 2002: 56

man sich darüber klar sein, dass die obigen Berechnungen nur die notwendigen öffentlichen Ausgaben für Gesundheit und Erziehung enthalten. Andere Grundbedürfnisse, wie etwa Ernährungsprogramme, Unterkunft, öffentlicher Verkehr, elementare Haushaltsgeräte etc., sind nicht berücksichtigt, vor allem weil es kaum Schätzungen gibt, welcher Betrag für notwendige Einkommenstransfers oder Zuschüsse für die Bevölkerung nötig wäre. Außerdem wurde bei der Berechnung der notwendigen Schuldendienstreduzierungen nicht die unumgängliche volkswirtschaftliche Bedingung berücksichtigt, dass der Schuldendienst in Devisen bezahlt werden muss.

Hat sich das Schiedsgericht unter Heranziehung der dargestellten Methoden einen Überblick über das Ausmaß der Überschuldung verschafft, kommt es zum Abschluss des FTAP unter Rückgriff auf die Prinzipien „Legitimität" und „Schuldnerschutz" und unter Berücksichtigung der im Verfahren von allen Betroffenen vorgebrachten Positionen zu einem abschließenden Schiedsspruch, der den Umfang des Schuldenerlasses festlegt. Dieser Schiedsspruch verpflichtet darüber hinaus die Schuldnerregierung, die gewonnenen Spielräume entsprechend der im Verfahren angestellten Berechnungen und Planungen auch tatsächlich im Interesse der Bevölkerung einzusetzen. Sollten im weiteren Verlauf auf Gläubiger- oder Schuldnerseite die Bestimmungen des FTAP-Schiedsspruchs nicht eingehalten werden, so sind Schuldner, Gläubiger und die betroffene Bevölkerung im Schuldnerland berechtigt, das FTAP-Schiedsgericht erneut anzurufen und damit das Verfahren neu aufzurollen. Des weiteren muss der FTAP-Schiedsspruch als Ergebnis eines internationalen Schiedsverfahrens gelten, welcher durch die New York-Konvention von 1958 geschützt ist und damit völkerrechtlich verbindlich wird (für Details siehe BLUE 21/Misereor 2002: 32ff.). Der Schiedsspruch kann dann notfalls vor den nationalen Gerichten der mittlerweile 122 Vertragsstaaten der Konvention eingeklagt werden.

Schlussfolgerung: Öffentliche Güter vor dem Zugriff der Gläubiger schützen

Auch wenn man bezweifeln kann, ob internationale Finanzstabilität tatsächlich ein globales öffentliches Gut ist, so ist doch unbestritten, dass öffentliche Güter wie Bildung, Gesundheit und Umweltschutz durch tagtägliche finanzielle Instabilitäten und insbesondere durch Finanzkrisen drastisch eingeschränkt oder sogar zerstört werden.

Wenn ein faires und transparentes Schiedsverfahren als Rahmen für die nachhaltige Lösung eines Schuldenproblems dienen soll, muss ein FTAP der Erfüllung der Grundbedürfnisse der Bevölkerung der Schuldnerländer und der dafür notwendigen Bereitstellung öffentlicher Güter Priorität vor den Ansprüchen der Gläubiger einräumen. In der Praxis bedeutet das, dass Schuldnerländer zuerst öffentliche Güter für die Befriedigung der Grundbedürfnisse bereitstellen müssen, bevor sie Geld für den Schuldendienst ausgeben.

Ausgehend von der Forderung, dass FTAP zur allgemeinen internationalen Regelung für das Management von Schuldenproblemen werden sollen, ist es wichtig festzustellen, dass Grundbedürfnisse mehr sind als nur intuitive Notwendigkeiten. Sie sind effektive Ansprüche, die jedem Menschen laut internationalem Recht zustehen. Der Internationale Pakt über wirtschaftliche, soziale und kulturelle Rechte (Sozialpakt) erkennt an, dass die erwähnten Grundbedürfnisse unbestreitbare soziale Rechte des Individuums sind und ruft gleichzeitig die internationale Gemeinschaft der Staaten auf, eine aktive Rolle zu spielen, um diese Grundbedürfnisse zu befriedigen. Das Völkerrecht schützt diese Grundbedürfnisse als effektive Ansprüche und gibt ihnen klare Priorität gegenüber Verpflichtungen, die eine Gemeinschaft oder ein Staat gegenüber seinen internationalen Partnern haben kann. Das internationale Recht akzeptiert also das Prinzip des Schuldnerschutzes, das in nationalen Insolvenzverfahren üblich ist.

Alle gut gemeinten Hinweise auf internationales Recht, Menschenrechte und Ansprüche bleiben jedoch wirkungslos, solange die Subjekte dieser Ansprüche und Rechte - die Menschen in den Schuldnerländern - diese Rechte nicht für sich selber einfordern und den politischen Druck ausüben können, um sie in die Realität umzusetzen. Für die Praxis eines FTAP bedeutet das, dass die Abläufe und Ergebnisse transparent und öffentlich nachprüfbar sein müssen und die Zivilgesellschaft daran beteiligt sein muss. Ohne diesen Druck und die sorgfältige Prüfung durch die Öffentlichkeit besteht ein großes Risiko, dass die Schuldenreduzierungen nicht ausreichen und der Erlös vielleicht nicht genutzt wird, um die Grundbedürfnisse der Bevölkerung zu erfüllen.

Mit Blick auf die Diskussion um globale öffentliche Güter bleibt festzuhalten, dass es Aufgabe nationalstaatlicher und internationaler Regulation sein muss, die

Rahmenbedingungen für die internationalen Finanzmärkte und das Schuldenmanagement so neuzuordnen, dass der Schuldendienst nicht weiterhin durch die Einstellung der Bereitstellung öffentlicher Güter wie Bildung und Gesundheit in den Schuldnerländern bezahlt wird. Würde dies gelingen, dann wäre schon viel gewonnen. Außerdem wäre dies auch ein Beitrag zur Beförderung sozialer Entwicklung, internationaler Gerechtigkeit, globaler Rechtstaatlichkeit und politischer Stabilität - und dies unabhängig davon, ob wir diese Begriffe als globale öffentliche Güter oder schlicht als politische Ziele verstehen wollen.

Anmerkungen

1 Vertreter der reinen neoklassischen Lehre würden hier allerdings anführen, dass die verteuerte Kreditvergabe an das Maschinenbauunternehmen X, die den Einkommensausfall des Bäckers verursacht, kein externer Effekt sei. Vielmehr würde die geringere Kreditvergabe an X dazu führen, dass die Banken an Unternehmen Y und Z mit geringerem Ausfallrisiko dafür billigere und mehr Kredite vergeben könnten. Diese Kredite würden die Arbeitsplatzverluste bei X durch höhere Investitionen bei Y und Z ausgleichen. Ob die dadurch bei Y und Z neu eingestellten Arbeitskräfte allerdings im selben Stadtviertel einkaufen, wo der Bäcker seine Brötchen verkauft, darf getrost bezweifelt werden.

2 Der Begriff des „wirtschaftlichen Neuanfangs“ darf dabei nicht überbewertet werden, denn ein FTAP kann bestenfalls die Verschuldungskrise als Entwicklungsblockade überwinden. Ein wirklicher Neuanfang würde selbstverständlich noch ganz andere Rahmenbedingungen (z.B. im internationalen Handelssystem) erfordern.

3 Für detailliertere Darstellung siehe das Kapitel „Die Grundbedürfnisse vor den Schuldendienst stellen“ in BLUE 21/Misereor (2002).

4 Alle folgenden Auszüge aus völkerrechtlichen Texten sind zitiert nach Bundeszentrale für politische Bildung (1995).

5 HIPC-I hätte einen geringeren Schuldenerlass als die schließlich vereinbarte HIPC-II-Initiative bewirkt, da der IWF und die Weltbank bis 1999 noch höhere Verschuldungsindikatoren als die genannten 15 bzw. 150 % als tragbar ansahen.

6 Eine Gruppe von 81 Entwicklungsländern, für die die Datenbanken des World Economic Outlook (IMF 2003b), der World Development Indicators (World Bank 2001) und von Global Development Finance (World Bank 2000) die nötigen Daten liefern. Die Länder sind: Ägypten, Algerien, Angola, Argentinien, Äthiopien, Bangladesch, Benin, Bolivien, Botswana, Brasilien, Burkina Faso, Burundi, Chile, Volksrepublik China, Costa Rica, Dominikanische Republik, Ecuador, Elfenbeinküste, El Salvador, Eritrea, Gabun, Gambia, Ghana, Guatemala, Guinea, Guinea-Bissau, Haiti, Honduras, Indien, Indonesien, I. R. Iran, Jamaika, Jemen, Jordanien, Kambodscha, Kamerun, Kenia, Kolumbien, Republik Kongo, Demokratische Volksrepublik Laos, Lesotho, Madagaskar, Malawi, Malaysia, Mali, Marokko, Mauretanien, Mauritius, Mexiko, Mosambik, Nepal, Nicaragua, Niger, Nigeria, Pakistan, Panama, Papua Neuguinea, Paraguay, Peru, Philippinen, Ru-

anda, Senegal, Sierra Leone, Sri Lanka, Südafrika, Arabische Republik Syrien, Tansania, Thailand, Togo, Trinidad und Tobago, Tschad, Tunesien, Türkei, Uganda, Uruguay, Venezuela, Vietnam, Republik Sambia, Simbabwe, Zentralafrikanische Republik.

7 Da Argentinien momentan ein sehr dramatischer Fall ist, sind vielleicht noch einige aktuelle Überlegungen angebracht. Unter Berücksichtigung des Rückgangs des BIP in Argentinien von rund 19 % von 1998 bis Ende 2002 (IMF 2003b) und in Anbetracht des zusätzlichen Kaufkraftverlusts der argentinischen Bevölkerung durch die Pesoabwertung (70 % seit Januar 2002) lägen die entsprechenden Zahlen für notwendige Reduzierungen des Schuldendienstes zum Jahresende 2002 bei 49 % (Northover et al.) und 45 % (Sachs).

Literatur

Addison, Tony (1996): Debt Sustainability & Human Development. First Draft, prepared for the Financing Unit of the Development Finance Branch, UNCTAD, Manuskript, Warwick.

Akyüz, Y./Cornford, A. (1999): Capital Flows to Developing Countries and the Reform of the International Financial System. UNCTAD Discussion Papers, No. 143 (November), Genf.

BLUE 21/Misereor (2002) (Hrsg.): Das Kartell der Gläubiger aufbrechen - Faire und transparente Schiedsverfahren. Neue Wege zur Lösung von Schuldenkrisen, Diskussionspapier von Philipp Hersel und Thomas Fritz, Berlin/Aachen.

Bundeszentrale für politische Bildung (1995): Menschenrechte. Dokumente und Deklarationen, 2. Auflage, Bonn.

Griffith-Jones, Stephany (2002): International Financial Stability and Market Efficiency as a Global Public Good, in: Kaul, Inge et. al (Hg.): Providing Global Public Goods: Managing Globalization, New York: Oxford University Press.

Hanlon, Joseph (1998): Linking Debt Service to Development, Discussion paper for the unpayable debt workshop of the Jubilee 2000 Rome meeting, 16. November 1998.

Hersel, Philipp (2003): Alternativen I: Internationale Insolvenzregelungen, in WEED (Hg.): Die Umverteilungsmaschine. Finanzmärkte und Verschuldung, Bonn.

IMF (2002): The Design of the Sovereign Debt Restructuring Mechanism -Further Considerations, approved by François Gianviti and Timothy Geithner, 27. November, Washington DC.

- (2003a): IMF Board Discusses Possible Features of A Sovereign Debt Restructuring Mechanism, Public Information Notice (PIN) No. 03/06, 7. January, Washington DC.

- (2003b): World Economic Outlook Database April 2003, Washington DC.

Kaul, Inge/Grunberg, Isabelle/Stern, Marc A. (Hg.)(1999): Global Public Goods. International cooperation in the 21st century, New York: Oxford University Press.

Krueger, Anne (2001): International Financial Architecture for 2002: A New Approach to Sovereign Debt Restructuring, Ansprache beim jährlichen Mitgliedsdinner des National Economists' Club, 26. November, Washington DC.

Martens, Jens/Hein, Roland (2002): Globale Öffentliche Güter. Zukunftskonzept für die internationale Zusammenarbeit?, WEED Arbeitspapier, herausgegeben von der Heinrich-Böll-Stiftung und Weltwirtschaft, Ökologie & Entwicklung e.V. (WEED), Berlin

Northover, Henry/Joyner, Karen/Woodward, David (1998): A Human Development Approach to Debt Relief for the World's Poor, Position Paper, CAFOD, London.

Raffer, Kunibert (1990): Applying Chapter 9 Insolvency to International Debts: An Economically Efficient Solution with a human Face, in: World Development, Vol. 18, No. 2. S. 301-313.

Sachs, Jeffrey D. (1998): External debt, structural adjustment and economic growth, in: UNCTAD: International Monetary and Financial Issues for the 1990s, Vol. IX, New York und Genf.

Smith, Adam (1910): An Inquiry into the Nature and Causes of the Wealth of Nations, Vol. 2, London: J.M.Dent.

UNDP (1996): Human Development Report 1996, New York.

- (1997): Human Development Report 1997, New York.

WEED (2001): Kapital braucht Kontrolle, 3. Auflage, Bonn.

World Bank (2000): Global Development Finance 2000, Washington DC.

- (2001): World Development Indicators 2001, Washington DC.

Wyplosz, Charles (1999): International Financial Instability, in: Kaul, Inge/Grunberg, Isabelle/Stern, Marc A. (Hg.)(1999): Global Public Goods. International cooperation in the 21st century, New York: Oxford University Press, S. 152-189.

Teil III
Markt und Staat

Enrique Dussel Peters

Globale Öffentliche Güter in der Peripherie
Herausforderungen durch neue Produktions- und Handelsspezialisierungen

1 Einleitung

Die vorliegende Arbeit ist Teil der Diskussion über Globale Öffentliche Güter (GÖG) und bietet gleichzeitig eine kritische Perspektive zur Bestimmung des Globalisierungsprozesses. Gegenwärtig existiert eine vorherrschende Meinung, welche die Privatisierung des öffentlichen Bereiches in einer umfassenden Form legitimiert - von der Bildung bis zu öffentlichen Unternehmen, Banken, Finanzdienstleistungen, Infrastruktur für Strom und Wasser, Strassen, Fermeldewesen, Gefängnissen u.v.m. - und welche gleichzeitig den Zugang eines Großteils der Bevölkerung zu den übriggebliebenen öffentlichen Gütern bedeutend einschränken will. Heutzutage befindet sich der öffentliche Sektor vor einem historischen Wendepunkt: Was kann nicht an die Privatwirtschaft verkauft werden? Wo sind die Grenzen zwischen der Effizienz des Marktes einerseits und seiner sozialökonomischen und territorialen Ausschließung und Polarisierung andererseits?[1]

Aus dieser Perspektive verfolgt dieser Text verschiedene Ziele. Zum einen soll die Diskussion über die globalen öffentlichen Güter in ihren räumlichen und zeitlichen Dimensionen hervorgehoben werden. Gleichzeitig wird auf die Produktions- und Handelsformen in Lateinamerika und Mexiko seit den 1980er Jahren und auf ihre Effekte hingewiesen.[2] Wie wir sehen werden, entstehen durch den Globalisierungsprozess nicht nur soziale Kosten, die sich aus der speziellen Integration der Peripherie und Lateinamerikas in den Weltmarkt seit den 1980er Jahren ergeben, sondern auch wirtschaftliche Kosten im engeren Sinne, die nicht nur den eigenen ökonomischen Reproduktionsprozess beschränken, sondern ihn auch verhindern. Die detaillierte Analyse Lateinamerikas mit dem Schwerpunkt Mexiko ist wichtig, um die sozialökonomischen Dimensionen und Effekte der Spezialisierung des produktiven und kommerziellen Bereiches zu verstehen. Einige der Auswirkungen werden unter Einbeziehung der Effekte auf die Einnahmen der öffentlichen Haushalte, auf den Arbeitsmarkt, die Einkommensverteilung und die Realeinkommen untersucht. Die konkreten regionalen und zeitlichen Formen des Zugangs der Bevölkerung zum Weltmarkt sind entscheidend, um die Dimension der Beziehung zwischen öffentlichen und privaten Gütern und die Herausforderungen für die globalen öffentlichen Güter zu verstehen.

Die Arbeit unterteilt sich in drei Abschnitte. Im ersten werden kurz einige Punkte bezüglich der globalen öffentlichen Güter analysiert und auf einige ihrer gegenwärtigen Beschränkungen und Auswirkungen hingewiesen. In diesem Teil werden kurz historische und territoriale Merkmale des Globalisierungsprozesses und seiner Auswirkungen auf die globalen öffentlichen Güter untersucht. Im zweiten Abschnitt wird auf die Formen der Spezialisierung im produktiven und kommerziellen Bereich in Lateinamerika und ihre sozialökonomischen Effekte Bezug genommen. Dabei wird detaillierter auf Mexiko eingegangen. Der dritte und letzte Abschnitt schließt mit der gegenwärtigen Debatte über Globalisierung und globale öffentliche Güter ab. Unter anderem wird hinterfragt, wer und/oder welche Institution in der Lage ist, die minimalen globalen öffentlichen Güter bereitzustellen, die in der Peripherie und in Lateinamerika benötigt werden.

2 Globale öffentliche Güter. Räumliche und zeitliche Perspektiven der Peripherie

Die Debatte über die globalen öffentlichen Güter ist nicht neu. Zumindest seit Mitte des 19. Jahrhunderts wurde auf die Schwierigkeiten, Widersprüche und die Herausforderungen sozioökonomischer Entwicklung in kapitalistischen Gesellschaften von verschiedenen Autoren wie David Ricardo, Karl Marx und früher von Adam Smith hingewiesen. Später begann in den 40er Jahren des 20. Jahrhunderts in Lateinamerika und in anderen Regionen der Peripherie eine Diskussion um die Substitution von verarbeiteten Importen. Hintergrund waren u.a. das „strukturelle Ungleichgewicht" der jeweiligen Wirtschaften, die „bottle necks" in verschiedenen Märkten sowie die „gaps" zwischen den Kapital- und Investitionsgütermärkten und zwischen Angebot von und Nachfrage nach Facharbeitern. Schon seit dem Ende der 1950er Jahre des 20. Jahrhunderts haben Autoren wie z.B. Hirschman (1958) auf die Bedeutung von vor- und nachgelagerten Wertschöpfungsketten und auf die Importsubstitution für die Induzierung endogener Entwicklungsprozesse hingewiesen[3].

Nach Jahrzehnten einer Politik der Importsubstitution in Lateinamerika und in anderen peripheren Staaten kam diese am Ende der 1970er Jahre in eine bedeutende Krise. Die sozialökonomische Strategie stieß nicht nur an ihre eigenen Grenzen (wegen der Unfähigkeit der jeweiligen Agrarsektoren, Arbeitskraft und Produktionsmittel an die Industrie zu transferieren und paradoxerweise wegen der fehlenden Importsubstitution in der privaten Industrie), sondern auch wegen der Krise des „Wohlfahrtsstaates" in den OECD-Ländern. Damit war ein wichtiger Teil der Peripherie mit tiefgreifenden Krisensymptomen konfrontiert: mit einer Überakkumulationskrise auf der internationalen Ebene, mit einer Krise der US-amerikanischen Hegemonie und mit der internen Krise der Importsubstitution (Altvater 1987, Dussel Peters 2000, Glyn et al. 1990).

In diesem Zusammenhang ist es wichtig herauszustellen, dass zumindest seit dem Ende der 1960er Jahre eine Gruppe von Autoren - insbesondere Balassa, Bhagwati und Krueger - eine neue Denkrichtung aufgebaut haben, welche auf der neoklassischen Wirtschaftsauffassung basiert und als „exportorientierte Industrialisierung (EOI)" bekannt ist. Diese Autoren, die wenig gemein haben mit neoliberalen Autoren wie Friedrich von Hayek und Milton Friedman, übten einen großen Einfluss auf die Politik und Wirtschaftspolitik der Peripherie und Lateinamerikas seit den 1980er Jahren aus, u.a. auch über multilaterale Organisationen. Zuvor hatte die neoliberale Denkströmung insbesondere unter den südamerikanischen Diktaturen während der 1960er und 1970er einen starken Einfluss u.a. in Argentinien, Brasilien und Chile.[4]

Was sind die konzeptionellen Unterschiede zwischen dem Neoliberalismus einerseits und der EOI auf der anderen Seite?[5] Der Neoliberalismus, der von Hayek und Friedman entwickelt wurde, baut auf einer starken theoretischen Polarisierung auf, z.B. als Gegenpol zum Kommunismus seit den 1930er und 1940er Jahren, aber auch gegenüber sozialen Bewegungen im Zusammenhang mit dem Keynesianismus, Sozialismus, Leninismus, Trotzkismus und anderer „ismen" sowie gegen den „konstruktiven Rationalismus" im allgemeinen (Hinkelammert 1984). Die aggressive Einstellung des Neoliberalismus gegenüber dem Totalitarismus rechtfertigt dabei autoritäre Systeme, auch gegen demokratische Gesellschaftsformen. Der Selektionsprozess zwischen Individuen und Gesellschaften ist von großer Bedeutung für den Neoliberalismus. Seine Argumente nähern sich teilweise konzeptionell bedenklich sozialdarwinistischem und faschistischem Gedankengut an. Die Priorität, die der wirtschaftlichen gegenüber der politischen Freiheit gegeben wird (Friedman 1962), ist in diesem Zusammenhang von großer Bedeutung. Das neoliberale Denken schlägt ein theoretisches, historisches, wirtschaftliches und kulturelles System vor, das auf dem Markt, der individuellen Freiheit und dem Privateigentum basiert. Diese Argumente bereiten den Weg, um Gesellschaften und die „Evolution der Menschen" basierend auf der Entwicklung der Marktfreiheiten zu bewerten. Sie ermöglichen den Schluss, dass Kapitalismus und autoritäre Systeme für die Entstehung und Entwicklung der wirtschaftlichen Freiheit durchaus kompatibel sind.[6]

Auf der anderen Seite haben viele lateinamerikanische (Wirtschafts-)Politiker - die meisten von ihnen studierten in den USA an den „Ivy league"-Universitäten - direkten Kontakt mit den Protagonisten der EOI gehabt, zumindest seit den 1970er Jahren. EOI-Autoren übten auch einen bedeutenden Einfluss auf multinationale Institutionen wie die Weltbank und den Internationalen Währungsfonds aus. Der Ausgangspunkt der EOI ist ihre Kritik an der Strategie der Importsubstitution (ISI), nicht aber an Kommunismus oder Sozialismus. Die unterschiedlichen Formen der Staatseingriffe haben demnach zu einem „rent-seeking"-Verhalten, nicht aber zu einer Verbesserung der unteren Klassen und zur Modernisierung der Länder geführt. Die Vertreter der EOI versuchen, empirisch nachzuweisen, dass die Integration jeder wirtschaftlichen Einheit (Unternehmen, Region, Nation oder Gruppe von Nationen) in den Weltmarkt durch Exporte das Wirtschaftswachstum und die -entwicklung fördert. Ebenfalls wird makroökonomisch ein marktfreundliches Umfeld als sozioökonomische Grundlage für die öffentliche Politik gefordert (Balassa 1981, Bhagwati/Krueger 1985, Krueger 1997).[7]

In diesem Zusammenhang ist die Debatte über die globalen öffentlichen Güter, die Ende der 1990er Jahre eingeführt worden ist, aus verschiedenen Blickwinkeln wichtig. Zum einen werden die globalen öffentlichen Güter als Güter definiert, bei denen keine Rivalität im Konsum besteht und bei deren Provision/Verteilung niemand von der Nutzung ausgeschlossen werden kann. Das bezieht sich sowohl auf den Konsum als auch auf den Entscheidungsprozess und die Gleichheit (fairness) der Nutzung (Kaul/Stern 1999). Diese Kriterien gehen weit über die Positionen der seit den 1960er Jahren entwickelten Wirtschaftstheorie hinaus (Romer 1993, Schultz 1961, Sen 1987). Auf der anderen Seite wird anerkannt, dass es auf globaler Ebene ein ernsthaftes und tiefgreifendes Problem bezüglich Verteilung, Entscheidung und Kosten der globalen öffentlichen Güter gibt: Wer entscheidet wie über globalen öffentlichen Güter? Wer kontrolliert sie? Abhängig von räumlichen und zeitlichen sowie von kulturellen, materiellen, sozialen, wirtschaftlichen und politischen Faktoren können sie als öffentliche oder private Güter bezeichnet werden. Um nicht in die neoliberale und neoklassische „Falle" zu geraten, ist es jedoch wichtig, auf die absoluten Niveaus der globalen öffentlichen Güter hinzuweisen, auf die Bedingungen der gesellschaftlichen und individuellen Reproduktion. Aus dieser Perspektive unterscheidet sich der Vorschlag der globalen öffentlichen Güter deutlich von der primitiven Tendenz, den Privatisierungsprozess zu maximieren, wobei angenommen wird, dass alles, was privat ist, besser sei als „das Öffentliche" (Basañes et al 1999, World Bank 1995). Der vorhergehende Punkt - genauso wie die Debatte über global governance (Maggi/Messner 2002) und die neuen Strategien für die Entwicklung der Peripherie (Rodrick 2000a,b) - hinterfragt die Bedingungen und Effekte des Globalisierungsprozesses wie auch die Machtfrage im Entscheidungs- und Verteilungsprozess der „öffentlichen Ebene", welche sich im heutigen Weltzusammenhang zu einer „globalen öffentlichen Ebene" transformiert. Dies ist von besonderer Wichtigkeit, wenn man den frontalen Angriff auf den öffentlichen Sektor in Betracht zieht.

In diesem Zusammenhang weist der Vorsitzende der Enquete-Kommission „Globalisierung der Wirtschaft" des deutschen Bundestages auf eine der wichtigsten Herausforderungen auf globaler Ebene hin:

„In der Gefährdung bzw. Vernachlässigung öffentlicher Aufgaben, Öffentlicher Güter liegt vielleicht die wichtigste Gefahr einer Globalisierung, welche sich hauptsächlich um die Mehrung der privaten Güter durch die globale Effizienzsteigerung dreht. Bei den Bemühungen um die Gestaltung der Globalisierung wird man in jedem Fall der Sicherung der öffentlichen Güter hohe Priorität einräumen" (Deutscher Bundestag 2002: 56).

An dieser Stelle sei kurz auf folgenden Aspekt des Globalisierung hingewiesen. Es waren hauptsächlich transnationale Konzerne (TNK), die ein immer größeres Segment ihrer globalen Wertschöpfungskette übertragen haben (Gereffi/Korzeniewicz 1994, Piore/Sabel 1984). Die wachsende Flexibilisierung der Nachfrage, besonders in der Automobil-, Elektronik- und Textilindustrie, erzwang neue sozioökonomische Strukturen, bekannt als flexible Produktion. Die wachsende Öffnung der zentralen und peripheren Länder (das beinhaltet den Verkehr von Waren und Dienstleistungen genauso wie Finanzströme, aber auch bahnbrechende Verbesserungen im Transportwesen und der elektronischen Kommunikation), ermöglichte den letzten Schritt der Globalisierung. Im Gegensatz zu der vorhergehenden historischen Periode hat sich seit den 1980er Jahren ein neues Produktionsnetzwerk entwickelt: TNK, aber im zunehmenden Maße auch andere Firmen, integrieren sich in spezielle Segmente der globalen Wertschöpfungskette. Heute wird ein Produkt nicht mehr komplett in einem Land gefertigt, sondern die Territorien nehmen nur noch an einem Segment der globalen Wertschöpfungskette teil. Die konkrete Integrationsform ist aus dieser Perspektive wesentlich für die territoriale sozioökonomische Entwicklung.

Letzten Endes hat die Globalisierung - verstanden als ein Ergebnis der globalen Produktionsketten und der flexiblen Spezialisierung - verschiedene Auswirkungen. Neben den territorialen Konsequenzen bringt dieser historisch neue Prozess des „Glokalen" (Altvater/Mahnkopf 1999) tiefgreifende sozioökonomische Herausforderungen mit sich: Gebiete auf der lokalen, regionalen, überregionalen, nationalen und übernationalen Ebene integrieren sich direkt in den Weltmarkt (Storper 1997). Aus der Perspektive der Politik ist die „glokale" Ebene, im Gegensatz zur nationalen, die am meisten geeignete, um den Globalisierungstendenzen zu begegnen. Für viele Länder mit einer starken Tradition der Zentralisierung des politischen Entscheidungsprozesses, wie zum Beispiel Mexiko, ist die „Glokalisierung" von Mitteln, Ressourcen, Arbeitskraft und Entscheidungskompetenz eine sehr komplizierte Angelegenheit.

Auf der einen Seite werden die Effekte der Globalisierung auf die Territorien hervorgehoben. Im Gegensatz zu den meisten Betrachtungen der Wettbewerbsfähigkeit auf nationaler Ebene sind es die regionalen Räume und ihre Bevölkerung, die sich direkt in den Weltmarkt integrieren. Neben der Wettbewerbsfähigkeit von Unternehmen und Nationen gewinnt die Wettbewerbsfähigkeit von regionalen Räumen an Bedeutung. Auf der anderen Seite können sich die „glokalen" Auswirkungen und Herausforderungen der Globalisierung in Raum und Zeit in zweierlei extremer Form bemerkbar machen: zum einen durch einen hohen Grad der Endogenität, zum anderen aber durch einen Prozess der vertiefenden sozioökonomischen Polarisierung (Dussel Peters 2000).

Gegenüber der Vormachtstellung des neoliberalen Denkens und der EOI bietet die gegenwärtige Debatte über die globalen öffentlichen Güter eine Neuorientierung der öffentlichen Ebene gegenüber den Dimensionen der Auswirkungen der Globalisierung auf lokaler, regionaler und nationaler Ebene an. Demzufolge können die öffentlichen Güter nur in einer globalen Dimension verstanden werden. Die Dimensionen sind genauso immens wie die Analyse der Finanzierung bzw. die Betrachtung der Kosten der globalen öffentlichen Güter. Die Problemstellung der globalen öffentlichen Güter ist auch deswegen entscheidend, da hier die soziale und politische Ebene des Zugangs, der Kontrolle und der Verteilung der öffentlichen Güter hervorgehoben wird und so die Diskussion über die öffentlichen Güter über die rein ökonomische Analyse von Nicht-Rivalität und Ausschluss hinausgeht. Nicht zuletzt stellt die Debatte tiefgründig die Reduzierung des öffentlichen Sektors auf eine Minimalfunktion in Frage, wonach die makroökonomische Stabilität das einzige „öffentliche Gut" ist, dass die Regierungen anbieten und zu dem die Bevölkerung Zugang hat. Aus dieser Sicht ist die öffentliche Auseinandersetzung über die globalen öffentlichen Güter vielversprechend und begegnet dem Polarisierungsprozess, durch den ein Großteil der Peripherie geht.[8]

Ohne Zweifel ist es wichtig, auf die Beschränkungen hinzuweisen. Auf der einen Seite werden keine absoluten oder relativen Niveaus der öffentlichen Güter betrachtet. Zentrales Thema in diesem Zusammenhang ist die Sicherung der elementaren materiellen und sozialen Lebensgrundlage und der Reproduktion. In gleicher Weise fehlt in der Debatte ein klarer Vorschlag, der die politischen und wirtschaftlichen Auswirkungen der globalen öffentlichen Güter mit einbezieht: Was sind die Kosten eines Vorschlages für die globalen öffentlichen Güter, und wer finanziert ihn? Zuletzt ist es wichtig, dass die Debatte um die globalen öffentlichen Güter die tiefgreifenden sozioökonomischen Veränderungen und den Wandel der öffentlichen Haushalte in der Peripherie und in Lateinamerika angemessener berücksichtigt. Diese Entwicklungen beeinflussen massiv die absoluten und relativen Zugangsmöglichkeiten zu den globalen öffentlichen Güter für die Bevölkerung in der Peripherie.

3 Produktions- und Handelsspezialisierung in Lateinamerika

Tabelle 1 gibt den großen Skeptizismus wieder, der aktuell bezüglich der Konsequenz des neuen ökonomischen Reformmodells in Lateinamerikas dominiert (Katz/ Dussel Peters 2003). Vier Dimensionen werden dabei betrachtet: a) das Verhalten der Makroökonomie (repräsentiert durch die Inflationsrate), b) die Entwicklung im Außenhandel, zusammengefasst in den aggregierten Daten des Wachstums von Importen und Exporten, c) das Funktionieren des Produktionsapparates (Wachstumsrate des BIP) und d) die Entwicklung der Einkommensverteilung (arme Haushalte im Vergleich zu den gesamten Haushalten).
Demnach hat Lateinamerika einige wichtige Stabilisierungserfolge in einigen makroökonomischen Variablen erreicht - insbesondere bei der Inflation und dem Haushaltsdefizit. Und bezüglich der durchschnittlichen Inflationsrate ist die Entwicklung der lateinamerikanischen Volkswirtschaften in den 1990er Jahren bedeutend besser als in der Vergangenheit. Ebenfalls sind die lateinamerikanischen Länder heute im Außenhandel offener als in den vorhergegangenen Jahrzehnten. Diese Feststellung muss in zwei Richtungen gesehen werden. Zum einen zeigen die Importe eine Wachstumsrate, die höher ist als jene der Exporte. Die Region ist zwar tatsächlich offener im Außenhandel, aber sie ist es mehr im Hinblick auf die Importe als bezüglich der Exporte. Das deutet auf eine Abhängigkeit des Außenhandelssektors des neuen wirtschaftlichen lateinamerikanischen Ökonomiemodells hin.

Die globale Entwicklung der Region ist ohne Zweifel nicht so erfolgreich, wenn wir uns die Indikatoren für Produktion und Distribution des Einkommens anschauen. In diesen Bereichen zeigen die verfügbaren Werte auf lange Sicht gesehen keine Verbesserung, obwohl im Vergleich zum „verlorenen Jahrzehnt" der 1980er Jahre die Zahlen positiv sind[9].

Tabelle 1: Globale Entwicklung Lateinamerikas während der ISI und während der neunziger Jahre

	1945-1980	1980-1990	1990-2000
Inflationsrate	20%	400%	170%
Wachstumsrate der Exporte	2,1%	4,4%	9,4%
Wachstumsrate der Importe	5,9%	-0,8%	12,8%
Wachstumsrate des BIP	5,6%	1,2%	3,3%
Wachstumsrate des BIP pro Einwohner	3,1%	-1,8%	1,6%
Anteil der armen Haushalte	35%	41%	38%

Quelle: CEPAL (2003)

Zusammenfassend kann man sagen, dass die neue Exportorientierung in Bezug auf Inflation und Außenhandel erfolgreicher war als die Importsubstitution. Die Fortschritte der Arbeitsproduktivität, der internationalen Wettbewerbsfähigkeit und der Verteilungsgerechtigkeit sind jedoch sehr mager.

Nur Argentinien, Chile, Bolivien und Uruguay sind in den 1990er Jahren schneller gewachsen als in der Periode der importsubstituierenden Industrialisierung und haben ihre historischen Wachstumsraten der Arbeitsproduktivität verbessert. In all den anderen Fällen war die Entwicklung deutlich schlechter als im vorhergegangenen Jahrzehnt, insbesondere in Brasilien und Mexiko, den zwei größten Wirtschaften der Region.

Eine ähnliche Tendenz - mit großen Entwicklungsunterschieden zwischen den Ländern - zeigt sich, wenn man sich statt auf das Wachstum und der Verbesserung der Arbeitsproduktivität auf die Indexzahlen der relativen internationalen Wettbewerbsfähigkeit[10] konzentriert (Buitelaar et al. 1999). Hier zeigt sich, dass sich die gesamte Region bezüglich der Penetration des Weltmarktes nicht nennenswert verbessert hat. Tatsächlich war Lateinamerika 1985 nur zu 5,57% und 1998 zu 5,67% am gesamten Welthandels beteiligt. Trotz dieser Daten haben einige wenige Länder es geschafft, ihren Anteil in dieser Zeit relativ auszubauen. In einer bemerkenswerten Form ist das der Fall für Mexiko, das seinen Anteil an den totalen Weltexporten von 1,55% auf 2,24% steigerte. In einem wesentlich geringerem Umfang trifft das auch für Argentinien und Chile zu (von 0,37% auf 0,51% bzw. von 0,23 auf 0,32% der Weltexporte) und nur marginal für Costa Rica, El Salvador, Guatemala, Honduras und die Dominikanische Republik (siehe Tabelle 2).

Die Statistiken von Produktion und Produktivität auf der einen Seite und des Außenhandels auf der anderen erlauben eine weitere Charakterisierung der Umstrukturierung des Produktionsapparates nach der letzten Strukturreform. Sie zeigen mit aller Deutlichkeit, dass sich im Verlauf der letzten zwei Jahrzehnte in Lateinamerika zwei dominante Spezialisierungsformen in der Produktion und im Handel konsolidiert haben. Jede dieser Formen beinhaltet auch Eigenschaften der anderen, auch wenn diese nicht sehr klar zu Tage treten. Das erste der beiden Modelle beschreibt die Länder des „Cono Sur". Hier zeigt sich in der Produktion eine klare Tendenz hin zum Abbau von Rohstoffen und zur Produktion von industriellen Gütern (z.B. vegetarische Öle, Papierzellulose, Eisen und Stahl, Fischmehl usw.). Aus dem produktionsorganisatorischem Blickwinkel handelt es sich um Formen der intensiven Verarbeitung von Rohstoffen, wobei der Herstellungsprozess in hochautomatisierten Betrieben vorgenommen wird, die sehr kapitalintensiv sind und wenig Arbeitsplätze schaffen. Aus der Sicht des Außenhandels geht es um Produktionssektoren, in denen die Weltnachfrage nur langsam wächst und bei denen die Einkommenselastizität gering ist. Aus technologischer Sicht

Tabelle 2: Lateinamerika: Anteil an Weltexporten 1985-1998

	Anteil in %		
	1985	*1998*	*Unterschied*
Argentinien	0,37	0,51	0,14
Chile	0,23	0,32	0,09
Mexiko	1,55	2,24	0,69
Costa Rica	0,07	0,10	0,03
El Salvador	0,04	0,05	0,01
Guatemala	0,06	0,08	0,02
Honduras	0,05	0,07	0,02
Dominikanische Republik	0.08	0.10	0.02
Bolivien	0.04	0.02	-0.02
Brasilien	1,37	1,01	-0,36
Kolumbien	0,24	0,24	0,00
Ecuador	0,17	0,11	-0,06
Paraguay	0,03	0,03	0,00
Peru	0,17	0,12	-0,05
Uruguay	0,07	0,06	-0,01
Venezuela	0,66	0,41	-0,25
Nicaragua	0,02	0,02	0,00
Barbados	0,02	0,00	-0,02
Kuba	0,03	0,02	-0,01
Haiti	0,03	0,01	-0,02
Jamaika	0,04	0,04	0,00
Trinidad / Tobago	0,10	0,04	-0,06
Guyana	0,02	0,01	-0,01
Panama	0,10	0,05	-0,05
Surinam	0,02	0,01	-0,01

Quelle: CEPAL (CAN 2000).

sind es ausgereifte Industrien, in denen es keine größeren Anstrengungen bezüglich Technik und Design für neue Produkte gibt.

Anders ist der Fall von Mexiko, einigen kleineren zentralamerikanischen Ländern und in der Karibik, wo die Spezialisierung der Produktionsform auf die Integration über die Zulieferung (Lohnveredelung) im Bereich von elektronischen Apparaten, von Computern und auch von Kleidung und Autos hauptsächlich für den nordamerikanischen Markt hinausläuft. Einige funktionieren unter dem „Maquila"-Regime, andere nicht, obwohl es sich ebenfalls grundsätzlich um Betriebe des „Zusammenbaus“ von eingeführten Zwischenteilen handelt (Buitelaar et al. 1999). In allen Fällen handelt es sich um arbeitsintensive Branchen. Die mexikanische „Maquila“ hat mehr als 1 Million neue Arbeitsplätze im Laufe des letzten Jahrzehnts geschaffen. Mit dem Einsatz der neuesten Technik, einer ausgereiften Versorgungslogistik wie „just in time“ und „real time“ für Zubehör und Einbauteile, Technologien der „Total Quality“ usw., welche fast vollständig von den jeweiligen Hauptsitzen der Unternehmen mitgebracht wurden, zahlen diese Betriebe Löhne, die nur einen Bruchteil - nicht mehr als 10% - der Löhne in OECD-Ländern ausmachen. Diese Zulieferungsbetriebe produzieren fast ausschließlich für den US-Markt. Zusammenfassend kann man sagen, dass es nur einige wenige Länder geschafft haben, ihre Wettbewerbsfähigkeit in den neunziger Jahren zu verbessern, und dies geschah auch nur in einigen Industriezweigen.

Auch die Produktivität der Automobilindustrie (und im Falle von Brasilien der Luftfahrtindustrie) und ihre Eingliederung in den Weltmarkt haben sich bedeutend verbessert, nicht zuletzt auf Grund der Vorzugsbehandlung durch die jeweiligen Regierungen. Angesichts der komplexen Produktions- und Handelsspezialisierungen, welche heute in der Region vorherrschen, ist das neue lateinamerikanische Wirtschaftsmodell nur eine vereinfachte Vision der Realität. Dennoch hilft es, die wichtigen Merkmale des Wandlungsprozesses der letzten Jahre zu untersuchen. Ohne dies sind die neuen mikroökonomischen Strukturen, welche sich heute im lateinamerikanischen Produktionsapparat zeigen, nicht zu begreifen.

Die Entwicklungsunterschiede zwischen den lateinamerikanischen Ländern sind ebenfalls klar. Argentinien und Brasilien konnten während des letzten Jahrzehnts zum internationalen Niveau der Arbeitsproduktivität aufschließen. In anderen Fällen gelang dies nicht, obwohl in einigen Ländern in den 1990er Jahren die Relation von Output zu Beschäftigung gestiegen ist. Da sich auch die Arbeitsproduktivität in den USA verbessert hat, fällt ein Vergleich sehr unterschiedlich aus (siehe Tabelle 3).

In den 1970er Jahren hat es in Argentinien, Brasilien, Chile, Kolumbien und Mexiko eine klare Tendenz zur Schließung der Schere der Arbeitsproduktivität gegeben. Dennoch schaffte es nur Argentinien, seine relative Situation während der 1990er Jahre im Vergleich zu den 1980ern zu verbessern (und dies auch nur mit sehr hohen Sozialkosten gemessen in Arbeitslosigkeit und einer dramatischen sozioökonomischen Krise seit 2000). Brasilien z.B. kommt nur im Jahre 1998 auf einen spektakulären Arbeitsproduktivitätszuwachs, der die Zuwächse in den 1980er Jahren übertrifft. In vier Ländern liegen die Produktivitätszuwächse am Ende der 1990er Jahre deutlich unter den Werten der 1980er Jahre.

Obwohl es einen offensichtlichen Aufschwung in der Umwandlung des Produktionsapparates gab, haben also die auf den Wettbewerb ausgerichteten Strukturreformen der 1990er Jahre nur sehr beschränkte Auswirkungen auf die Verbesse-

Tabelle 3: Relative Arbeitsproduktivität der lateinamerikanischen im Vergleich zur US-Industrie

	1970	1980	1990	1998
Argentinien	0,35	0,48	0,42	0,53
Brasilien	0,23	0,30	0,22	0,30
Chile	0,31	0,42	0,30	0,30
Kolumbien	0,26	0,31	0,27	0,25
Costa Rica*	-	-	0,15	0,14
Jamaika*	0,26	0,16	0,16	0,13
Mexiko	0,19	0,24	0,20	0,17
Peru**	0,33	0,25	0,16	0,15
Uruguay**	0,35	0,22	0,20	0,22

* bis 1992, ** bis 1995

Quelle: Dussel Peters/Katz (2003).

rung der Arbeitsproduktivität im Vergleich zur US-Industrie gehabt. Auf der anderen Seite zeigen die hier präsentierten Ergebnisse deutlich, dass es große Unterschiede zwischen den Branchen und Unternehmenstypen bei der Umsetzung der „neuen Marktregeln" gibt.

Die ökonomischen Strukturveränderungen sind vor allem vom Modell „Maquila" geprägt gewesen. Hier herrschen transnationale Unternehmen vor, und es sind nur wenige große nationale Konglomerate, die es geschafft haben, sich erfolgreich als Zulieferer von Ersatzteilen und Einbauteilen zu etablieren (Dussel Peters, 2000, Garrido 2000, Péres 2000). Nationale Unternehmen dominieren hingegen im Fall des Wachstumsmodells, das auf der Grundstoffindustrie basiert. In beiden Fällen jedoch haben die kleinen und mittleren Unternehmen sowie die Staatsbetriebe in den letzten Jahren tendenziell Marktanteile verloren.

Um die enormen Herausforderungen, denen der lateinamerikanische Kontinent gegenübersteht, zu verstehen, müssen auch einige Tendenzen in Bezug auf die Entwicklungen im Bereich der Bedienung der Auslandsschulden berücksichtigt werden (CEPAL 2003, siehe auch Hersel in diesem Band):

a) Die gesamte lateinamerikanische Auslandsschuld im Jahre 2001 hat sich zwar im Vergleich zu den 1980er Jahren verringert, allerdings nur unwesentlich im Vergleich zu den 1990er Jahren. Von 1991 bis 2001 und im Vergleich zum BIP fiel die Rate von 39,2% auf 39%. Nur die Zinszahlungen haben sich in einer dramatischen Art und Weise erhöht, und zwar von 26.412 Millionen Dollar 1990 auf 55.888 Millionen Dollar im Jahre 2001.

b) Die Steuereinnahmen in Lateinamerika haben sich seit den 1990er Jahren relativ stabil entwickelt. Sie stellten 2001 gerade mal 13,5% des BIP dar, wovon mehr als 20% für die Zahlung von Zinsen aufgewendet wurde.

4 Der Fall Mexikos

Mexiko ist einer der „dominanten" Fälle des Neuen Lateinamerikanischen Ökonomischen Modells und soll daher etwas genauer betrachtet werden. Das Ziel ist es, auf die enormen Herausforderungen hinzuweisen, denen der öffentliche Sektor und die öffentlichen Güter gegenwärtig wegen der von Mexiko am Ende der 1980er Jahre verfolgten Strategie gegenüberstehen. Mexiko ist aus vielen Gründen interessant; weil es sich durch seine besondere Form der Spezialisierung in Lateinamerika hervorgetan hat, aber auch weil es eines der Länder der Peripherie ist, dass sich scheinbar am erfolgreichsten - und zwar durch den NAFTA-Vertrag - in den Weltmarkt integriert hat und oft als Beispiel für andere genannt wird, wenn es um weitere Integration geht. Aber auch weil es - gemäß einiger multinationaler Einrichtungen - fähig war, die „Tequilakrise" von 1994-1995 relativ schnell zu überwinden. In diesem Zusammenhang bleibt zu fragen: Was sind die wichtigen strukturellen Änderungen, und in welcher Form wirken sich diese auf die öffentlichen Güter in Mexiko aus?

4.1 Allgemeine Aspekte

Seit 1988 - und als Antwort auf die Krisen von 1982 und 1986 - wurde in der neuen Liberalisierungsstrategie der makroökonomischen Stabilität und der exportorientierten Industrialisierung Priorität eingeräumt, insbesondere der Inflationskontrolle, dem Haushaltsdefizit und auch dem Anwerben von Auslandsinvestitionen, um die neue Strategie zu finanzieren. Gleichzeitig hat der Staat in bedeutendem Umfang seine sozioökonomische Präsenz mit dem Ziel abgebaut, die Verzerrungen in den entsprechenden Märkten zu verringern (Aspe Armella 1993, Dussel Peters 2000).

Mit einer gewissen Ironie muss anerkannt werden, dass die Liberalisierungsstrategie nach ihren eigenen Maßstäben relativ erfolgreich ist. Die Inflation ist seit 1988 bedeutend zurückgegangen, und mit Ausnahme von 1995 bis 1996 hat sie sich auf einem Niveau von unter 20% gehalten und war damit sehr viel geringer als in den 1980er Jahren. In gleicher Weise ist das Haushaltsdefizit als Prozentsatz vom BIP zurückgegangen und hat sich auf Werte unter 3% jährlich eingependelt - sicher auch ein Ergebnis des umfangreichen Abbaus der konsumptiven und investiven öffentlichen Ausgaben. In einigen Jahren wurde sogar ein bedeutender

Überschuss erwirtschaftet. Die Auslandsinvestitionen und insbesondere die Direktinvestitionen haben seit der zweiten Hälfte der 1990er Jahre im Durchschnitt jährlich über 9.500 Millionen Dollar betragen. Mexiko hat sich damit in einen der erfolgreichsten Fälle der Anwerbung von Auslandsinvestitionen seit dem zweiten Weltkrieg verwandelt. Schließlich (und gemäß der Zielsetzung der Liberalisierungsstrategie und der EOI) sind die Exporte von 1988 bis 2002 jährlich um durchschnittlich 15,8% gewachsen. Im Verhältnis zum BIP war das ein Anstieg von 14% auf annähernd 30%.

Trotz dieser Tatsachen ist es wichtig, andere Aspekte und makroökonomische Ergebnisse seit 1988 zu untersuchen. Zuerst sei genannt, dass das BIP und das Pro-Kopf-Einkommen weit hinter den Ergebnissen der ISI zurückgeblieben sind. Als zweiter Punkt wäre zu erwähnen, dass von 1988 bis 1994/1995 die Investitionen als Prozentsatz zum BIP ständig gefallen sind. Sie sind danach zwar wieder gestiegen, jedoch mit bedeutend geringeren Werten als in den 1980er Jahren. Als dritter Punkt sei erwähnt, dass es richtig ist, dass die Exporte gewachsen sind, aber sie wuchsen in geringerem Masse als die Importe.

Einige Merkmale des öffentlichen Haushaltes sind bedeutend, um die Problematik des Zugangs der Bevölkerung zu öffentlichen Gütern zu verstehen (OECD 2003): a) Im Jahr 2001 betrug das BIP pro Kopf weniger als 35% der Europäischen Union. b) Die Einnahmen des öffentlichen Sektors aus Steuern, gemessen als Prozentsatz vom BIP lagen bei 18,5%, in der Europäischen Union bei 40,4%. Das

Grafik 1: Mexiko: Öffentlicher Schuldendienst (1990-2002)
(als Prozentsatz anderer öffentlicher Ausgaben)

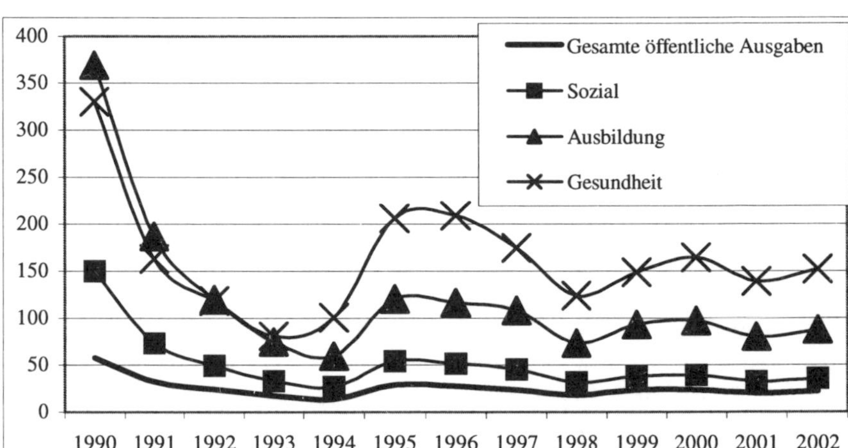

Quelle: PEF (2002)

bedeutet u.a., dass der Staat nicht nur in Bezug auf das BIP und das Pro-Kopf-Einkommen bedeutend weniger öffentliche Güter zur Verfügung stellt. Auch relativ zur Steuereinnahmequote der OECD werden weniger öffentliche Güter bereitgestellt. Das liegt auch an der reduzierten Steuererhebungskapazität durch den öffentlichen Sektor.

Zusätzlich sind noch die internen und externen Beschränkungen, die auf die Staatsausgaben einwirken, zu betrachten: Da ist zunächst der umfangreiche Rückgang der Binnen- und der Auslandsschulden im Verhältnis zum BIP. Dennoch ist der Schuldendienst im Vergleich zu den Sozialausgaben immer noch ungemein hoch: Von 1990 bis 2002 betrug der Durchschnitt der einfachen Schuldenbedienung 25,47% bzw. 50,67% der gesamten Staatsausgaben und 122,06% bzw. 162,37% der Ausgaben für Bildung und Gesundheit (siehe Grafik 1). Ohne den Schuldendienst hätten die gesamten Staatsausgaben im Jahre 2002 um 20% wachsen können, das Sozialbudget um 50%, die Ausgaben für Bildung um 120% und jene für Gesundheit um einen ähnlichen Wert.[11]

4.2 Wesensmerkmale der Wirtschaft und des Handels

Im Allgemeinen herrscht seit 1988 eine wachsende wirtschaftliche, soziale und territoriale Polarisierung in Mexiko vor. Im Ergebnis gibt es eine relativ kleine Gruppe von Unternehmen, Haushalten, Sektoren und Regionen, die es verstanden haben, sich in den Globalisierungsprozess und in die Liberalisierungsstrategie „einzuklinken". Die Mehrheit der Unternehmen, Haushalte, Sektoren und Regionen hat jedoch nicht an diesem Prozess teilgenommen. Bezüglich der Exporte, die der Motor des Wirtschaftswachstums und des BIP sind, kann gesagt werden, dass sie von einer kleinen Gruppe von Unternehmen erbracht werden: Die 300 bedeutendsten Exportunternehmen und die etwa 3.500 „Maquilas" erbringen mehr als 95% der gesamten Exporte in den Jahren 1993-2000, während die restlichen 3,1 Millionen Unternehmen nur einen Anteil von 5% an den Exporten haben.

Diese Tendenzen sind wesentlich, um die „neue" Wirtschaftsstruktur, welche sich seit den 1980ern in Mexiko herausgebildet hat, zu verstehen: Ein relativ kleiner Exportsektor mit relativ hoher Kapitalintensität hat das Wirtschaftswachstum ermöglicht. Als Konsequenz des hohen Importanteils ist die Verkettung der Exportunternehmen mit dem Rest der Wirtschaft reduziert worden, und auch nationale Verkettungen sind zugrunde gegangen.

Während der 1990er Jahre wurden jährlich durchschnittlich ungefähr 500.000 neue Arbeitsplätze geschaffen. Die wirtschaftlich aktive Bevölkerung wuchs aber um etwa 1,3 Mio. Personen jährlich, d.h. das jährliche Arbeitsplatzdefizit betrug 800.000 Arbeitsplätze.[12] Die wichtigsten Exportunternehmen und die „Maquilas" beschäftigen zwischen 1993 und 1999 nur etwa 5% der arbeitsfähigen Bevölkerung. Während der 1990er Jahre wurden die meisten Arbeitsplätze vom Bausektor, der die geringsten Sozialleistungen und die niedrigsten Löhne der mexikanischen Wirtschaft zahlt, geschaffen. Diese äußerst geringe Schaffung von Arbeitsplätzen - von 2000 bis 2003 sind 100.000 neue Arbeitsplätze entstanden - steht im Zusammenhang mit weiteren Problemen (CEPAL 2003): a) Von 1984 bis 2000 hat sich die Einkommensverteilung bedeutend verschlechtert. In diesem Zeitraum ist das Einkommen der ärmsten 10% der Bevölkerung von 3,2% auf 2,8% gefallen, das Einkommen des reichsten 10% von 25,8% auf 33,6% gestiegen. b) Der Kaufkraftverlust des Realeinkommens hat sich in gleicher Weise dramatisch verschlechtert: Die realen Mindestlöhne und die Industrielöhne stellen 2002 jeweils nur noch 33,4% und 60% des gesamten Realeinkommens dar.

Der überbewertete Wechselkurs[13] ist ein wichtiger Bestandteil der seit 1988 angewendeten Strategie. Nicht nur die Exporte wurden durch diese Entwicklung behindert. Insbesondere kleine und mittlere Unternehmen, aber auch auf den Binnenmarkt orientierte Unternehmen sind den Folgen sowohl der massiven Importkonkurrenz mit relativ niedrigen Preisen als Ergebnis der Überbewertung als auch der umfangreichen Herabsetzung der Zölle, welche 1985-1987 in Gang gesetzt wurde, ausgesetzt.

Der Industriesektor - einer der größten Wachstumsmotoren - wuchs in den Jahren 1988-2000 durchschnittlich um 4,8% im Jahr und lag damit über den 3,2% des gesamten mexikanischen Wirtschaftswachstums. Der gleiche Sektor ist jener, der, wenn man die „Maquila" außer Acht lässt, das wachsende Handelsdefizit verursacht. Seit dem Anfang der Liberalisierungsstrategie 1988 ist das Handelsbilanzdefizit der Industrie im Verhältnis zum BIP von 14% auf annähernd 30% im Jahre 1994 gestiegen und seit 1995 - in Anbetracht der Krise - auf ca. 20% zurückgegangen. Das bedeutet, dass die Industrie von ihrer Struktur her immer mehr Nettoimporte benötigt, um in Relation zum BIP zu wachsen. Auf der anderen Seite hat dieser Prozess zu einem ernsthaften Bruch der Produktionsverkettung geführt (Dussel Peters 2000).

Gemäß der allgemein üblichen Handels- und Exportklassifizierung hat sich von den 1980er Jahren bis 2002 die Zusammensetzung der Exporte wesentlich verändert: von Erdölexporten zu Industrieexporten; innerhalb der Industrie kam es zu einer wachsenden Spezialisierung auf Produktklassen wie Autoteile, Automobile und jede Art von elektrischen Produkten (siehe Grafik 2).

Eine solche Analyse der Exporte der Peripherie, Lateinamerikas und im besonderen von Mexiko ist ohne Zweifel unzureichend und kann zu falschen Schlussfolgerungen führen, etwa, dass Mexiko Produkte mit einem hohen Technologiegrad produziert und exportiert. Es ist zweifelsfrei richtig, dass die Exporte un-

Grafik 2: Mexikanische Exportstruktur (1993-2002) (Anteil an gesamten Exporten)

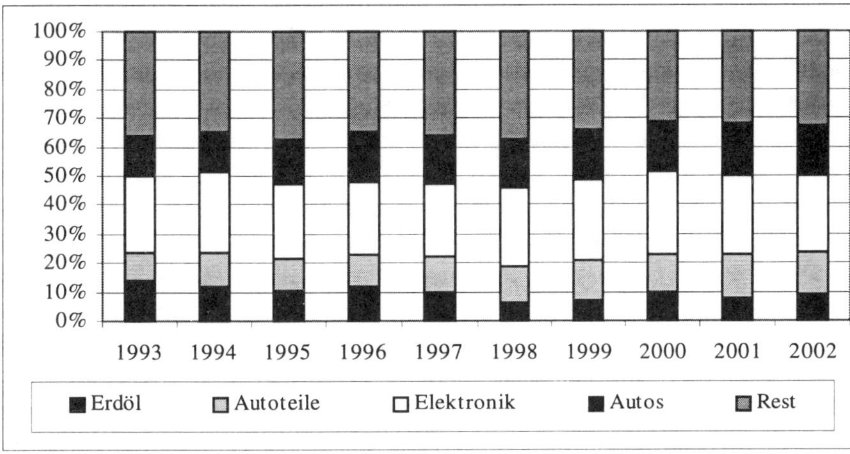

Quelle: Eigene Berechnungen (Bancomext, SIC-M).

glaublich gestiegen sind. Grafik 3 zeigt jedoch eine Exportstruktur, die ganz anders ist als jene, welche in Grafik 2 gezeigt wird. Aus dem Blickwinkel des Produktionsprozesses (wo temporäre Importe erforderlich sind, um zu exportieren, und wo die „Maquila" eine wichtige, aber nicht alleinige Bedeutung hat) wird angenommen, dass seit Ende der 1990er Jahre mehr als 80% der Exporte von temporären Importen abhängen. Dies bestimmt einige Organisationsaspekte, welche unabhängig

Grafik 3: Struktur der mexikanischen Exporte nach Prozessen (1993-2002) (Anteil an den gesamten Exporten)

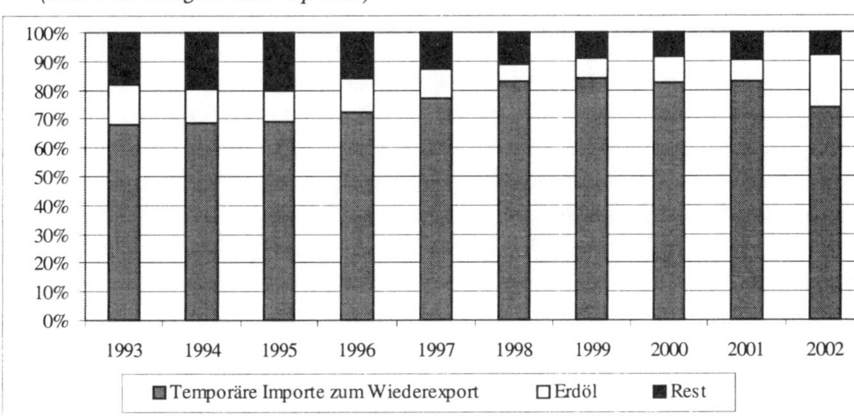

Quelle: Eigene Aufarbeitung (Bancomext, SIC-M).

von regionalen Gegebenheiten und von der jeweiligen Aktivität sind. Zusätzlich - und für viele überraschend - spielt das Erdöl eine sehr wichtige Rolle in dieser Exportstruktur: Im Durchschnitt werden etwa 42,28% der endgültigen Exporte durch das Erdöl erzeugt; in einigen Jahren wird dieser Wert auf über 50% ansteigen. Diese Struktur des Exports ist zentral für das Verständnis der Prozesse innerhalb des Exportsektors, unabhängig von den exportierten Produkten und/oder vom konkreten Exportförderprogramm.

In welchem Verhältnis stehen diese temporären Importe zum Wiederexport? Die Unternehmen, die temporäre Importe vornehmen, um sie später wieder zu exportieren, schöpfen in Mexiko folgende Anreize aus (Alvarez Galván/Dussel Peters 2001):

a) Sie zahlen keinen Importzoll. b) Sie zahlen keine Mehrwertsteuer. c) Sie zahlen nur einen reduzierten Einkommensteuersatz, der manchmal auch null oder sogar negativ ist. d) Die Importe müssen zeitlich befristet sein.

Diese Aspekte sind auch wichtig, um deutlich zu machen, welche Anreize benötigt werden, um den Grad der endogenen nationalen Entwicklung in Mexiko zu erhöhen oder um weitere interne Prozesse zu integrieren: Die Zölle für dauerhafte Importe können zwischen 0 und 20% liegen, die Mehrwertsteuer beträgt 15% und die Einkommensteuer bis zu 35%. Ein Unternehmen, das heute temporäre Importe zum Export vornimmt, jedoch morgen den nationalen Integrationsgrad erhöhen wollte, könnte so am Ende mit zusätzlichen Produktionskosten von über 50% dastehen. Ist es aus diesem Blickwinkel möglich, dass die Prozesse, die temporäre Importe zum Wiederexport durchführen - nicht nur die „Maquila" - zu einer verstärkten nationalen Integration führen? Die Antwort ist negativ. Zumindest brauchen die lokalen, regionalen und/oder nationalen Institutionen dieselben Steueranreize.

Die enormen Auswirkungen, die diese Herausforderungen auf die territoriale Wirtschaftspolitik haben, ist noch nicht begriffen worden. Entsprechende Programme und Vorschläge sind ausgerichtet auf die Verkettung zwischen Zulieferern und Netzwerken, welche temporäre Importe zum Wiederexport durchführen, mit anderen in Mexiko ansässigen Unternehmen, ohne die enormen Hürden und Beschränkungen zu berücksichtigen. Entsprechend groß ist nach 38 Jahren die Frustration über den Misserfolg der „Maquila" in Bezug auf ihre endogenen Integrationswirkungen. In der Mehrheit der Fälle sind diese Fehlschläge einem fehlenden Verständnis von der „Rationalität" dieser Prozesse geschuldet.

In gleicher Weise ist es enorm wichtig, dass Mexiko dasjenige Land ist, welches die stärkste Exportorientierung in Lateinamerika besitzt und einen der größten Strukturwandel in der Peripherie überhaupt durchgemacht hat, wobei es sich auf Produkte mit einem hohen Importanteil spezialisiert hat. Dieser Prozess hat zu einer tiefgreifenden Polarisierung gegenüber dem Rest des produktiven Gewerbes geführt. Da es keine Anreize zu seiner Eingliederung in die Gesamtökonomie gab, gab es auch nur minimale Effekte bei der Schaffung von Arbeitsplätzen, Reallöhnen, der Entwicklung von Technologien und Lernprozessen. Nicht zuletzt ist seine Einnahmewirkung für den öffentlichen Sektor gleich Null[14]. Deshalb ist es nicht erstaunlich, dass trotz des Wachstums von BIP und Exporten das Verhältnis von öffentlichen Einnahmen zum BIP seit den 1980er Jahren in etwa gleich geblieben ist oder sich sogar verringert hat. So zeigt der Spezialisierungspfad der Produktion und des Handels in Mexiko Merkmale, welche in Zukunft die sozioökonomische und territoriale Polarisierung vertiefen werden. Im Gegensatz zu den Exportunternehmen zahlt der Rest des produzierenden Gewerbes, auch die kleinen und mittleren Unternehmen, an den öffentlichen Sektor.

5 Schlussfolgerungen

Wie im ersten Teil analysiert wurde, ist die Auseinandersetzung um die globalen öffentlichen Güter im gegenwärtigen Zusammenhang deswegen wichtig, weil hier eine kritische Position gegenüber den Bedingungen des Zugangs, der Kontrolle und der Verteilung der öffentlichen Güter eingenommen wird. Zusätzlich neue Relevanz erhält die Debatte einerseits durch die Aspekte des globalen Zusammenhangs zwischen den wirtschaftlichen, sozialen, ökologischen und kulturellen Prozessen und durch die Frage nach der Sicherstellung von globalen öffentlichen Güter andererseits. Ohne Zweifel globalisieren sich auch die Gegensätze und die Herausforderungen. Einige Punkte, die nicht ausreichend in der Globale öffentliche Güter-Debatte analysiert wurden, sind die Finanzierung der Kosten, um globale öffentliche Güter insbesondere in der Peripherie anzubieten zu können und um dort einen Mindeststandard dieser öffentlichen Güter zu sichern sowie die große Herausforderung, der man sich mit dieser Vision stellt. Eines der Hauptargumente in dieser Arbeit ist, dass die Polarisierung in Lateinamerika und Mexiko zugenommen hat; ein Punkt, der als Basis dienen sollte für die Politik und die Instrumente der globalen öffentlichen Güter.

Der zweite Abschnitt weist darauf hin, dass die Vertiefung des Polarisierungsgrades in Lateinamerika im direkten Zusammenhang mit den neuen Pfaden des Wachstums und der Handels- und Produktionsspezialisierung steht, welchen der Kontinent seit den 1980er Jahren gefolgt ist: der Exportorientierung (sowohl im Grundgüterbereich als auch für temporäre Importe zum Wiederexport), welche zu einer Eingliederung in den Weltmarkt mit minimalen Verkettungen mit dem Rest der lokalen Wirtschaft geführt hat.

Für die makroökonomischen Konsequenzen dieser Strategie ist der Fall von Mexiko interessant: Das Wachstum des BIP war geringer als im vorhergehenden

Jahrzehnt. Die Schaffung von Arbeitsplätzen lag wesentlich unter den sozialen Notwendigkeiten. Das reale Einkommensniveau ist dramatisch gefallen, und die Einkommensverteilung hat sich verschlechtert. Der Fall von Mexiko ist darüber hinaus interessant, um zu verstehen, dass aus Strukturgründen diese Form der Handels- und Produktionsspezialisierung zu einer Untergrabung des möglichen Zugangs zu öffentlichen Gütern führt: Der Wachstumsmotor der mexikanischen Wirtschaft sind die Exporte, die auf temporären Importen zum Export basieren und die definitiv Zahlungen an die öffentliche Hand ausschließen. Im Ergebnis fallen die Haushaltseinnahmen und die Fähigkeit der Bereitstellung öffentlicher Güter verringert sich.

Eine zukünftige Debatte und die damit zusammenhängenden Vorschläge zu den globalen öffentlichen Güter, zu „global governance" und zu alternativen Entwicklungsstrategien muss daher von dem Prozess der zunehmenden Polarisierung und der wachsenden Beschränkung des Zugangs eines Teils der Bevölkerung zu öffentlichen Gütern ausgehen. Insbesondere der interne und externe Schuldendienst beschränkt fundamental den Zugang. Aber auch das scheinbar „wichtigste" öffentliche Gut, die makroökonomische Stabilität, ausgedrückt in Inflationskontrolle und Beschränkung des Staatsdefizits, stellt eine Einschränkung dar. Wenn diese Problembereiche nicht in die Diskussion eingebracht werden, wird es sehr schwer sein, an einen besseren Zugang und an eine Kontrolle und Verteilung der globalen öffentlichen Güter zu denken, geschweige denn, sie zu realisieren.

Anmerkungen

1 Das Thema ist schon Anfang der 1980er Jahren von Altvater (1981) im Zusammenhang mit der Kritik des Neoliberalismus analysiert worden.

2 Die Diskussion im Zusammenhang mit den GÖG und dem Globalisierungsprozess hat in den letzten Jahren an Bedeutung gewonnen. Stiglitz (2002) stellt die tiefen ideologischen Unterschiede zwischen dem IWF, der Weltbank, der WHO und anderen Organisationen der Vereinten Nationen sowie der ILO und der UNCTAD heraus.

3 Für eine Analyse: Baer (1972), CEPAL (1993a), Little/Scitovsky/Scout (1970).

4 Zum Beispiel Foxley (1988) und Valdez (1995). Für eine kritische Diskussion siehe: Plehwe/Walpen (1999).

5 Eine tiefer gehende Analyse gibt es bei: Dussel Peters (2000), Gómez (1995), Gutiérrez R. (1998) und Hinkelammert (1984).

6 Ein anderer wichtiger Aspekt des neoliberalen Denkens, der die Sozialwissenschaften in ihrer Gesamtheit beeinflusst hat, ist jener der imperfekten Information als existenzielle Bedingung des Menschen. Daraus folgt, dass jeder Versuch der Planung und sogar der sozialen Organisation auf kurze, mittelfristige und lange Sicht nicht nur „utopisch" ist, sondern den Aufbau der Institution des Marktes verhindert. Dieses Argument beinhal-

tet eine radikale Kritik an öffentliche Einrichtungen und dem Staat im allgemeinen (siehe auch den Beitrag von Scherrer in diesem Band).

7 Krueger (1997) präsentiert eines der scheinbar überzeugendsten Argumente gegen den öffentlichen Sektor: das „rent-seeking"-Verhalten von Individuen und sozialen Gruppen. Im Fall der ISI waren die Unternehmen, die sich die öffentlichen Gelder angeeignet haben, nicht jene, die tatsächlich Importe substituiert haben, sondern vielmehr die Aristokratie und Individuen, die sich durch korrupte Praktiken bereichert haben. Der öffentliche Sektor hat ein solches Verhalten ermöglicht und reproduziert.

8 „Der Zusammenbruch in Argentinien 2001 ist Beispiel aus der nahen Vergangenheit für eine Reihe von Fehlschlägen in den letzten Jahren. Bei der hohen Arbeitslosenrate in fast sieben Jahren ist es ein Wunder, dass die Bevölkerung nicht protestiert hat, sondern still und leise so lang gelitten hat. Selbst in Ländern, die eine beschränkte Wachstumsrate aufweisen konnten, gingen die Gewinne an die Besserverdienenden, insbesondere an die oberen 10% der Einkommensbezieher, während die Armut hoch geblieben ist und in manchen Fällen das Einkommen der Ärmsten sogar gefallen ist" (Stiglitz 2002:18)

9 Die Aussichten am Anfang des 21. Jahrhunderts sind schlechter: Von 2001-2003 schätzt die CEPAL ein durchschnittliches jährliches Wachstum für Lateinamerika von gerade mal 0,7% (CEPAL 2003).

10 Wie bei den CEPAL-Programmen für die Wettbewerbsanalyse von Ländern (CAN) und für die Analyse der internationalen Wettbewerbsfähigkeit (MAGIG) werden hier unter relativer Wettbewerbsfähigkeit die Bedingungen verstanden, unter denen Länder und/oder Produkte in den Weltmarkt integriert werden. Diese sind abhängig von der Entwicklung der Exportstruktur wie auch von der Dynamik des Außenhandels oder der Bestimmungsmärkte.

11 Altvater/Mahnkopf (2002) analysieren das Thema in diesem Zusammenhang mit der „Überforderung von Schuldnern".

12 Altvater/Mahnkopf (2002) zeigen in diesem Zusammenhang, wie ein Prozess der „Globalisierung und Unsicherheit" und Informalisierung geschaffen wurde. Mexiko zeigt sehr deutlich diese Tendenz, denn durch das Fehlen von Arbeitsplätzen (und einer Arbeitslosenversicherung) sucht die Bevölkerung notwendigerweise irgendeine Aktivität im informellen Sektor, legal oder illegal.

13 Ein Ergebnis der Inflationskontrolle; offizielle Quellen schätzen für 2003, dass der Peso etwa mit 35% bis 40% über seinem realen Wert liegt und sich in etwa auf dem Niveau wie in der Zeitspanne vor der Krise von 1995 befindet (Banxico 2003).

14 Man kann argumentieren, dass über den Konsum der Unternehmer, Arbeitnehmer usw. diese Aktivitäten indirekt zu Steuereinnahmen für den öffentlichen Sektor geführt haben.

Literatur

Alvarez Galván, José Luis/Dussel Peters, Enrique (2001): Causas y efectos de los Programas de Promoción Sectorial (PROSEC) en la Economía mexicana: ¿un segundo TLCAN para con terceros países?, in: Comercio Exterior, Vol. 51, S. 446-456.

Altvater, Elmar (1981): Der gar nicht so diskrete Charme des Neoliberalismus, in: Prokla Zeitschrift für Kritische Sozialwissenschaft, Vol. 44, S. 5-23.

- (1987): Sachzwang Weltmarkt, Hamburg: VSA-Verlag.

-/Mahnkopf, Birgit (1999): Grenzen der Globalisierung. Ökonomie, Ökologie und Politik in der Weltgesellschaft, Münster: Westfälisches Dampfboot.

-/- (2002): Globalisierung der Unsicherheit. Arbeit im Schatten, schmutziges Geld und informelle Politik, Münster: Westfälisches Dampfboot.

Aspe Armella, Pedro (1993): El camino mexicano de la transformación económica, México/ Distrito Federal: Fondo de Cultura Económica.

Baer, Werner (1972): Import Substitution and Industrialization in Latin America: Experiences and Interpretation, in: Latin American Research Review VIII (1), S. 95-122.

Balassa, Bela (1981): The Newly Industrializing Countries in the World Economy, New York: Pergamon Press.

Banxico (Banco de México) (2003): http://www.banxico.org.mx.

Basañes, Federico/Uribe, Evamaría/Willig, Robert (1999): Can Privatization Deliver? Infrastructure for Latin America, Washington, D.C.: IADB.

Bhagwati, Jagdish/Krueger, Anne (1985): Exchange Control, Liberalization and Economic Development. Dependence and Interdepence, Cambridge: MIT Press.

Buitelaar, Rudolf/Padilla, Ramón/Urrutia, Ruth (1999): Centroamérica, México República Dominicana: Maquila y Transformación Productiva, Serie Cuadernos de la CEPAL 85, Santiago de Chile: CEPAL.

CEPAL (1993): Organización industrial, competitividad internacional y política pública en la década de los años noventa, Santiago de Chile: CEPAL.

- (2003): Proyecciones de América Latina y el Caribe 2003. Estudios Estadísticos y Prospectivos 119, Santiago de Chile, CEPAL.

Deutscher Bundestag (2002): Schlussbericht der Enquete-Kommission „Globalisierung der Wirtschaft“, Berlin: Deutscher Bundestag.

Dussel Peters, Enrique (2000): Polarizing Mexico. The Impact of Liberalization Strategy, Boulder/London: Lynne Rienner Publishers.

-/Katz, Jorge (2003): Diferentes estrategias en el Nuevo Modelo Económico Latinoamericano: importaciones temporales para su reexportación y transformación de materias primas (Manuskript).

Foxley, Alejandro (1988): Experimentos neoliberales en América Latina, México: Fondo de Cultura Económica.

Friedman, Milton (1962): Capitalism and Freedom, Chicago: University of Chicago Press.

Garrido, Celso (2002): Fusiones y Adquisiciones transfronterizas en México durante los 90s, Santiago de Chile: CEPAL.

Gereffi, Gary/Korzeniewicz, Miguel (1994). Commodity Chains and Global Capitalism, Westport: Praeger.

Glyn, Andrew/Hughes Alan/Lipietz, Alain/ Singh Ajit (1989): The Rise and Fall of the Golden Age. The Golden Age of Capitalism, Oxford: Clarendon Press.

Gómez, Ricardo (1995): Neoliberalismo y seudociencia, Buenos Aires: Lugar Editorial.

Gutiérrrez, Germán (1998): Etica y economía en Adam Smith y Friedrich Hayek, México/Distrito Federal: Universidad Iberoamericana.

Hinkelammert, Franz (1984): Crítica a la razón utópica, San José/Costa Rica: DEI.

Hirschman, Albert (1958.): The Strategy of Economic Development, New Haven: Yale University Press.

Kaul, Inge; Grunberg, Isabelle; Stern, Marc A. (Hrsg.) (1999): Global Public Goods: International cooperation in the 21st century, New York: Oxford University Press.

Krueger, Anne (1997): Trade Policy and Economic Development: How we Learn, in: American Economic Review, Vol. 87, S. 1-22.

Little, Ian/Scitovsky Tibor/Scott M. (1970): Industry and Trade in some Developing Countries, London: Oxford University Press.

Maggi, Claudio/Messner, Dirk (Hrsg.) (2002): Gobernanza Global. Una mirada desde América Latina. El rol de la regin frente a la globalización y a los nuevos desafíos de la política global, Caracas: Nueva Sociedad.

OECD (2003): http://www.oecd.org/EN/statistics/0,,EN-statistics-20-nodirectorate-no-no-no-20,00.html.

Péres, Wilson (coord.) (2000): Grandes empresas y grupos industriales latinoamericanos, México/Distrito Federal: Siglo XXI Editores/CEPAL.

Plehwe, Dieter/Bernhard Walpen (1999): Wissenschaftliche und wissenschaftspolitische Produktionsweisen im Neoliberalismus. Beiträge der Mont Pèlerin Society and marktradikaler Think Thanks zur Hegemoniegewinnung und -erhaltung, PROKLA - Zeitschrift für Kritische Sozialwissenschaft, Vol. 29, S. 203-235.

Piore, Michael/Sabel, Charles F. (1984): The Second Industrial Divide. Possibilities for Prosperity, New York: Basic Books.

Rodrick, Dani (2000a): Development Strategies for the Next Century, Conference „Developing Economies in the 21st Century“, Institute for Developing Economies, Tokio, Japan.

- (2000b): Can Integration Into the World Economy Substitute for a Development Strategy?, Konferenz der Weltbank ACDE, Paris.

Romer, Paul M. (1993): Two Strategies for Economic Development: Using Ideas and Producing Ideas, in: Proceedings of the World Bank Annual Conference on Development Economics 1992, S. 63-91.

Schultz, Theodore W. (1961): „Investment in Human Capital“, in: American Economic Review, Vol. LI, S. 1- 17.

Sen, Armartya (1987): Commodities and Capabilities, Delhi: Oxford University Press

Stiglitz, Joseph E. (2002): Globalization and its Discontents, New York: W.W. Norton.

Storper, Michel (1997): The Regional World, New York: Guildon Press.

Valdéz, Juan Gabriel (1995): Pinochet's Economists. The Chicago School in Chile, Cambridge: Cambridge University Press.

World Bank (1995): Bureaucrats in Business. The Economics and Politics of Government Ownership, Washington D.C.: World Bank.

Hermann Scheer

Problemflucht: die Ökonomisierung des Politischen
Die Transformation von Politik und Makroökonomie in die Mikroökonomie

1973 rief der amerikanische Soziologe Daniel Bell die „nachindustrielle Gesellschaft“ aus. In der industriellen Gesellschaft sei die Wirtschaftlichkeit der „oberste Gesichtspunkt der Sozialstruktur“ auch für den politischen und kulturellen Bereich gewesen. Je mehr aber in der modernen Politik Partizipation und Mitbestimmung und im kulturellen Bereich die Selbstverwirklichung sowie die Entfaltung der eigenen Person in den Vordergrund rückten, trieben Wirtschaft, Politik und Kultur auseinander, weil sich darin verschiedene Wertesysteme herausbilden würden. Da es in der postindustriellen Gesellschaft eine immer größere Bedeutung des Wissens gebe, zwinge sie ihre neuen „Oberpriester“ - Wissenschaftler, Ingenieure und Technokraten - dazu, „entweder mit den Politikern zu rivalisieren oder sich mit ihnen zu verbünden“. Daraus entstehe ein neues Hauptproblem der Machtverteilung, zumal die kulturellen Bedürfnisse, die „auf eine Steigerung des Selbst zielen, einen zunehmend anti-institutionalistischen Trend aufweisen“. Die Gesellschaften würden zu „einem Bewusstseinsnetz“, in dem sich neue Utopien technischer und psychedelischer Prägung entwickeln. Im größten Teil der Menschheitsgeschichte habe die „Wirklichkeit Natur“ im Vordergrund gestanden, in der industriellen Gesellschaft die „Wirklichkeit Technik“, in der postindustriellen die „Wirklichkeit soziale Welt“. Daraus ergebe sich: „Mit der Abkehr von Natur und Gegenständen schwinden auch die Zwänge der Vergangenheit“ (Bell 1973).

In gedanklichem Gefolge Bells rief 1977 der ebenfalls amerikanische Soziologe Ronald Inglehart die „stille Revolution“ aus, die er aus den veränderten Werten und Politikstilen in der westlichen Gesellschaft herauslas. Die industrielle Gesellschaft sei von „materiellen Werten“ geprägt gewesen: wirtschaftliches Wachstum und Stabilität, Bekämpfung von Preissteigerungen und Kriminalität, innere und äußere Sicherheit. In der postmaterialistischen Gesellschaft stünden dagegen die Werte einer sauberen Umwelt, der Verbesserung der Lebensqualität der Städte, der Kreativität sowie mehr berufliche und politische Mitbestimmung und weniger unpersönliche Lebensverhältnisse im Vordergrund der Bedürfnisse. Dies wies er anhand empirischer Untersuchungen über Lebenspräferenzen nach (Inglehart 1977). Die soziale Basis dieses Wertewandels war der Wohlfahrtsstaat, der die Lebenssicherheit für die immateriellen Bedürfnisse vermittelt hatte. Dass diese Basis angesichts weiteren technologischen Fortschritts brüchig werden könnte, wurde nicht in Betracht gezogen. Deshalb wurde aus der soziologischen Bestandsaufnahme - wieder einmal - ein säkularer Trend abgeleitet.

Inzwischen wissen wir, was aus diesem Trend geworden ist. Schon hat der nächste Wertewandel stattgefunden, mit einer Abzweigung in zwei Richtungen: einmal zu einer Renaissance materialistischer Werte angesichts der massenhaft gewachsenen Ängste um die wirtschaftliche Existenz; und zum anderen hin zu der Erkenntnis der ökologischen Weltkrise, die wieder die elementare „Wirklichkeit Natur" ins allgemeine Bewusstsein rückte - und deutlich macht, dass es sich beim Schutz der Umwelt nicht um ein immaterielles, sondern um *das* alles übergreifende materielle Thema handelt. Bei jedem Wertewandel bleiben die vorherigen Präferenzen im Gedächtnis. Jeder Wertebestand ist deshalb ein Mix aus vorherigen und aktuellen Präferenzen, so dass man nunmehr vielleicht von einem „postmaterialistischen Materialismus", einem Materialismus der Dienstleistungsgesellschaft, sprechen kann. Das größere Gewicht im Bewusstsein der Menschen erhielt wieder die materielle berufliche und soziale Existenzsicherung, weil sie die meisten Menschen unmittelbarer betrifft als die Einschnürung der materiellen Existenz durch Umweltzerstörung - wenn sie nicht gerade unmittelbar Betroffene einer von Menschen gemachten Umweltkatastrophe in Form von Sturm- oder Dürrekatastrophen werden. Betrachtungen, die immer noch von einem sich sogar weiter entfaltenden Postmaterialismus sprechen, sind vor diesem Hintergrund abwegig.

Dies trifft vielleicht bei denjenigen zu, die der amerikanische Kulturkritiker Christopher Lasch als neue Berufselite beschrieben hat, die Macht ohne Verantwortung ausübe. In seinem Buch von 1995, dessen englischer Titel „The Revolt of the Elites and the Betrayel of Democracy" und dessen deutsche Übersetzung „Die blinde Elite" heißt, beschreibt er das Spektrum der Tätigkeitsfelder, auf die sich diese Elite verteilt: Banken, Architektur, Planung, Consulting aller Art, Naturwissenschaften, Werbung, Publizistik, Verlagswesen, Film und Fernsehen, Unterhaltung, Immobilienhandel, Kunst und Literatur. Lasch: „Da sie keine gemeinsame Perspektive haben, ist es auch unangemessen, sie als neue ‚herrschende Klasse' zu bezeichnen". Aber sie bilden eine neue obere Mittelschicht, die sich nicht durch Ideologie definiert, sondern durch eine unverkennbare Unterscheidung ihres Lebensstils vom Rest der Bevölkerung. Die Dazugehörigen operieren international und stehen, so Lasch, dem drohenden Niedergang der Gesellschaft „zutiefst gleichgültig gegenüber", und zwar „aufgrund ihrer Bindungen an eine internationale Arbeits- und Freizeitkultur, eine Welt des Business, der Unterhaltung und des Informationsflusses", motiviert von der grenzüberschreitenden Wirtschaft, die eben den Staat zum alten Eisen erklärt (Lasch 1995). Dass Politiker eher zu diesem Großkreis - der an die Stelle des klassischen Besitz- und Bildungsbürgertums getreten ist (pluralistischer und offener als dieses) - gehören, ist naheliegend.

Die Interessenlosigkeit in Bezug auf gesellschaftliche Entwicklungen, die Lasch in den USA feststellt, bestätigt sich in Europa nicht. Das Problem dieser neuen

Elite, soweit sie am politischen Diskurs teilnimmt, ist eher, dass sie - indem sie von sich auf die Gesellschaft insgesamt, in einer seltsamen Form kollektiven Autismus, schloss - noch an die postmaterialistische Expansion glaubte, als dessen Voraussetzungen schon hinfällig wurden; dass noch die Spaßgesellschaft eine politische Andienung erfuhr (im November 1998 feierte die SPD-Bundestagsfraktion den Wahlsieg unter dem Motto „Regieren macht Spaß“), als es für zunehmend mehr Menschen schon wieder im materialistischen Existenzkampf ernst wurde; dass nicht bedacht wurde, wie sehr die - lebenswerteren - postmateriellen Werte von einer gesicherten materiellen Lebensgrundlage aller abhängen; dass der leichtsinnigen politischen Idee verfallen wurde, man könne den Postmaterialismus zur weiteren Entfaltung bringen, indem man ihn in Gegensatz zu einer Politik allgemeiner, staatlich vermittelter Lebenssicherheit bringt - und damit in den wirtschafts- und sozialpolitischen Fragen (nicht unbedingt den umwelt- und sicherheitspolitischen Fragen) ein neoliberalistischer common-sense entstand; dass - nachdem die Wucht des wirtschaftlichen Strukturwandels mit seinen einschneidenden Konsequenzen erkannt wurde - nicht etwa eine, in den Diskursen der 80er Jahre angelegte, breite Motivation für eine wirklich „Neue Ökonomie“ entstand, eine, deren Konturen als ökologische Wirtschaft vorgezeichnet sind, die im umfassenden Sinne materialistisch ist, weil sie die Umweltgüter sichert und weniger externe Kosten produziert. Stattdessen wurde - bis in die Reihen von SPD und Grünen - die neue Ökonomie allzu sehr mit Neoliberalismus oder der inzwischen geplatzten Seifenblase der „Neuen Ökonomie“ der Aktienspekulanten gleichgesetzt, als der Prototyp des Postmaterialismus vom Typus der „Hedonisten“, die im vergangenen Jahrzehnt der Fixpunkt der Werbeindustrie waren, weil man sie als *die* Trendsetter in der Gesellschaft betrachtete (auch in allen Parteizentralen und Zeitungsverlagen). Es geschah trendgemäß, abziehbildhaft, ohne Originalität; vermixt mit Hymnen auf den Markt, sogar in Rückgriffen auf Wachstumsdenken der 60er Jahre, als habe es nie eine Debatte über die Grenzen des Wachstums gegeben. Die wirtschaftlichen Debatten sind austauschbar geworden, als sei das das ganze Bild: Man solle nicht weiter auf kollektive Sicherung setzen, sondern auf Eigenverantwortung; nicht mehr auf lebenslang gesicherte Beschäftigung mit geregelten Einkommen in einem Beruf, sondern auf wechselnde und mehrere Berufe mit unregelmäßigen und schwankenden Einkommen. Man solle sich auf den Abschied von einem traditionellen Karriereverständnis mit geregelten Einkommen und linearem Aufstieg und stattdessen auf die „Ich-Aktie“, so ein 2000 erschienenes „Frankfurter Allgemeine Buch“, einstellen; auf die „ICH-Marktvorbereitung“, die „ICH-Markteinführung“, die „ICH-Marktentwicklung“ und die „ICH-Marktreife“. Die bisherigen ökonomischen, strukturellen und gesellschaftlichen Grundlagen der Normalerwerbsbiographien seien aufgrund der „Enthierarchisierung der Unternehmensstrukturen", der „Informatisierung der Wirtschaft", der „neuen Wertschöpfung durch neue Märkte", der „Vermarktlichung des Arbeitsmarktes" und der „Individualisierung" „unwiderruflich ins Rutschen gekommen". Der Begriff der „Ich-AG" des VW-Vorstandsmitglieds Hartz, der 2002 im Auftrag von Bundeskanzler Schröder eine Kommission zur Reform des Arbeitsmarktes leitete, ist wahrscheinlich dieser „Ich-Aktie" entliehen, wobei deren Wortsinn sogar einen Schritt weitergeht: Er signalisiert dem Individualunternehmer, dass er sich nicht einmal mehr selber bestimmt, sondern von Aktionären bestimmt ist, denen er gehört.

Der neu kultivierte materialistische Wert des wirtschaftlichen Existenzkampfes und der „postmaterialistische Wert" individueller Selbstbestimmung lassen sich - vor dem Hintergrund der wirtschaftlichen und sozialen Umbrüche und des damit verbundenen Auslaufens des bisherigen Wohlfahrtsstaats-Konzepts - nur vereinbaren durch Aufgabe des Gleichheitsprinzips: Der neue Wertemix aus beidem ist nur unter Hintanstellung des Demokratieideals des Verfassungsstaats erreichbar - und dann auch nicht für alle. „Von uns kriegt ihr nichts mehr", erklärte Mitte der 1990er Jahre Jürgen Schrempp, der Chef des Daimler-Konzerns, an die Adresse der Regierung. Er meinte, der Staat solle sich die Vorstellung abschminken, von diesem und den anderen transnationalen Konzernen noch Steuern zu bekommen. Von diesem Satz, der zur Realität wurde, ist der Weg zu der politischen Botschaft der Regierungen nicht weit, dass die Gesellschaft vom Staat keine weiteren „Wohltaten" mehr zu erwarten habe, sondern nur noch Leistungskürzungen. Das entspricht der gegenwärtigen Lage: die Gesamtbelastung der Durchschnittsbürger durch Steuern und Abgaben sinkt nicht, sondern steigt eher, weil wegen der strukturellen Arbeitslosigkeit, dem sich ausweitenden Niedriglohnsektor, der sprießenden Schwarzarbeit und den Steuerumgehungen der internationalen Wirtschaftsakteure die Staatsaufgaben von immer weniger Menschen finanziert werden müssen. Doch trotz dieser unveränderten oder gar steigenden Steuer- und Abgabenlast sinken die Staatsleistungen oder werden aufgekündigt. Die Staats- und Politikverdrossenheit wächst zwangsläufig, wenn es immer weniger Politikleistungen für gleich bleibende oder gar für höhere Gelder und Abgaben gibt.

Umso heller strahlt dann der Stern derjenigen Wirtschaftsakteure, die sich als die eigentlichen dynamischen Kräfte der Gesellschaft inszenieren können - als hätten sie keinerlei Anteil an den Dilemmata der politischen Institutionen, für die die gewählten Politiker gerade zu stehen haben. Je größer der Unmut über diese, desto populärer werden Entstaatlichungsparolen. Werden solche dann tatsächlich unreflektiert umgesetzt, wächst wegen der Folgen die Staats- und Politikerverdrossenheit weiter an - ein Teufelskreis. Politisch und kulturell postmaterialistisch, aber wirtschaftlich neoliberal-materialistisch: So lässt sich der überwiegende Bewusstseinsstand im Kommunikationskreis der gesellschaftlichen Meinungsträger beschreiben. Fasziniert von der postnationalen Weltoffenheit der neuen Wettbewerbsdynamik, der Geschwindigkeit unternehmerischen Strukturwandels, dem alles erfassenden mikroskopischen Kosteneffizienzdenken, zog der Primat der Ökonomie auch in die Politik ein und erzeugte den Trend, das Politische auf das Ökonomische zu reduzieren und damit tendenziell zu ersetzen.

Weil die großenteils jahrzehntelang angestauten Probleme den Politikern über den Kopf zu wachsen beginnen, wächst die Neigung zu wirtschaftspolitischen Übersprungshandlungen: Die bevorzugte Handlungsform besteht nicht in einer Rekonstruktion der Politik, sondern in deren Dekonstruktion oder gar Destruktion: durch das Setzen auf den neuen deus ex machina, die umfassende Liberalisierung der Wirtschaft und die Einstellung bzw. die Privatisierung öffentlicher Aufgaben. Statt diese neu zu definieren und zu organisieren, die Spreu vom Weizen zu trennen, die Produktivität des Staates und seine Transparenz zu erhöhen, werden die betriebswirtschaftlichen Produktivitätsanforderungen im marktwirtschaftlichen Wettbewerb auch zum Maßstab politischen Handelns, besonders wenn es dafür auch noch momentanen öffentlichen Beifall gibt. Dass der von staatlichen Institutionen zu garantierende öffentliche Bereich keine handelbare Ware sein kann, deshalb bewusst außerhalb des Marktes stehen muss und nicht ebenfalls der Herrschaft des Geldes unterworfen werden darf, wie es der amerikanische Philosoph Michael Walzer in seinem Buch „Spheres of Justice“ (1992) hervorhebt - solche prinzipiellen Aspekte verwehen unter den Winden des Marktprimats, das als eigentlich progressives, ja revolutionäres Politikkonzept etikettiert wird: Politik, um Politik zu ersetzen.

Die Globalisierung ist dabei oft nur der Legitimierungshebel für diese Art politischer Problemflucht. Welchen zwingenden Grund gab es für die Privatisierung der Bundesbahn, die zu einer Aktiengesellschaft umgewidmet wurde, um sie später börsenfähig machen zu können (was wahrscheinlich nie der Fall sein wird)? Ist dadurch der Bahnbetrieb leistungsfähiger und billiger geworden? Oder nicht etwa teurer und unzuverlässiger, trotz und wegen massivem Beschäftigungsabbau zu Lasten der öffentlichen Sozialkassen? Gab es tatsächlich einen unabweisbaren Grund für die Privatisierung der Post und deren Aufteilung in die Telekommunikation, die Postbank und die Post AG, die wenige Jahre später die Postbank wieder aufkaufte, oder hätte es hier nicht auch eine andere flexiblere öffentliche Unternehmensform gegeben?

Der Berliner Senat hat, unter großem öffentlichem Beifall für diese „Wirtschaftskompetenz“, 1987 sein Stromunternehmen - die Bewag - veräußert. Ohne diese Privatisierung, die zu einem Abbau von mehr als der Hälfte der Beschäftigten geführt hat (wiederum zu Lasten der öffentlichen Sozialkassen) hätte der Senat - bei denkbarem gleich bleibendem Jahresgewinn - innerhalb weniger Jahre mehr Gewinn erwirtschaftet und Geld gespart als der Verkaufserlös gebracht hat. Ein offizieller Grund für den Verkauf solcher öffentlichen Infrastrukturunternehmen war, dass man nur damit die Pfründenwirtschaft beseitigen könne, Politiker in gutbezahlte Vorstandspositionen solcher Unternehmen zu hieven. Als gäbe es keine politische Möglichkeit, dies einfach zu unterlassen, statt das ganze städtische Stromnetz zu verscherbeln. Die Privatisierung öffentlicher Forsten steht mittlerweile im Programm von Landesregierungen, aus Einspargründen, ohne Phantasie dafür, welchen umfassenden öffentlichen Wert ein Forstwald hat und welchen potenziellen wirtschaftlichen Wert diese Wälder in nächster Zukunft gewinnen werden, wenn es die systematische Verwertung der Durchforstungshölzer für die Produktion von Bio-Ethanol als Kraftstoff geben wird. Warum hunderttausendfach öffentliche Wohnungsbaugesellschaften an ein Privatunternehmen en gros und damit zu sehr niedrigem Preis veräußern, anstatt - mit etwas mehr Verwaltungsaufwand und mehr Zeitbedarf - etwa in Form eines Mietkaufsystems an einzelne Bürger?

Es gibt zahllose Beispiele für die Verschleuderung öffentlichen Kapitals, und sie sind nicht alle mit eingefleischter neoliberaler Ideologie erklärbar. Die abrupte Entdeckung der Ökonomie im postmaterialistischen Zeitalter und die an postmaterialistischen Kriterien orientierte Ökonomisierung des Politischen hat parvenuehafte Einstellungen gegenüber dem dominierenden Wirtschaftsverständnis erzeugt. Von einem grundlegenden Lerneffekt kann noch nicht gesprochen werden, wohl aber von einem „Versagen der Intellektuellen in der wirtschafts- und sozialpolitischen Debatte", wie es Albrecht Müller (2003), der einstige Chef des Planungsstabes von Bundeskanzler Helmut Schmidt, geißelt. Die Dynamik der wirtschaftlichen Umwälzungsprozesse und deren Umsetzungseffizienz steht so sehr im Kontrast zu den ein- und festgefahrenen politischen Entscheidungsprozessen, dass sie viele Politiker neidvoll betrachten. Sie hat eine Anziehungs- und Überzeugungskraft, der sich viele Politiker und politische Beobachter nicht entziehen können. Sie ziehen daraus den Kurzschluss, öffentliche Aufgaben einer solchen Marktdynamik zu übergeben. Auch dies ist eine Form der Problemflucht. Wo das geschehen ist, wurde tatsächlich wieder - siehe Thatcher und Nachfolger - „policy" gemacht und nicht nur „politics". Aber mit welchem gesellschaftlichen Ergebnis als *dem* kurz-, mittel- oder längerfristigen politischen Bewertungskriterium?

Literatur

Bell, Daniel (1985): Die nachindustrielle Gesellschaft, Frankfurt/Main [u.a.]: Campus-Verlag

Inglehart, Ronald (1977): The silent revolution, Princeton, NJ: Verlag Princeton Univ. Press

Lasch, Christopher (1995): Die blinde Elite. Macht ohne Verantwortung, Hamburg: Hoffmann und Campe

Walzer, Michael (1992): Sphären der Gerechtigkeit. Ein Plädoyer für Pluralität und Gleichheit, Frankfurt [u.a.]: Campus-Verlag

Müller, Albrecht (2003): Säen und Ackern. Erntehelfer. Das Versagen der Intellektuellen in der wirtschafts- und gesellschaftspolitischen Debatte, in: Freitag. Die Ost-West-Wochenzeitung. Nr. 6, 31.01.2003

Christoph Scherrer

Markt über Alles? Von der vergeblichen Suche nach einem exakten Nachweis für die Überlegenheit des Marktes

Die Grenzen des Marktes gehören zu den großen Themen, die das bisherige Œuvre von Elmar Altvater durchziehen. Stand am Anfang die generelle Kritik an kapitalistischer Vergesellschaftung im Vordergrund, so gewann insbesondere „nach dem Scheitern des ‚real existierenden Sozialismus'"[1] die Kritik an der Ausdehnung von Marktsteuerungsformen in der kapitalistischen Gesellschaft an Bedeutung. Mit vielen Anschauungsbeispielen gespickt zeigte eines seiner Werke nach dem anderen die soziale Konstruktion von Märkten, ihre eingeschriebenen gesellschaftlichen Machtasymmetrien, ihre zerstörerischen Konsequenzen für das gesellschaftliche Untereinander von Menschen sowie für deren Verhältnis zur Natur auf (am systematischsten in „Die Zukunft des Marktes"). In dieser Tradition steht auch sein jüngstes Eintreten für die sogenannten globalen öffentlichen Güter.

Die Notwendigkeit öffentlicher Güter wird allgemein akzeptiert, doch deren genaue Spezifizierung und vor allem die Art und Weise ihrer Erbringung bzw. Sicherstellung ist umstritten. Während Altvater im Gleichklang mit vielen sozialen Bewegungen für eine umfassende Definition plädiert und öffentliche Güter unter demokratischer Teilhabe der Öffentlichkeit erbracht bzw. sichergestellt sehen möchte, wollen die meisten Ökonomen den Umfang an öffentlichen Gütern gering halten und diese mittels marktförmiger Instrumente bereitstellen. Diese Position fand jüngst im Kyoto-Protokoll zum Klimaschutz ihren Niederschlag. Der weltweite Kohlendioxid-Ausstoß - vornehmliche Ursache der Klimaerwärmung - soll mittels eines Emissions-Trading langfristig gesenkt werden. Inwieweit dies gelingen kann, möchte ich hier nicht beurteilen (siehe den Beitrag von Scheer in diesem Band). Vielmehr werde ich der Frage nachgehen, inwieweit sich die Forderung nach marktförmiger Bereitstellung globaler öffentlicher Güter auf einen theoretisch erbrachten Nachweis der Überlegenheit des Marktes berufen kann. Diesen Nachweis suche ich nicht in heterodoxen Theorieströmungen (dort ist die Überlegenheitsthese längst überzeugend widerlegt worden, s. oben), sondern in solchen, auf die sich die Marktbefürworter selbst beziehen: neoklassische Wohlfahrtstheorie, Coase-Theorem, Transaktionskostenökonomie, Theorie der „contestable markets" und Hayek's Theorie vom Markt als „Entdeckungsverfahren".

Im historischen Rückblick wird deutlich, dass die heutigen Marktbefürworter nicht in einer geraden, bis zu Adam Smith zurückreichenden Kontinuitätslinie stehen. Die Theorie des Marktversagens wurde im Rahmen der neoklassischen

Wohlfahrtsökonomie selbst entwickelt. Den gesuchten exakten Nachweis für die allokative Überlegenheit des Marktes konnte die Wohlfahrtsökonomie nicht liefern. Entsprechend nahm der ökonomische Mainstream ab den 1970er Jahren nicht die „reine Theorie" zum Maßstab ihrer Kritik an staatlicher Regulierung, sondern real existierende Wettbewerbsmärkte. Aber auch mit diesem Vergleichsmaßstab konnten in vielen Fällen staatliche Korrekturen des Marktprozesses gerechtfertigt werden. Deshalb haben radikale Befürworter des Marktes das Hayek'sche Theorem vom „Markt als Entdeckungsprozess" wieder aufgegriffen, das auf einen exakten modelltheoretischen Beweis vollkommen verzichtet: Der Markt ist effizient, weil er letztlich immer effiziente Ergebnisse liefert.

Mein Nachspüren der Genese der Mainstream-Regulierungstheorie beginnt bei den Überlegungen von Adam Smith zu öffentlichen Gütern, führt über Arthur Pigous Begründung der Wohlfahrtsökonomie hin zum Klassiker des Markversagens, „The Anatomy of Market Failure" von Francis Bator, der die Grenzen des traditionellen Nachweises der allokativen Effizienz des Marktes aufzeigt. Anschließend werden die neueren Ansätze vorgestellt, die zum einen die Bedeutung von Marktversagen durch den Verweis auf Staatsversagen zu relativieren und zum anderen den Tatbestand des Marktversagens einzuengen versuchen.

1 Klassiker der Prä-Pigouanischen Theoriebildung

Obwohl Adam Smith als Protagonist des Freihandels und der Zurückhaltung des Staates auf dem Gebiet der Wirtschaft in die Annalen der Geschichte eingegangen ist, beweist seine ausführliche Diskussion der „public works", dass er den freien Wettbewerb nicht als einziges und ausschließliches Instrument zur Optimierung des Wohlstandes der Nationen ansah:

> „The ... duty of the sovereign or commonwealth is that of erecting and maintaining those public institutions and those public works, which, though they may be in the highest degree advantageous to a great society, are, however, of such a nature, that the profit could never repay the expense to any individual ..." (1963: 92).

Im Zuge der Entwicklung der walrasianischen Gleichgewichtstheorie fand dann eine zunehmende Gleichsetzung von der Optimierung gesellschaftlichen Wohlstandes mit der Ausdehnung der freien Marktwirtschaft statt, die in der Postulierung des Duality Theorems gipfelte, das einen Einklang von Pareto-Kriterium[2] und konkurrenzwirtschaftlichen Gleichgewichtszuständen behauptet (Bator 1958: 353; auch Optimum Optimorum genannt, Fritsch et al. 1999: Kap. 2). Einige prominente Vertreter der Neoklassik wiesen jedoch auf einige Widersprüche der Doktrin der maximalen Wohlfahrt bei freiem Warenaustausch hin. Alfred Marshall kritisierte zum einen die Verwendung des Geldes als Nutzenmaßstab, da bei ungleicher Vermögens- und Einkommensverteilung die gleiche Geldsumme unterschiedlichen Nutzen stiften kann. Zum anderen wies er bereits auf das Problem der Kostendegressionen hin (Marshall 1930: 472). Beide Kritikpunkte sind später wieder aufgegriffen worden (siehe unten). Auch Knut Wicksell war sich der Problematik des Nutzenvergleichs bei ungleicher Einkommensverteilung bewusst (1934: 77) und P. H. Wicksteed bemerkte kritisch:

„... the more we analyse the life of society the less we can rest upon the ‚economic harmonies'; and the better we understand the true function of the ‚market', in its widest sense, the more fully shall we realise that it never has been left to itself, and the more deeply shall we feel that it never must be" (1914: 11-12).

Diese kritischen Anmerkungen der neoklassischen Klassiker führten jedoch nicht zur Verwerfung des Duality Theorems, so dass diese Theorieschule weiterhin staatliche Allokationsregulierung für unvereinbar mit der Optimierung gesellschaftlicher Wohlfahrt hielt.

Zur wirtschaftstheoretischen Begründung öffentlicher Regulierung steuerten vor der Weltwirtschaftskrise entsprechend andere Theorietraditionen in den Wirtschaftswissenschaften bei. In den USA waren dies vor allem die Institutionalisten (Skowronek 1982: 132). Ihre Konzepte waren stark beeinflusst von der historischen Schule in Deutschland und ihrer Bewunderung für die Effizienz staatlicher Verwaltung in Preußen (Seckler 1975: 13f). Noch in der Tradition der Kameralwissenschaft stehend, erhoben Vertreter der historischen Schule häufig nur die Zweckmäßigkeit der Einnahmenerzielung aus öffentlichen Unternehmen zum Maßstab für die Zulässigkeit staatlicher Wirtschaftstätigkeit (Püttner 1985: 6). Grundsätzlich wurde das Eingreifen des Staates damit begründet, dass das rein privatwirtschaftliche System nicht in der Lage sei, die im Zuge des Industrialisierungsprozesses entstandenen sozialen und wirtschaftlichen Probleme zu lösen. Das Verhältnis zwischen Gemeinwirtschaft und Privatwirtschaft wurde in Abhängigkeit von der technischen und gesellschaftspolitischen Entwicklung gesehen, wobei Albert Schäffle beispielsweise die privatwirtschaftliche Wirtschaftsweise letztlich für die leistungsfähigere hielt, die nur dort ergänzt werden sollte, wo sie offensichtlich bestimmte Bedürfnisse nicht befriedigte (Schäffle 1867). Adolph Wagner hingegen,als Entdecker des „Gesetzes" der wachsenden Staatstätigkeit, ging davon aus, dass die öffentliche Wirtschaft, die er als moralisch und ethisch überlegen bewertete, sich ausdehnen würde (Wagner 1883).

Für die Zeit vor der Weltwirtschaftskrise kann somit festgehalten werden, dass sich keine ökonomische Theorie herausgebildet hatte, die normativ den Umfang staatlicher Intervention zeitlos begründen konnte.

2 Traditionelle Wohlfahrtstheorie

Mit seinem Werk „The Economics of Welfare“ ([1920] 1962) wird Arthur C. Pigou als Begründer der modernen Wohlfahrtstheorie betrachtet (Sohmen 1976: 17). Sein Verdienst ist es, unter Anwendung des Grenznutzenkonzeptes und der Methode der statischen Gleichgewichtsanalyse, der Frage nach den wirtschaftspolitischen Maßnahmen zur Steigerung der „national dividend“ in recht umfassender Weise nachgegangen zu sein. Gemäß Pigou sind politische Korrekturen des Marktergebnisses dann zu rechtfertigen, wenn die Werte der privaten vom sozialen marginalen Nettoprodukt voneinander abweichen (Pigou 1962: 172-203).

Solche Abweichungen können entstehen, wenn private Aktivitäten Kosten bei Dritten verursachen, z.B. durch „uncompensated damage done to surrounding woods by sparks from railway engines“ (ebd.: 134). Zur Liste der Marktfehler gehören bei ihm unter anderem die Fehlallokation von Ressourcen durch Monopole, die sozialen Kosten des technischen Fortschritts, die Unfähigkeit privater Investoren, zukünftige Nachfrage einschätzen zu können, und die sozialen Verluste aufgrund von extremen Einkommensunterschieden. Zur Korrektur der Abweichungen empfiehlt Pigou eine Reihe staatlicher Maßnahmen wie Verbote, Sozialgesetzgebung und vor allem die Besteuerung der externe Effekte verursachenden Unternehmen, die nach ihm benannte Pigou-Steuer (ebd.: 192-196).

Während Pigou in seinen Ausführungen unterstellte, dass Nutzen kardinal messbar und interpersonell vergleichbar sei, hat die Mehrzahl seiner Nachfolger in Anlehnung an Pareto lediglich einen ordinalen Nutzenmaßstab für möglich gehalten (Külp 1981: 472). Anstelle der in ihren Augen unmöglichen Bestimmungen der individuellen Nutzeneinschätzungen optierten sie für das Pareto-Optimum: „welfare increases (decreases) whenever one or more individuals become more (less) satisfied without any other individuals becoming less (more) satisfied“ (Reder 1947: 14-15).

Die Aufgabe des interpersonellen Nutzenvergleichs und der kardinalen Messbarkeit bedeutete, dass die Frage nach der wohlfahrtsoptimierenden Einkommensverteilung ausgeklammert wurde. Geht man nämlich von identischen Bedürfnisstrukturen der Individuen aus, dann lässt es sich nachweisen, dass die kollektive Wohlfahrt ihr Maximum erreicht, wenn alle Individuen über gleichgroße Gütermengen verfügen (Külp 1981: 475).

Die Beschränkung auf den ordinalen Maßstab und damit auf das Pareto-Optimum hatte zur Folge, dass das Anwendungsgebiet der Wohlfahrtstheorie sich stark verkleinerte. Die meisten wirtschaftlichen Maßnahmen stellen eine gesellschaftliche Gruppe schlechter: „Under private enterprise, any ordinary change in economic policy involves a change in the price system, and any change in prices benefits those on one side of the market, and damages those on the other" (Hicks 1939: 706). Ein anschauliches Beispiel für den paradoxen Fall, dass die Realisierung der Pareto-Bedingungen nicht zur Erfüllung des Pareto-Kriteriums führt, lieferte Eugen Dick:

> „Man stelle sich vor, dass bisher eine Wirtschaft suboptimal organisiert war, weil in einem Sektor stark monopolistische Verhältnisse auf dem Gütermarkt herrschen. Setzt sich nun in diesem Sektor die Marktform der vollkommenen Konkurrenz durch, so geht einmal das Faktoreinkommen der Produzenten der entsprechenden Güter zurück, zum anderen steigt das Realeinkommen der Konsumenten dieser Güter. Obwohl jetzt vielleicht die Pareto-Bedingungen erfüllt sind, werden einige Individuen beim Übergang vom Pareto-suboptimalen zum optimalen Zustand schlechter gestellt" (Dick 1973: 102).

Aus diesem Grunde plädierten Hicks (1939) und Kaldor (1939) für eine Modifizierung des Pareto-Optimums. Ein neues Optimum soll auch dann erreicht sein, wenn die getroffenen Maßnahmen zunächst nur einen Teil der Bevölkerung begünstigen, solange die Wohlfahrtsgewinne größer sind als die zur Entschädigung der Verlierer benötigten Summen. Durch die Einführung dieses so genannten Kompensationskriteriums erhoffte man sich eine Ausweitung des Anwendungsbereiches der paretianischen Wohlfahrtsökonomik. Der Nachweis von Scitovsky (1941) aber, dass die Anwendung dieses Kriteriums in gewissen Fällen zu logischen Widersprüchen führt, sowie daran anknüpfende Überlegungen von Samuelson (1950) und Gorman (1955) haben die Möglichkeiten der Anwendung wieder stark begrenzt (Külp 1981: 479).

Die Fixierung auf einen optimalen Gleichgewichtszustand stellt die Wohlfahrtsökonomie vor ein weiteres Problem, nämlich welche Lösung gewählt werden soll, wenn eine oder mehrere der Nebenbedingungen des Gleichgewichts nicht erfüllt werden. Es besteht somit die Frage nach der zweitbesten Lösung. Lipsey und Lancaster (1956/57) argumentierten, dass wenn eine dieser Marginalbedingungen nicht erfüllt ist, die Erfüllung der übrigen Bedingungen im Allgemeinen nicht mehr als optimal angesehen werden kann. Wenn also in einem Teilbereich der Wirtschaft kein wirtschaftliches Optimum erreicht werden kann, dann kann nicht ausgeschlossen werden, dass eine Korrektur dieser Allokationsverzerrung in anderen Teilbereichen Abweichungen vom Optimum auslöst. Daraus leiteten sie ab, dass bei sektoralen Unvollkommenheiten des Marktes nicht die erstbeste Lösung, also die sektorale Erfüllung der paretianischen Bedingungen, optimal ist, sondern nur eine zweitbeste Lösung, die aus einem globalen, gesamtwirtschaftlichen Optimierungskalkül herzuleiten ist.

Zweitbeste Welten werden aber in der wohlfahrtstheoretischen Literatur abgelehnt, da Abweichungen von den Konkurrenzregeln „sich fast immer mit dem Hinweis auf Unvollkommenheiten in anderen Bereichen und auf die Theorie des Zweitbesten begründen und verteidigen" lassen (Schlieper 1981: 492).

Lässt somit die diskursinterne Kritik bereits starke Zweifel an der Anwendbarkeit des Pareto-Kriteriums aufkommen, so stellt dieses Kriterium für die Kritiker der Wohlfahrtsökonomie eine der entscheidenden Angriffsflächen dar. Ein Strang der Diskussion kritisiert, dass die restriktiven Bedingungen des Pareto-Optimums in der Realität nie erfüllt sind, sodass Aussagen auf der Grundlage des Pareto-Optimums keine Praxisrelevanz besitzen (Külp et al. 1975: 18f). Ein anderer Strang kritisiert die Gleichsetzung gesellschaftlicher Wohlfahrt mit einem Maximum an Marktgütern:

„Under no circumstances is it possible to consider the position of general competitive equilibrium as a position of maximum aggregate satisfaction. ... What is maximized is not ‚aggregate satisfaction' in any comprehensible sense of the term but at best only private exchangeable utilities" (Kapp 1950: 234).

Insbesondere dann, wenn Nichtmarktgüter einen Nutzen stiften, der multiplikativ mit der Marktgüterproduktion verknüpft ist, wenn also Interdependenzen vorliegen, lässt es sich nicht klären, wie sich eine Verbesserung der Marktgüterversorgung auf die Wohlfahrt auswirkt (Külp 1981: 480).

Drittens wurde die Neutralität des Pareto-Kriteriums gegenüber Vermögens- und Einkommensverteilungen als eine unzulässige Wertprämisse betrachtet. Little plädierte deshalb für eine offene Darlegung des Werturteils, das in seinem Fall folgendermaßen ausfiel:

„... an economic change is desirable if (a) it would result in a good redistribution of wealth and if (b) the potential losers could not profitably bribe the potential gainers to oppose the change" (Little 1957: 274).

3 Bators „Marktversagen"

Eine Systematisierung der Fälle, in denen kein Einklang von Pareto-Optimum und konkurrenzwirtschaftlichem Gleichgewicht herrscht, wurde von Francis Bator (1958) vorgenommen, und zwar unter Einführung des Begriffes *market failure*. Er unterschied zwischen fünf Arten und drei Gründen des Marktversagens. Die Unterscheidung der Arten erfolgte anhand einer Typologisierung verschiedener Produktionskostenverläufe, die die Optimalbedingungen des stationären Marktmodells verletzen. Die erste Art des Marktversagens bezeichnet Bator mit dem Begriff *failure of existence*. Diese tritt dann ein, wenn die paretianischen Marginalbedingungen nicht erfüllt sind, d.h. wenn die marginalen Substitutionsraten von Produktion und Distribution nicht übereinstimmen. Die zweite Art, die des *failure by signal*, liegt vor, wenn bei gleichen marginalen Substitutionsraten für jeden Produzenten entweder kein lokales Gewinnmaximum oder allgemeines Gewinnmaximum vorliegt. *Failure by incentive* tritt dann ein, wenn die Bedingung, dass alle Produzenten, für die Produktionszwang herrscht, nicht-negative Profite aufweisen, nicht erfüllt ist. Wenn nicht alle Märkte dem Modell vollkommener Konkurrenz entsprechen, so besteht trotz einer effizienten Produktionsstruktur die Möglichkeit, dass kein Pareto-Optimum vorliegt. Diese vierte Art des *failure by structure* entsteht, wenn Märkte nur von wenigen Unternehmen von „effizienter" Größe beliefert werden. Schließlich führt Bator noch ein *failure by enforcement* auf, das dann eintritt, wenn - obgleich alle obigen Bedingungen erfüllt sind - entweder aufgrund von buchhalterischen Methoden einige In- und Outputs „versteckt" bleiben oder letztere ausdrücklich nicht vom Markt berücksichtigt werden (Bator 1958: 353-354). Die Bedeutung dieser einzelnen Arten des Marktversagens wird durch Bators Diskussion von deren Ursachen ersichtlich. Diese fasst er unter drei Kategorien zusammen: (1) Eigentumsbezogene externe Effekte *(ownership externalities)*, (2) technische externe Effekte *(technical externalities)* und (3) externe Effekte öffentlicher Güter *(public good externalities)*.

(1) Eigentumsbezogene externe Effekte treten dann auf, wenn die Produktion der Unternehmen des Sektors Y auch von der Höhe des Produktionsniveaus der Unternehmen des Sektors X positiv oder negativ beeinflusst wird. Im Modell der vollkommenen Konkurrenz und bei getrennter Gewinnmaximierung würde jedes Unternehmen versuchen, den Einsatz jedes Faktors so lange zu erhöhen, bis der Wert seines direkten Grenzprodukts auf das Niveau seines Marktpreises gesunken ist. Im Falle eines positiven externen Effekts des Gutes X auf das Gut Y würde unter diesen Bedingungen eine im Sinne des Wohlstandsniveaus der Gesellschaft zu geringe Menge X produziert werden, da die Unternehmen des Sektors X die Identität von Grenzprodukt und Marktpreis auf einem niedrigeren Niveau erreichen, als wenn ihnen der positive Effekt zugerechnet würde. In den Worten von Bator: „Non-appropriation, divorce of scarcity from effective ownership, is the binding consideration" (1958: 364). Es liegt also ein Fall des *failure by enforcement* vor.

(2) Von technischen externen Effekten spricht Bator, wenn die Produktionstechnologie entweder Unteilbarkeiten oder stetig steigende Skalenerträge (Größenvorteile) aufweist. Beide Phänomene haben zur Folge, dass die Produktionskostenkurve nicht-konvex verläuft und somit keine eindeutige Maximierung erlaubt. Im Falle steigender Skalenerträge wird ein *failure by incentive* auftreten, wenn die Unternehmen Preisnehmer am Markt sind. Einige Unternehmen müssten nämlich Bankrott anmelden, da sie nicht in der Lage sind, die optimale Produktionsmenge abzusetzen. Ein *failure by structure* liegt vor, wenn die Unternehmen die Preise setzen können. In diesem Falle besteht nämlich die Gefahr des monopolistischen Verhaltens. Bator betont, dass die technischen externen Effekte nicht im weiteren Sinn als Folge mangelnder Zurechenbarkeit anzusehen sind, da zwar eine privatrechtliche Aufteilung des Gutes denkbar wäre, diese aber nicht zu einer effi-

zienten Allokation der knappen Ressourcen führen würde. So könnten beispielsweise durch die Erhebung einer Mautgebühr die Kosten einer Brücke dem einzelnen Überquerenden zugeschrieben werden. Aber da die Grenzkosten für eine zusätzliche Überquerung gleich null sind, wird eine Mautgebühr monopolistische Konsequenzen aufweisen (1958: 369).

Zu (3) externe Effekte öffentlicher Güter: Bei der Frage des öffentlichen Gutes schließt sich Bator den von Samuelson (1954, 1955) vorgetragenen Argumenten an. Ein öffentliches Gut ist gekennzeichnet durch (a) „Nicht- Rivalität", d.h. seinen Konsum durch A tangiert nicht seinen Konsum durch B, und (b) durch „Nicht-Ausschluss", d.h. auch diejenigen, die nicht für seinen Gebrauch zahlen, können trotzdem nicht von seinem Genuss ausgeschlossen werden. Ohne eine eigentumsrechtliche Zuschreibung kann aber kein Marktpreis gefunden werden. Es liegt demnach *failure by existence* vor (Bator 1958: 371). Zusammenfassend betont Bator, dass der öffentliche Charakter ökonomischer Aktivitäten sowie die Unteilbarkeit der Kapitalgüter in der Praxis vorherrscht: „... it is surely hard to gain say that some degree of public quality pervades much of even narrowly ‚economic' activity. Lumpiness ... are also in the nature of things" (ebd.: 377). Die statische Allokationseffizienz des Preismechanismus ist somit fast nie erfüllt, d.h. in der Regel liegt Marktversagen vor: „As long as activities have even a trace of publicness, price calculations are inefficient" (ebd.). Die mangelnde Effizienz von Märkten, so schränkt er ein, würde jedoch nicht implizieren, dass andere Allokationsmechanismen effizienter seien.

4 „Staatsversagen" als Antwort auf „Marktversagen"

Die theoretische Diskussion zur Deregulierung lässt sich grob in drei thematische Felder einteilen. Zum einen stand im Mittelpunkt der öffentlichen Diskussion die Frage nach dem „Staatsversagen", den Ineffizienzen staatlicher Regulierung. Weniger öffentlichkeitswirksam wurde zweitens untersucht, inwieweit für einzelne Branchen eine Regulierung noch durch Marktversagen gerechtfertigt werden kann. Drittens wurde versucht, neue theoretische Wege in der Bestimmung des Ausmaßes staatlicher Intervention zu beschreiten. Letztere Bemühungen sind wohl der Einsicht zu verdanken, dass, im Gegensatz zu den ursprünglichen Intentionen, auf der Grundlage der paretianischen Wohlfahrtsökonomie Marktversagen die Regel und nicht die Ausnahme darstellt.

Zu den häufigsten und wohl mit größter Vehemenz vorgetragenen Argumenten gegen staatliche Regulierung gehört die angebliche Ineffizienz politischer Maßnahmen im Allgemeinen und der staatlichen Bürokratie im Besonderen (Boycko et al. 1996; Wolf 1979). Die Theorie des Staatsversagens stellt keine radikale Absage an die Überlegungen zum Marktversagen der traditionellen Wohlfahrtsökonomie dar, sondern sie teilt nicht deren „Nirwana"-Ansatz, d.h. das Streben nach einer optimalen Lösung unabhängig davon, inwieweit diese Lösung in der Praxis realisiert werden könnte. Sie bestreitet, dass eine Rechtfertigung für staatliche Intervention schon dann besteht, wenn Marktbedingungen oder Marktergebnisse kein Wohlfahrtsoptimum realisieren. Da nämlich auch die alternativen politischen Lösungen in der Realität mit mehr oder weniger großen Mängeln behaftet seien, bedürfe der jeweilige staatliche Eingriff des Nachweises seiner höheren Effizienz gegenüber den bestehenden Marktformen (vgl. Posner 1969). Die Vertreter des government failure haben somit den Vergleich mit optimalen Zustandsformen zu Gunsten eines vergleichenden Ansatzes der Institutionen (Demsetz 1969) eingetauscht. Die neoklassischen Prämissen der traditionellen Wohlfahrtsökonomie wurden demgegenüber beibehalten.

Eine weitere Variante der Kritik an staatlicher Regulierung versucht im Einzelfall nachzuweisen, dass ein Marktversagen nicht vorliegt. So wird zum einen untersucht, ob überhaupt jemals die Bedingungen für ein Marktversagen bestanden. In vielen Fällen, so glaubt man, sei das Konzept des Marktversagens in unzulässiger Weise zu weit ausgelegt worden. Als Maßstab dient diesen Untersuchungen weniger das Pareto-Optimum im engeren Sinne, das, wie oben aufgezeigt, in den realexistierenden Märkten nie erfüllt wird, sondern die Funktionsweise nicht-regulierter Märkte. Zum anderen wird versucht aufzuzeigen, dass technischer Wandel oder andere wettbewerbliche Veränderungen die Bedingungen des Marktversagens modifizieren oder gar beseitigt haben (Soltwedel et al. 1986: 153; Müller/Vogelsang 1979: 122-132; Kahn 1971: 140-145; Posner 1971).

Analog zur Diskussion um das natürliche Monopol werden die konstituierenden Bedingungen für den ruinösen Wettbewerb in einer Reihe von Branchen entweder als nicht mehr gegeben oder als eigentlich noch nie vorhanden angesehen. Der Ausbruch eines ruinösen Preiskampfes wird unter Hinweis auf den Reifegrad der Branche und die veränderten makroökonomischen Bedingungen für unwahrscheinlich gehalten. Dem Problem der verlorenen Kosten wird mit dem Argument begegnet: „Sind die Produktionsfaktoren aber so hoch spezialisiert auf einen Markt ausgerichtet, dass ein Transfer unmöglich ist, so entstehen letztendlich auch keine gesamtwirtschaftlichen Opportunitätskosten durch Unterauslastung" (Soltwedel et al. 1986: 11). Dem „Zitronen"-Argument, d.h. negative Auslese der Anbieter aufgrund ungleicher Informationsverteilung, wird entgegnet: „Wer meint, er könne auf Informationen verzichten, der erhofft sich einen Vorteil gegenüber seinen Konkurrenten, die solche Kosten auf sich nehmen. Er muss deshalb die Nachteile seines Verhaltens tragen" (ibid: 12; vgl. Friedlaender/Spady 1981). An dieser Argumentationsführung werden Anklänge an neuere wettbewerbstheoretische Entwicklungen deutlich (siehe unten).

Vor Missbrauch des Konzeptes „externe Effekte" wird in der regulierungskritischen Literatur gewarnt. Da fast jede marktwirtschaftliche Aktivität Externalitäten erzeuge, könnte unter Hinweis auf diese externen Effekte jeglicher Staatseingriff in den Markt begründet werden. Aus diesem Grunde sollte das Konzept nur für solche Fälle angewendet werden, „where the spillover is large, fairly concrete, and roughly monetizable" (Breyer 1982: 26).

Darüber hinaus wird kritisiert, dass beim Auftreten von externen Effekten in der Regel direkte Verhaltensregulierungen bevorzugt werden. Diese würden aufgrund ihrer bürokratischen Festlegung den technischen Fortschritt behindern, während Steuern oder andere finanziellen Belastungen Verhaltensänderungen induzieren würden, „without freezing current technology and while preserving a degree of individual choice" (Breyer 1982: 271). Auch diesbezüglich schlagen Soltwedel et al. weitergehende Konzepte vor, die sich hauptsächlich auf Marktlösungen stützen (1986: 14; siehe nächsten Abschnitt).

Ebenso kritisch werden Begründungen für ein allokatives Eingreifen des Staates betrachtet, die auf das Argument der meritorischen Bedürfnisse rekurrieren. Meritorische Güter sollten als staatliche Subventionen offengelegt werden und nicht versteckt über Marktregulierung gewährt werden. Beim Eingriff in die Konsumentensouveränität aufgrund der schwierigen Informationslage für den Verbraucher (Beispiel: Versicherung oder Rezeptpflicht vieler Arzneimittel) sei das Zur-Verfügung-Stellen geeigneter Informationen der Einschränkung des Wettbewerbs der Anbieter vorzuziehen (Müller/Vogelsang 1979: 290-304; Soltwedel et al. 1986: 93; zusammenfassend: Fritsch et al. 1999: 348-358).

6 Eingrenzung von „Marktversagen"

Auf der Grundlage neoklassischer Mikroökonomik sind verschiedene Versuche unternommen worden, den Tatbestand des Marktversagens einzuengen. Innerhalb dieser Entwicklungsrichtung nimmt das Coase-Theorem eine Vorreiterrolle ein, während die Transaktionskostenökonomik sowie die Theorie der Bestreitbarkeit der Märkte (contestable markets) zwei weitgehend voneinander unabhängige, aber durchaus sich ergänzende, jüngere Theorieansätze darstellen. Einen anderen Weg beschreiten die Anhänger der Theorie des Marktes als Entdeckungsverfahren. Sie lassen den allokationstheoretischen Gleichgewichtsfokus der traditionellen Wohlfahrtsökonomik zu Gunsten einer dynamischen, ungleichgewichtigen Sichtweise fallen.

4.1 Das Coase-Theorem

Der traditionellen wohlfahrtsökonomischen Auffassung, dass aufgrund externer Effekte staatliche Korrekturen des Marktergebnisses notwendig sind, trat Ronald Coase 1960 entgegen: Mithilfe von privaten Vereinbarungen könnten externe Effekte internalisiert werden (1960). Ausgangspunkt seiner These ist die Überlegung, dass wenn zwischen zwei Unternehmen externe Effekte bestehen, dann kein Verstoß gegen die Bedingungen des Pareto-Optimum vorliegt, solange sie ihren gemeinsamen Gewinn maximieren. In diesem Falle sind die externen Effekte vollkommen internalisiert. Anstelle einer Fusion kann aber auch eine vertragliche Vereinbarung treten, die die Kompensationszahlung zwischen Verursacher und Träger externer Effekte regelt. Die Ausgestaltung der Vereinbarung wird wesentlich durch die Struktur von Eigentumsrechten und Haftungsregeln bestimmt (Demsetz 1964). Kann somit die Pareto-Optimalität trotz Vorliegens externer Effekte durch private Vereinbarungen gewährleistet werden, dann entfällt jegliche Rechtfertigungsgrundlage für staatliche Intervention. Eine optimale privatwirtschaftliche Lösung kann dann nur aufgrund „(a) the absence of the right to contract, (b) the presence of a contract but with incomplete stipulations, or (c) the presence of stipulations that are somewhat inconsistent with some marginal equalities" (Cheung 1970: 51) nicht zu Stande kommen. Eine Weiterentwicklung dieses Ansatzes ist der Handel mit Schädigungsrechten (Zertifikate), der insbesondere im Umweltbereich diskutiert wird und in einigen Fällen auch zur Anwendung kam (Fritsch et al. 1999: 140-142, Kap. 6.7).

Eine Zusammenstellung der wichtigsten Kritik findet sich sowohl bei Endres (1977), Kösters (1979: 67-81) und Fritsch et al. (1999: 133-138, 151). Zunächst unterstellt das Coase-Theorem neben rationalem Handeln im außermarktlichen Bereich auch die Abwesenheit von Transaktionskosten bei den Kompensationsgeschäften. Obgleich Coase auf Letzteres selbst aufmerksam gemacht hat, kann davon ausgegangen werden, dass in der Realität diese Bedingung nie erfüllt ist, denn bei der Informationsbeschaffung, bei der Verhandlung und bei der Durchsetzung sind Kosten selbst bei einer kleinen Anzahl von Vertragspartnern unvermeidlich. Allein die eindeutige Zuordnung der Ursachen der Schäden wird schwer fallen und nicht frei von Konflikten sein. Auch können die Transaktionskosten zwischen den Beteiligten unterschiedlich hoch ausfallen. Bei zahlreichen Beteiligten, insbesondere dann, wenn der Kreis von Verursacher und Träger nicht klar abgegrenzt werden kann, können die Kosten prohibitiv hoch ausfallen. Bei großen Gruppen können Trittbrettfahrerprobleme entstehen. Ist die Zahl der Betroffenen gering, dann ergeben sich gemäß Sohmen (1976: 244) aus den spieltheoretischen Momenten des bilateralen Monopols Grenzen für die *Anwendbarkeit* des Coase-Theorems. Die praktische Relevanz dieses Theorems wird deshalb allgemein als gering eingeschätzt (Schlieper 1980: 528; Fritsch et al. 1999: 139).

In der Nachfolge von Coase haben Property-Rights-Theoretiker (Alchian/Demsetz 1973) auch für den Fall eines „natürlichen Monopols" Lösungsvorschläge unterbreitet, die ebenfalls auf einer Spezifizierung der Eigentumsrechte beruhen. So schlug Demsetz (1968) eine Versteigerung einer befristeten Lizenz für die Ausübung von Monopoldienstleistungen vor. Diejenige Unternehmung, die in ihrem Angebot die niedrigsten Preise für die einzelnen Monopoldienstleistungen zusagt, sollte den Zuschlag erhalten. Kritik an Demsetzs Vorschlag haben vor allem Goldberg (1976), Trebing (1976) und Williamson (1975) vorgebracht. Im nächsten Abschnitt soll kurz auf Williamsons Anmerkungen eingegangen werden.

4.2 Transaktionskostenökonomie

Während beim Coase-Theorem die Transaktionskosten axiomatisch ausgeblendet werden, erklärt Williamson (1975, 1985) die Höhe der Transaktionskosten zum entscheidenden Kriterium für die Auswahl alternativer Koordinationsmodi zwischen Wirtschaftssubjekten. Die Wahl zwischen Markt und Hierarchie erfolgt bei Williamson gemäß dem Effizienzkriterium, d.h. zur Koordinierung der Transaktion wird diejenige Institution ausgewählt, die die geringeren Transaktionskosten verursacht. Dabei wird nicht nur die neo-klassische Annahme des Fehlens jeglicher Transaktionskosten fallen gelassen, sondern auch die der Markttransparenz und die der sachlichen Gleichartigkeit der Güter (vgl. auch Leipold 1985).

Als die wesentlichen Einflussfaktoren auf die Höhe der Transaktionskosten werden ausgeführt: das Ausmaß an begrenzter Rationalität und Opportunismus einerseits und der Grad an Unsicherheit, die Häufigkeit der Transaktion und der Umfang an transaktionsspezifischen Investitionen (asset specificity) andererseits. Sind beispielsweise zur Abwicklung der Transaktionen erstens umfangreiche transaktionsspezifische Investitionen erforderlich, ist zweitens die Unsicherheit über Verlauf und Erfolg hoch und fallen drittens die Transaktionen häufig an, dann wird sich ceteris paribus die Hierarchie dem Markt gegenüber als die effizientere Institution erweisen (Williamson 1985: 93f; Übersicht der einzelnen Kostenarten: Fritsch et al. 1999: 10).

Im Vergleich zur traditionellen wohlfahrtstheoretischen Literatur fasst die Transaktionskostenökonomie das Konzept des Marktversagens zugleich weiter und enger. Zu Bators *technical externalities* (in Williamsons Terminologie *asset specificity*)[3] werden als Ursachen für Marktversagen, d.h. für die vergleichbare niedrigere Effizienz des Marktes, noch Transaktionskosten hinzugefügt. Daraus ergeben sich weitere Anlässe für Marktversagen. Andererseits berechtigt das Marktversagen, in

Anlehnung an Coase und Posner, nicht automatisch zur staatlichen Korrektur. Privatwirtschaftliche Vereinbarungen - wie beispielsweise die vertikale Integration oder die horizontale Konzentration - können adäquate Lösungen darstellen, die aufgrund höherer Effizienz die gesamtwirtschaftliche Wohlfahrt steigern.

Hingegen bezweifelt Williamson, ob im Falle des „natürlichen Monopols" die Demsetz'sche Versteigerung die effizienteste Lösung darstellt. Selbst im Falle kurzfristiger Lizenzen, die die Unsicherheit gegenüber zukünftiger Unwägbarkeiten reduzieren, können erhebliche Transaktionskosten vorliegen, die insbesondere durch hohe Investitionen in Spezialanlagen und „Human"kapital verursacht werden. So würden beispielsweise beträchtliche Bewertungsschwierigkeiten entstehen, wenn ein neuer Betreiber noch nicht verbrauchte Spezialmaschinen übernimmt. Ineffizienzen können darüber hinaus aus dem Verlust an Fachwissen resultieren. Aus diesen Gründen billigt Williamson der Regulierung eine höhere Effizienz zu:

„At the risk of oversimplification, regulation may be described contractually as a highly incomplete form of long-term contracting in which (1) the regulatee is assured an overall fair rate of return, in exchange for which (2) adaptations to changing circumstances are successively introduced without the costly haggling that attends such changes when parties to the contract enjoy greater autonomy" (Williamson 1976: 91).

Durch die Aufgabe verschiedener neoklassischer Modellannahmen gewinnt die Transaktionskostenökonomik an praktischer Anwendbarkeit. Nichtsdestotrotz steht die mangelnde Operationalität von Transaktionskosten einer breiten Anwendung entgegen (Leipold 1985: 33).

4.3 Theorie der Bestreitbarkeit der Märkte

Die Bedeutung des potenziellen Wettbewerbs für das Verhalten von Monopolisten ist durch die Arbeit einer Forschergruppe an der New York University, der Princeton University und den Forschungslaboratorien der Telefongesellschaft AT&T in den späteren 70er Jahren zu einer Theorie der Bestreitbarkeit der Märkte (contestable markets) verdichtet worden (Bailey 1981; Baumol/Panzar/Willig 1982). Die Kernthese dieser Theorie besagt, dass kein Wohlfahrtsverlust bei Marktkonzentration (inklusive „natürliches Monopol") eintritt, wenn diese Marktstruktur dank einer subadditiven Kostenstruktur aufgrund von Massenproduktionsvorteilen (economies-of-scale) oder Verbundvorteilen bei der Produktion mehrerer Güter (economies-of-scope) aufrechterhaltbar („sustainable") ist, d.h. die kostenminimierende Alternative darstellt (Baumol et al. 1982: 13f). Diese These setzt ‚bestreitbare' Märkte voraus, also Märkte die durch keine Markteintrittsbarrieren geschützt sind (Baumol/Willig 1981). Als solche Barrieren gelten weder Größenvorteile (economies-of-scale) noch hohe Fixkosten, die bei Bator als Ursachen für technical externalities galten. Zum einen würden Größenvorteile eines etablierten Anbieters nicht ausschließen, dass auch andere Unternehmer mit fallenden Grenzkosten produzieren könnten. Zum anderen erlauben Fixkosten noch keine Aussage über die Möglichkeit des kostenlosen und reversiblen Markteintritts, was den contestable market charakterisiert (Baumol et al. 1982: 279-309). Statt dessen sind es sunk costs, also so genannte verlorene Kosten, „which constitute the entry barrier that confers monopoly power" (Bailey 1982: xxii). Da ein etablierter Monopolist aufgrund seiner irreversiblen Investitionen im Wettbewerb seine Preise notfalls auf das Niveau der variablen Kosten senken wird, so lautet die Argumentation, werden hohe verlorene Kosten einen neuen Anbieter vom Einstieg in den Markt abschrecken (vgl. Fritsch et al. 1999: 201-205).

Kriterium für staatliche Intervention ist gemäß dieser Theorie nicht der Grad der Abweichung vom Modell der vollkommenen Konkurrenz, sondern die Möglichkeit für den Markteintritt, also *contestability* (Baumol et al. 1982: 466). Die Schlussfolgerung ist denn auch:

> „If an industry is structurally contestable and is behaving accordingly, and if, in addition, it has sustainable configurations available to it, and if none of these involve any significant welfare problems, then that industry is best left to its own devices with no government interference, even if it is composed of a very small number of firms" (Baumol et al. 1982: 466).

Die Theorie der Bestreitbarkeit der Märkte impliziert auch ein striktes Verbot interner Subventionen, weil „any cross subsidies are incompatible with sustainability of prices" (ibid: 472). Einen Beitrag zum Problem der externen Effekte liefern Baumol et al. nicht. Hier verweisen sie auf traditionelle Pigou-Steuer (ibid: 471).

Eine direkte Anwendung fand die contestability theory durch Professor Elizabeth Bailey, die 1977 zum Commissioner bei der Civil Aeronautics Board (CAB) ernannt wurde. Gemeinsam mit Panzar argumentierte sie, dass für den Stadt-zu-Stadt-Markt im Flugwesen, trotz hoher Fixkosten und beträchtlicher Kostendegressionen, die Existenz von potenzieller Konkurrenz ausreichend zur Verhinderung von Monopolprofiten sei. Als Begründung für die contestability dieser Märkte führten sie an, dass obwohl die Fluggesellschaften über hohe Fixkosten verfügen, diese nicht „verlorene Kosten" darstellen. Ein Großteil ihres Kapitals bestünde nämlich in Flugzeugen, die jederzeit mit nur geringen Kosten von einem Teilmarkt zum anderen transferiert werden können. Daraus folgt, dass selbst wenn eine Route nur von einer Gesellschaft bedient wird, andere Fluggesellschaften, die über einen Terminal am jeweiligen Ende dieser Route verfügen, problemlos diesen Markt bedienen könnten, falls Monopolprofite sichtbar werden (Bailey/Panzar 1981). Entsprechend plädierte Bailey für eine Liberalisierung des Markteintritts und -austritts im Flugverkehr (Bailey 1981). Als allgemeines Prinzip für den Umgang mit dem Problem „verlorener Kosten" forderte sie:

„One way to *avoid* the exercise of monopoly power is to have the sunk costs borne by a government ... or by mandating that sunk costs be shared by a consortium ..., rather than to have the sunk costs incurred by the firm that is supplying the services" (ibid: 179).

George Yarrow formulierte die zentralen theoretischen Einwänden gegen die Theorie der Bestreitbarkeit der Märkte. Erstens beruhen die Kostenfunktionen, die für die Existenz eines contestable Gleichgewichts notwendig sind, auf sehr restriktiven Annahmen, die in den meisten Industrien nicht erfüllt sind. Zweitens werden die Effizienzanforderungen dieser Theorie nur bei völliger Abwesenheit von sunk costs befriedigt, was in der Realität kaum vorkommen wird. Drittens verändern schon geringfügige Abweichungen von der contestability die Eigenschaften des Gleichgewichts (Yarrow 1986: 343-344).

Allerdings sensibilisierte diese Theorie für den Umstand, dass sich nicht zuletzt aufgrund technischer Veränderungen das Problem der Unteilbarkeiten im Laufe der Zeit für eine Industrie entschärfen kann. Gleichwohl zeigte es sich bei der Umsetzung dieser Einsicht, dass zur Verhinderung unfairer Abschreckungsstrategien durch etablierte Anbieter, beispielsweise durch selektive Preissenkungen unter die Durchschnittskosten, erhebliche staatliche Eingriffe notwendig sind (Vogel 1996, siehe unten).

5 Der Markt als Entdeckungsprozess

Eine sich auf Schumpeter und Hayek berufende Gruppe von Ökonomen sieht in der paretianischen Wohlfahrtsökonomik ein ungeeignetes Mittel zur Rechtfertigung marktwirtschaftlicher Ordnung. Aus der Sichtweise der traditionellen Wohlfahrtsökonomie würde der konkrete Wirtschaftsablauf erscheinen „als ein Ausbund ‚externer Effekte', die korrigierende staatliche Eingriffe erheischen" (Streissler 1980: 39; siehe auch Kirzner 1973, Hoppmann 1978; Schmidtchen 1979). Röpke bezeichnet die neoklassische Theorie sogar als eine Interventionswissenschaft (1980: 145). Zudem sei mit dem neoklassischen Instrumentarium die größere Effizienz der Marktwirtschaft gegenüber der Planwirtschaft nicht zu beweisen, da Planung sich über Mengen (Planwirtschaft) oder über Preise (atomistisches Marktmodell) gleich effizient durchführen lässt (Streissler 1980: 46; Lerner 1944). Als Ursache für die mangelnde Eignung des neoklassischen Gleichgewichtsansatzes wird dessen statische Ausrichtung angesehen. Deshalb wird eine dynamische Betrachtung vorgeschlagen, die den Markt im Hayek'schen Sinne als optimales Entdeckungsverfahren charakterisiert: „Nicht in der Allokation gegebener Mittel auf gegebene Zwecke, sondern in der Entdeckung neuer Mittel und neuer Zwecke liegt die Stärke marktlicher Koordinationsprozesse" (Kurz 1985: 44). Diese dynamische Betrachtungsweise erfordert die Aufgabe einer Reihe von neoklassischen Marktannahmen.

Während aber die Transaktionskostenökonomik, trotz Aufgabe einiger Annahmen am Ideal der Pareto-Effizienz festhält, wird in der Theorie des Marktes als Entdeckungsverfahren die Verletzung des Pareto-Prinzips zum wirtschaftlichen Antriebsmotor, zur Quelle wirtschaftlichen Wachstums. Die „schöpferische Zerstörung" erzeuge zwar keine Stabilität im Gleichgewichtszustand, dafür aber Innovationen in Techniken und Märkten:

„Sie bringt Wirtschaftswachstum, Entwicklung zunehmend nachfragegerechter Produkte, langfristige Vollbeschäftigung im privatwirtschaftlichen Sektor. Sie bringt nicht Preisniveaustabilität oder gar Stabilität einzelner Preise und auch nicht jederzeitige Vollbeschäftigung" (Streissler 1980: 49; vgl. Fritsch et al. 1999: 10).

Durch die Abkehr vom Pareto-Prinzip verlieren die externen Effekte ihre Relevanz für die Rechtfertigung von staatlicher Regulierung. Externe Effekte in Form von Innovationen, auch solche, die sich nicht pareto-neutral auswirken, sind im Gegenteil sogar erwünscht. Ebenso lässt sich aus der dynamischen Sichtweise kein „natürliches Monopol" begründen, denn „natürliche Monopole sind im Marktprozess aufgrund des technischen Fortschritts und ökonomischer Innovationen angreifbar. Die Monopolisten werden dadurch gleichsam zur effizienten Produktion gezwungen, „die Prosperität des natürlichen Monopols ist der Keim für sein Ende" (Soltwedel et al. 1986: 275). Kurz lässt immerhin dann ein „natürliches Monopol" gelten, wenn „die technologischen Bedingungen eines Marktes so weit ausgereift sind, dass die Zulassung von Wettbewerb keine Produkt- oder Prozessinnovationen erwarten lässt" (Kurz 1985: 45).

Der Verzicht auf den Maßstab der Pareto-Optimalität erweist sich somit als ein geeignetes Mittel, Marktversagen nicht als Regel, sondern als Ausnahme erscheinen zu lassen. Mit diesem Verzicht geht aber auch einher, dass die Aussagen der Theorie des Marktes als Entdeckungsverfahren nicht mit dem Instrumentarium der Neoklassik verifiziert werden können. Darüber hinaus wird bestritten, dass es eine erfahrungswissenschaftliche Theorie gäbe, aufgrund derer die Voraussage von Einzelergebnissen eines komplexen Prozesses wie des Marktprozesses möglich sei (Hoppmann 1978: 21). Aus diesem Grunde werden unter Berufung auf Hayek nur Musteraussagen für möglich gehalten: „Möglich ist nur die Mustervoraussage, dass freier Wettbewerb, in dem es keine staatlich geschützten Monopole gibt, auch zu den effizientesten Ergebnissen führt" (Kurz 1985: 44). Diese Art der Beweisführung hat die neo-liberale Schule dem Vorwurf ausgesetzt, tautologisch zu argumentieren (Gotthold 1981).

Das Argument vom Markt als Entdeckungsverfahren, das ordnungspolitische Eingriffe überflüssig macht, beruht zudem auf der starken Annahme, dass im Forschungs- und Entwicklungsstadium (F&E) geringe Marktzutrittsbarrieren bestehen. Die etablierten Anbieter verfügen aber häufig aufgrund ihrer bisherigen F&E-Akti-

vitäten über Kostenvorteile bei der Aneignung von neuem Wissen (bzw. Schutz durch Patente). Ferner, selbst wenn der Einstieg in diesem Stadium vor geringen Hürden steht, könnten hohe Marktzutrittsbarrieren im Bereich der Produktion bereits davon abhalten, den Einstieg in die F&E zu wagen (Yarrow 1986: 345).

6 Markttautologie

Im Rückblick werden die Strategien der Theoriebildung innerhalb der Mainstream-Ökonomie deutlich: Das bei den Klassikern durchaus noch vorhandene Bewusstsein von den Grenzen der Leistungsfähigkeit des Markts verschwand aus den Modellkonstruktionen der Neoklassik. Ihre Bemühungen gipfelten im Duality Theorem, das eine Identität von Pareto-Optimum und konkurrenzwirtschaftlichem Gleichgewicht postulierte.

Der Verzicht auf eine kardinale Nutzenmessung verringerte jedoch, wie die Diskussion der Kompensationskriterien gezeigt hat, drastisch den wirtschaftpolitischen Anwendungsbereich des Duality Theorems. Darüber hinaus erwies sich der Versuch eines modelltheoretisch exakten Nachweises für die Allokationseffizienz des Marktes als kontraproduktiv. Wird nämlich die restriktive Annahme von konvexen, stetigen Kostenkurvenverläufen aufgegeben, d. h. werden die in der Realität vorhandenen Kostendegressionen und Unteilbarkeiten der Produktionsgüter ebenso anerkannt wie der öffentliche Charakter der meisten ökonomischen Transaktionen, dann, so Bator, stellt Marktversagen die Regel und nicht die Ausnahme dar.

Diese mangelnde Realitätsnähe handelte der traditionellen Wohlfahrtsökonomik den Vorwurf ein, eine Interventionswissenschaft zu sein: Jeglicher Staatseingriff könnte mit ihren Kriterien begründet werden. Entsprechend nahm die Regulierungstheorie, wie sie in der Folgezeit von Kahn vertreten wurde, nicht die „reine Theorie" zum Ausgangspunkt, sondern existierende Wettbewerbsmärkte. Aber auch mit diesem Vergleichsmaßstab konnten in vielen Fällen staatliche Korrekturen des Marktprozesses gerechtfertigt werden.

Zur Begründung weitergehender Deregulierungsmaßnahmen wurde deshalb auf andere Theorien rekurriert. Als Weiterentwicklungen innerhalb des traditionellen Paradigmas erwiesen sich jedoch Konzepte wie das Coase-Theorem und die Theorie der Bestreitbarkeit der Märkte gegenüber praxisbezogener Kritik als ebenso anfällig. Deshalb gewann die liberale, Hayek'sche Denktradition wieder an Popularität (siehe Fritsch et al. 1999: 7). Ihr Verzicht auf die statische Gleichgewichtsanalyse und den exakten modelltheoretischen Beweis immunisiert sie gegen Prämissenkritik. Damit setzt sie sich aber dem Vorwurf aus, eine Behauptungswissenschaft zu sein, die tautologisch argumentiert: Der Markt ist effizient, weil er letztlich immer effiziente Ergebnisse geliefert hat.

In der Regulierungs-Literatur wird heute vielfach ein pragmatischer Umgang mit Marktversagen gepflegt, der einerseits dessen Existenz anerkennt und andererseits eklatanten Fällen des Versagens mit möglichst marktkonformen Instrumenten zu begegnen sucht (Viscusi et al. 2000; Fritsch et al. 1999). Die Eignung eines bestimmten Instrumentes zur Eindämmung von Marktversagen wird im Wesentlichen in Abhängigkeit von den Besonderheiten des jeweiligen Einzelfalls gesehen. Fritsch et al. vermuten, „dass sich die besten Ergebnisse durch einen ‚intelligenten' Mix der verschiedenen Instrumente erreichen lassen." (1999: 152) Aus dieser pragmatischen Herangehensweise folgt jedoch im Umkehrschluss, dass die Überlegenheit der Marktsteuerung nicht per se angenommen werden kann, sondern sich im Einzelfall erweisen muss.

Anmerkungen

1 So der Untertitel von Altvaters „Die Zukunft des Marktes" (Altvater 1991).

2 Das Pareto-Kriterium besagt: Eine aus einer Gesamtheit nicht miteinander vergleichbarer Größen bestehende Kombination ist maximal, wenn es nicht möglich ist, eine dieser Größen zu vergrößern, ohne die andere zu verkleinern (Pareto 1927: 354ff, 617ff).

3 Diese Begriffe unterscheiden sich insofern, als Williamson nicht nur das Problem steigender Skalenerträge im Auge hat, sondern auch das der mangelnden Substituierbarkeit einzelner Güter.

Literatur

Alchian, Armen A./ Demsetz, Harold (1973): The Property Rights Paradigm, in: The Journal of Economic History, Vol. XXXIII, S. 16-27.

Altvater, Elmar (1991): Die Zukunft des Marktes. Ein Essay über die politische Ökonomie der Regulation von Geld und Natur nach dem Scheitern des „real existierenden" Sozialismus, Münster: Westfälisches Dampfboot.

Bailey, Elizabeth E. (1981): Contestability and the Design of Regulatory and Antitrust Policy, in: American Economic Review, Vol. 71, S. 178-183.

- (1982): Foreword, in: Baumol, W.J./Panzar, John C./Willig, Robert D.(1982): Contestable Markets and The Theory of Industry Structure, New York: Harcourt Brace Jovanovich, S. xiii-xxii.

-/Panzar, John C. (1981): The Contestability of Airline Markets during the Transition to Deregulation, in: Journal of Law and Contemporary Problems, Vol. 44, S. 125-145.

Bator, Francis M.(1958): The Anatomy of Market Failure, in: Quarterly Journal of Economics, Vol. 72, S. 351-379.

Baumol, William J./Willig, Robert D.(1981): Fixed Cost, Sunk Cost, Entry Barriers and Sustainability of Monopoly, in: Quarterly Journal of Economics, Vol.95, S. 405-431.

Baumol, Wiliam J./Panzar, John C./Willig, Robert D.(1982): Contestable Markets and The Theory of Industry Structure, New York: Harcourt Brace Jovanovich.

Boycko, Maxim/Shleifer, R./Vishny, R. (1996): A Theory of Privatisation, in: The Economic Journal, Vol.106, S. 309-319.

Breyer, Stephen (1982): Regulation and Its Reform, Cambridge (MA): Harvard University Press.

Card, David E. (1996): Deregulation and Labor Earnings in the Airline Industry, Working Paper Series, National Bureau of Economic Research, Cambridge (MA).

Cheung, S. N. S. (1970): The Structure of a Contract and the Theory of a Non-Exclusive Resource, in: Journal of Law and Economics, Vol. 13, S. 49-70.

Coase, R. H. (1960): The Problems of Social Costs, in: Journal of Law and Economics, S. 1-44.

Demsetz, Harold (1964): The Exchange and Enforcement of Property Rights, in: Journal of Law and Economics, Vol. 7, S. 11-26.

- (1968): Why Regulate Utilities, in: Journal of Law and Economics, Vol. 11, S. 55-65.

- (1969): Information and Efficiency: Another Viewpoint, in: Journal of Law and Economics, Vol. 12, S. 1-22.

Dick, Eugen (1973): Untersuchungen einiger Grundprobleme der Wohlfahrtsökonomik, Tübingen: Mohr.

Endres, Alfred (1977): Die Coase-Kontroverse, in: Zeitschrift für die gesamte Staatswissenschaft, Nr. 133, S. 637-651.

Friedlaender, Ann F./Spady, Richard (1981): Freight Transportation Regulation, Cambridge (MA): MIT Press.

Fritsch, Michael/Wein, Thomas/Ewers, Hans-Jürgen (1999): Marktversagen und Wirtschaftspolitik: Mikroökonomische Grundlagen staatlichen Handelns, 3. völlig überarb. und erw. Aufl.., Muenchen: Vahlen.

Goldberg, Victor P. (1976): Regulation and Administered Contracts, in: Bell Journal of Economics, Vol. 7, S. 426-448.

Gorman, William J. (1955): The Intransitivity of Certain Criteria Used in Welfare Economics, Oxford Economic Papers, Vol. 7, S. 25-35.

Gotthold, Jürgen (1981): Neuere Entwicklungen der Wettbewerbstheorie. Kritische Bemerkungen zur neo-neoliberalen Theorie der Wettbewerbspolitik, in: Zeitschrift für das gesamte Handelsrecht und Wirtschaftsrecht, Bd. 145, S. 286-340.

Hicks, John R. (1939): The Foundations of Welfare Economics, in: Economic Journal, Vol. 49, S. 696-712.

Hoppmann, Erich (1978): Das Konzept des wirksamen Preiswettbewerbs, Tübingen: Mohr Siebeck.

Kahn, Alfred E. (1970/1971): The Economics of Regulation: Principles and Institutions, Vol. 2., New York: John Wiley.

Kaldor, Nicholas (1939): Welfare Propositions of Economics and Interpersonal Comparisons of Utility, in: Economic Journal, Vol. 49, S. 549-552.

Kapp, K. William (1950): The Social Costs of Private Enterprise, Cambridge (MA): Harvard University Press.

Kirzner, Israel (1973): Competition and Entrepreneurship, Chicago: University of Chicago Press.

Kösters, Rudolf (1979): Die Regulierung externer Effekte, Tübingen: Mohr.

Külp, Bernhard unter Mitarbeit von Knappe,Eckhard/Roppel, Ulrich/Wolters, Rudolf (1975): Wohlfahrtsökonomik I. Die Wohlfahrtskriterien, Tübingen: Mohr.

Külp, Bernhard (1981): Wohlfahrtsökonomik I: Grundlagen, in: Handwörterbuch der Wirtschaftswissenschaften, S. 469-486.

Kurz, Rudi (1985): Entwicklung und gegenwärtiger Stand der Deregulierungsdiskussion, in: Beihefte der Konjunkturpolitik, Heft 32, Deregulierung als ordnungs- und prozesspolitische Aufgabe.

Leipold, Helmut (1985): Ordnungspolitische Implikationen der Transaktionskostenökonomie, in: Ordo, Bd. 36, S. 31-49.

Lerner, Abba (1944): The Economic of Control. Principles of Welfare Economics, New York: Macmillan.

Lipsey, Richard G./Lancaster, Kelvin (1956/57): The General Theory of Second Best, in: Review of Economic Studies, Vol.24, S. 225-226.

Little, I. M. D. (1957): A Critique of Welfare Economics, Oxford: Oxford University Press.

Marshall, Alfred (1930): Principles of Economics, London: Macmillan.

Müller, Jürgen/Vogelsang, Ingo (1979): Staatliche Regulierung, Baden-Baden: Nomos.

Pareto, Vilfredo (1927): Manuel d'économie politique, Paris: Giard.

Pigou, Arthur Cecil (1962): The Economics of Welfare, London: Macmillan.

Posner, Richard A. (1969): Natural Monopoly and Its Regulation, in: Stanford Law Review, Vol.21, S. 548-643.

- (1971): Taxation by Regula-tion, in: Bell Journal of Economics and Management Science, Vol.2, S. 22-50.

Püttner, Günter (1985): Die öffentlichen Unternehmen, Stuttgart: Boorberg.

Reder, M.W. (1947): Studies in the Theory of Welfare Economics, New York: Columbia University Press.

Röpke, Jochen (1980): Zur Stabilität und Evolution marktwirtschaftlicher Systeme aus klassischer Sicht, in: Streissler, Erich/ Watrin, Christian: Zur Theorie marktwirtschaftlicher Ordnung, Tübingen: Mohr, S. 124-154.

Samuelson, Paul A. (1950): The Evaluation of Real National Income, Oxford Economic Papers, Vol. 2, S. 1-24.

- (1954): The Pure Theory of Public Expenditures, in: Review of Economics and Statistics, Vol. 36, S. 387-389.

- (1955): Diagramatic Exposition of a Theory of Public Expenditures, in: Review of Economics and Statistics, Vol. 37, S. 350-356.

Schäffle, Albert (1867): Das gesellschaftliche System der menschlichen Wirtschaft, Tübingen: Mohr.

Schlieper, Ulrich (1980): Externe Effekte, in: Handwörterbuch der Wirtschaftwissenschaften, S. 524-530.

- (1981): Wohlfahrtsökonomik II: Theorie des Zweitbesten, in: Handwörterbuch der Wirtschaftswissenschaften, S. 486-493.

Schmidtchen, D. (1979): Ausbeutung aufgrund einer Wettbewerbsbeschränkung durch Zustand?, Kritische Analyse der theoretischen Grundlagen einer freiheitsgefährdenden Wettbewerbspolitik, in: Ordo, Bd. 30, S. 273ff.

Scitovsky, Tibor (1941): A Note on Welfare Propositions in Economic, in: Review of Economic Studies, Vol. 9, S. 77-88.

Seckler, David (1975): Thorstein Veblen and the Institutionalists, London: Macmillan.

Skowronek, Stephan (1982): Building A New American State, Cambridge: Cambridge University Press.

Smith, Adam (1963): The Works of Adam Smith. With an Account of his Life and Writings by Douglas Steward, Reprint of the ed. 1811-1812, Vol. 1-5, Aalen: Zeller.

Sohmen, Egon (1976): Allokationstheorie und Wirtschaftspolitik, Tübingen: Mohr.

Soltwedel, Rüdiger et al (1986): Deregulierungspotentiale in der Bundesrepublik Deutschland, Kiel: Mohr Siebeck.

Streissler, Erich (1980): Kritik des neoklassischen Gleichgewichtsansatzes als Rechtfertigung marktwirtschaftlicher Ordnung, in: Streissler, Erich/Watrin, Christian (Hrsg.), Zur Theorie marktwirtschaftlicher Ordnung, Tübingen: Mohr, S. 38-69.

Trebing, Harry M. (1976): The Chicago School versus Public Utility Regulation, in: Journal of Economic Issues, Vol. 10, S. 97-126.

Viscusi, W. Kip/Vernon, John M./Harrington, Joseph E. Jr. (2000): Economics of regulation and antitrust, 3rd ed., Cambridge (MA): MIT Press.

Vogel, Steven (1996): Freer markets, More Rules. Regulatory Reform in Advanced Industrial Countries, Ithaca: Cornell University Press.

Wagner, Adolf (1883): Finanzwissenschaft, Leipzig: Winter.

Wicksell, Knut (1934): Lectures on Political Economy, New York: Macmillan.

Wicksteed, P.H. (1914): The Scope and Method of Political Economy in the Light of the 'Marginal' Theory of Value and Distribution, in: Economic Journal, Vol.24, S. 1-23.

Williamson, Oliver E. (1975): Markets and Hierarchies: Analysis and Antitrust Implications, New York: The Free Press.

- (1976): Franchise Bidding for Natural Monopoly - in General and with Respect to CATV, in: Bell Journal of Economics, Vol.7, S. 73-104.

- (1985): The Economic Institutions of Capitalism, New York: The Free Press.

Wolf, Charles Jr. (1979): A Theory of Non-market Failure: Framework for Implementation Analysis, in: Journal for Law and Economics, Vol. 22, S. 107-139.

Yarrow, Georg (1986): Privatization in Theory and Practice, in: Economic Policy, Vol.2, S. 324-77.

Frank Bsirske

GATS, Soziale Regeln und Demokratie
Sicherung der globalen Güter: Überwindung der Armut über die Marktöffnung für Dienstleistungen?

Wirtschaftliche Globalisierung, politische Deregulierung, soziale Flexibilisierung und rechtliche Privatisierung sind die Kernelemente eines umfassenden gesellschaftlichen Transformationsprozesses, der seit einigen Jahrzehnten im Gange ist. Wesentlicher Motor der wirtschaftlichen Globalisierung ist dabei die Liberalisierung und Privatisierung der Finanz-, Güter- und Dienstleistungsmärkte. Alles soll zur frei handelbaren Ware werden. Diesem Ziel dienen auch die gegenwärtigen Verhandlungen der Welthandelsorganisation WTO über die Ausweitung des GATS (General Agreement on Trade in Services), das seit 1995 besteht. Das GATS ist ein völkerrechtlicher Vertrag zur Liberalisierung des Dienstleistungshandels - ein Aussetzen einmal eingegangener Liberalisierungsverpflichtungen ist nach Worten der Europäischen Kommission unmöglich.

Globale Öffentliche Güter – lebenswichtig für uns alle

Nun gibt es jedoch Bereiche, die zu den Grundbedürfnissen der Menschen oder der Gesellschaft gehören und die nicht über Privatgüter, wie etwa Nahrungsmittel, Kleidung, Wohnung befriedigt werden. Gemeint sind öffentliche Güter, wie etwa Recht und Ordnung, Frieden und Sicherheit, wirtschaftliche und soziale Stabilität, gesunde Umweltbedingungen und ein nachhaltiges Management der natürlichen Ressourcen. Die Struktur und Zusammensetzung öffentlicher Güter hat sich in fast allen Gesellschaften während der vergangenen Jahre gewandelt. Immer mehr Güter haben einen globalen Charakter, d.h. sie werden von „außen" beeinflusst und sind nicht mehr durch die nationale Politik bereitzustellen. So ist leicht nachvollziehbar, dass Gesundheit nicht allein innerhalb nationalstaatlicher Grenzen erreichbar ist - leicht ansteckende Krankheiten können sich rasch weltweit über Grenzen hinweg verbreiten. Gleiches gilt für die Umwelt. Die Atmosphäre und die Ozonschicht lassen sich nur länderübergreifend schützen. Ersparnisse und Alterssicherung hängen von der Entwicklung internationaler Finanzmärkte ab, unsere persönliche Sicherheit ist gefährdet durch internationale Kriminalität und Terrorismus. Aber auch Gesetze, Normen und politische Orientierungen unterliegen zunehmend internationalen Einflüssen und Entwicklungen auf internationalen Märkten (vgl. Martens/Hain 2002).

Globale Öffentliche Güter haben eines gemeinsam: Alle Menschen und Länder sind darauf angewiesen und kein Land kann sie allein sicherstellen. Welche Güter eine Gesellschaft als Teil der öffentlichen Daseinsvorsorge versteht, muss in der Gesellschaft ausgehandelt und entschieden werden. Diese Frage kann nicht den privaten Gewinninteressen transnationaler Konzerne überlassen bleiben oder dem Gutdünken von Verhandlungsdelegationen, die hinter verschlossenen Türen tagen (vgl. Kaul/Grunberg/Stern 1999).

Globale Öffentliche Güter als Grund- und Menschenrecht – Beispiel Wasser

Auch lebenswichtige Versorgungsfunktionen (wie z.B. Trinkwasser) werden allgemein als öffentliche Güter betrachtet. Die UNO bezeichnet sie auch als Grund- und Menschenrechte. Dass Wasser als elementare Lebensressource für alle verfügbar sein muss, wird klar, wenn man bedenkt, dass heute täglich 6.000 Kinder durch verunreinigtes Wasser oder durch Wassermangel sterben. Täglich müssten 300.000 Personen an eine Trinkwasserversorgung angeschlossen werden, um das Ziel des Weltgipfels von Johannesburg zu erreichen, bis zum Jahr 2010 die Zahl der Menschen zu halbieren, die nicht über sauberes Trinkwasser verfügen (siehe auch Krüger in diesem Band).

Die Vereinten Nationen warnen deshalb seit langem, in Zukunft würden Kriege nicht mehr um knappes Öl, sondern um knappes Wasser geführt. Die Wasserversorgung ist deshalb eine große Herausforderung. Die Weltbank schätzt den globalen Wassermarkt auf mehr als 800 Milliarden Euro pro Jahr, ein riesiges Marktpotential, das multinationale Konzerne unter sich aufteilen wollen und zwar mit kräftiger Unterstützung von Seiten der Weltbank und einiger Industriestaaten (vgl. Schaldek/Unmüßig 2002).

Während in Deutschland der Zugang zu sauberem Wasser gesichert ist, haben die Menschen in den „Entwicklungsländern" leidvolle Erfahrung mit den Folgen der Privatisierung auf diesem Gebiet. Dort knüpfen Weltbank und Internationaler Währungsfonds ihre Kreditvergabe an Auflagen: So wurde beispielsweise Ghana gezwungen, die Subventionierung der Wasserpreise aufzugeben und eine Privatisierung der Wasserversorgung vorzubereiten. Die Preise verdoppelten sich daraufhin, mit katastrophalen Auswirkungen für die Armen. Daraufhin schlossen sich unterschiedliche gesellschaftliche Gruppen zu einer nationalen Koalition gegen die Privatisierung zusammen, um gemeinsam für das Recht auf finanziell tragbare Wasserpreise zu kämpfen. In der drittgrößten Stadt Boliviens, Cochabamba, stiegen die Wasserpreise nach dem Verkauf des städtischen Wasserunternehmens an den US-Konzern Bechtel drastisch. Es kam zu langen, gewaltsamen Auseinandersetzungen, in deren Verlauf fünf Menschen starben. Im April 2000 zwangen ein Generalstreik und Massendemonstrationen die Regierung zu einer Änderung der Wassergesetze. Unter den Bedingungen eines neuen GATS würde die Rücknahme der Liberalisierung und Privatisierung in Ghana und Cochabamba zukünftig nicht mehr möglich sein (vgl. Social Watch Report 2002).

Irrglaube: Armutsbekämpfung über Liberalisierung und Privatisierung

Fünf der acht Milleniumsziele zur weltweiten Armutsbekämpfung beschäftigen sich ganz konkret mit der Grundversorgung in den Bereichen Gesundheit, Bildung und Wasserversorgung. Die Armutsbekämpfung bezieht sich in wesentlichen Teilen auf den Zugang zu solchen Dienstleistungen. Zwar besteht allgemeiner Konsens darüber, dass die Grundversorgung verbessert und allen zugänglich sein muss; aber die Diskussion der Frage, wie das zu erreichen ist, gestaltet sich zunehmend kontrovers.

Die Weltbank hat einen Bericht über „Dienstleistungen für die Armen" erstellt, in dem das gegenwärtige Modell staatlicher Versorgungsleistungen in diesen Bereichen verurteilt und eine private Lizenzierung und Vergabe an Subunternehmer befürwortet wird. Die Wirtschaft rechnet vor: Der weltweite Dienstleistungshandel machte im Jahr 2001 rd. 20% des gesamten Handels (Waren und Dienstleistungen) aus. Auf die Entwicklungsländer entfiel dabei ein Anteil von rund 25%. Die Least Developed Countries waren dabei mit einem Anteil von weniger als 0,5% weitgehend marginalisiert. Deshalb sei es eine Herausforderung für die Entwicklungszusammenarbeit, vor allem die Least Developed Countries dabei zu unterstützen, ihren Anteil am globalen Dienstleistungshandel zu erhöhen (vgl. Malhotra 2003).

Doch das ist ein Irrglaube. Denn über das GATS-Abkommen sollen die Dienstleistungsmärkte geöffnet und inländische Regulierungen abgeschafft werden. Im Vordergrund steht die Stellung von ausländischen Investoren und Dienstleistungsfirmen. Sie sollen in ihren Rechten im Gastland abgesichert werden. Wohlfahrtsziele, sozialer Zusammenhalt und Gemeinwohlaufgaben sind nicht Gegenstand des GATS. Die treibende Kraft hinter dieser GATS-Runde ist die Privatindustrie. Die Weltbank schätzt den Markt für Bildung auf 2.000 Milliarden Euro und den für Gesundheitsdienstleistungen auf 3.500 Milliarden Euro. Das Vehikel für Privatisierungen in diesen Märkten ist das GATS. Jörg Huffschmid (2001) hat die Wirkungsweise pointiert beschrieben: „Der Schub der Attacke besteht zuerst in der Öffnung der Märkte für private Mitbewerber zu den bestehenden öffentlichen Strukturen und danach im Erzwingen eines 'methodischen Spielplatzes', auf dem alle öffentlichen Subventionen an das bestehende öffentliche System entweder beendet oder in gleichem Maße allen privaten Mitbewerbern gewährt werden müssen. Die Konsequenz daraus wird sein, dass die Versorgung mit Bildungs- und Gesundheits-Dienstleistungen - die bislang von den meisten Staaten als zentraler Kern der öffentlichen Güter erachtet werden - Gegenstand privater, profitmaximierender Strategien und darin enthaltener Restriktionen werden wird." (Huffschmid 2001: 147/148)

Wenn Grundbedürfnisse zur zahlungskräftigen Nachfrage werden

Wenn Leistungen der Daseinsvorsorge zum Gegenstand der Konkurrenz und privater Gewinninteressen internationaler Konzerne werden, werden elementare Bedürfnisse der Menschen zur Handelsware am freien Markt. Das kann weitreichende Folgen für die Mehrheit der Menschen haben, denn auf diesem Markt zählt - wie auf anderen Märkten - die zahlungskräftige Nachfrage. Die Kaufkraft von Bevölkerungsgruppen und nicht mehr die Bedürfnisse der Bevölkerung entscheiden über Ausmaß und Qualität lebenswichtiger Dienste. Bedient werden die Bedürfnisse jener Menschen, die zahlen können. Dem Rest droht Unterversorgung. Dieser „Rest" wird immer größer.Heute wird bereits die Hälfte der Weltbevölkerung als „arm" eingestuft, Tendenz steigend. In vielen armen Ländern lebt der Großteil der Bevölkerung von weniger als einem Euro pro Tag. Den Armen droht durch eine Privatisierung, dass sie von den notwendigen Dienstleistungen abgeschnitten zu werden. Das GATS unterstützt die internationalen Millenniumsziele der Reduzierung der Armut nicht, sondern kann die Ausbreitung der Armut verstärken.

Risiken bei der Privatisierung öffentlicher Leistungen

Aber auch in den Industrieländern bedroht die Dienstleistungsliberalisierung wesentliche Bereiche der Grundversorgung. Zentrale Ziele, entlang derer die öffentlichen Dienstleistungen über Jahrzehnte gewachsen sind, wie sozialer Ausgleich, gleicher Zugang für alle, Bürgerorientierung und Verbraucherschutz, Ausgleich zwischen Ballungsgebieten und ländlichen Regionen, drohen, vernachlässigt zu werden.

Mehr privat, weniger Staat - -seit Jahrzehnten ist das der Leitsatz der neoliberalen Politik. Dabei gibt es genug Beispiele für misslungene Privatisierungen, die Risiken für Bürgerinnen und Bürger, aber auch für die Wirtschaft sichtbar machen. Eine kleine Auswahl besonders bekannter Fälle belegt das. So sind in Großbritannien die Preise für Wasser nach der Privatisierung um 50% gestiegen, die Fälle von Hepatitis A sogar um 200%, weil die Wasserqualität kontinuierlich schlechter wurde.

Über die Landesgrenzen hinaus bekannt geworden sind die Folgen der Privatisierung der britischen Eisenbahn. Heute haben 80% aller Züge Verspätungen. Die Zahl der Fahrgäste und Bahnarbeiter, die durch Zugunglücke ums Leben kamen, stieg drastisch an, weil zu wenig in die Instandhaltung und Modernisierung von Gleis- und Signalanlagen investiert wurde und das Personal überlastet ist. Die Privatisierung soll nun teilweise wieder rückgängig gemacht werden - die öffentliche Hand muss unterlassene Investitionen nachholen.

Auch auf dem Strommarkt gibt es schlechte Erfahrungen. Nach der Privatisierung in Kalifornien kam es häufig zum Zusammenbruch der Stromversorgung, potenzielle Investoren machten einen Bogen um die Region. In Schweden kontrollieren sechs Jahre nach der Liberalisierung des Strommarktes nur noch drei Konzerne den Strommarkt. Die Strompreise kletterten drastisch, 2001 verlangten die privaten Stromlieferanten 40% höhere Stromkosten als im Vorjahr. Hinzu kommen ökologische Schäden. War in Schweden einst die Wasserkraft führend, ist sie nun hinter Kohle- und Atomkraftwerke auf Platz drei abgerutscht (vgl. Social Watch Report 2002).

Werden öffentliche Monopole durch private ersetzt, garantiert das keineswegs bessere Qualität zu geringeren Preisen. Privatisierungen bergen erhebliche Risiken, sowohl für die Bereitstellung von öffentlichen Gütern als auch für deren Qualität und Preis - zum Nachteil der Bewohnerinnen und Bewohner und der übrigen Wirtschaft.

Das GATS ist also nicht einfach ein Handelsabkommen, es ist keine Angelegenheit von Ökonomen und Wirtschaftsministerien. Es ist in Wirklichkeit auch ein Abkommen über die Zukunft des Sozialen und die Zukunft der öffentlichen Aufgaben. Vielleicht sollten wir die Abkürzung GATS übersetzen als „General Agreement Touching Social Affairs".

Gewerkschaften und GATS

Die Gewerkschaften begrüßen im Grundsatz einen Ordnungsrahmen für den Welthandel mit Waren und Dienstleistungen. Regulierung des Welthandels innerhalb internationaler Organisationen kann dazu beitragen, dass viele einen Nutzen aus dem Handel ziehen, statt dass ökonomisch dominante Volkswirtschaften - im Interesse ihrer Industrien und Konzerne - einseitig Regeln für den Außenwirtschaftsverkehr setzen. Multilaterale Ansätze sind grundsätzlich bilateralen vorzuziehen; soweit die Theorie. Am GATS zeigt sich, dass wir weit davon entfernt sind, diese Ziele zu erreichen.

Wir können aber graduelle Fortschritte gegenüber früheren Verhandlungen dieser Art feststellen. Noch kein internationales Handelsabkommen ist breiter in der

Öffentlichkeit und auch in den Gewerkschaften diskutiert und aktiver angegangen worden. In Tiefe und Breite reicht das keineswegs aus. Noch beschränkt sich die Diskussion auf engagierte Fachleute und Gruppen. Aber die neue Aufmerksamkeit belegt, dass die Globalisierungsbewegung und die Gewerkschaften mehr als zuvor versuchen, in internationale politische Prozesse einzugreifen.

Kernarbeitsnormen, soziale und ökologische Mindeststandards

Gewerkschaften haben vielfache Gründe, auf die GATS-Verhandlungen Einfluss zu nehmen. Zunächst ist da das alte Ziel der internationalen Solidarität mit abhängig Beschäftigten und ihren Gewerkschaften weltweit. Hinzu kommt, dass die Gewerkschaften in den Industrieländern zunehmend den Druck des Wohlstandsgefälles spüren, das über die enge Verflechtung der Märkte auf der Grundlage liberaler ökonomischer Rahmenbedingungen bei nur minimaler sozialer Regulierung die eigenen Handlungsbedingungen einschränkt.

Eine grundlegende Forderung der Gewerkschaften im Zuge der Globalisierung ist es deshalb, fundamentale Menschenrechte und die Kernarbeitsnormen der Internationalen Arbeitsorganisation der UNO (ILO) in alle Wirtschafts-, Handels- und Finanzabkommen einzubauen. Nichtregierungsorganisationen und Gewerkschaften fordern von mächtigen Akteuren der Weltpolitik und Weltwirtschaft, grundlegende Werte zum Maßstab nicht nur ihres Redens, sondern zum Gegenstand ihrer Regularien und damit ihres Handelns zu machen.

Zu den Kernarbeitsnormen gehört das Recht zur gewerkschaftlichen Organisierung sowie das Recht auf Tarifverhandlungen, das Verbot von Zwangs- und Sklavenarbeit, das Verbot der ausbeuterischen Formen der Kinderarbeit sowie Nicht-Diskriminierung am Arbeitsplatz. Das soll aber nach dem gegenwärtigen Stand der GATS-Verhandlungen weiterhin kein Thema für die Welthandelsorganisation sein. Obwohl eine grundlegende Veränderung der Wirtschafts- und Sozialordnung im Welthandelssystem angestrebt ist, wollen die Freihändler von grundlegenden Arbeitnehmer- und Menschenrechten in ihren Regularien nichts wissen. Die Internationale Arbeitsorganisation weist darauf hin, wie wichtig gerade die Kernarbeitsnormen für Wanderarbeitnehmer sind, um auch wirklich von unterschiedlichen Sozial- und Lohnniveaus zwischen Gast- und Heimatland profitieren zu können.

Die Gewerkschaften fordern Regeln, die einen fairen Wettbewerb sichern (bspw. zwischen den unterschiedlichen Nationalstaaten, zwischen kleinen und großen ökonomischen Marktteilnehmern, zwischen öffentlichen und privaten Akteuren), Regeln, die die Marktteilnehmer zur Einhaltung sozialer und ökologischer Mindeststandards verpflichten. Was sich in dieser Hinsicht bei der Regulierung inländischer Märkte bewährt hat, soll auf internationaler Ebene nachvollzogen werden.

Schutz der Beschäftigten im Inland

Ein wichtiges Motiv für gewerkschaftliche Aktivitäten zum GATS ist die direkte Betroffenheit von Arbeitnehmerinnen und Arbeitnehmern im Inland. Denn zum einen entsteht ihnen als Konsumentinnen und Konsumenten durch die GATS-Liberalisierung das Risiko der Verteuerung oder Verschlechterung der Qualität öffentlicher Dienstleistungen, wie Energie- und Wasserversorgung, Gesundheitsleistungen und Pflegedienste, Bildung und öffentlicher Verkehr. Zum zweiten vertritt die Vereinte Dienstleistungsgewerkschaft die Beschäftigen, die in den von der Liberalisierung betroffenen Sektoren arbeiten. Internationale Erfahrungen mit Liberalisierungen zeigen, dass diese oft von massiver Verschlechterung der Arbeitsbedingungen begleitet waren. Hinzu kommt, dass das GATS die seit den 1950er Jahren in Deutschland geltenden Regularien der Arbeitsmigration verändern würde. Ausländische Firmen sollen künftig ihre Beschäftigten zu „ausländischen" Bedingungen nach Deutschland entsenden können. Damit würde der in den 1950er Jahren im Zuge der Gastarbeiteranwerbung gefundene Konsens der Bundesrepublik aufgebrochen. Dieser lautet: ausländische Arbeitnehmerinnen und Arbeitnehmer arbeiten zu denselben materiellen und arbeits- und sozialrechtlichen Bedingungen wie Inländer.

Die Rolle der EU-Kommission bei den GATS-Verhandlungen

Die EU verhandelt für die EU-Mitgliedsstaaten das GATS, nimmt also eine zentrale Stellung ein. Die Gewerkschaften fordern von der Europäischen Kommission, in den Verhandlungen gegenüber den Entwicklungsländern nicht einseitig Investorenschutz und Wettbewerbsrecht in der Welthandelsorganisation durchzusetzen, sondern auch soziale und ökologische Mindeststandards im Welthandelssystem zum Gegenstand von verbindlichen Regelungen zu machen. Eine andere Politik können weder die Zivilgesellschaft noch Gewerkschaften und ihre Mitglieder akzeptieren. Wir brauchen eine Politik, die sich in die Wirtschaft einmischt, und nicht umgekehrt. Die Gewerkschaften fordern ebenso wie die globalisierungskritische Bewegung das Primat der Politik in der Gestaltung der Globalisierung. Diese Forderung richtet sich auch an die EU.

Die EU-Kommission ist den Forderungen von gewerkschaftlicher und zivilgesellschaftlicher Seite sowie des Deutschen Bundestages in einzelnen Fragen nachgekommen. Sie bietet keine weitere Marktöffnung in den Sektoren audiovisuelle Dienstleistungen, Gesundheit, Bildung, Energie, Trinkwasserversorgung und Abwasserentsorgung an. Dies können wir als Erfolg unserer Aktivitäten verbuchen. Wir begrüßen, dass die EU-Kommission das Recht auf staatliche bzw. gemeinwohlorientierte

Erbringung öffentlicher Dienstleistungen nicht aufgeben möchte. Dies halten wir für einen wichtigen Grundsatz, der auch in Zukunft nicht ausgehöhlt werden darf.

Dennoch gibt es keinen Grund zur Beruhigung. Denn erstens existieren für andere wichtige öffentliche Dienste keine Vorbehalte: für die Postdienste, für die Energiedienstleistungen und beim Luft- und Seeverkehr. Hier besteht der begründete Verdacht, dass der bisher erzielte Liberalisierungsgrad durch das GATS-Abkommen abgesichert, also unumkehrbar gemacht werden soll. Zweitens hat die EU selbst im Bereich der sensiblen öffentlichen Dienste weitreichende Forderungen an andere WTO-Länder gerichtet.

Formell gibt es keine Hindernisse für die Erhaltung eines umfassenden öffentlichen Sektors. Der EU-Vertrag (Art. 16) und das GATS (Artikel 1, Sect. 3b) beinhalten Bestimmungen, die - wäre der politische Wille vorhanden - Regierungen ermächtigen würden, Dienstleistungen des öffentlichen Interesses zu bewahren und die Marktöffnung für privaten Wettbewerb zu verweigern. Unter dem GATS-Regime müssen diese Beschränkungen jedoch zwingend alle fünf Jahre im Hinblick auf ihre Notwendigkeit und ihre Angemessenheit überprüft werden. Die Europäische Union hat widerstrebend die Konkretisierung dessen begonnen, was mit Dienstleistungen des öffentlichen Interesses gemeint ist, und bis heute sind die Ergebnisse dieser Bemühungen nicht sehr ermutigend.

Die EU spielt hier also ein doppeltes Spiel. Es ist damit zu rechnen, dass im Zuge der Verhandlungen Gegenforderungen an die EU im öffentlichen Sektor gerichtet werden. Was daraus in Folge der Dynamik der Verhandlungen entsteht, ist völlig offen. Die Verhandlungen folgen ja nicht einfach sachlichen Kriterien, sondern funktionieren nach dem Motto: „Gibst du mir, so geb ich dir". Zudem ist die EU-Kommission dafür bekannt, dass sie ihre Verhandlungsführerschaft im Bereich der Handelspolitik gerne dazu nutzt, um auf andere Politikbereiche einzuwirken, auf die sie keinen direkten Zugriff hat. Sektoren der öffentlichen Dienste könnten also als „Verhandlungsmasse" instrumentalisiert werden.

Handelsexperten versuchen, die Warnungen von Gewerkschaften und anderen Kritikern vor schädlichen Folgen einer Privatisierung von Diensten im allgemeinen Interesse damit zu zerstreuen, dass das GATS neutral gegenüber der Privatisierungsfrage sei. Jedem Staat stehe es frei, ob er eine Dienstleistung öffentlich oder privat anbiete. Tatsächlich sind viele Liberalisierungen in der EU nicht durch das bestehende GATS von 1995 ausgelöst, sondern gehen auf die Regeln des europäischen Binnenmarktprojektes oder auf ordnungspolitische Entscheidungen nationaler Regierungen zurück.

Die neu vorgesehenen GATS-Regularien würden allerdings ähnlich den EU-Regeln weit in nationalstaatliche Handlungsspielräume eingreifen, jedoch mit einem wesentlichen Unterschied. Die Entscheidungsfindung auf EU-Ebene ist über nationale Regierungen und das EU-Parlament demokratisch basiert und transparent. In Europa war es deshalb möglich, die Liberalisierung in manchen Bereichen zu bremsen. So wehren sich Städte und Gemeinden in Deutschland zur Zeit gegen die Privatisierung des öffentlichen Personennahverkehrs und die Bedrohung des erfolgreichen Sparkassensystems; auch gegen die Privatisierung der Wasserversorgung gibt es Widerstand. Fehlentwicklungen können auf Europäischer Ebene noch korrigiert werden. Sind dagegen die Regeln eines neuen GATS erst einmal zu internationalem Recht geworden, ist keine Umkehrung mehr möglich.

Transparenz und Beteiligung bei den GATS-Verhandlungen erzwingen

Der von der EU-Kommission Anfang 2003 eingeleitete GATS-Konsultationsprozess gegenüber betroffenen Interessengruppen ist völlig mangelhaft. Er kommt zu spät, klammert negative Liberalisierungserfahrungen aus, verläuft intransparent und ermöglicht keine umfassende Bewertung der Verhandlungsangebote.

Das deutsche Wirtschaftsministerium ist in seiner Konsultation mit der Zivilgesellschaft sehr einseitig. Interessenvertreter der Wirtschaft werden umfassend konsultiert und in ihren Anliegen vertreten - mit einer Ausnahme. Die öffentlichen Unternehmen (Verband kommunaler Unternehmen) bleiben außen vor und müssen sich wie Gewerkschaften und Organisationen der Zivilgesellschaft (Umwelt-, Entwicklungshilfe- und globalisierungskritische Organisationen) damit begnügen, halbjährlich zu einer Gesprächsrunde ins Bundeswirtschaftsministerium eingeladen zu werden, wo sie in zwei Stunden - häufig mündlich ohne schriftliche Unterlagen - oberflächlich informiert werden.

Dass es auch anders geht, zeigt Kanada. Das hat jedoch eine Vorgeschichte. In Vancouver wurde die Privatisierung der regionalen Wasserwerke im Sommer 2001 von Water Watch, einem breiten Bündnis aus Umweltgruppen, Gewerkschaften, sozialen Initiativen, Kirchen und Bauern gestoppt. Vorsichtig geworden, veröffentlichte die kanadische Regierung ihre Liberalisierungs-Angebotsliste gegenüber den WTO-Partnern und nahm eine breit angelegte Konsultation mit der Zivilgesellschaft vor.

Dasselbe gilt für die britische Regierung. Obwohl sie als EU-Mitgliedsstaat der Order der Europäischen Kommission unterliegt, die Abstimmungsverhandlungen zwischen Brüssel und den Mitgliedsstaaten als Geheimverhandlungen zu behandeln, veröffentlicht die britische Regierung ihre Angebotsliste und stimmt sich mit der Zivilgesellschaft ab.

Deshalb forderten die Gewerkschaften zusammen mit Nicht-Regierungsorganisationen und attac auf europäischer Ebene die Einbeziehung des Europäischen

Parlaments und der europäischen Sozialpartner in die europäische Handelspolitik sowie auf der innerstaatlichen Ebene die Einbeziehung des Deutschen Bundestages und der deutschen Sozialpartner in die nationale Handelspolitik. Eine erste Bewegung in diese Richtung konnten die Fraktionen von SPD und Bündnis 90/Die Grünen im März 2003 im Bundestag durchsetzen. In einer Entschließung des Bundestages wurde die Bundesregierung aufgefordert, die deutsche Stellungnahme gegenüber der EU-Kommission nur unter Vorbehalt abzugeben. Das Parlament beansprucht, sich zuerst eine fundierte Einschätzung der Implikationen und Folgen zu erarbeiten - unter Einbeziehung gesellschaftlicher Gruppen - bevor sich Deutschland abschließend positioniert. Das ist zu begrüßen, kann aber in den laufenden Prozess nicht ausreichend eingreifen, denn Deutschland steht mit dieser Äußerung allein und wird sich der Dynamik des laufenden Prozesses kaum entgegenstemmen können.

Folgen des GATS abschätzen, bevor weiter verhandelt wird

Solange es keine umfassende Folgenabschätzung der Dienstleistungsliberalisierung aus volkswirtschaftlicher, sozialer, ökologischer und entwicklungspolitischer Sicht gibt, bleibt die Vereinte Dienstleistungsgewerkschaft dabei, zusammen mit attac ein Moratorium der GATS-Verhandlungen zu fordern. Wir müssen alle Gefahren kennen, ehe zweifelhafte Festlegungen für die Zukunft getroffen werden. Mit schwachen Argumenten wird versucht, diese Forderung zu übergehen. Während Vertreter des deutschen Wirtschaftsministeriums versichern, dass es beim TRIPS-Abkommen (WTO-Abkommen über geistige Eigentumsrechte und Patente) Folgenabschätzungen für Entwicklungsländer gibt, behaupten sie im gleichen Atemzug, dies wäre für das GATS-Abkommen nicht möglich.

Bei Forderungen und Angeboten gegenüber den EU-Handelspartnern müssen die möglichen Folgen für die Armutsbekämpfung, den sozialen Zusammenhalt, für die flächendeckende und universelle Versorgung der Bevölkerung mit grundlegenden Diensten, sowie für die Wettbewerbsfähigkeit der Wirtschaft öffentlich diskutiert werden. Die Aufweichung von Arbeitnehmerrechten steht nicht zur Disposition. Die EU hat im Rahmen der GATS-Verhandlungen die Interessen der Bürgerinnen und Bürger und nicht jene der Konzerne zu verfolgen. Unregulierte Märkte bergen unkalkulierbare Risiken. Für alle.

Literatur

Huffschmid, Jörg (2001): Die Zähmung der Konzerne. Wirtschaftsmacht braucht demokratische Gegenmacht, in: Rudolf Hickel/Frank Strickrock (Hg.) Brauchen wir eine andere Wirtschaft?, Reinbek: Rowohlt

Malhotra, Kamel (2003): Making Global Trade work for people, veröffentlicht für das Entwicklungsprogramm der Vereinten Nationen, New York

Martens, Jens/Hain, Roland (2002): Globale Öffentliche Güter. Zukunftskonzept für die internationale Zusammenarbeit?, Veröffentlicht für die Heinrich-Böll-Stiftung und WEED, Bonn/Berlin

Kaul, Inge/Grunberg, Isabelle/Stern, Marc. A.(1999): Globale Öffentliche Güter. Internationale Zusammenarbeit im 21. Jahrhundert, veröffentlicht für das Entwicklungsprogramm der Vereinten Nationen, New York

Schaldek, Liane/Unmüßig, Barbara (2002): Nachhaltigkeit, wie sie die Weltbank sieht. Weltentwicklungsbericht 2003 zur nachhaltigen Entwicklung, in: Entwicklung und Zusammenarbeit Nr. 8/9 der Deutschen Stiftung für Internationale Entwicklung, Frankfurt

Social Watch Report 2002, Deutsches NRO-Forum Weltsozialgipfel, Bonn 2002

Sabine Krüger

Ein Element unter Druck
Wasser und Wassermärkte zwischen Regulierung und Privatisierung

1 Einleitung

Wasser ist, wie Leonardo da Vinci in seinem „Codex Leicester" zu Beginn des 16. Jahrhundert schrieb, der „Körper der Erde". Schon er war fasziniert von den gewaltigen Transformationen und den Bewegungen der Gewässer. Er hat sie studiert und mannigfach beschrieben. Wasser ist Bedingung allen Lebens, Naturprodukt, Grundnahrungsmittel. Wasser ist als eines der vier Elemente durch nichts ersetzbar. Es ist nicht überall gleichermaßen vorhanden und häufig nur regional verfügbar. Wasser ist keine beliebig herstellbare Ware, auch wenn für seine Bereitstellung und Reinigung ein Preis ermittelt werden kann, der regional höchst unterschiedlich ist.

Unabhängig von den verschiedenen Definitionsvorschlägen für globale öffentliche Güter, zählen doch nach der engeren Begriffsbestimmung die globale Umwelt im Allgemeinen und der Schutz der Meere und Wasserressourcen im Besonderen hierzu (vgl. Kaul et. al. 1999; Martens/Hain 2002). Wasser gehört zu den natürlichen globalen Gemeinschaftsgütern. Sein Nutzen reicht zweifellos über Bevölkerungsgruppen, Landesgrenzen und Generationen hinweg. Niemand sollte vom Konsum des öffentlichen Gutes Wasser ausgeschlossen werden, ebenso wenig wie vom Zugriff auf die Versorgungsinfrastruktur für qualitativ hochwertiges Wasser oder auf regional vom Zugang zu Wasserquellen. Doch die Realität sieht anders aus.

Wasser bedeckt knapp drei Viertel der Erdoberfläche, der Anteil an Süßwasser ist mit 2,5 % verschwindend gering. Die gerechte Verteilung der Wasserressourcen und der Schutz aquatischer Ökosysteme gehört deshalb zu den vordringlichsten Aufgaben beim Erhalt der natürlichen Lebensgrundlagen. Denn die Übernutzung und Verschmutzung der Oberflächen- und Grundwässer stellen neben der absoluten Knappheit von Trinkwasser in vielen Regionen der Welt ein hohes gesundheitliches Risiko für die Menschen dar. Mit dem Eingriff in natürliche Kreisläufe durch „Inwertsetzung", die Elmar Altvater am Beispiel der Region Carajas in Amazonien als Unterwerfung regionaler Räume einschließlich ihrer sozialen Strukturen, Kultur und Ressourcen unter die Logik des Weltmarkts beschreibt, wird ihre Funktionsweise gestört (Altvater 1987). Mit Blick auf die Komplexität des Wasserkreislaufs können die Speicherfunktion in Wäldern, die Reinigung über die Grundwasserfilterung, die Fruchtbarkeit der Böden u.v.m. beeinträchtigt werden.

Heute haben rund 1,2 Mrd. Menschen keinen Zugang zu sauberem und bezahlbarem Trinkwasser, v.a. Kinder und Frauen leiden darunter. Der Mangel an sauberem Trinkwasser und die Nutzung stark verunreinigter Gewässer sind die Hauptursache für hohe Krankheits- und Sterberaten. Fast 2,4 Mrd. Menschen haben keine Abwasserentsorgung und keine sanitären Einrichtungen. Der vom World Water Assessment Programm der UN 2003 herausgebrachte erste Weltwasserbericht beurteilt die Wasserkrise als diejenige Krise, die das Überleben des Planten Erde am meisten bedroht (WWAP 2003). Auch deshalb hat die UN das Jahr 2003 unter dem Motto „Wasser für die Zukunft" zum Jahr des Süßwassers erklärt.

Wie virulent die Debatte um den Schutz öffentlicher Güter derzeit ist und wie insbesondere Wasser und Wasserinfrastruktur unter Liberalisierungsdruck geraten, zeigen zwei Beispiele, die im folgenden diskutiert werden sollen: die Verhandlungen um das Dienstleistungsabkommen GATS der WTO und das Ringen um die Öffnung des bisher „geschützten" deutschen Wassermarktes.

2 Wasserinfrastruktur – oder: vom Element zum Markt

Wie in anderen Bereichen wird auch in Bezug auf zentrale Infrastrukturaufgaben von den Befürwortern die Dreieinigkeit von Privatisierung, Liberalisierung und Globalisierung als (heilbringender) Wert an sich beschworen. Privaten Unternehmen wird nahezu uneingeschränkt zugetraut, sie könnten selbst öffentliche Aufgaben besser und billiger als öffentliche Körperschaften erledigen.

Unter dem Druck weltweiter Liberalisierungsbestrebungen fand - von der Öffentlichkeit weitgehend unbemerkt - in den letzten Jahren in Deutschland eine Debatte um die Öffnung der Wasserversorgung für den Wettbewerb statt. Der Wassersektor stellt in Deutschland einen der letzten bedeutsamen Infrastruktursektoren mit wettbewerbspolitischen Ausnahmeregelungen dar. Nach dem Vorbild der Märkte für Strom und Telekommunikation sollte auch die Trinkwasserversorgung liberalisiert werden.

Dass mit den so genannten Umweltdienstleistungen auch die Trinkwasserversorgung in der aktuellen Verhandlungsrunde zum GATS (General Agreement on Trade in Services) auf die Tagesordnung gekommen ist, ist nur die konsequente Fortführung längst artikulierter Liberalisierungsabsichten. Formuliert werden sie nicht in erster Linie von Regierungen aus Ländern, die über keine nennenswerte Wasserversorgungsstrukturen verfügen, sondern von multinational und global agierenden Unternehmen, zumeist Giganten der Energieversorgung, die unter der Zauberformel multi-utility Synergieeffekte aus dem kombinierten Management (Verteilung, Abrechnung etc.) von Strom, Gas und nun auch Wasser erwarten. Die global player auf dem internationalen Markt wie RWE/Thames Water; Vivendi/

Générale des Eaux oder Suez/Odeon sind in ihrem Bemühen, die Marktöffnung in Europa zu beschleunigen und die Verhandlungsrunden zum GATS in Richtung ihrer Interessen zu beeinflussen, unermüdlich. Nach Schätzungen der Weltbank bewegt sich der Wert des weltweiten Wassermarktes bei ca. 800 Mrd. US-Dollar. Interessen am Wassermarkt artikulieren eine Reihe ehemaliger Strommonopole zum Beispiel E.on und die in diesem Bereich noch vor Kurzem eher unbedeutende RWE Umwelt Aqua. Sie übernahm für rund 7 Mrd. Euro zuzüglich der Schulden von rund 2,9 Mrd. Euro Thames Water. Quasi über Nacht gelangte RWE mit der Übernahme des größten privaten Wasserversorgers Großbritanniens an die Weltspitze der Wasserkonzerne (vgl. Enquete-Kommission 2002: 360ff).

Unter der Annahme, der Markt würde Waren und Dienstleistungen effizienter, kostengünstiger und gerechter bereit stellen können (siehe die Beiträge von Scheer und Scherrer in diesem Band), sind für die Befürworter auch die vielerorts „staatlich geschützten" Bereiche öffentlicher Daseinsvorsorge (Bildung, Infrastrukturaufgaben, Gesundheit etc.) nicht länger tabu. Doch gerade diese Bereiche haben zahlreiche Länder der europäischen Union bislang dem „freien Spiel der Märkte" entzogen. Es waren politische Entscheidungen, die souveräne Regierungen im Sinne des Gemeinwohls getroffen haben. Diese Politik stützt im Kern die These Kauls, die den Aspekt der Öffentlichkeit von global public goods gegen die Einverleibung des Begriffs durch den ökonomischen Diskurs stellt: Zur Öffentlichkeit des Konsums dieser Güter gehört die Öffentlichkeit der Entscheidung über die Bereitstellung der Güter und die Öffentlichkeit der Verteilung des Nutzens (vgl. Kaul 2001). Die Bereiche der Daseinsfürsorge unterstehen absichtsvoll jener Öffentlichkeit der Entscheidungen wenn sie in staatlicher oder kommunaler Hoheit organisiert und betrieben werden.[1]

Elmar Altvater hat sich in vielen seiner Bücher mit den Folgen von Liberalisierungs- und Privatisierungsstrategien für Mensch und Natur auseinandergesetzt. So beschrieb er beispielsweise in „Die Zukunft des Marktes" (1992) die Grenzen marktförmiger Vergesellschaftung und die Amoralität und soziale wie ökologische Blindheit des Marktes. Märkte bedürfen der politischen Regulation und funktionieren nur als Teil eines komplexen Netzwerks gesellschaftlicher Institutionen (84).

Insbesondere bei der Versorgung der Bevölkerung mit dem Nahrungsmittel Wasser trifft dies uneingeschränkt zu. Auch der Weltwasserbericht betont: „weil die Inwertsetzung von Wasser soziale und ökologische Prioritäten umfasst, sollte die Kontrolle über die Anlagen in den Händen der Regierungen und der Nutzer bleiben." (WWAP 2003: 28)

Die Aufgaben der öffentlichen Daseinsvorsorge können nicht unwidersprochen den nach Rendite trächtigen Anlagen suchenden Konzernen und daran verdienenden Investmentbanken überlassen werden. In welcher Art und Weise Wasserversorgungssysteme zwischen Liberalisierung und Privatisierung unter Druck geraten, wird im folgenden am Beispiel Deutschlands und der politischen Debatte um die GATS-Verhandlungen skizziert.

2.1 Der geschützte Markt – Besonderheiten der deutschen Wasserwirtschaft

In Deutschland ist die Wasserwirtschaft bisher mittels wettbewerbsrechtlicher Ausnahmeregelungen als Bestandteil der Daseinsvorsorge in besonderem Maße geschützt. Wasser ist in der Bundesrepublik das am strengsten kontrollierte Lebensmittel. Zur Sicherung der Versorgung sind kommunale und private Wasserversorger lt. § 103 (alte Fassung) des Gesetzes über die Wettbewerbsbeschränkungen (GWB) durch einen Gebietsschutz („geschlossene Versorgungsgebiete") vor Konkurrenz geschützt. Die „ordnungsgemäße Entsorgung" der Abwässer ist sogar eine hoheitliche Aufgabe.

Der Begriff „öffentliche Daseinsvorsorge" umfasst (nach Artikel 28 Absatz 2 Grundgesetz) explizit jene Bereiche, die eben nicht vom Markt, sondern - wie etwa die Trinkwasserver- und Abwasserentsorgung - von den Gemeinden im Rahmen eigener Gesetze in eigener Verantwortung geregelt werden sollen. Zu den „Angelegenheiten der örtlichen Gemeinschaft" gehören Versorgungsleistungen im Bereich Infrastruktur, im Umweltschutz, bei Bildung und Gesundheit. Allesamt Bereiche, die für das Zusammenleben, die Entwicklung und den Wohlstand eines Gemeinwesens unabdingbar sind.

Die deutsche Wasserwirtschaft sichert die Versorgung der Bevölkerung mit Trinkwasser und entsorgt die Abwässer unter Einhaltung weltweit führender ökologischer und gesundheitlicher Standards. Wasser kann überall zu jeder Zeit bedenkenlos genossen werden. Von wenigen regionalen Ausnahmen abgesehen ist Deutschland aufgrund klimatisch und geografischer Bedingungen ein Land mit ausreichendem Wasserangebot.

Die Trinkwasserver- und Abwasserentsorgung sind natürliche Monopole und traditionell aus kleinräumigen - regionalen und lokalen - Strukturen in Deutschland gewachsen. Weil die Wasserversorgung und Abwasserentsorgung zu den Aufgaben der Daseinsvorsorge zählen, obliegt die Wahl der Organisationsform der Gemeinde. Derzeit beträgt die Zahl der Wasserversorgungsunternehmen in Deutschland ca. 6.600 mit einem jährlichen Umsatz von rund 6,5 Mrd. Euro.[2] Ganz verschiedene Rechtsformen existieren hier nebeneinander. Insgesamt befinden sich rund drei Viertel der deutschen Wasserversorger in öffentlich-rechtlicher („kommunaler") Hand während ca. ein Viertel, wenn auch nicht ausschließlich, privat geführt werden. Nach Angaben des BGW existierten 2001: Regiebetriebe

(1,3%), Eigenverbände (36,7%), Zweckverbände (16,5%), Wasser- und Bodenverbände (3,9%), Eigengesellschaften (21,1 %), Öffentliche Gesellschaften als AG oder GmbH (6,9%) und gemischt öffentlich-privatwirtschaftliche Gesellschaften als AG oder GmbH (11,9%) (SRU 2002:489).[3] Lediglich 1,7 % der Versorger befinden sich in privater Hand ohne jede öffentliche Beteiligung.[4] Die Abwasserentsorgung erfolgt in aller Regel durch getrennte Unternehmen, mit rund 8000 Unternehmen liegt die Abwasserentsorgung zu 95 % in kommunaler Hand.

Formen der Privatisierung in der Wasserversorgung sind demnach längst an der Tagesordnung, gerade weil verschuldete Kommunen ständig auf der Suche nach privaten Investoren sind. Das Spektrum reicht von einer lediglich formalen Privatisierung durch eine Umwandlung der Rechtsform (vom Regie- oder Eigenbetrieb zur Eigengesellschaft) über eine „funktionale" Privatisierung des Betriebes (Betriebsführungs-, Pachtmodell) bis hin zur „echten", materiellen Privatisierung kommunalen Eigentums. Dies trifft auch für die Abwasserentsorgung zu, zumindest in den Ländern, die eine nach dem Wasserhaushaltsgesetz (WHG) zulässige Privatisierung inzwischen in ihren Landeswassergesetzen sowie entsprechenden Landesverordnungen verankert haben (z.B. Baden-Württemberg, Sachsen).

Traditionell sind die Strukturen der Trinkwasserversorgung und Abwasserbeseitigung mit den kommunalen Verwaltungen verwoben. Vor allem die Systeme der Abwasserentsorgung stellen oft den kostenintensivsten Part der städtischen Infrastruktur dar. Die Unterhaltung der Kanalnetze ist aufwendig, und häufig fehlt den Kommunen schlicht das Geld für nötige Investitionen in die Anlagen und Rohrsysteme. Angesichts der angespannten Haushaltslage in vielen Kommunen liegt das Motiv für die Übernahme von Geschäftsanteilen in kommunalen Wasserbetrieben durch private Investoren auf der Hand.

Es ist ein beliebtes, wenn auch kurzsichtiges Verfahren, das dringend benötigte Kapital zur teilweisen Sanierung von Haushaltsdefiziten durch Privatisierungsstrategien einzuholen. Mit wachsender Verschuldung der Kommunen nahm die Anteilsveräußerung von Wasserwerken zu. Gleichwohl verscherbelt man das Tafelsilber nur einmal: Denn vielfach gingen in den Kommunen mit der Privatisierung die bis dahin regelmäßigen wasserwirtschaftlichen Einnahmen nicht unwesentlich zurück. Überdies wurden die Einnahmen auch bei den kommunalen Betreibern nicht immer in den Ausbau und die Sanierung der Leitungs- oder Kanalnetze, sondern häufig in andere defizitäre Haushaltsbereiche, insbesondere in den öffentlichen Nahverkehr umgeleitet.

2.2 Pro und contra Liberalisierung

Die Befürworter der Liberalisierung führen eine Reihe von Argumenten ins Feld, die ihrer Auffassung nach zur Marktöffnung zwingen: Deutschland habe im internationalen und europäischen Vergleich die höchsten Wasserpreise. Die Wasserversorgung hierzulande sei zu kleinteilig und ineffizient organisiert. Der Qualitätsanspruch sei zu hoch und den deutschen Wasserversorgern würde so ein Eintritt in den internationalen Wassermarkt verwehrt bleiben. Überdies steht der deutsche Wassermarkt in den kommenden 10 bis 15 Jahren nach Schätzungen vor einem zusätzlichen Finanzbedarf von 150 bis 250 Mrd. Euro für die Sanierung der Rohrinfrastruktur (vgl. Deutsche Bank Research 2000:12).[5] Unumstritten wächst angesichts dieser Zahlen und der zunehmenden Verschuldung der öffentlichen Hand der Druck bei der Suche nach neuen Finanzierungswegen. Dennoch wird die Frage, ob eine Liberalisierung tatsächlich zu größeren unternehmerischen Freiräumen und einem Mehr an Effizienz in der Wasserversorgung führen könne, äußerst kontrovers diskutiert.

Generell werden zunehmend Zweifel an der Leistungsfähigkeit öffentlicher Unternehmen laut und mehr Wirtschaftlichkeit verlangt - nicht nur im Bereich der Wasserversorgung. Dabei bleibt nahezu ungeprüft, ob private Unternehmen hierzu in der Lage sind. Dies wird als selbstverständlich angesehen.

Auf der anderen Seite stehen dem nach Auffassung der Gegner einer Liberalisierung folgende Vorteile gegenüber: Deutschland hat den niedrigsten Pro-Kopf-Verbrauch an Wasser in Europa. Der Anschlussgrad ist am höchsten. Die Abrechnungsart bietet ein hohes Maß an verbrauchsgerechter Bemessung. Die kommunale Wasserwirtschaft leistet einen nicht zu unterschätzenden Beitrag zum Schutz der Gewässer, und die Qualitäts- wie auch Versorgungsstandards sind auch durch Sanierungs- und Modernisierungsmaßnahmen weltweit führend.[6]

Für die deutsche Debatte waren zwei Studien von entscheidendender Bedeutung. Zum einen hatte das eher um Liberalisierung bemühte Wirtschaftsministerium bereits unter Werner. Müller im Jahre 2000 ein Fachgutachten über die Chancen und Rahmenbedingungen einer Marktöffnung in Auftrag gegeben (Ewers et al. 2001). Das Gutachten sollte v.a. die Folgen einer Streichung des kartellrechtlichen Gebietsschutzes der Wasserversorgung eruieren. Zum anderen beschäftigte sich eine Untersuchung des Umweltbundesamtes mit den Auswirkungen auf den Gesundheits- und Umweltschutz bei einer möglichen Liberalisierung (Brackemann et.al. 2001). Darüber hinaus erhielt die nach einer ersten politischen Absage für die Wassermarktöffnung schon für beendet erklärte Debatte mit der Verhandlungsrunde zum GATS erneut einen kräftigen Impuls. Beide Berichte standen sich im Kern diametral gegenüber: Das so genannte Ewers-Gutachten vom BMWA pro und das UBA-Gutachten contra Liberalisierung.[7]

Das Gutachten der Befürworter fragte trotz des vielversprechenden Titels „Optionen, Chancen und Rahmenbedingungen einer Marktöffnung für eine nachhaltige Wasserversorgung" lediglich nach dem „wie" einer Liberalisierung und war gar nicht angetreten, tatsächlich die Vor- und Nachteile abzuwägen (zur Kritik vgl. SRU 2002: 4989ff.). So sprach sich das Gutachten vorbehaltlos für eine Liberalisierung aus, die zu einer Kostenreduzierung für die Verbraucher und zu einer gesteigerten Wettbewerbsfähigkeit der Wasserversorger auf dem internationalen Markt führen soll.

Nach Ansicht der Autoren kommt zunächst die Option „Wettbewerb im Markt" in Betracht. Gemeint ist v.a. die Aufhebung des Gebietsschutzes für private Wasserversorger (§103 GWB a.F.) und der Verzicht der Kommunen auf ihr Recht, Anschluss- und Benutzungszwang satzungsgemäß zu verordnen. Vom Ende der geschlossenen Versorgungsgebiete wären rund 30 Prozent der Wasserversorger betroffen. Dass eine Aufhebung dieses Gebietsschutzes dem Grundsatz einer regionalen Wasserkreislaufwirtschaft widerspricht, interessierte die Autoren wenig. Auch technischen Problemen stünde mit dem Bau von Stichleitungen und der Durchleitung vorher aufbereiteter Wässer durch die Rohrleitungssysteme nichts im Wege.

Mit der zweiten Option „Wettbewerb um den Markt" wird eine stärkere Konkurrenz um Versorgungsgebiete angestrebt, wobei durch Ausschreibungswettbewerbe die Aufgabenwahrnehmung an Private übertragen werden soll und die geschützten Gebietsmonopole erhalten bleiben. Lediglich die erste Option wäre eine „echte Liberalisierung" (vgl. SRU 2002).

Die Befürworter argumentieren mit ineffizienten Strukturen und überhöhten Wasserpreisen in Deutschland. Erstere werden jedoch bereits mit Wettbewerbselementen (Wettbewerb um Beteiligung, kartellrechtliche Preisaufsicht u.ä.) zu optimieren versucht, letztere sind nicht ohne weiteres international vergleichbar.[8] Überdies stecken hinter den Wassergebühren in Deutschland abgesehen von dem hohen Fixkostenanteil eine Reihe von Zusatzleistungen, die die Wasserwirtschaft im Natur- und Umweltschutz erbringt. In seiner Beurteilung kommt der SRU zu dem Ergebnis, dass „beide Liberalisierungsoptionen (...) mit schwerwiegenden Problemen verbunden sind, die einer hinreichend hohen Wettbewerbsintensität entgegenstehen und damit Effizienzgewinne nur in beschränktem Umfang erwarten lassen" (SRU 2002: 501). Auch die Kostensenkungspotenziale würden im Vergleich zu jenen in der Elektrizitätswirtschaft und Telekommunikation mit einem Jahresumsatz von zusammengenommen rund 125 Mrd. Euro gegenüber der Wasserwirtschaft mit gerade rund 6,5 Mrd. Euro eher gering ausfallen.[9]

Von größerer Bedeutung sind jedoch die Einwende aus umwelt- und gesundheitspolitischer Sicht. So steht bei einer Liberalisierung zu befürchten, dass die bisher erzielten Erfolge auf dem Weg zu einer nachhaltigen Wasserwirtschaft zunichte gemacht werden. So würde ein „Wettbewerb im Markt" letztlich zu einer verstärkten Fernwasserversorgung führen. Wasser ist nicht wie Strom und kann weder überall beliebig eingespeist oder durchgeleitet noch gemischt und über weite Entfernungen ohne weiteres verbracht werden.[10] Dies würde einerseits eine stärkere Desinfektion des Wassers erfordern, wobei die kostengünstigste Variante eine massive Chlorierung des Wassers darstellt. Dies war in den 1960er und 1970er Jahren gängige Praxis, und sie war gesundheitspolitisch bedenklich genug, um nicht zu ihr zurückzukehren. Andererseits steht die Fernwasserversorgung der Regionalität der Wassergewinnung, der Bindung an Naturräume und dem damit verbundenen Schutz lokaler Grundwasservorkommen entgegen. Unternehmen sind zuerst gewinn- und nicht per se gemeinwohlorientiert. Es wäre durchaus möglich, dass sie aus Gründen der Kostenersparnis die Qualitätssicherung (Wasserreinheit, Rohrnetzpflege, Verluste u.a.) vernachlässigen. In einem liberalisierten Markt sind Standards und Qualitätskontrollen schwerer durchzusetzen bzw. erfordern eine schärfere umwelt- und gesundheitspolitische Kontrolle beim Vollzug gesetzlicher Vorgaben. Erfahrungen aus England belegen, dass die Durchsetzung von Standards häufig auf großen Widerstand bei den privaten Betreibern führt und sich zahlreiche Monitoringprobleme ergeben. Überdies werden die ohnehin bescheidenen Effizienzgewinne durch Zusatzkosten für Kontrolle und Monitoring nahezu aufgezehrt (vgl. SRU 2002: 504f). Letztlich belegt selbst das Ewers-Gutachten (wenn auch unfreiwillig), dass ein Wettbewerb im Markt beim Grundnahrungsmittel Wasser nicht zu verantworten wäre. Nach einschlägigen Erfahrungen führt der Wechsel zu privaten Unternehmen grundsätzlich zu einer Verminderung der staatlichen Einflussmöglichkeit hinsichtlich Art und Weise sowie Qualität und gewünschter Nebeneffekte (z.B. Grundwasserschutz) der Wasserversorgung. Insgesamt resümiert deshalb der Umweltrat, „dass durch eine weitere Privatisierung bzw. Liberalisierung der Wasserversorgung vermutlich wenig zu gewinnen, aber möglicherweise viel zu verlieren wäre" (SRU 2002:509).

2.3 Politische Entscheidung für eine Nachhaltige Wasserwirtschaft

Aus ökologischen und gesundheitlichen Gründen hat eine lokale Wassergewinnung und -nutzung Vorrang. Ein Schutz der regionalen Wasserkreisläufe ist nur mit dem Erhalt des wettbewerbsrechtlichen Gebietsschutzes zu gewährleisten. Nachhaltige Wasserwirtschaft ist dem Umwelt- und Verbraucherschutz verpflichtet und soll eine Wasserversorgung ohne Übernutzung der aquatischen Ökosysteme zu sozial verträglichen und ökonomisch angemessenen Preisen sicherstellen. Sie muss sich an einer Reihe von Grundsätzen orientieren und nicht einseitig am Preis- und Effizienzverhältnis auf dem Markt. Sie umfasst vielmehr Aufgaben der Versorgungssicherheit und des Gesundheits- wie Umweltschutzes. Dazu gehört eine effektive und vorsorgeorientierte Gewässerschutzpolitik, der Vorrang der lokalen/regionalen Versorgung, eine strikte Orientierung am Prinzip der Schadstoffminimierung und eine sozialverträgliche Ausgestaltung der Gebühren- und Preisstrukturen. Das Ziel einer nachhaltigen Wasserpolitik - sauberes Wasser in ausreichender Menge auch für nachfolgende Generationen - lässt sich nur durch einen Ressourcen schonenden Umgang durch die heutige Generation erreichen. Dies erfordert heute schon Maßnahmen zum Schutz des Bodens (seiner Filter- und Speicherfunktionen), den Schutz des Grundwassers, Verbrauchseinsparungen sowie die Reinhaltung unserer Quell- und Oberflächengewässer. Für den Schutz der Gewässer ist es unabdingbar, dass auch das Ausweisen und Überwachen von Wasserschutzgebieten (Grundwasserschutz) weiterhin im unmittelbaren Aufgabenbereich der Städte und Gemeinden verbleibt. Kommunal kontrollierte Organisationen sind für die Aufgaben eines vorsorgenden Grundwasserschutzes und die Landschaftspflege viel besser geeignet als marktförmige Organisationen. Freilich sind weitere staatliche Anstrengungen zum Schutz des Grundwassers und der Oberflächengewässer - etwa die Bekämpfung verschiedenster Einträge (Pestizide, Nitrat, etc.) - zum Erhalt der Wasserqualität notwendig.

Gestützt auf die Studie des UBA und in Übereinstimmung mit den Positionen im BMU (BMU 2001) hatte sich bereits im Herbst 2000 auch die 55. Umweltministerkonferenz mehrheitlich zu der Forderung bekannt, die Wasserversorgung auch zukünftig in den Hände der Kommunen zu belassen. Gegen die Liberalisierung der deutschen Wasserversorgung hatten sich Kommunen, Verbände (wie etwa der BGW, Deutsche Städte- und Gemeindebund), NGOs, Umweltpolitiker und Gewerkschaften ausgesprochen. Mit dem Antrag von SPD und Bündnis 90/Die Grünen „Nachhaltige Wasserwirtschaft in Deutschland" (Deutscher Bundestag 2002)[11] wird der Liberalisierung der deutschen Wasserwirtschaft wie auch der grundlegenden Neuordnung der Wasserwirtschaft durch die Streichung des kartellrechtlichen Ausnahmetatbestandes nach § 103 GWB (a.F.) eine deutliche Absage erteilt. Mit dem Gebietsschutz (Gebietsmonopol) für die Wasserversorger bleibt auch die regionale Wasserbewirtschaftung erhalten.

Unbestritten bleibt, dass der zunehmende europäische Wettbewerb eine Neustrukturierung der deutschen Wasserwirtschaft erzwingt und erheblicher Modernisierungsbedarf in der Wasserwirtschaft besteht. Hier sind Verbesserungen des Ordnungsrahmens vorstellbar. Etwa können zur Kostensenkung regionale Zusammenschlüsse von Wasser- und Abwasserbetrieben (Querverbund) gebildet und die Zusammenarbeit von regional benachbarten Unternehmen (Kooperation) gefördert werden. Es ist durchaus sinnvoll Wasserversorgung und Abwasserentsorgung unternehmensintern zusammenzuführen und mit unternehmensübergreifender Kooperation über Bezirksgrenzen hinweg (Verbünde) Synergieeffekte in bezug auf gemeinsame Betriebsführung zu fördern. Eine durch Querverbund und Kooperation erreichte Stärkung ist schon angesichts der Finanzsorgen der Kommunen notwendig. Der Querverbund könnte beispielsweise durch die Beseitigung der steuerlichen Ungleichbehandlung von Trinkwasser und Abwasser durch die Einführung eines einheitlichen, reduzierten Mehrwertsteuersatzes von 7 Prozent als Teil der Daseinsvorsorge gefördert werden.[12] Durch den dann möglichen Vorsteuerabzug sind bei größeren Investitionsvorhaben sogar Kostensenkungen denkbar.

Für die Zukunft ist Privatisierung sicherlich ein gangbarer Weg - doch nur mit Maß und Ziel. Auch bei Privatisierungsentscheidungen dürfen die Kommunen ihre Kontroll- und Einflussmöglichkeiten nicht aus der Hand geben. Dies gilt für die bloße Änderung der Rechtsform des Kommunalunternehmens ebenso wie für eine echte, materielle Privatisierung durch den Verkauf von Unternehmensanteilen. Schließlich können voreilig und rechtlich unüberlegte Privatisierungen für Kommunen schwerwiegende Folgen haben (vgl. Fischer/Zwetkow 2003). Angesichts der Risiken müssen Kommunen besser als bisher über die Bedingungen der Privatisierung aufgeklärt werden. Vor allem müssen die Kommunen vertraglich geregelte Einflussmöglichkeiten behalten, die sie vor dem Verlust der kommunalen Kontrolle bewahren, denn dazu reicht eine prozentuale Anteilsmehrheit der Kommune allein nicht mehr aus. Weitergehende internationale Wettbewerbsfähigkeit für größere Kommunalunternehmen schließlich kann auch durch eine bessere Zusammenarbeit von Stadtwerken, Anlagenbauern, Bauunternehmern, Consulting-Firmen gefördert werden.

Für den deutschen Wassermarkt wurde die Liberalisierung zunächst abgewendet. Doch auch in der Bundesrepublik ist nicht davon auszugehen, dass private Anbieter oder auch das BMWA die Hoffnung auf Marktöffnung mittel- bis langfristig aufgeben. Zwar hatte aufgrund der politischen Richtungsentscheidung und wachsender Kritik von Kommunen, NGOs, Umweltpolitikern und Gewerkschaften das Wirtschaftsministerium mehrfach betont, dass es bei Liberalisierungen in Zukunft keinen Alleingang Deutschlands mehr geben werde, trotzdem wurden mit einigen Entscheidungen bereits Fakten geschaffen, die anderes vermuten lassen: Im Zuge gesetzlicher Änderungen für die Liberalisierung des Strom- und Telekommunikationsmarktes wurde für die Wasserversorgung eine Sonderregelung formuliert, die „bis zur Aufhebung durch ein Bundesgesetz“ gültig sein soll. Die Überführung der §§ 103 und 103a (alt) GWB (Gebietsschutz) hat letztlich noch immer die Streichung und damit die Abschaffung des Gebietsschutzes zum Ziel.

Trotz der Erkenntnis, dass Wasser nicht wie Strom liberalisierbar sei, haben die Angriffe auf die kommunale Daseinsvorsorge und v.a. die Wasserversorgung nicht aufgehört. So warnt ein Vertreter der Hamburger Wasserwerke in der Zeitschrift für Kommunale Wirtschaft: „Die Branche müsse teuflisch aufpassen, dass nicht unter dem freundlichen Banner ‚Modernisierung‘ weiter die Ziele durchgesetzt werden sollen, die sich von interessierter Anlegerseite unter der Flagge ‚Liberalisierung' nicht erreichen ließen (ZfK 2002).

3 Neue Versuche der Marktöffnung: Wasser und GATS

3.1 Umweltdienstleistungen nicht länger tabu

Mit dem GATT (General Agreement on Tarifs and Trade) war in der Vergangenheit der Ordnungsrahmen für den Welthandel im Wesentlichen auf den Handel mit Waren ausgerichtet. Mit der Gründung der WTO 1995 als eigenständiger Institution (gegenüber dem GATT, das lediglich ein Vertrag war) wurde das Welthandelsregime als Regulierungsinstrument beachtlich aufgewertet. Der Freihandelsdoktrin folgend, die Wohlstandsmehrung vor allem durch grenzüberschreitenden Handel mit Waren und Dienstleistungen begründet sieht, wurden weitere Bereiche der WTO unterstellt und Entscheidungen mit weitreichenden Konsequenzen vorbereitet. In der Uruguay-Runde wurde mit dem GATS (General Agreement on Trade in Services) ein Regelwerk auf die Tagesordnung gesetzt, das nun auch den Schutz geistiger Eigentumsrechte und den Handel mit Dienstleistungen betrifft.

In der Globalisierung hat der Handel mit Dienstleitungen eine enorme Bedeutung erlangt. So beträgt der Anteil der Dienstleistungen am BIP in der Gruppe der Länder mit hohem Einkommen 65%, in der Gruppe der Länder mit mittlerem Einkommen 56 % und in jener mit niedrigem Einkommen 38% (vgl. WTO:2001). Die übergroße Zahl der Dienstleistungsimporte erfolgt jedoch mit 72% aus den USA, der EU und Japan. Lediglich ein Drittel dieser Exporte kommt aus den Entwicklungsländern. Nach Einschätzung von WEED dokumentiert diese Aufteilung die fortbestehende Asymmetrie im Handelsbereich (vgl. WEED 2003). Nach Artikel I des GATS werden vier Erbringungsarten (modes) für den Handel mit Dienstleistungen unterschieden: erstens die grenzüberschreitende Lieferung, zweitens der Konsum von Dienstleistungen im Ausland, drittens die kommerzielle Präsenz im Ausland und viertens die zeitweise Migration von Dienstleistungserbringern. Damit umfasst das GATS nicht mehr nur den Handelsbereich, sondern auch Direktinvestitionen und Arbeitsmigration (vgl. Enquete-Kommission 2002: 146ff.; Heinrich Böll Stiftung 2003). Das GATS ist demnach „im Kern ein Investitionsschutzvertrag“ (Fritz 2002: 2), der möglicherweise auch Inhalten aus dem vor einigen Jahren durch zivilgesellschaftliche Intervention verhinderten Multilateralen Investitionsschutzabkommen (MAI) zur Durchsetzung verhelfen soll.

Das GATS betrifft grundsätzlich alle Dienstleistungen und somit auch die so genannten Umweltdienstleistungen. Während bei der Uruguay-Runde die einzubeziehenden Bereiche unter der Überschrift: „environmental services“ (sewages services, refuse disposal services, sanitation and similar services and other) relativ unspezifisch gefasst waren, wurde auf Initiative der EU eine weitere Unterteilung in sieben Sektoren vorgeschlagen. Darunter wird nun auch explizit die Trinkwasserver und Abwasserentsorgung gefasst (water for human use & wastewater management, vgl. WTO 2000).

„Die politische Brisanz der GATS-Verhandlungen liegt vor allem darin, dass die bedeutsamsten Hemmnisse für den internationalen Handel mit Dienstleistungen nicht - wie bei Waren - in traditionellen Maßnahmen der Zollpolitik, sondern in innerstaatlichen Regelungen bestehen" (Heinrich Böll Stiftung 2003: 4). Insbesondere mit dem Artikel VI (domestic regulation) „greift das GATS weit in die Innenpolitik der WTO-Mitglieder ein und berührt nicht selten zentrale und sensible Bereiche staatlicher Regelungshoheit" (ebd.). Es ist im vorangegangenen gezeigt worden, dass die Trinkwasserversorgung ein solcher sensibler Bereich ist. Die hohe Qualität des deutschen Trinkwassers und die Standards bei der Abwasserentsorgung basieren auch auf einem komplizierten Geflecht von Gesetzesvorgaben, definierten Normen und Verordnungen. Eine Vereinheitlichung über das GATS würde - aus Sicht der deutschen Wasserversorgung - zwangsläufig zu einer Absenkung der Standards führen.

Durch GATS werden alle den Handel mit Dienstleistungen betroffenen Maßnahmen in den Mitgliedstaaten beeinflusst, ohne dass es einer gesonderten innerstaatlichen Umsetzung bedarf.[13] Das heißt auch, dass nach einer etwaigen Öffnung nationalstaatliche Entscheidung zum Schutz bestimmter Märkte keinen Bestand mehr haben bzw. nicht mehr getroffen werden können.[14]

3.2 Liberalisierung der europäischen Wassermärkte verhindert

Im krassen Gegensatz zur politischen Bedeutung der anstehenden Entscheidungen war die Mitsprache und Kontrolle durch die nationalen Parlamente und die zivilgesellschaftlichen Organisationen der WTO-Mitgliedstaaten im Verhandlungsprozess zum GATS lange Zeit weniger als zufriedenstellend. Schwerwiegender wird dies noch angesichts der Tatsache, dass die einmal eingegangenen Liberalisierungsverpflichtungen nicht ohne weiteres zurückgenommen werden können. Diese Praxis unterhöhlt die Freiheit demokratischer Entscheidungen in den Mitgliedsstaaten (vgl. WEED 2001). Die WTO-Mitglieder waren aufgefordert, bis Juli 2002 den betreffenden Staaten ihre Marktöffnungsforderungen (requests) zu übersenden. Die EU-Kommission verhandelte stellvertretend für die Mitgliedstaaten über die im Rahmen des GATS zu tätigenden offers und requests. Im April 2002 kam eine vorläufige, vertrauliche Wunschliste der EU-Kommission an die Öffentlichkeit, die Marktöffnungsforderungen der Kommission an 29 Industrie- und Schwellenländer enthielt. In ihr tauchten unter anderem die Märkte im Wasserbereich (Gewinnung, Reinhaltung, Verteilung von Wasser sowie Abwasserbeseitigung und Abwasseraufbereitung) auf. „Die Kommission fordert darin durchgängig, dass im Wassersektor die GATS-Erbringungsarten 1, 2 und 3 vollständig liberalisiert werden und sämtliche Beschränkungen des Marktzugangs und der Inländerbehandlung zu beseitigen sind" (www.gatswatch.org/request-offers-htm, zit. nach Heinrich Böll Stiftung 2003: 8). Bis Ende März 2003 sollten die Marktöffnungsangebote gegenüber Drittstaaten erfolgt sein.

Anfang Februar dieses Jahres wurde der erste Entwurf des offiziellen EU-Angebotes zur Beratung an die Mitgliedsstaaten versandt.[15] Die nationalen Parlamente erhielten gerade eine Frist bis zum 30. März 2003 um die Vorlage zu prüfen und zu diskutieren bzw. Änderungsvorschläge einzureichen. Deshalb wurde von verschiedener Seite die Praxis der Intransparenz und Geheimhaltung der Verhandlungsschritte und -inhalte kritisiert. Erst nach zahlreichen Aufforderungen von Seiten betroffener Verbände und Parlamentariern der Regierungskoalition an die zuständige Generaldirektion und die zuständigen Bundesministerien begannen auf europäischer und nationaler Ebene Konsultationsprozesse. In Deutschland ist das Bundesministerium für Wirtschaft und Arbeit federführend bei den GATS-Verhandlungen. Parlamentarier der rot-grünen Koalition kritisierten das nicht transparente Vorgehen[16] und die Vorschläge zur Erweiterung der Umweltdienstleistungen wie auch anderer Bereiche der Daseinsfürsorge, insbesondere zur Öffnung des Trinkwasserbereichs. Sie schlossen sich damit der Forderung zahlreicher Nichtregierungsorganisationen und dem vom schwedischen Parlament eingebrachten Vorbehalt gegen die umfangreiche Liberalisierung von Umweltdienstleistungen an.

Anfang April 2003 führte der Ausschuss für Wirtschaft und Arbeit des Deutschen Bundestages eine öffentliche Anhörung zum Thema GATS (v.a. den Chancen und Risiken für Wirtschaft und Beschäftigung) durch, in der neben Vertretern von Verbänden aus der Wirtschaft auch Gewerkschaften und Nichtregierungsorganisationen angehört wurden. Vertreter von ATTAC und WEED wiesen neben Vertretern der Gewerkschaften und Abgeordneten aus den Koalitionsfraktionen darauf hin, dass eine Liberalisierung der öffentlichen und privaten Dienstleistungen im Bereich Umwelt- und Verbraucherschutz unbedingt zu vermeiden sei. Auch andere Bundestags-Ausschüsse (etwa für Bildung, Kultur, Verkehr, Umwelt) haben sich eingehend mit dem EU-Vorschlag beschäftigt und Voten bzw. Änderungsvorschläge eingereicht. In dem mit kurzer Verzögerung eingegangenen Angebot der EU-Kommission verzichtet die Kommission darauf, in das Angebot die Trinkwasserverteilungsdienstleistungen aufzunehmen.

3.3 Widersprüche zwischen requests und offers

Für die meisten Länder der europäischen Union bleiben die Wassermärkte derzeit geschützte Märkte. Mit wachsender Sorge werden jedoch die von der EU gegenüber Drittstaaten abgegebenen Liberalisierungsforderungen bewertet. Denn sie betreffen zahlreiche sensible Bereiche. Im einzelnen hat die EU-Kommission an 109 Staaten Liberalisierungsanforderungen formuliert. Auch deutsche Firmen sind besonders interessiert an Finanzdienstleistungen, der Energieversorgung und Telekommunikation, dem Tourismussektor, dem Transportbereich und an Umweltdienstleistungen. Für Umweltdienstleistungen gingen requests an 72 Schwellenländer. Der bislang noch nicht explizit im GATS erfasste Trinkwasserbereich nimmt dabei eine prominente Stellung ein (vgl. WEED 2003). Schon die Enquete-Kommission „Globalisierung" des Bundestages hatte in der 14. Wahlperiode in ihren Empfehlungen zum GATS dringend darauf hingewiesen, die Folgen der GATS-Verhandlungen für die Schwellenländer, insbesondere im Bereich der Daseinsfürsorge, zu prüfen (Enquete-Kommission 2002: 369ff).[17]

Es ist durchaus richtig, dass die Schwellenländer auch privates Kapital für die Bereitstellung und Erhaltung einer Trinkwasserinfrastruktur benötigen, denn die geschätzten notwendigen Investitionssummen bewegen sich im dreistelligen Milliardenbereich, jedoch zeigt das Gros der Erfahrungen mit Privatisierungen der Wasserversorgung in Ländern des Südens, dass häufig nur die Wohlhabenden von der neuen Infrastruktur profitieren und durchaus staatliche Eingriffe notwendig sind, um die bedürftigen Teile der Bevölkerung mit sauberem und erschwinglichem Trinkwasser zu versorgen.[18] Schon lange vor den Liberalisierungsanfragen im Rahmen der GATS-Verhandlungen waren internationale und staatliche Entwicklungsorganisationen dazu übergegangen, die globale Wasserkrise auch mittels Public Private Partnerships überwinden zu helfen. Gemeinsam mit privaten Anbietern und finanziert durch öffentliche Entwicklungszusammenarbeit oder auch Kreditvergabe waren zahlreiche Trinkwasser- und Abwasserinfrastrukturprojekte in Ländern des Südens auf den Weg gebracht worden. Nicht immer entsprechen die Ergebnisse den zentralen Anliegen der Entwicklungszusammenarbeit. Zuweilen wird die Frage gestellt, ob hier nicht statt Armutsbekämpfung mit den ohnehin knappen öffentlichen Mitteln Förderung für Großkonzerne stattfindet (vgl. Hoering 2001). Eine Evaluierung etwa der deutschen PPP-Projekte im Wassersektor steht noch aus.

Dennoch gibt es zur Beteiligung privater Finanzgeber beim raschen Aufbau einer ausreichenden, zuverlässigen und bezahlbaren Wasserversorgung für die ärmsten Regionen derzeit keine Alternative. Um so wichtiger ist es, dass für PPP-Vorhaben klare Rahmenbedingungen und Kontrollmechanismen formuliert bzw. realisiert werden. Hierzu gehören: die Beibehaltung der Regierungsverantwortung beim Schutz und der Verwaltung der heimischen Wasserressourcen, eine unabhängige Überprüfung der Projekte, die stärkere Beteiligung der Gewerkschaften und Vertreter des öffentlichen Sektors, der Kampf gegen Korruption im Wasserbereich und die Abkehr von der Forderung der Anbieter und internationalen Finanzinstitutionen nach der Privatisierung im Wassersektor als Bedingung für die Kreditvergabe. Die Versorgung großer Teile der Bevölkerung mit Trink- und Abwassersystemen (Brunnen, Be- und Entwässerungsstrukturen) kann schon wegen der besonderen Eigenschaften, der Verfügbarkeit und Qualität des Wassers eher durch viele kleine und v.a. dezentrale Versorger sicher gestellt werden, die durch Kooperationsverbünde zusammengeschlossen und in Bezug auf Preisgestaltung und Qualitätsstandards (Gesundheit und Umwelt) staatlich überwacht werden müssen. In diese Projekte sollten die Mittel der internationalen Entwicklungszusammenarbeit fließen. Privates Geld sollte dort willkommen sein, wo Anbieter bereit und in der Lage sind, gemeinsam mit den lokalen Behörden, Strukturen einer nachhaltigen und somit regionalen Wasserwirtschaft zu etablieren. Eine breite gesellschaftliche Allianz aus entwicklungspolitischen Nichtregierungsorganisationen, Verbänden, Gewerkschaften, Kirchen und Parlamentariern der Regierungskoalition hat die EU-Kommission aufgerufen, auf die Liberalisierungsforderungen an Schwellenländer v.a. auch im Wasserbereich zu verzichten. Gleichwohl lassen sich die ergangenen Forderungen nicht mehr zurücknehmen, die Schwellenländer können jedoch in der kommenden Verhandlungsrunde die Forderungen ablehnen. Bei der laufenden WTO-Runde wird es darauf ankommen, auch die Wassermärkte in den betroffenen Ländern in angemessener Weise gegen die Angriffe des freien Marktes zu schützen.

Zwar hat die Europäische Kommission mit ihrem GATS offer keine Schritte zur Liberalisierung der europäischen Wassermärkte eingeleitet, jedoch hat es deutliche Bestrebungen von Seiten Frankreichs und Großbritanniens gegeben, dieses zu tun. Man kann nicht davon ausgehen, dass die multi-utility-Konzerne ihre Ambitionen ohne weiteres oder endgültig aufgeben werden. Das angestrebte Ende der derzeitigen GATS-Runde wurde mit Anfang 2005 fixiert, bis dahin kann noch sehr viel im Wettlauf um die Liberalisierung von Umweltdienstleitungen geschehen. Obgleich zunächst abgewendet, sieht es nicht danach aus, als ob die EU-Generaldirektion für Wettbewerb diesen Gedanken für immer fallen gelassen hat. Der EU-Kommissar für den Binnenmarkt, Frits Bolkestein, hat im vergangenen Jahr immer wieder und vehement die Öffnung des Wassermarktes für den gemeinsamen Markt gefordert. Die EU-Kommission hat zunächst von einer geplanten Rahmenrichtlinie für den Bereich der Daseinsvorsorge Abstand genommen, doch arbeitet die Kommission derzeit an einem Grünbuch zur Daseinsvorsorge. Es besteht die Befürchtung, dass durch die strenge Auslegung des Europäischen Gemeinschaftsrechts - hier vor allem der Regeln des europäischen Wettbewerbs - das gewachsene Netzwerk der Daseinsfürsorge auf regionaler Ebene in Frage gestellt werden könnte. Anfang Mai 2003 veröffentlichte die EU-Kommission einen 10-Punkte-Plan zu ihrer Binnenmarktstrategie für den Zeitraum 2003 bis 2006. Darin heißt es: „Die Kommission wird aufgrund der starken Fragmentierung die Wettbewerbssituation im Wassersektor prüfen, um zukünftig möglicherweise auch gesetzgeberische Maßnahmen zur Modernisierung ergreifen zu können. Keine Ruhe für den europäischen Wassermarkt!

4 Wasser gehört nicht den Märkten, Wasser gehört den Menschen

Mit der UN-Konferenz für Umwelt und Entwicklung 1992 in Rio de Janeiro war die Weltgemeinschaft angetreten, auch die internationale und nationale Wasserversorgung als nachhaltige Politik zu gestalten. Bei den internationalen Bemühungen zur Lösung der Wasserkrise stehen Armutsbekämpfung, soziale Entwicklung und Umweltschutz, aber auch wirtschaftliche Entwicklung, Landwirtschaft und Wassernutzung für Wirtschaftstätigkeit im Blickfeld. Die Agenda 21 definierte im Kapitel 18 Ziele für den Schutz und die Bewirtschaftung der weltweiten Süßwasserressourcen. Der UNCED war im selben Jahr (1992) in Dublin eine Internationale Konferenz Wasser und Umwelt vorangegangen, bei der man sich auf Grundprinzipien einigte, um der Vernutzung und Verunreinigung der Wasserressourcen Einhalt zu gebieten. Nach 1992 folgten eine ganze Reihe internationaler und nationaler politischer Initiativen resp. eine Flut von Bestandsaufnahmen, Studien und Symposien, die Wege eines nachhaltigen Umgangs mit Wasser auszuleuchten versuchten. Seit dem wurden verschiedenste Veränderungen beim Umgang mit dem kostbaren Gut Wasser und im Wassermanagement angeregt und die Wasserversorgung ins Zentrum der Debatte um nachhaltige Entwicklung gerückt (vgl. WWAP 2003).

So diskutierten Vertreter verschiedener Regierungen, der Weltbank, der Industrie und umwelt- wie entwicklungspolitischen Gruppen die Widersprüche zwischen Nachhaltigkeit und der Gigantomanie und Naturblindheit der Wassernutzung zur Energiegewinnung in Staudammbauten. Der Bericht der World Commission on Dams (WCD) von 2000 resümiert: Dämme leisten zwar einen wichtigen Beitrag zur Strom- und Wasserversorgung, haben aber in der Vergangenheit verheerende Auswirkungen für Mensch und Natur mit sich gebracht. Deshalb wurden unverzichtbare Kriterien für die Planung, den Bau und Betrieb sowie für die Kontrolle von Staudämmen definiert.

Bei der Weltwasserkonferenz in Bonn 2001 wurde der Dialog um Wege und Bedingungen einer nachhaltigen Wasserbewirtschaftung auch unter dem Aspekt der Berücksichtigung aller betroffenen Akteure fortgeführt. Mit der Millenniumserklärung der Staats- und Regierungschefs vor der Generalversammlung der UN vom September 2000 verpflichtete sich die Welt auf ein umfangreiches Paket entwicklungspolitischer Ziele. Als vorrangig werden die Bekämpfung der Armut und eine nachhaltige Entwicklung angesehen. Eine wichtige Grundlage hierfür sei das Ziel, den Anteil der Menschen ohne Zugang zu sauberem oder bezahlbarem Wasser bis zum Jahr 2015 zu halbieren, die nicht-nachhaltige Ausbeutung der Wasserressourcen zu stoppen und Strategien zu entwickeln, die überall einen erschwinglichen Zugang und zuverlässige Versorgung mit Wasser fördern. In Johannesburg 2002 wurde dieses Ziel prominent im „Plan of Implementation" der UN-Konferenz zu Umwelt und Entwicklung unterstrichen. Der UN-Generalsekretär Kofi Annan hatte schon im Vorfeld der Konferenz die fünf Bereiche „WEHAB" (Water and Sanitation, Energy, Health, Agriculture and Biodiversity) für eine nachhaltige Entwicklung als zentrale Handlungsfelder markiert. Jetzt gilt es in der politischen Praxis, die Beschlüsse von Johannesburg mit Leben zu füllen. Mit der fortschreitenden Globalisierung formiert sich auch die Gegenbewegung aus zivilgesellschaftlichen Akteuren, Elmar Altvater hat in vielen seiner Bücher auf diese Bewegung als notwendiges Korrektiv hingewiesen (z.B. Altvater et. al. 1997). In den vergangenen Jahren ist viel instruktives über die „Globalisierungswächter", die Interessen von Natur und Nachwelt im politischen Diskurs artikulieren und die Grenzen des Umweltraums gegen die Verfechter der Grenzenlosigkeit der ökonomischen Sphäre verteidigen, geschrieben worden (etwa Walk/Brunnengräber 2000). Auch zum Schutz der aquatischen Ökosysteme und für eine gerechte Verteilung der Ressourcen wurden auf internationaler, europäischer und nationaler Ebene Netzwerke der Wasserpolitik etabliert. In der Bundesrepublik rief - wie auch in anderen Politikbereichen - die Diskussion um das Ende der kommunalen Wasserwirtschaft und eine vermeintlich anstehende Liberalisierung Widerstand in der Zivilgesellschaft und in Verbänden auf den Plan. Im DNR-Gesprächskreis Wasser diskutieren Umweltverbände und der Bundesverband der Gas- und Wasserwirtschaft über die Wasser- und Flusspolitik und begleiten die Umsetzung der EU-Wasserrahmenrichtlinie.[19] Das „Netzwerk UNSER Wasser" versammelt einige umweltpolitische Verbände, Gewerkschaften wie ver.di und Verbände und engagiert sich gegen die Liberalisierung und ungezügelte Privatisierung der deutschen Wasserwirtschaft. Die im Forum Umwelt & Entwicklung angesiedelte AG Wasser nimmt auch die globale Wasserpolitik und die Staudammproblematik in den Blick. Brot für die Welt startete Anfang 2003 die Kampagne „Wasser als Menschenrecht". Die Organisation beruft sich - wie auch andere NGOs, etwa FIAN - auf die Aussage des Komitees für wirtschaftliche, soziale und kulturelle Rechte der UN. Es hatte im vergangenen Jahr festgestellt, dass jeder Mensch das Recht auf ausreichendes, sauberes und erschwingliches Wasser hat und Staaten verpflichtet sind, dieses Recht auch für künftige Generationen zu sichern (vgl. UN/Economic and Social Council 2002). Brot für die Welt will mit der Kampagne im UN-Süßwasserjahr grundlegende Fragen beim Umgang mit Wasser in einem Nord-Süd-Dialog erörtern. Wie auch die globalisierungskritische Bewegung ATTAC fordert Brot für die Welt nicht nur die Umsetzung der Johannesburg- und Millenniumsbeschlüsse, sondern auch die Herausnahme der Trinkwasserversorgung aus den WTO-GATS-Verhandlungen und ein Moratorium für geplante Privatisierungen (vgl. Sacher 2003). Zugang zu und Versorgung mit Wasser bleiben eine der wichtigsten Aufgaben in der Armutsbekämpfung und der nachhaltigen Entwicklung weltweit. Dass die Vereinnahmung des Wassers durch die Ökonomie qua Zugriff auf die Wassermärkte weltweit und auch hier in der Bundesrepublik mit erheblichen Problemen und Konsequenzen für Umwelt und Gesundheit verbunden ist, sollte Anlass sein, gegen die schrankenlose Privatisierung öffentlicher Güter mit Handlungskonzepten in Politik und Zivilgesellschaft vorzugehen.

Anmerkungen

1 Mit Sicherheit ließe sich die Debatte um global public goods mit der politischen Auseinandersetzung um Sinn und Zukunft staatlicher oder kommunaler Daseinsfürsorge nutzbringend verbinden.

2 Schätzungen zur Folge würden bei einer Marktöffnung von den derzeit fast 7.000 vielleicht 100 Wasserversorger übrigbleiben, v.a. zahlreichen Kleinstversorgern drohe das Aus. Ein Grund, warum Gewerkschaften - allen voran ver.di - gegen die Liberalisierung aufbegehren.

3 Insgesamt ergibt dies lediglich 71 %. Die fehlenden Unternehmen sind v.a. Eigen- und Regiebetriebe mit geringem Wasseraufkommen.

4 Zum Beispiel sind die Berliner Wasserbetriebe (BWB) als der bislang größte deutsche Wasserversorger nur noch zu 50,1 Prozent im Besitz des Landes Berlin, während 49,9 Prozent von einem privaten Konsortium (aus RWE, Vivendi und der Allianz-Versicherung) gehalten wird. Im Ruhrgebiet versorgt die zu E.on gehörende Gelsenwasser AG 42 Kommunen mit insgesamt 3 Millionen Einwohnern. In Rostock ist die Eurawasser mit Thyssen Handelsunion und der französischen Suez Lyonnaise des Eaux per Betreibermodell an Abwasserentsorgung und Wasserversorgung beteiligt. Privatisierungen können auch scheitern: 2000 kündigte Potsdam den seit 1997 bestehenden Kooperationsvertrag mit Eurawasser, nachdem der Anbieter erklärt hatte, bis 2017 die Preise zu verdoppeln.

5 Die Länge des öffentlichen Abwasserkanalnetzes in Deutschland beträgt ca. 357.000 km. In den alten Ländern (319.000 km) sind rund 22 Prozent schadhaft. Allein die Sanierungskosten dort werden auf rund 90 Mrd. DM geschätzt.

6 Beispielsweise stehen ca. 9 % Wasserverlust in den deutschen Leitungsnetzen rund 24 % in England und Wales, Ländern mit liberalisiertem Wassermarkt, gegenüber (Deutsche Bank Research 2000: 5).

7 An dieser Stelle sei daran erinnert, dass Elmar Altvater die Studenten in zahlreichen Vorlesungen und Seminaren immer wieder zum Studium aktueller Expertisen und Berichte zu Wirtschaft und Umwelt aufgerufen hat und sie lehrte, die Ergebnisse im Lichte ihrer Entstehungsbedingungen zu interpretieren. Jenes wertvolle Quellenstudium, das für wissenschaftliches Arbeiten und fundierte Argumentationen unerlässlich ist und das viele seiner Bücher auszeichnet.

8 Internationale Vergleiche sind aufgrund verschiedener Faktoren (Unterschiede in Bezug auf Qualität, Versorgungssicherheit, Standards, Gebühren, Subventionen etc.) nicht aussagekräftig. Auch enthalten die Wasserkosten einen hohen Anteil an Fixkosten durch Anlagen und Leitungsnetz von ca. 80 Prozent, so dass der Preis pro m^3 bei sinkendem Verbrauch steigt. Eine Wasserwirtschaft im Sinne von Nachhaltigkeit und Ressourcenschonung „sieht sich damit dem Vorwurf der Ineffizienz ausgesetzt" (SRU 2002: 507).

9 Liberalisierung führt nicht automatisch zu sinkenden Gebühren. Trotz Einrichtung der Regulierungsbehörde OFWAT stiegen die Wasserpreise in England und Wales für die Privathaushalte nach der Privatisierung seit 1989 um real 41 %.

10 Eine gemeinsame Netznutzung bei der Wassereinspeisung - analog dem Strommarkt - ist nahezu undenkbar. Wässer sind regional hinsichtlich ihrer Qualität zu verschieden, entsprechend sind auch die gewerblichen und privaten Rohrsysteme und Anlagen etwa auf konstante Härtegrade angepasst. Bei Vermischung kann es zu Ausfällungen, dem Ablösen von Rohrbelegen und der Zunahme von Mikroorganismen kommen (Brackemann et. al. 2000: 30ff.)

11 Er geht im Wesentlichen auf einen Beschluss der grünen Bundestagsfraktion (vom 10.10.2000 „Nachhaltige Wasserwirtschaft im Zeichen von Liberalisierung und Privatisierung") zurück.

12 Denn im Gegensatz zur Abwasserentsorgung, die als hoheitliche Aufgabe nicht steuerpflichtig ist, gilt für die Wasserversorgung - unabhängig von der Rechtsform des Versorgungsunternehmens - eine Steuerpflicht zum reduzierten Satz. Lediglich private Abwasserentsorger unterliegen der vollen Ertrags- und Umsatzsteuer, auch wenn sie völlig in öffentlicher Hand sind.

13 Zentrales Anliegen des GATS ist es ja, international einheitliche und verbindliche Vorgaben für die politische Regulierung von Dienstleistungsmärkten zu schaffen. Es geht darum, in den liberalisierten Bereichen die - für Investoren hinderliche - nationalstaatliche Entscheidungshoheit über Verordnungen, Gesetze, Normen und Standards zu unterminieren.

14 Eine Freigabe des Wassermarktes für die Liberalisierung könnte beispielsweise für Deutschland bedeuten, dass nicht nur der Gebietsschutz fällt, sondern sämtliche Maßnahmen und Standards zur Sicherung der Trinkwasserqualität vor dem WTO-Schiedspanel einem „Notwendigkeitstest" unterzogen werden könnten, der zu dem Ergebnis haben könnte, dass sie unnötig seien (vgl. Fritz 2002).

15 Bereits am 18. Februar 2003 wurde das Angebot im Internet unter http://www.gatswatch.org/docs/EU-draftoffer-1-sum.pdf veröffentlicht.

16 Der Deutsche Bundestag beschloss am 13. März 2003 mit den Stimmen der Koalition den Antrag von SPD und Bündnis 90/Grünen „zur Sicherung von Transparenz und Flexibilität der GATS-Verhandlungen“ (Deutscher Bundestag 2003).

17 Elmar Altvater hat als Sachverständiger in der Enquete-Kommission mitgewirkt.

18 Bekannt geworden ist das Beispiel der bolivianischen Stadt Cochambamba. Hier hatte im Jahr 2000 die bolivianische Regierung auf Druck der Weltbank die öffentliche Stadtwasserversorgung an ein US-amerikanisches Wasserunternehmen verkauft. Nachdem es zu einer drastischen Erhöhung der Wasserpreise kam, waren viele der armen Familien gezwungen, mehr als ein Drittel ihres Einkommens für Wasser aufzuwenden. Nach Demonstrationen und gewalttätigen Auseinandersetzungen stellte die Regierung die Wasserversorgung wieder unter staatliche Kontrolle.

19 In den vergangenen zehn Jahren spielte die Europäische Union nicht nur bei der Liberalisierung, sondern auch in der Wasserpolitik eine zunehmende Rolle. Hier wurden zukunftsweisende Vorgaben für die Wasserqualität und den Gewässerschutz formuliert. Mit der EU-Wasserrahmenrichtlinie (WRRL) wurde im Winter 2000 für die Länder der europäischen Union ein sehr umfassender und langfristorientierter wasserpolitischer Ordnungsrahmen gesetzt. Nach der WRRL werden langfristige Ressourcenpläne (wie sie in einigen Bundesländern bereits bestehen) und nachhaltige Bewirtschaftungspläne für alle Wassereinzugsgebiete unter Berücksichtigung der Erkenntnisse aus dem Flussgebietsmanagement ökologischer, wirtschaftlicher und sozialer Aspekte erstellt.

Literatur

Altvater, Elmar (1987): Sachzwang Weltmarkt. Verschuldungskrise, blockierte Industrialisierung, ökologische Gefährdung - der Fall Brasilien, Hamburg: VSA.

- (1992): Die Zukunft des Marktes. Ein Essay über die Regulation von Geld und Natur nach dem Scheitern des „real existierenden Sozialismus“, Münster: Westfälisches Dampfboot.

-/Brunnengräber, Achim/Haake, Markus/Walk, Heike (1997): Vernetzt und verstrickt. Nichtregierungsorganisationen als gesellschaftliche Produktivkraft, Münster: Westfälisches Dampfboot.

Brackemann et. al. (2000): Liberalisierung der deutschen Wasserversorgung. Auswirkungen auf den Gesundheits- und Umweltschutz. Skizzierung eines Ordnungsrahmens für eine wettbewerbliche Wasserwirtschaft, Umweltbundesamt 2000, UBA-Texte 2/2000.

Deutsche Bank Research (2000): Wasserwirtschaft im Zeichen von Liberalisierung und Privatisierung.

Deutscher Bundestag (2002): Antrag von SPD und Bündnis 90/Die Grünen 'Nachhaltige Wasserwirtschaft in Deutschland'. (BT-Drs. 14/7177)

- (2003): Antrag von SPD und Bündnis 90/Grünen 'Zur Sicherung von Transparenz und Flexibilität der GATS-Verhandlungen'.(BT-Drs. 15/576)

Enquete-Kommission (2002): Globalisierung der Weltwirtschaft - Herausforderungen und Antworten, Schlussbericht, Bundestagsdrucksache 14/920, 12.6.2002.

Ewers et. al. (2001): Optionen, Chancen und Rahmenbedingungen einer Marktöffnung für eine nachhaltige Wasserversorgung, Juli 2001.

Fischer, Martin/Zwetkow, Katrin (2003): Systematisierung der derzeitigen Privatisierungsmöglichkeiten auf dem deutschen Wassermarkt - Trennung von Netz und Betrieb eine zusätzliche Option?, in: Neue Zeitschrift für Verwaltungsrecht, 3/2003, S. 281-291.

Fritz, Thomas (2002): GATS und die weltweite Liberalisierung des Wassermarktes, unveröffentliches Manuskript, Berlin: WEED

Heinrich Böll Stiftung (2003): Die GATS-Verhandlungen in der Welthandelsorganisation (WTO). Problemfelder und Handlungsempfehlungen für die deutsche und europäische Handelspolitik, Berlin

Hoering, Uwe (2001): Privatisierung im Wassersektor. Entwicklungshilfe für transnationale Wasserkonzerne - Lösung der globalen Wasserkrise?, WEED Arbeitspapier, Bonn

Kaul, Inge/Grunberg, Isabell/Stern, Marc A. (Hg.)(1999): Global Public Goods. International cooperation in the 21st century, New York: OUP.

Kaul, Inge (2001): Global Public Goods: What Role for Civil Society, in: Faust, Michael/ Kaul, Inge/Le Goulven/Katell et. al.: Global Public Goods: Taking the Concept Forward, New York: UNDP (Office of Development Studies Discussion Paper 17), S. 53-71.

Martens, Jens/Hain, Roland (2002): Globale öffentliche Güter. Zukunftskonzept für die internationale Zusammenarbeit?, working paper der Heinrich-Böll-Stiftung und WEED, Berlin

Sacher, Danuta (2003): Die Wasserkrise als Herausforderung in Nord-Süd, in: Rundbrief 1/ 2003. Forum Umwelt & Entwicklung, S. 19-20.

SRU (2002): Der Rat von Sachverständigen für Umweltfragen: Umweltgutachten 2002. Für eine neue Voreiterrolle, Berlin

United Nations/Economic and Social Council (2002): Committee on Economic, Social and Cultural Rights. General Comment No. 15, E/C 12/2002/11

Walk, Heike/Brunnengräber, Achim (2000): Die Globalisierungswächter. NGOs und ihre transnationalen Netze im Konfliktfeld Klima, Münster: Westfälisches Dampfboot.

WEED (2001): GATS und Demokratie, Bonn/Berlin

- (2003): Stellungnahme von Peter Wahl zur öffentlichen Anhörung im Bundestag am 7.4.2003, 'Die Verhandlungen über das internationale Dienstleistungsabkommen (GATS)', WEED-Arbeitspapier, Berlin

WTO (2000): Communication from the European Communities and their Member States.
WTO (2001): International Trade Statistics, Geneva (www.wto.org)

GATS 2000. Environmental Services. 22. December, S/CSS/W/38, Genf

WWAP (2003): Wasser für die Menschen, Wasser für Leben. Weltwasserentwicklungsbericht der Vereinten Nationen, deutsche Zusammenfassung, Paris: UNESCO

ZfK (2002): Zeitschrift für Kommunale Wirtschaft, 6. Juli 2002

Teil IV
Transnationale Netzwerke

Achim Brunnengräber

Wer frei sein will, muss auch loslassen können
Die Privatisierung der Weltpolitik durch transnationale Politiknetzwerke[1]

Einleitung

Die Globalisierung ist durch spezifische Strukturveränderungen gekennzeichnet, die über die internationale Politik hinausreichen und sich besser unter dem Begriff der Transnationalisierung erfassen lassen. Nicht-staatliche und private Akteure erschließen neue politische Räume und agieren in neuen Zeitregimen, die nicht mit den bekannten Formen der internationalen Beziehungen identisch sind. Wesentliches Organisationsmerkmal unter den Interessenverbänden, Unternehmen, nicht-staatlichen Organisationen (sog. NGOs, Non-Governmental Organisations), internationalen Forschungseinrichtungen, Gewerkschaften oder Kirchen sind die transnationalen Politiknetzwerke. Es wird davon ausgegangen, dass sie nationale neokorporatistische Arrangements sowie internationale staatliche Politikprozesse überlagern, ergänzen oder ersetzen. Daraus wird geschlussfolgert, dass es zur Privatisierung der Politik kommt, weil das hierarchische Regieren der Staatenwelt und die entsprechende Unterordnung gesellschaftlicher Akteure unter die dort gefällten Entscheidungen ergänzt wird um Formen der Politik ohne den Staat, bewusst am Staat vorbei oder auch mit dem Staat.

Die Politiknetzwerke oder Global Public Policy Networks (GPPN), die sich auf der neuen Bühne der transnationalen Politik als Teil von umfassenderen global governance-Strukturen bilden, werden darüber hinaus als viel versprechende neue Steuerungselemente angesehen (Reinicke 1998). Sie gelten als Instrumente der Politikformulierung und -gestaltung, die flexibel genug sind, um mit der temporeichen Globalisierung Schritt zu halten. Entsprechend hoch sind die Hoffnungen, die an Politiknetzwerke geknüpft werden. In seinem Millenniumsreport 2000 sieht UN-Generalsekretär Kofi A. Annan in ihnen „lockere, kreative ... Koalitionen für den Wandel" und das Bemühen, dass sich internationale Institutionen, Organisationen der Zivilgesellschaft und des Privatsektors sowie Regierungen zur Verfolgung gemeinsamer Ziele zusammenfinden (Annan 2000). Sie sollen zum Schutz der globalen öffentlichen Güter beitragen. Ihnen wird also eine hohe Verantwortung bei der Lösung globaler Probleme zugewiesen.

Ob dieser Optimismus angebracht ist, soll nachfolgend geprüft werden. Im ersten Schritt wird kurz die Debatte über die globalen Politiknetzwerke dargestellt, wie sie mittlerweile auch Einzug hält in die Theorien Internationaler Beziehungen.

Daraufhin wird die veränderte Staatlichkeit diskutiert, die sich aus einer Neupositionierung zwischen nationaler und internationaler Politik ergibt. Es wird argumentiert, dass sich im Zwischenraum dieser Systeme, gewissermaßen in sich öffnenden Nischen, transnationale Netzwerkstrukturen herausbilden, die jedoch nur bedingt losgelöst von den klassischen staatlichen und internationalen Strukturen agieren. Sie sind vielmehr auf Staaten- bzw. Staatensysteme angewiesen, weil nur diese eine verbindliche und vor allem allgemeingültige Rahmensetzung garantieren können. Dann aber fragt es sich, welche globalen Strukturveränderungen den eigentlichen Charakter der Globalisierung ausmachen?

Im dritten Schritt werden neue Steuerungsinstrumente als Voraussetzung der Transnationalisierung vorgestellt und in ihrer Wirkungsweise abgeschätzt. Vier Beispiele werden dafür herangezogen: 1) der *Global Compact*, der von UN-Generalsekretär Kofi Annan ins Leben gerufen wurde, 2) Die *World Commission on Dams* (WCD), 3) die Selbstverpflichtungserklärungen der Industrie zur CO_2-Minderung und 4) die OECD-Leitsätze für multinationale Unternehmen. Im Ergebnis zeigt sich, dass sich ergänzend zum kodifizierten Recht ein *„soft law"* herausbildet, das zunächst als flexibles Instrument dem Globalisierungsprozess adäquat erscheint, sich allerdings auf Grund fehlender Kontroll- und Sanktionsmechanismen oft als Feigenblatt erweist.

Im vierten und letzten Schritt fasse ich die Ergebnisse unter der Fragestellung zusammen, welchen Beitrag Politiknetzwerke zum Schutz der globalen öffentlichen Güter leisten können. Ich weise auf die mächtigen Privatisierungsprozesse der Globalisierung und auf das daraus entstehende Demokratiedefizit hin, das durch die Transnationalisierung und den Strukturwandel der internationalen Politik entsteht. Zusammenfassend wird ausgeführt, dass die Privatisierung der Politik den Druck auf die öffentlichen Güter nicht nimmt, sondern erheblich verstärkt. Denn die Herausbildung von machtvollen (geschlossenen) Politiknetzwerken zielt weniger auf die Verfolgung von Gemeinwohlinteressen ab, sondern auf den Zugewinn an Legitimation und Definitionsmacht über die Probleme und die daraus abgeleiteten ökonomisch vertretbaren Lösungswege.

1 Politiknetzwerke: Neue Hoffnungsträger globaler Politik

Die Marktliberalisierung schafft „neue Freiheiten", zugleich aber auch neue Probleme und Unsicherheiten: In einem multi actor-Prozess haben sich deshalb zahlreiche globale Politiknetzwerke gebildet. Sie haben bereits neue transnationale Handlungsarenen und Politikfelder erschlossen, d.h. politische Räume, die von der lokalen, nationalen und regionalen bis zur globalen Ebene reichen („glocalization"). In diesen Politiknetzwerken, die folglich ein Mehr-Ebenen-System bilden, werden außerdem neue Problemlösungsansätze erprobt, die nicht mehr eindeutig den klassischen Politikfeldern zugeordnet werden können („issue management"). Solche global governance-Strukturen bestehen deshalb - und idealerweise - aus flexiblen, d.h. territorial nicht limitierten, akteursoffenen und politikfeldübergreifenden Institutionen, die gewissermaßen das Resultat gestiegener Komplexität im Prozess der Globalisierung sind.

Als Entstehungsgründe für diese Netzwerke wird meistens von einem Staatsversagen ausgegangen. Brenner, Reinicke und Witte (2002), die sicher zu den prominentesten Politikberatern zum Thema globale Politiknetzwerke zählen (www. globalpublicpolicy.net), nennen zwei Defizite bzw. Lücken, die zum internationalen Regulierungsvakuum in so genannten „weichen" Politikfeldern beitragen würden: a) Die „operational gap" gründet sich auf einer mangelnden Expertise und auf unzureichenden Instrumenten für die effektive Implementierung von Maßnahmen. b) Die „participatory gap" beruht darauf, dass unter den heterogenen Parteien eine gleichberechtigte Interessenvertretung kaum gewährleistet werden kann.

Die Politiknetzwerke sollen nun helfen, die Defizite in der Implementierung und Durchsetzung von Maßnahmen zu beseitigen. Die Idee ist es, in Form Runder Tische allen von einer Entscheidung Betroffenen die Möglichkeit zu geben, sich an dem Politikprozess zu beteiligen. Transparenz der Informationen und Entscheidungsstrukturen, Unterstützung bei finanziellen Asymmetrien und zielorientiertes Kooperationsmanagement sollen das Aushandeln von Kompromissen begleiten. Ergebnis soll eine *win-win*-Situation sein, die durch die interaktive und reflexive Weiterentwicklung der erforderlichen Maßnahmen in einem spezifischen Problemfeld hergestellt wird (Benner/Reinicke/Witte 2002, Reinicke 1998).

Ihre Arbeiten zu den globalen Politiknetzwerken berufen sich kaum auf die P*olicy*-Forschung oder die Netzwerkanalyse. Es wird lediglich die Annahme vertreten, dass die sektorübergreifenden Netzwerke und neuen Partnerschaften nicht mehr mit den traditionellen Ansätzen der Interessensvertretung und -politik vergleichbar sind (Witte/Streck/Benner 2003). Der Blick folgt dann eher einer positiven Bewertung der Leistungsfähigkeit der „innovativen" Steuerungselemente: „A typical network (if there is such a thing) combines the voluntary energy and legitimacy of the civil-society sector with the financial muscle and interest of businesses and the enforcement and rule-making power and coordination and capacity-building skills of states and international organizations. Networks create bridges that enable these various participants to exploit the synergies between these resources. They allow for the pooling of know-how and the exchange of experience. Spanning socioeconomic, political, and cultural gaps, networks manage relationships that might otherwise degenerate into counterproductive confrontation" (Reinicke/Deng 2000, zitiert nach Streck 2002: 4).

Der positive Zugang zu den Politiknetzwerken wird verständlich, wenn der Kontext berücksichtigt wird, in dem diese Konzeptionen entwickelt werden. Zum einen soll die Handlungsfähigkeit der Vereinten Nationen im Kontext globaler Probleme verbessert und zum anderen sollen die Partizipationsmöglichkeiten der Zivilgesellschaft an der globalen Politik erweitert werden. Deshalb setzt sich auch die Weltbank, die unter erheblichem öffentlichen Druck steht und nach Legitimation ihrer politischen Praxen sucht, für die Förderung der Politiknetzwerke ein. So schreibt Weltbank-Mitarbeiterin Streck emphatisch: „The time is ripe to complement the traditional governance system with innovative elements of ‚networked governance' bringing together the public sector, private sector, and civil society" (Streck 2002: 1).

Die Schwierigkeiten bei der Bildung von Netzwerken sind aber erheblich und werden im Bereich der Politikberatung nicht ausreichend thematisiert. Durch Politiknetzwerke entstehen für bestimmte Interessengruppen neue Kanäle der politischen Einflussnahme, für andere werden diese zunehmend enger. Für das spezielle Mehr-Ebenen-System der Europäischen Union ist dieser Sachverhalt längst Gegenstand breiter politik- wie sozialwissenschaftlicher Forschung. Die Untersuchung der noch komplexeren Zusammenhänge auf globaler Ebene steht noch am Anfang. Dabei trifft das, was Kohler-Koch für die Ebene der Europäischen Union konstatierte, auch auf die internationale Politik zu. Nur scheint die Lage dort noch problematischer und unübersichtlicher zu sein: Akteure aus Wirtschaft und Gesellschaft erschließen sich den politischen Raum, wollen ihrem Anliegen eine „Stimme" geben und sich Zugang zu den Entscheidungsprozessen verschaffen. Es entwickeln sich spezifische Muster der Interessenvermittlung und der Politikbeeinflussung, Machtkonstellationen verfestigen sich oder lösen sich auf. Die internationalen Auseinandersetzungen über sachgemäße Maßnahmen und die rechtmäßige Politik scheinen schwer auflösbar, die Verhandlungsdauer nimmt im Einzelnen zu, die Konsensfindung ist nur noch auf niedrigem gemeinsamem Niveau möglich (Kohler-Koch 2000: 30; vgl. auch Grande/Jachtenfuchs 2000).

Die Schwerfälligkeit der internationalen Politik dürfte aber nur einer der Gründe sein, warum sich nicht nur Formen transnationaler Politik bilden, sondern diese zunehmend auch informellen Charakter annehmen. Zugleich zeigt sich, dass die Politik der Deregulierung neue Räume eröffnet, in denen machtvolle Interessen artikuliert werden. Um diese strukturelle Veränderung begrifflich zu fassen, soll im Folgenden von internationaler Politik gesprochen werden, wenn diese im Wesentlichen von den Regierungen und „ihren" internationalen Organen im Rahmen von Verhandlungen betrieben wird. Wenn auch neue Interaktionen von Gesellschaft und Politik „jenseits" des Nationalstaates, „glokale" Beziehungsmuster und neue Politikformen gemeint sind, werde ich von *global governance-Strukturen* bzw. *transnationaler Politik* sprechen.

2 Der Staat und die Privatisierung der Weltpolitik

Nach dem zweiten Weltkrieg sind, ausgehend von der Bretton Woods-Konferenz von 1944, die Weltbank und der Internationale Währungsfonds (IMF) gegründet worden. 1947 kam das Allgemeine Zoll- und Handelsabkommen GATT hinzu, 1995 wurde als dessen Nachfolgeinstitution die Welthandelsorganisation (WTO) eingesetzt. Diese von den Nationalstaaten gegründeten Instanzen waren und sind die zentralen politischen Antriebsaggregate der Globalisierung. Der Verflechtungsgrad weist aber weit über diese bekanntesten Instanzen hinaus. Mittlerweile existieren allein im Umweltbereich über 500 Abkommen, Konventionen und Vereinbarungen. Die internationalen Regime in der Sozial- und Menschenrechtspolitik oder der Arbeitsmarktpolitik dürften kaum überschaubarer sein. Ein weit verzweigtes Geflecht aus inter- und supranationalen Instanzen sowie vorgelagerten Beratungsgremien ist also entstanden, das einen institutionellen und zum Teil einen rechtsverbindlichen Rahmen vorgibt. Die Ausgestaltung dieses Rahmens war im Wesentlichen ein Projekt nationalstaatlicher Politik.

Die Phase der Internationalisierung der Politik und der internationalen Beziehungen wird heute aber von einem umfassenden Prozess der Transnationalisierung begleitet. Die Weltkonferenzen der 1990er, ausgehend von der Konferenz für Umwelt und Entwicklung 1992 in Rio de Janeiro/Brasilien (UNCED) bis zum Nachhaltigkeitsgipfel 2002 in Johannesburg/Südafrika (WSSD), sind Beispiele für diese Entwicklung. Noch als weitgehend staatsfixiertes und internationales Vorhaben konzipiert, bekamen diese Konferenzen durch die Beteiligung der Zivilgesellschaft und der Lobbygruppen der Privatwirtschaft eine neue „diplomatische" Note. NGOs forderten Maßnahmen zur sozialen, ökonomischen und ökologischen Nachhaltigkeit, neue Programme zur Armutsbekämpfung und einen sozialen Ausgleich zwischen Nord und Süd oder neue Beteiligungsmodelle am lokalen Ort, die sich in vielfältigen Agenda-Prozessen niederschlugen. Die Bilanz des Rio-Prozesses aber bleibt dürftig (Görg/Brand 2002). Ende der 1990er Jahre, Anfang des neuen Milleniums wurden die partizipativen Bemühungen der zivilgesellschaftlichen Akteure auf globalem Parkett deshalb nicht grundlos durch die demonstrativen Aktionen der GlobalisierungskritikerInnen von Seattle bis Genua konterkariert. Durch beide Politikansätze, d.h. durch Lobbying wie durch globale Protestformen, werden neue Themen und Konzepte in die internationale Politik hineingetragen. Die internationalen Organisationen geraten durch die „global opposition" also unter erheblichen öffentlichen Druck (Altvater/Brunnengräber 2002).

In den Prozess der Transnationalisierung sind so unterschiedliche Akteure wie Nationalstaaten und transnationale Konzerne, zivilgesellschaftliche Kräfte oder NGOs, Gewerkschaften, *„think tanks"*, Protestbewegungen oder Forschungseinrichtungen eingebunden. Sie kooperieren teilweise miteinander und bilden, sofern die Bündnisse auf Dauer gestellt werden, transnationale Politiknetzwerke, die sich einerseits an dem oben skizzierten institutionellen Rahmen orientieren, also mit den staatlichen wie internationalen Instanzen zusammenarbeiten, sich andererseits aber bereits davon emanzipieren. Diese Entwicklung der *global governance*-Strukturen wird als spezifischer Ausdruck der Globalisierung interpretiert (Enquete-Komission 2002: 442ff,) oder bereits als der Übergang von der Staaten- zur Gesellschaftswelt (Czempiel 2002: 15ff.). Zugespitzt lässt sich fragen, ob es zu einer „Privatisierung der Weltpolitik" kommt (Brühl et al. 2001) und damit zu einer zwangsläufigen Entstaatlichung der Politik sowie zur Entdemokratisierung, die durch die wirtschafts- und gesellschaftspolitischen Entwicklungen der Globalisierung hervorgerufen werden.

Es wäre vorschnell, daraus den staatlichen Steuerungsverlust insgesamt abzuleiten. Wenn dieser verstanden wird als institutionelles Terrain sozialer Auseinandersetzungen, dann legt dies eine ganz andere Sichtweise über den Staat im Prozess der Globalisierung nahe: Er ist weder ein Instrument in den Händen der dominanten gesellschaftlichen Kräfte und kein neutraler Akteur, der über den gesellschaftlichen Auseinandersetzungen steht, noch ist er ein Akteur, der einen Steuerungsverlust erleidet. Vielmehr ringen im Staat gesellschaftliche Partikularinteressen um ihre Verallgemeinerung. Dabei kommt es zur Herausbildung eines „neoliberalen Konstitutionalismus" (Gill 1995, 2000), weil sich entsprechende politökonomische Machtkonstellationen durchsetzen. Das aber ist nicht gleichbedeutend mit einem Souveränitätsverlust oder der Entmachtung des Staates insgesamt.

Der Staat zieht sich nicht zugunsten des Marktes zurück oder verliert gar an Steuerungskompetenz, sondern transformiert zum „nationalen Wettbewerbsstaat" (Hirsch 1995). Dadurch kommt es zu erheblichen Verwerfungen bei der Bereitstellung und beim Schutz der globalen öffentlichen Güter. Denn die wirtschaftliche Globalisierung in Form der politischen Deregulierung, der sozialen Flexibilisierung und der rechtlichen Privatisierung dient zu allererst den privaten Gewinninteressen. Drei spezifische Dimensionen dieses Prozesses verschränken sich vor diesem Hintergrund zu einer neuen Konstellation von Staatlichkeit: die institutionelle, die raum-zeitliche und die akteursspezifische (Brand/Wissen 2000). Sie sollen nachfolgend genauer betrachtet werden.

Zur ersten, der institutionellen Dimension: Es kommt zu einer Gewichtsverschiebung zu Gunsten jener Staatsapparate, die sich primär dem Ziel der internationalen Wettbewerbsfähigkeit, der Geldwertstabilität oder der geostrategischen Interessen verpflichtet wissen (Finanz- und Wirtschaftsministerien, Zentralbanken, Außenministerium) und jenen, die nachgelagert ihre Bildungs-, Umwelt-, Migrations- oder Geschlechterpolitik den vermeintlichen Sachzwängen der Globalisierung anpassen müssen. Diese Asymmetrie spiegelt sich auch dort wider, wo die die Nationalstaaten im internationalen System um die Durchsetzung ihrer Interessen ringen. In der Klima- oder Biodiversitätspolitik zeigt sich hingegen, dass ehemals „weiche" Politikfelder, die lange der klassischen Umweltpolitik zugerechnet wurden, durchaus zu „harten" Politikbereichen werden, wenn deren Integration in wirtschaftliche Bearbeitungsformen - Stichwort: Emissionshandel - überführt werden.

Zur zweiten, der raum-zeitlichen Dimension: Die Veränderung von Staatlichkeit geht damit einher, dass sich das Verhältnis der verschiedenen staatlichen Ebenen (der nationalen, der supranationalen und der subnationalen) zueinander verschiebt. Politik findet verstärkt im Mehr-Ebenen-System statt, wobei die Tendenz eindeutig ist: Vor allem die inter- wie die supranationale Ebene erfährt eine Aufwertung. So etwa im Rahmen der Europäischen Union oder auch der Welthandels- und der Weltfinanzpolitik. Tempo und globale Reichweite ökonomischer Prozesse dominieren über die notwendige Langsamkeit und nationalstaatliche Begrenzung demokratisch legitimierter Politik. Gleichzeitig werden die Rechte des Parlaments im Bereich der internationalen Politik eingeschränkt (Enquete-Komission 2002: 446ff.). Das hat zur Folge, dass ökonomische Prozesse meist viel schneller und stärker in das Schicksal der Menschen eingreifen, also Druck auf die öffentlichen Güter des Bildungs-, Gesundheits- oder Sozialwesen ausüben, als im Parlament erstrittene Entscheidungen. Souveränität nach innen, etwa über neue Sicherheitsgesetze und die Asylpolitik, bilden aber keinen Widerspruch zur Aufgabe von Souveränität in finanz- oder wirtschaftspolitischen Fragen, zumal diese von den Regierungen (vordergründig aus der OECD-Welt) selbst gewollt wurde.

Zur dritten, der akteursspezifischen Dimension: Staatliche Akteure treten stärker als in der Vergangenheit mit privaten Akteuren wie Unternehmen oder NGOs in Kontakt und mobilisieren deren finanzielle Ressourcen sowie deren Wissens- und Legitimationsressourcen. Formale Beteiligungsmöglichkeiten werden zu diesem Zweck sowohl im nationalen Rahmen wie im internationalen System erhöht. Dadurch verändern sich auch die Inhalte der Politik. Das geschieht auf zweifelhafter legitimatorischer Grundlage und setzt die Anschlussfähigkeit der Positionen der privaten Akteure bzw. deren Verzicht auf radikale Positionen voraus. Die technokratischen Lösungen, die etwa im Rahmen der WTO erstritten wurden, wirken schließlich disziplinierend auf mögliche Opponenten im nationalen Raum. Sie institutionalisieren die Anpassungszwänge, die dann im Nationalstaat als unhintergehbare Sachzwänge wirken.

Die „Privatisierung der Weltpolitik" umfasst vor diesem Hintergrund mehrere Dimensionen: Sie kann einmal als Verschlankung des Staates verstanden werden, der sich dem neoliberalen Projekt durch Deregulierung und Liberalisierung des Handels mit Gütern und Dienstleistungen, durch die weltweite Öffnung der nationalen Kapitalmärkte und durch die Senkung der Transport- und Kommunikationskosten verschrieben hat. Vor allem für die mächtigen Industrieländer trifft dies zu. Die Regulierung der so genannten *„soft issues"*, der „weichen" Problembereiche Umwelt, Entwicklung oder Soziales, wird der wirtschaftlichen Deregulierung untergeordnet oder, wenn die Krise schon eingetreten ist, den zivilgesellschaftlichen Kräften überantwortet. Auch die Regulierung der „soft issues" war immer schon in staatliche Herrschaftsstrukturen eingeschrieben (Görg 2003).

Hingegen müssen die schwachen Entwicklungsländer den Regeln der Welthandelsorganisation (WTO) folgen, weil sie verpflichtend sind, sobald ein Land erst einmal der WTO beigetreten ist. Auch bei Strukturanpassungsprogrammen des Internationalen Währungsfonds sind Bedingungen (Konditionalität) einzuhalten, zu denen sich die Länder in einem „letter of intent" formal souverän, aber dem Druck der Schuldenlast und einer drohenden Pleite gehorchend, verpflichten. In manchen ärmeren und von Konflikten überzogenen Regionen der Welt scheitert die Anpassung mit dem fatalen Effekt, dass sich staatliche Strukturen nachgerade auflösen, das Gewaltmonopol privatisiert wird und die Versorgung der Bevölkerung mit öffentlichen Gütern zusammenbricht. Privatisierung und Informalisierung sind hier erzwungen oder aus der Not geboren.

3 Neue globale Steuerungsformen – vier Beispiele

Im Allgemeinen verweisen die strukturellen Veränderungen der Weltpolitik darauf, dass dominante Interessengegensätze und neue Konflikte bestehen, zu deren Regulierung die nationale Gesetzgebung wie die internationale Rahmensetzung nicht hinreichend in der Lage sind oder die bewusst der Steuerungsinstanz „Markt" überantwortet werden. Vor diesem Hintergrund wird deutlich, warum beschleunigte, kommunikationstechnisch überbrückte und vernetzte Austauschformen installiert werden, die dem Tempo und der räumlichen Ausdehnung der Globalisierung adäquat sind. Die Instrumente haben also sowohl gegenüber nationalem Recht als auch gegenüber internationalem Völkerrecht erhebliche Vorzüge. Und nur auf den ersten Blick erscheinen die Debatten über die Privatisierung, Informalisierung und Deregulierung als etwas Bekanntes.

Die Probleme, die auftreten, wenn sich privatwirtschaftliche Akteure, vor allem die transnationalen Konzerne, grenzüberschreitend betätigen und somit vor allem schwache nationale Regierungen in Bedrängnis bringen, weil sie deren rechtliche Regelungen umgehen, reichen weit zurück. Sie wurden etwa im Zusammenhang mit der sich herausbildenden neuen weltwirtschaftlichen Arbeitsteilung zwischen Nord und Süd oder der Macht der Konzerne und der Misere der Politik thematisiert (Narr/Schubert 1994). Dennoch ist in den 1990er Jahren eine Entwicklung erkennbar, die über die damalige Debatte hinausweist, weil die Politik in globalen Dimensionen heute vielschichtiger ist. Entsprechend wurden auch die Beispiele gewählt, die verdeutlichen sollen, welche Netzwerktypen möglich sind: Der Global Compact gründet auf der internationalen Initiative der UN, die World Commission on Dams wurde vor allem durch den politischen Druck von Staudammbetreibern und -gegnern ins Leben gerufen, die Selbstverpflichtung der Industrie zur CO_2-Reduktion ist eine nationale Unternehmensinitiative, und die OECD-Leitsätze sind ein regionales Projekt, das jedoch globale Wirkung entfalten soll.

Die Forderungen nach einer neuen Weltwirtschaftsordnung hatten als alleinige, zentrale und gesetzgebende Regelungsinstanz noch den Nationalstaat als Adressaten, der durch verbindliche Vereinbarungen Investitions- und Produktionssicherheiten gewährleisten sollte. Nunmehr sind es die privatwirtschaftlichen Akteure selbst, die in Kooperation mit staatlichen Instanzen wie mit anderen zivilgesellschaftlichen Akteuren „freiwillig" einen Rahmen bzw. Instrumente definieren (wollen), die ihren wirtschaftlichen Tätigkeiten zuträglich sind. Sie sind hierbei weniger auf Grund ihrer finanziellen und personellen Ressourcen im Vorteil; schließlich sind Regierungen, Parlamente oder Parteien strukturell, was die neuen Kommunikationsmedien oder die finanziellen Ressourcen anbelangt, nicht gerade schlecht ausgestattet. Die transnationalen Konzerne, NGOs oder Politiknetzwerke haben darüber hinaus auch noch Vorteile in Zeit und Raum. *„Soft law"* lässt sich schneller vereinbaren als Gesetze, die in komplizierten Verfahren international vorbereitet und national ratifiziert werden müssen. Die grenzüberschreitenden Aktionen mit globaler Reichweite erscheinen außerdem fast schwerelos, wenn bedacht wird, dass Regierungen oder nationale Verbände auf Grund ihrer territorialen Bodenhaftung schnell an die Grenzen des Politischen stoßen, die der Nationalstaat definiert.[2]

Beispiel 1: Der Global Compact

Das Verhältnis zwischen den UN und der Privatwirtschaft in den letzten 30 Jahren war eher angespannt. Mit dem *Global Compact*, dem schon zahlreiche andere Initiativen vorausgingen, scheint dieses Verhältnis nun endlich in eine neue Phase der gegenseitigen Annäherung eingetreten zu sein (Paul 2001: 104). Er wurde 1999 beim Weltwirtschaftsforum von UN-Generalsekretär Annan nach langen Vorgesprächen mit Managern und Wirtschaftslobbyisten ins Leben gerufen. Ein Jahr später wurde in New York dafür ein Sekretariat eingerichtet. Der Pakt zwischen den UN, Regierungen, NGOs und vor allem den transnationalen Konzernen dient der Förderung von vorbildlichem und verantwortungsvollem Handeln. Er will vor allem die Unternehmen als „gute Unternehmens-Bürger", als Teil der Weltgemeinschaft (global corporate citizenship), in die globale Politik integrieren. Die Mitgliedschaft ist freiwillig. Jedes Unternehmen, das die grundsätzlichen Prinzipien der UN akzeptiert, kann dem Zusammenschluss beitreten. Insbesondere drei universelle Vereinbarungen sollen die Unternehmen einhalten und zu deren Verbreitung beitragen: 1) die allgemeine Erklärung der Menschenrechte von 1948, 2) die von der International Labour Organization (ILO) 1998 verabschiedeten grundlegenden Prinzipien und Rechte bei der Arbeit und 3) die Rio-Deklaration inklusive der Agenda 21 von 1992. Ergänzend hierzu wurden neun Prinzipien formuliert, die bei den Unternehmensentscheidungen und deren Strategien beachtet werden sollen, jedoch in der Ausformulierung sehr vage bleiben. Dazu zählen zentrale Menschenrechtsprinzipien, die Vereinigungsfreiheit oder auch die Einhaltung von Umwelt- und Sozialstandards. Schließlich ist im Rahmen des Global Compact die Kooperation zwischen den zentralen *„stakeholders"* und die Bildung von Partnerschaften zur Umsetzung der Ziele der UN gewünscht (www.unglobalcompact.org).

An dem Politiknetzwerk wird allen „relevanten sozialen Akteuren" die Möglichkeit zur Mitarbeit geboten. Allerdings finden sich bei genauerem Blick in die offiziellen Dokumente, in denen die Partizipationsbedingungen angesprochen werden, einige feine Unterschiede. Bei den Unternehmen wird die Freiwilligkeit des Beitritts hervorgehoben und betont, dass der Compact weder eine regulierende noch eine kontrollierende Funktion hat. Formelle Verfahren zur Durchsetzung der Prinzipien und zur Ahndung von Verstößen sind nicht vorgesehen. Die Unternehmen werden lediglich dazu ermutigt, die Global Reporting Initiative (GRI) der UN zu nutzen.[3] Anders bei den NGOs: Sie müssen die Bereitschaft mitbringen, mit allen gesellschaftlichen Gruppen zu kooperieren, die Fähigkeit unter Beweis stellen, einen konstruktiven Beitrag zum Compact leisten zu können, und sie müssen über ihre Mitglieder und Finanzen Rechenschaft abgeben.

Der Anspruch, dass der Compact ein Zusammenschluss unter „gleichen" Partnern ist, lässt sich durch diese Vorgaben nicht aufrechterhalten. Entsprechend sieht auch die Liste der teilnehmenden Akteure aus. Dort finden sich rund 720 Unternehmen und rund 20 ihrer Dachverbände, aber nur 25 NGOs aus der Umwelt-, Menschenrechts- und Entwicklungspolitik sowie von Forschungseinrichtungen (Stand April 2003). Diese Form der Public Private Partnership hat also einen recht exklusiven Charakter. Zwar sind mächtige transnationale Unternehmen dem Compact beigetreten, das aber ist nicht gleich zusetzen mit allen „relevanten" Akteuren. Auch die Ergebnisse des *Compacts* sind nicht überzeugend: In einer Pilotphase wurden 30 Unternehmensberichte eingereicht (*best practices*), von denen keiner den Richtlinien für Fallstudien des *Global Compact* entsprach (Hamm 2002: 21).

Für die Privatwirtschaft ist der Pakt ein symbolisches Kapital. Nach dem insbesondere die NGOs, die sich mit den globalen Produktionsketten und den sozialen wie ökologischen Folgen der Unternehmenspolitik beschäftigen, zu deren negativer Reputation beigetragen haben, geht die Privatwirtschaft in die Offensive. Sie will verstärkt die Politikgestaltung im sozialen, ökologischen und wirtschaftlichen Bereich der UN beeinflussen und die konzeptionelle wie inhaltliche Arbeit der UN in eine Richtung lenken, in der privatwirtschaftliche Lösungen als die einzig machbaren erscheinen (Paul 2001: 119). Sie verspricht sich schließlich einen Imagetransfer von den UN auf die einzelnen Unternehmen, der positiv auf die öffentlichen Debatten über die Unternehmenspolitik und schließlich auf die Verkaufszahlen ihrer global vermarkteten Produkte auswirkt. Umgekehrt werden die UN durch die Pflege guter Kontakte zur Privatwirtschaft aufgewertet und ihre Arbeit, so die Hoffnung, durch die Privatwirtschaft zumindest indirekt finanziell unterstützt. Durch den Pakt soll letztlich dem „globalen Markt ein menschliches Antlitz" verliehen werden (Kofi Annan). Von den UN wird demnach die Privatisierung der Weltpolitik aktiv unterstützt.

Beispiel 2: Die World Commission on Dams (WCD)

Um fast jedes große Staudammprojekt wird seit Jahren erbittert gestritten. Die Konflikte zwischen denjenigen, die mit dem Bau von Staudämmen ihr Geld verdienen, und den anschließenden Nutznießern sowie denjenigen, die durch die erforderlichen Überschwemmungen betroffen sind, oder den NGOs, die die Nachteile der Großprojekte schon lange global artikulieren, schienen lange Zeit unüberwindbar zu sein. Die realen und politischen Kosten für die Geberorganisationen wie etwa die Weltbank ließen sich Ende der 1990er Jahren aber kaum noch rechtfertigen. So riefen Gegner und Befürworter von Dämmen 1998 die World Commission on Dams (WCD) ins Leben. An der Gründung waren Weltbank und IUCN (The World Conservation Union) beteiligt. Der 12-köpfigen Kommission, deren Arbeit auf zweieinhalb Jahre befristet war, gehörten so gegensätzliche Persönlichkeiten an wie der Schwede Göran Lindahl, Chef von ABB (bis vor kurzem einer der führenden Lieferanten für Wasserkraftkomponenten), und die indische Aktivistin des Kampfes gegen die Narmada-Dämme, Medha Patkar.

Insgesamt wurden acht Großstaudämme in ihren Auswirkungen untersucht. Die jeweiligen Arbeitsschritte der Kommission wurden im Internet dokumentiert (www.dams.org). Am 16. November 2000 wurde der 300 Seiten starke Abschlussbericht vorgelegt (WCD 2000). Darin wurden gravierende Mängel bei der Entscheidungsfindung, Planung sowie der Beteiligung der Bevölkerung ausgewiesen. Daraus wurden fünf Handlungsempfehlungen abgeleitet, die beim Staudammbau berücksichtigt werden sollten: Gerechtigkeit, Effizienz, partizipative Entscheidungsfindung, Nachhaltigkeit und Rechenschaftspflicht. Bei der Präsentation in London wies Nelson Mandela als prominentester Gast jedoch auf die noch ungelösten

Probleme hin: „Es ist eine Sache, die Fehler in einem existierenden System zu finden, aber es ist etwas völlig anderes und viel schwerer, es durch eine bessere Herangehensweise zu ersetzen" (zitiert nach Baur 2001: 25).

Es bleibt auch fraglich, ob die Nehmerländer und Staudamm-Investoren die Empfehlungen der WCD langfristig akzeptieren und vor allem auch befolgen werden. Bisher bleiben sie eher ein stumpfes Politikinstrument: James Wolfensohn, Präsident der Weltbank, will die Ergebnisse jedenfalls nicht als Richtlinie für die Kreditvergabe übernehmen, sondern bezeichnet sie lediglich als „valuable reference", als hilfreichen Bezugspunkt bei der Entscheidungsfindung. Auch die International Commission on Large Dams, ein Zusammenschluss von Ingenieuren, Baufirmen, Regierungen und Wissenschaftlern, erhofft sich von der Anwendung der Kriterien nicht mehr als eine Verringerung der Planungsunsicherheiten (ebd.: 26). Auch die eifrigsten Staudamm-Bauer China und Indien setzen sich über die Empfehlungen hinweg. Für NGOs, die sich in ihrer Kritik an den Großprojekten bestätigt sahen, ist der Abschlußbericht immerhin eine Argumentationsstütze gegen zukünftige Planungen. Der Bericht besitzt darüber hinaus aber keine rechtliche Verbindlichkeit. Das Partizipationsmodell, dementsprechend alle *„stakeholder"*, also die Vertreter von Regierungen, Unternehmen, Weltbank und von NGOs am Runden Tisch zusammenkommen, zeigt auch in diesem Fall deutliche Schwächen.

Beispiel 3: Die Selbstverpflichtungserklärungen der Industrie zur CO_2-Minderung

Bereits bei der Konferenz für Umwelt und Entwicklung 1992 in Rio de Janeiro war es das Ziel der Unternehmenslobby, den Ansatz einer technologischen und marktwirtschaftlichen Bewältigung der ökologischen Krise durchzusetzen. Auch die privatwirtschaftlichen Akteure, die an den Klimaverhandlungen teilnahmen, versuchten stets, ordnungspolitische Maßnahmen zu verhindern und bauten auf „den" Markt als Lösungsinstanz. Dieser Auffassung war der Verband der deutschen Automobilindustrie (VDA) bereits im Rahmen der ersten Vertragsstaatenkonferenz zur Klimarahmenkonvention (COP1): „Competition is the best way to achieve greater efficiency and to reduce fuel consumption; national or international legislative measures are not an alternative" (VDA-Presseerklärung vom 23.3.1995). Ebenso setzte der Bundesverband der Deutschen Industrie (BDI) auf den freien Wettbewerb: „zusätzliche Belastungen durch fiskalische und ordnungsrechtliche Maßnahmen" wurden strikt abgelehnt (BDI-Presseerklärung vom 10.3.1995).

Im Jahr 1995 hat die deutsche Wirtschaft eine Selbstverpflichtungserklärung gegenüber der Bundesregierung abgegeben, die 1996 erweitert und aktualisiert und am 9. November 2000 auf eine neue Basis gestellt wurde. In dieser Vereinbarung sagt sie zu, ihre spezifischen CO_2-Emissionen bis zum Jahr 2005 (Basisjahr 1990) um 28 % zu verringern. Mit Blick auf die Zielsetzung des Kyoto-Protokolls erweitert die Wirtschaft ihre Zusage, alle sechs so genannten „Kyoto-Gase" bis zum Jahr 2012 um 35 % (Basisjahr 1990) zu reduzieren. Die Einhaltung dieser Zusagen wird durch das Rheinisch-Westfälische Institut für Wirtschaftsforschung in Essen (RWI) überwacht. Das CO_2-Monitoring beruht auf dem Datenmaterial, das dem Institut von den Unternehmen zur Verfügung gestellt wird.

Zunächst handelt es sich bei diesem Instrument um einen Sonderweg deutschen Korporatismus'. Die Industrie ließ sich auf Selbstverpflichtungen ein, weil im Gegenzug der damalige Bundeskanzler Helmut Kohl die Pläne für eine ökologische Steuerreform und die Wärmenutzungsverordnung fallen ließ. Das Parlament war an diesem Prozess nicht beteiligt. Die Selbstverpflichtungserklärungen lassen ausreichend Spielraum für eine dynamische Anpassung an zukünftige Unternehmensentscheidungen und die Lage der Weltwirtschaft. Zwar bescheinigt das RWI dem Instrument einigen Erfolg. Beklagt werden aber auch die Heterogenität der Berichte der einzelnen Verbände, Informationsdefizite und die zeitlichen Verzögerungen bei der Abgabe. Ein zeitnahes Monitoring ist aber nur bei entsprechender Aktualität der Berichte möglich (Buttermann/Hillebrand 2000).

Nicht selten werden auch bereits vereinbarte Unternehmensziele als klimapolitische Ziele umdeklariert sowie Effizienzsteigerungsmaßnahmen zur Kosteneinsparung als Klimaschutz öffentlichkeitswirksam angepriesen („no regret"-Maßnahmen). Und dem Ernstfall wird vorgebeugt: Um zu vermeiden, dass unvorhersehbare Produktionssteigerungen in der Zukunft zu kostenträchtigen klimapolitischen Anstrengungen führen könnten, werden meist nur Emissionsverringerungen pro Produkteinheit zugesagt. Das bedeutet, dass die absoluten Emissionen bei Produktionseinbußen rückläufig sind bzw. weiter zunehmen, wenn die Steigerungsrate der Produktion die Emissionsverringerungsrate pro Produkteinheit übersteigt. Es besteht in diesem Zusammenhang kein Zweifel daran, dass das Instrument durch ein lang anhaltendes Wirtschaftswachstum aus den Angeln gehoben werden würde.

Daraus lässt sich nicht ableiten, dass Selbstverpflichtungen per se unbrauchbar sind. Es muss aber berücksichtigt werden, dass ihre Wirkungen ganz unterschiedlich interpretiert werden können.[4] Denn es fehlt an klaren Kriterien, nach denen die Einhaltung kontrolliert und sanktioniert werden könnte. Selbstverpflichtungen bilden also kein allgemeingültiges Regelsystem, wie das einklagbare Recht auf der Grundlage von internationalen Abkommen und Verträgen. Letztere gelten für alle Marktakteure und stellen somit eine verbindliche Rahmenbedingung des internationalen Wettbewerbs für alle dar (Altvater 1999: 331). Gleichwohl spiegeln auch die verbindlichen Regelwerke spezifische Interessenkonstellationen wider. Zwar erfüllen Selbstverpflichtungserklärungen zum Zeitpunkt ihrer öffentlichen Verkündung ihre Funktion, erhöhen also das ökologische Image des Unternehmens (Reputationsgewinn) und sind PR-Aktion, geraten aber schnell wieder in Vergessenheit. Die moralische Pflicht der Einhaltung kann das kodifizierte Recht folglich nicht ersetzen.

Beispiel 4: OECD-Leitsätze für multinationale Unternehmen

Die OECD-Guidelines wurden in ihrer ersten Fassung bereits 1976 vom Commitee on International Investment and Multinational Enterprises (CIME) verabschiedet und basieren auf folgendem Grundsatz: „ The Guidelines aim to ensure that the operations of these enterprises are in harmony with government policies, to strengthen the basis of mutual confidence between enterprises and the societies in which they operate, to help improve the foreign investment climate and to enhance the contribution to sustainable development made by multinational enterprises" (OECD 2000: 15). Sie wurden mehrfach überarbeitet und um Themenfelder ergänzt, die in der gesellschaftlichen Diskussion zunehmend eine Rolle spielten bzw. von NGOs öffentlich thematisiert wurden. So wurden im Jahr 2000 Richtlinien für das Umweltverhalten der Unternehmen verankert. Hier sollen die Unternehmen messbare Ziele aufstellen, die regelmäßig auf ihre Umsetzung überprüft werden können. Auch soll die transparente Offenlegung der Produkt- und Serviceleistungswege dazu beitragen, Umweltbelastungen zu minimieren. Umweltschäden sollen außerdem aktiv verhindert werden, auch wenn wissenschaftlich nicht 100%-ig bewiesen ist, dass diese von dem Unternehmen verursacht worden sind. Die Guidelines umfassen weiterhin die Themen Arbeit, Wissenschaft, Technologie, Steuern oder Bestechung. Die transnationalen Unternehmen sollen, so das Ziel, zur nachhaltigen Entwicklung beitragen, Menschenrechte respektieren, Konsumentenrechte wahren, Umwelt-, Gesundheits-, Sicherheits-, Arbeits- und Steuerrechte einhalten und auf die Einmischung in lokalpolitische Aktivitäten verzichten.

Die 30 OECD-Länder (und die Unternehmen, gleich in welchem Land sie tätig sind) haben sich dazu verpflichtet, die Guidelines einzuhalten. In jedem dieser Länder wurden *National Contact Points* (NCP) eingerichtet, die für die Einhaltung der Guidelines werben, aber auch jährlich dem CIME Bericht erstatten sollen. Eine Berichtspflicht liegt allerdings nicht vor. Damit ist auch in diesem Fall, wie bei den vorhergehenden Beispielen, eine Überprüfbarkeit der Leitsätze nicht gegeben. Nur in recht allgemeiner Form stellen die Guidelines deshalb einen Orientierungsrahmen für eine *corporate accountability* dar. Auch Ende November 2001 bei der Sitzung der OECD-Exportkreditgruppe (ECG) in Paris konnten darüber hinaus keine verbindlichen Ergebnisse erzielt werden.[5] Während die USA höhere

Umweltstandards für Exportkreditagenturen fordern, einigten sich die übrigen Länder auf unverbindliche Richtlinien. Damit tritt keine formale OECD-Umweltvereinbarung für Exportkreditagenturen (ECA) in Kraft. Auch auf nationaler Ebene gerieten die Diskussionen über die Guidelines ins Stocken, nachdem der Bundesverband der Deutschen Industrie (BDI) seine Unterstützung überraschend verweigerte. Nach einem 18-monatigen Dialogprozess zwischen Vertretern der Bundesregierung, der Wirtschaft, der Gewerkschaften und der NGOs, der vom Bundesumweltministeriums initiiert wurde, weigerte sich der Verband im Juli 2002, die Selbstverpflichtung zur Stärkung des Umweltschutzes bei deutschen Auslandsinvestitionen zu unterzeichnen. Zuvor hatten sich alle *stakeholder* in einem langwierigen und mühsamen Diskussionsprozess auf einen Kompromisstext geeinigt.

Anders die Volkswagen AG, die sich unabhängig von den Guidelines 2002 auf soziale und ökologische Mindeststandards für alle Unternehmen des Konzerns geeinigt hat. Die „Erklärung zu den sozialen Rechten und industriellen Beziehungen" wurde gemeinsam vom Vorstand, dem Welt-Konzernbetriebsrat und dem Aufsichtsrats-Vize Klaus Zwickel unterzeichnet. Letzterer wies in seiner Funktion als Vorsitzender des Internationalen Metallgewerkschaftsbundes (IMB) jedoch darauf hin, das solche Selbstverpflichtungen einen „wichtigen Beitrag zur Verwirklichung von Menschenrechten und zur Umsetzung internationaler Arbeitsnormen erbringen. Verbindliche internationale Rechtsvorschriften ersetzen sie nicht" (FR, 8.6.2002). Kritisch müssen die Bestrebungen der Konzerne zur Umsetzung von Guidelines auch deshalb eingeschätzt werden, weil die Produktionsstrukturen oftmals völlig intransparent sind. Durch den subalternen Einbezug informeller Produzenten in globale Wertschöpfungsketten, die als Zulieferer billige Produkte anbieten können (out-sourcing), bleibt das Produktionsverfahren verborgen. Vor allem diese Zulieferer der großen (und angesehenen) Konzerne in vielen Ländern weisen Arbeitsbedingungen auf, die den Normen der ILO und häufig auch den Menschenrechten gerade nicht entsprechen. NGOs wie die Clean Clothes Campaign, kirchliche Gruppen, aber auch die ILO selbst kennen eine Fülle von Beispielen, bei denen die Verletzung von Kernarbeitsnormen nachgewiesen wurde.

Weil die Verhaltenskodizes meistens auf rechtlich unverbindlichen Vereinbarungen ohne Durchsetzungs- und Sanktionsmechanismen beruhen, müssen sie also kritisch und vor allem auf der Grundlage konkreter Fallbeispiele eingeschätzt werden. Für NGOs wie WEED blieben die OECD-Guidelines bis heute „weitgehend erfolglos". Zwar gilt: Die Kodizes können „NGOs und Gewerkschaften als Referenzdokumente dienen, um den öffentlichen Druck auf die Konzerne zu untermauern" (WEED 1999:38.ff.). Allerdings verfügen NGOs letztlich gar nicht über die materielle Basis und die notwendigen Informationen, um die umfassenden und unabhängigen Monitoring- und Kontrollaufgaben zu erledigen. Zudem sind die kritischen Aspekte der selektiven Problembearbeitung, der schwachen Implementationsmechanismen, der vagen Formulierungen (z.B. „.... wo praktikabel") und der Folgenlosigkeit der Nichtbeachtung auch hier die unübersehbaren Schwächen des „weichen Rechts".

4 Auf dem Weg zur Privatisierung oder „nur" globaler Symbolismus?

Die informellen Institutionen globaler Politik haben bereits ein beträchtliches Gewicht in nahezu allen Politikfeldern von der Entwicklungs- über die Umweltpolitik bis zur Finanz- und Wirtschaftspolitik (Altvater/Mahnkopf 2002). Entsprechend vielfältig sind auch die Regulierungsformen, die von diesen Institutionen vorgeschlagen werden. In Selbstverpflichtungserklärungen, Richtlinien (*Guidelines*), Standards oder freiwilligen Kodizes werden die Vorteile globaler Politik gesehen, wobei immer auch auf die positiven Wirkkräfte des Marktes verwiesen wird und weit reichende ordnungspolitische Maßnahmen abgelehnt werden. Die ehemals genuinen Aufgaben der Politik wie das Setzen von Rahmenbedingungen und von Regeln, die Sicherung von Partizipationsmöglichkeiten, der Schutz der öffentlichen Güter oder die Festlegung dessen, was überhaupt zu verregeln ist, werden somit durch „soft law" oder „non-binding legal standards" ergänzt.

Die Ebene transnationaler Politik wird als Terrain sozialer Auseinandersetzungen immer bedeutsamer. Hier agieren nicht mehr nur die Regierungen (insbesondere der OECD-Welt) und die UN oder die multilateralen Wirtschaftsorganisationen IWF, Weltbank und WTO, sondern eine Vielzahl von „informellen" Institutionen, die das politische und wirtschaftliche Geschehen mitbestimmen. Die Perforation nationalstaatlicher Souveränität (und nicht der Verlust davon) hat zur Ausbildung von Normen und Regeln geführt, die sich nicht auf das harte und sanktionsbewährte Recht der Nationalstaaten stützen können, sondern auf „weiche" Übereinkünfte. Deren Befolgung ist nicht einklagbar und deren Nicht-Befolgung nicht sanktionierbar, wie es bei Gentlemen's Agreements üblich ist. Die zu Grunde liegenden Kriterien für das Konzept „Werte ohne Regeln" sind stets die gleichen: a) unverbindliche Standards und Normen durch private Akteure, b) Freiwilligkeit der Maßnahmen und c) Flexibilität bei der Umsetzung der Maßnahmen.

Die neuen Formen der Politik erscheinen erforderlich: Die Beschleunigung des Austauschs von Waren, Dienstleistungen, Finanztransaktionen und Informationen führen nicht nur zu internationalem Wohlstand, sondern zu sozialen wie ökologischen Fehlentwicklungen. Vor diesem Hintergrund dienen Ansätze der Politikformulierung im Netzwerk nicht zuletzt der Legitimationsbeschaffung. Es ist kaum zu erwarten, dass die Probleme im Weltmaßstab über informelle oder semiinformelle Netzwerke, die sich auf *„Codes of Conduct"*, Selbstverpflichtungen oder Guidelines einigen, ausreichen. Sie weisen eher auf einen „globalen Symbolismus" zur Durchsetzung spezifischer Interessen hin. In der Vielfalt der unterschiedlichen Instrumente sowie der mangelnden Transparenz und Kontrolle liegen jedenfalls zentrale Defizite der Ansätze. Ein weiteres Problem liegt darin, dass non-binding standards leicht umgangen werden können, wie es ja selbst bei rechtlich verbindlichen Vorschriften in der Praxis immer wieder vorkommt. Ist die Skandalisierbarkeit der Nicht-Einhaltung auf Grund des geringen gesellschaftlichen Aufmerksamkeitswertes des Themas nicht gegeben, ist ihre Umsetzung kaum gewährleistet. Außerdem werden nur in spezifischen Problembereichen, also sehr selektiv und zudem eher „spontan" als bewusst neue Steuerungsformen umgesetzt.

Nur dort werden Dialogräume eröffnet, wo spezifische Anliegen der Unternehmen vorhanden sind bzw. wo von Seiten der NGOs gesellschaftlicher Druck für eine andere Unternehmenspolitik gemacht wird, der nicht mehr ohne Imageverlust oder Profiteinbusse ignoriert werden kann. Aber auch in diesen spezifischen Bereichen muss bedacht werden, dass Netzwerke und Dialogforen immer auch Fallstricke und Ausschlusskriterien aufweisen (lock in-Effekte und exclusion-mechanisms). Die Exklusivität der transnationalen Politik stellt schließlich eine Herausforderung für die Demokratie dar, weil die breite Repräsentation von Interessen nicht gegeben ist. Zwar gehen die UN-Organisationen auf die nicht-staatlichen Akteure zu, inhaltlich setzten sich damit aber zunehmend die partikularen Forderungen der Privatwirtschaft durch. Die UN unterstützt dadurch die Deregulierung der Weltwirtschaft, in dem statt völkerrechtlich verbindlicher Konventionen zunehmend Verhaltenskodizes auf freiwilliger Basis abgeschlossen werden.

Die Frage, ob ein *„power shift"* vom Staat zu privaten Akteuren stattfindet und insofern die Privatisierung der Weltpolitik eingeleitet wird, stellt sich in dieser Form gar nicht. Wenn der Staat als Terrain sozialer Auseinandersetzungen gesehen wird, ist vielmehr entscheidend, welche Interessen sich durchsetzen. Kritisch muss schließlich auch die Position von Czempiel eingeschätzt werden, nach der die gesellschaftlichen Akteure bereits mit den Regierungen um das „Außenpolitik-Monopol" konkurrieren (Czempiel 2002: 19). Sie schränken die Herrschafts- und Machtansprüche der Regierungen nur in bestimmten Bereichen ein, in anderen „verschränken" sie sich damit. Die Privatisierung der Politik kommt bei letzterem als ergänzende Dimension zur bereits institutionalisierten Form der Politik hinzu. In dem neuen Wechselspiel von staatlicher Institutionen und privaten Akteuren werden durch deliberative Verfahren neue Legitimationsleistungen für spezifische Bearbeitungsformen erbracht. Es ist aber nicht zu erkennen, was die oft als Demokratiegewinn dargestellten Netzwerke prinzipiell von korporatistischen Verquickungen von staatlicher und Verbändemacht unterscheiden sollte.

Deshalb ist es auch verkürzt, wenn der Schutz der globalen öffentlichen Güter in der Forderung nach staatlichen Interventionsformen gesehen wird. Die „nationale Wettbewerbsstaat" selbst ist Teil des Problems, weil durch ihn die Privatisierung der ehemals öffentlichen Güter aktiv unterstützt wird. Das reicht von der Handelsliberalisierung im Wasser- und Gesundheitsbereich bis zur Inwertsetzung der Atmosphäre durch den Handel mit CO_2-Emissionen und der umfassenden Liberalisierung von Dienstleistungen (siehe auch Scheer, Krüger und Walk/ Roth in diesem Band). So zeigt die Privatisierung im Wassersektor neben einigen gelungenen Beispielen, dass im Ergebnis erhebliche Schäden, Irritationen und soziale Verwerfungen (überhöhte Preise, Marginalisierung der Armen) wie z.B. in Cochabamba, Buenos Aires und Tucuman zu verzeichnen sind (Kluge 2003). Es reicht also nicht aus, wie Ende 2002 durch die UN geschehen, den Zugang zu Wasser als ein Menschenrecht und als soziales oder kulturelles Gut zu deklarieren. Weil Wasser zugleich eine profitable Handelsware ist, auf die die transnationalen Konzerne durch die Politik der Welthandelsorganisation erleichterten Zugriff erhalten, wird der „Kampf ums blaue Gold" (Shiva 2003) auch zukünftig für erhebliche Spannungen sorgen.

Die Herausbildung von neuen Steuerungsformen ist auch vor diesem Hintergrund als Teil der viel umfassenderen neoliberalen Politik zur Absicherung von Privatisierungsprozessen anzusehen, die durch die nationale wie internationale Politik unterstützt wird. Auf diese Strukturveränderungen und auf die dahinter stehenden politisch-ökonomischen Interessen wird in den Konzepten von Reinicke (1998) aber nicht eingegangen. Die Eckpfeiler dieser Politik sind Handelsliberalisierung, Wirtschaftswachstum und Strukturanpassung. Der Anspruch von Regierungen und internationalen Organisationen auf globale Steuerung wird also nicht ohne weiteres aufgegeben. Gerade diese Instanzen sind auch weiterhin für die wirtschaftlichen Akteure attraktiv. Sie bilden Terrains, auf denen - nunmehr auch in Form von globalen Politiknetzwerken - um die Durchsetzung ihrer neoliberalen Interessen gerungen wird, ohne dabei auf ähnlich starke Widerstände zu stoßen wie in den nationalen Arenen. Nicht grundlos formiert sich vor diesem Hintergrund ein neuer transnationaler Protest als Antwort auf die politische Durchsetzung neoliberaler Praktiken.

Anmerkungen

1 Für wertvolle Anregungen zu diesem Text danke ich Corinna Heineke, Markus Wissen und Ulrich Brand.

2 Erst in jüngster Zeit werden diese neuen Dimensionen des Politischen und die neuen Akteurskonstellationen zum Gegenstand der klassischen Theorien über die Internatio-

nalen Beziehungen (Börzel/Risse 2002). Im Rahmen der Debatten über die Herausbildung einer Global Governance werden diese Entwicklungen schon länger thematisiert (Messner/Nuscheler 1996, Brand et al. 2000).

3 In dieser Initiative werden Standards für Nachhaltigkeitsberichte ebenfalls in einem multi stakeholder-Prozess erarbeitet, die Aussagekraft und Vergleichbarkeit der Berichte gewährleisten sollen.

4 Es ist auch fraglich, wie es um die Bereitschaft der deutschen Wirtschaft zur Weiterentwicklung dieses Instruments bestellt ist. Denn der ab dem 1. Januar 2005 einzuführende EU-weite CO_2-Emissionshandel wird zu einem fundamentalen Systemwechsel in der Klimapolitik führen. Die anstehende Umsetzung der entsprechenden Richtlinie in deutsches Recht wird mit starken Veränderungen insbesondere im Bereich der energieintensiven Industrien verbunden sein. Aber auch hier gilt es, die „Richtlinie so umzusetzen, dass die Wirtschaft den nötigen Spielraum erhält und behält, um sich eigenverantwortlich und kreativ zum Vorteil für die Umwelt engagieren zu können. Nachhaltige Entwicklung und Innovationen können nur dann erfolgen, wenn Klimavorsorge, Wirtschaftswachstum und Arbeitsplätze durch die Schaffung investitionsfördernder Bedingungen in Einklang gebracht werden." (www.bdi-online.de).

5 Die Exportkreditagenturen sind zwar wenig bekannt, in der internationalen Exportfinanzierung jedoch von enormer Wichtigkeit: Sie vergeben und verbürgen jährlich 400-500 Mrd. US-$ für Exporte und Investitionen in Entwicklungs- und Transformationsländer. Zu den von ihnen abgesicherten Projekten gehören Staudammprojekte wie Tehri in Indien und Drei-Schluchten in China, für die hunderttausende von Menschen umgesiedelt werden mussten, Minenprojekte wie die Ok-Tedi-Mine in Papua Neu-Guinea, Atomkraftwerke wie Angra in Brasilien und Lianyungan in China.

Literatur

Altvater, Elmar (1999): Vernetzung ungleicher Partner. NGOs und Gewerkschaften in der Kampagne für „Codes of Conduct", in: Klein, Ansgar/Legrand, Hans-Josef/Leif, Thomas (Hrsg.): Neue soziale Bewegungen. Impulse, Bilanzen und Perspektiven, Opladen/Wiesbaden: Westdeutscher Verlag, S. 320-337.

-/Brunnengräber, Achim (2002): NGOs im Spannungsfeld von Lobbyarbeit und öffentlichen Protest. In: Aus Politik und Zeitgeschichte, B 6-7, S. 6-14.

-/Mahnkopf, Birgit (2002): Globalisierung der Unsicherheit. Arbeit im Schatten, Schmutziges Geld und informelle Politik, Münster: Westfälisches Dampfboot.

Annan, Kofi (2000): Millennium Report, The: „We the Peoples". The Role of the United Nations in the Twenty-first Century, New York: UN (Briefing Papers).

Baur, Jörg (2001): Mehr Nutzen aus Staudamm-Großprojekten? Zum Bericht der World Commission on Dams, in: Aus Politik und Zeitgeschichte, B 48-49, S. 23-29.

Benner, Thorsten/Reinicke, Wolfgang H./Witte, Jan Martin (2002): Shaping Globalization. The role of global public policy networks, www.gppi.net, 10.3.2003.

Börzel, Tanja A./Risse, Thomas (2002): Public-Private Partnerships: Effective and Legitimate Tools of International Governance?, Institute for Social Science, Humboldt University of Berlin; Center for Transatlantic Foreign and Security Policy, Department of Political and Social Science, Free University of Berlin, Berlin.

Brand, Ulrich et al. (2000): Global Governance. Alternativen zur neoliberalen Globalisierung?, Münster: Westfälisches Dampfboot.

-/Wissen, Markus (2000): Neoliberale Globalisierung, Staat und die Internationalisierung von Protest. Anmerkungen zu einigen Spannungsfeldern linker Politik, in: alaska. Zeitschrift für Internationalismus, Nr. 232, S. 36-39.

Brühl, Tanja et al. (Hrsg.) (2001): Die Privatisierung der Weltpolitik. Entstaatlichung und Kommerzialisierung im Globalisierungsprozess, Bonn: J.H.W. Dietz.

Buttermann, Hans Georg/Hillebrand, Bernhard (2000): Klimaschutzerklärung der deutschen Industrie unter neuen Rahmenbedingungen, Monitoring Bericht 1999, Untersuchung des RWI, Heft 37, Essen.

Czempiel, Ernst-Otto (2002): Weltpolitik im Umbruch. Die Pax Americana, der Terrorismus und die Zukunft der internationalen Beziehungen, München: C.H. Beck.

Enquete-Komission (2002): Schlussbericht der Enquete-Komission: „Globalisierung der Weltwirtschaft - Herausforderungen und Antworten", Berlin: Deutscher Bundestag.

Gill, Stephen (1995): Theorizing the Interregnum: The Double Movement and Global Politics in the 1990s, in: Hettne, Björn (Hg.): International Political Economy, London/New Jersey, S. 65-99.

- (2000): Theoretische Grundlagen einer neo-gramscianischen Analyse der europäischen Integration, in: Bieling, Hans-Jürgen/Steinhilber, Jochen (Hrsg): Die Konfiguration Europas. Dimensionen einer kritischen Integrationstheorie, Münster: Westfälisches Dampfboot, S. 23-50.

Görg, Christoph (2003): Zurück zum Nebenwiderspruch? Naturverhältnisse in der Globalisierungskritik, in: BUKO:et al (Hrsg.): radikal global. Bausteine für eine internationalistische Linke, Berlin/Hamburg/Göttingen: Assoziation A, S. 70-83.

-/Brand, Ulrich (Hrsg.) (2002): Mythen globalen Umweltmanagments: „Rio + 10" und die Sackgassen nachhaltiger Entwicklung, Münster: Westfälisches Dampfboot.

Grande, Edgar/Jachtenfuchs, Markus (Hrsg.) (2000): Wie problemlösungsfähig ist die EU? Baden-Baden: Nomos Verlagsgesellschaft.

Hamm, Brigitte (2002): Der „Global Compact". Eine Bestandaufnahme. In: Hamm, Brigitte (Hrsg.): Public-Private Partnership und der Global Compact der Vereinten Nationen, Duisburg: INEF Report Heft 62/ 2002, S. 17-39.

Hirsch, Joachim (1995): Der nationale Wettbewerbsstaat: Staat, Demokratie und Politik im globalen Kapitalismus, Berlin/Amsterdam: Edition ID-Archiv.

Kluge, Thomas (2003): Kampf ums blaue Gold. Wasser ist nicht nur ein ökonomisches, sondern auch ein soziales und ökologisches Gut. Über Lösungswege für die Weltwasserkrise, Frankfurter Rundschau, 12. Mai 2003, S. 7.

Kohler-Koch, Beate (2000): Regieren in der Europäischen Union. Auf der Suche nach demokratischer Legitimität, in: Aus Politik und Zeitgeschichte, B 6 / 2000, S. 30-38.

Messner, Dirk/Nuscheler, Franz (1996): Global Governance. Organisationselemente und Säulen einer Weltordnungspolitik, in: Messner, Dirk/Nuscheler, Franz (Hrsg.): Weltkonferenzen und Weltberichte. Ein Wegweiser durch die internationale Diskussion, Bonn: Institut für Entwicklung und Frieden (INEF), S. 12-36.

Narr, Wolf-Dieter/Schubert, Alexander (1994): Weltökonomie: die Misere der Politik, Frankfurt am Main: Suhrkamp.

OECD (2000): The OECD Guidelines for Multinational Enterprises, Revision 2000, Paris: OECD.

Paul, James A. (2001): Der Weg zum Global Compact. Zur Annäherung von UNO und multinationalen Unternehmen, in: Brühl, Tanja et al (Hrsg.): Die Privatisierung der Weltpolitik. Entstaatlichung und Kommerzialisierung im Globalisierungsprozess, Bonn: J.H.W. Dietz, S. 104-129.

Reinicke, Wolfgang H. (1998): Global Public Policy. Governing without Government?, Washington, D.C.: Bookings Inst. Press.

-/Deng, Francis (2000): Critical choices. The United Nations, Networks and the Future of Global Governance, Ottawa: International Development Research Centre.

Shiva, Vandana (2003): Der Kampf ums blaue Gold. Ursachen und Folgen der Wasserverknappung, Zürich: Rotpunkt.

Streck, Charlotte (2002): Global Public Policy Networks as Coalitions for Change, www.gppi.net, 10.3.2003.

WCD (2000): Dams and Development: A Framework for Decision Making, Kapstadt: www.dams.org.

WEED (1999): Belohnen - Beschämen - Bestrafen, Globale Vereinbarungen und ihre Durchsetzung, Weltwirtschaft, Ökologie & Entwicklung (Hrsg), Bonn.

Witte, Jan Martin/Streck, Charlotte/Benner, Thorsten (Hrsg.) (2003): Progress or Peril? Partnerships and Networks in Global Environmental Governance. The Post-Johannesburg Agenda, Washington, D.C./Berlin: Yale Reprographics and Imaging Services.

Beate Andrees

Öffentliche Not, private Tugend? Die Finanzierung öffentlicher Güter in Transformationsgesellschaften

Das veränderte Spannungsverhältnis von Staat und Markt unter Bedingungen einer beschleunigten Globalisierung hat die Grenzen zwischen öffentlicher und privater Sphäre verschoben. Dies hat erneut die Frage aufgeworfen, welche Güter öffentlich sein sollen (nicht-ausschließend im Zugang und nicht-rivalisierend im Konsum), wie darüber entschieden und wie diese Güter finanziert werden sollen. Unter dem Eindruck einer tiefgreifenden Fiskalkrise des Staates und einer zunehmenden Privatisierung von vormals staatlichen Unternehmen und Dienstleistungen ist dies zunächst auf nationaler Ebene diskutiert worden. Das Konzept der öffentlichen Güter wurde dann auf die globale Arena übertragen (Kaul et al. 1999, 2003). Dabei ging es vor allem um Möglichkeiten internationaler Kooperation zur Bekämpfung globaler „public bads", wie zum Beispiel der grenzüberschreitenden Umweltverschmutzung oder der Ausbreitung von AIDS. Trotz einer zunehmend globalen Vernetzung und der Notwendigkeit, öffentliche Güter auch global zu denken, müssen die Voraussetzungen dafür jedoch auf lokaler und nationaler Ebene geschaffen werden. Vielen Entwicklungs- und Transformationsländern fehlen dazu bis heute die notwendigen Institutionen und finanziellen Mittel.

Der folgende Beitrag wird sich zunächst anhand eines Fallbeispiels der Frage stellen, warum Gesellschaften in Transformationsländern mit öffentlichern Gütern unterversorgt sind. Dabei sollen vor allem die Folgen der Privatisierung und Korruption diskutiert werden. Angesichts eines zweifachen Versagens von Staat und Markt bei der Erzeugung öffentlicher Güter hat die Suche nach alternativen Finanzierungsmodellen auf nationaler und globaler Ebene begonnen. Der zivilgesellschaftlichen Sphäre wird dabei eine fast rettende Rolle zugesprochen. Doch die empirische Erfahrung zeigt, dass in Transformationsgesellschaften, in denen autoritäre Strukturen noch immer dominieren, Nicht-Regierungsorganisationen in der Regel sehr schwach sind. Eine Ausnahme sind zivilgesellschaftliche Netzwerke, die global vernetzt sind. Transnationale Diasporanetzwerke stellen eines der erfolgreichsten Modelle dieser Vernetzung dar. Sie sind ein Sonderfall der „globalen Zivilgesellschaft" (Anheier et al. 2001), die nicht nur für Transformationsgesellschaften zunehmend an Bedeutung gewinnen. Der zweite Teil des Artikel zeigt am Beispiel der armenischen Diaspora, dass „ethnische" Netzwerke eine starke Bindungs- und Mobilisierungskraft besitzen und somit Anreize schaffen, in öffentliche Güter im „Heimatland" zu investieren. Auch wenn sich dieser Ansatz nur begrenzt für die Finanzierung globaler öffentlicher Güter nutzbar machen lässt, so haben Diaspora-Organisationen zumindest einen indirekten Einfluss darauf, indem sie die Folgen globaler „public goods“ abfedern und indem sie Regierungen bei der Erzeugung öffentlicher Güter auf nationaler Ebene unterstützen.

1 Öffentliche Güter als soziale Konstrukte

Die Bereitstellung öffentlicher Güter bedeutet immer einen Einschnitt in privaten Reichtum, d.h. einen Transfer von privaten Ressourcen zugunsten eines öffentlichen Interesses. Dies setzt entweder Solidarität für weniger privilegierte Menschen, Zwang oder ein privates Interesse an einem bestimmten öffentlichen Gut voraus, wie zum Beispiel der Sicherung von Eigentumsrechten.

Ein wichtiger theoretischer Ausgangspunkt in der Debatte um öffentliche Güter ist ihre soziale Konstruktion und somit auch ihre Einbettung in historische Zusammenhänge (Kaul et al. 1999). Die Entscheidung darüber, ob beispielsweise Gesundheitsfürsorge allen Menschen frei zugänglich sein sollte, nur teilweise oder gar nicht, wird im Prozess der gesellschaftlichen Auseinandersetzung getroffen. Die staatliche Gesundheitsfürsorge ist, wie viele andere öffentliche Güter auch, eine moderne Erscheinung, die erst mit der Herausbildung eines bürokratisch-rationalen Staatswesens (Max Weber) sowie demokratischer Institutionen möglich wurde. Vormoderne Staaten haben nur wenige öffentliche Güter bereit gestellt (Desai 2003). Ihre Hauptsorge galt der nationalen Sicherheit. Dies bedeutete zur damaligen Zeit vor allem Krieg, der unzählige „public bads“ erzeugte. Private oder quasi-öffentliche Akteure, wie zum Beispiel die Kirche, waren stattdessen für Bildung oder Gesundheit zuständig - Güter, die erst allmählich einen öffentlichen Charakter erhalten sollten.

Krieg sowie die „zerstörerisch-produktive“ Kraft des Kapitalismus (Joseph A. Schumpeter) trugen zur Herausbildung des modernen Staates bei, der sich zunehmend auch der inneren Sicherheit und damit der Bereitstellung öffentlicher Güter für die eigene Bevölkerung verpflichtet fühlte. Dies verlief parallel zur Demokratisierung der Gesellschaften und erreichte seinen Höhepunkt im „Goldenen Zeitalter“ nach dem Ende des Zweiten Weltkrieges mit der schrittweisen Ausdehnung des Wohlfahrtsstaates. Steigende Inflationsraten führten ab Ende der 1960er Jahre in den OECD-Ländern zu einer Fiskalkrise des Staates. Im öffentlichen Diskurs, vor allem in den USA und in Großbritannien, setzte sich die Überzeugung durch, dass der Staat ineffizient bei der Produktion öffentlicher Güter sei. Marktbasierte Lösungen waren die Alternative, d.h. Ausschlussmechanismen (Preis und Eigentumsrechte) mussten wieder etabliert werden.

Dieser Trend verschärfte sich mit der „Markteuphorie“ (Altvater 1991) Anfang der 1990er Jahre. Der Markt wurde vor allem in den ehemaligen sozialistischen

Staaten zum Leitmotiv. Über ihn sollten knappe Ressourcen besser und vor allem effizienter verteilt werden können als über den Staat. Der Euphorie folgte die Ernüchterung. Altvater und andere Kritiker wiesen frühzeitig auf die „Paradoxien des Marktes" hin, die nicht nur zu verschärfter Ungleichheit führten, sondern auch zu ungewünschten Externalitäten, die sich zu globalen „public bads" ausweiten können. Neue Kriege, Umweltverschmutzung oder die Zunahme transnationaler Kriminalität sind nur einige Beispiele. Ich werde darauf im folgenden Abschnitt noch näher eingehen.

Der starke Glaube an staatlich gelenkte Entwicklung und Kooperation prägte das „Goldene Zeitalter" auch auf internationaler Ebene. Nach dem Ende der Kolonialisierung und während des Kalten Krieges standen die industrialisierten Staaten unter moralischem und sicherheitspolitischem Druck, die nationalen Budgets der Entwicklungsländer zu stützen sowie beim Aufbau funktionierender Staatswesen zu helfen. Die Schuldenkrise der 1980er Jahre und das Ende des Kalten Krieges hat zu der viel zitierten „Gebermüdigkeit" geführt. Während die Kluft zwischen Armen und Reichen weiter zunimmt, während viele als obsolet betrachtete Kriege als „low-intensity conflicts" weiter schwelen und während viele nationale Krisen wie Staatszerfall, Krankheiten und Umweltzerstörung sich zu globalen „public bads" ausweiten, nimmt die öffentlich finanzierte Entwicklungshilfe in den meisten OECD-Ländern tendenziell ab[1]. Dies spiegelt sich auch in den Budgets der multilateralen Entwicklungsorganisationen, wie zum Beispiel den Vereinten Nationen, wider.

Entwicklungshilfe wird zunehmend aus einer utilitaristischen Perspektive betrachtet: Nicht mehr internationale Solidarität (oder eine moralische Verpflichtung wie nach dem Ende der Kolonialisierung) sind das entscheidende Argument, sondern Sicherheit und nationale Interessen (Jayaraman/Kanbur 1999). Infolgedessen werden viele Entwicklungsprobleme und ihre Folgen als Sicherheitsbedrohungen wahrgenommen. Diese veränderte Wahrnehmung birgt die Gefahr, dass vor allem arme Staaten noch weiter marginalisiert werden und dass internationale Kooperationsmechanismen unter Druck geraten.

Der Diskurs um globale öffentliche Güter, angestoßen vom Entwicklungsprogramm der Vereinten Nationen, ist eine Anwort auf diese veränderte Wahrnehmung. Das zentrale Argument dabei ist, dass vormals nationalstaatlich verankerte öffentliche Güter, wie zum Beispiel Gesundheit, finanzielle Stabilität oder eine saubere Umwelt, zunehmend über politisch-territoriale Grenzen reichen. Dies erfordere eine verstärkte Zusammenarbeit auf internationaler Ebene. Kooperation kostet jedoch Geld, und deshalb fordern die Befürworter/innen dieses Ansatzes einen Transfer zusätzlicher Mittel von der staatlichen auf die internationale Ebene (Kaul/Le Goulven/Schnupf 2002)[2]. Dies sollte nicht zu Lasten der Entwicklungs-

und Transformationsländer gehen, sondern sie sollten im Gegenteil dazu befähigt werden, sich stärker an der Erzeugung globaler öffentlicher Güter zu beteiligen. Den Autoren/innen ist dabei durchaus bewusst, dass die Schulden- und Transformationskrise der letzten beiden Jahrzehnte in vielen Ländern die Versorgung mit öffentlichen Gütern dramatisch verschlechtert hat.

Wie soll also diese „dual agenda" finanziert werden[3]? 1) Die konzeptionelle Trennung öffentlicher Gütern nach ihrer Reichweite (lokal, national, regional, global) schärft das Bewusstsein für unterschiedliche Entwicklungsaufgaben. Dies sollte jedoch nicht darüber hinweg täuschen, dass alle öffentlichen Güter, egal welcher Reichweite, interdependent sind. Die Erzeugung eines öffentlichen Gutes erzeugt Synergieeffekte auf allen anderen Ebenen. Mit der Trennung wird jedoch eine neue Rechtfertigungsbasis für die zusätzliche Bereitstellung öffentlicher Mittel geschaffen, die vor allem zur Verbesserung der internationalen Kooperation eingesetzt werden sollen. 2) Marktbasierte Anreize sollen erweitert werden. Das klassische Beispiel hierfür ist der globale Emissionshandel. 3) „Öffentlich-private Partnerschaften" werden zum neuen Schlüsselwort. So suchen beispielsweise überschuldete Kommunen nach Möglichkeiten des Auslagerns öffentlicher Dienste, ohne dass das betreffende öffentliche Gut vollständig dem Markt überlassen wird. Ebenso suchen internationale Organisationen wie die Vereinten Nationen nach privaten Sponsoren sowie nach einer Einbindung privater Akteure in die internationale Politik. Der „globalen Zivilgesellschaft" wird dabei eine große Verantwortung zugeschrieben[4].

Öffentlich-private Partnerschaften zielen vor allem auf die Mobilisierung der Zivilgesellschaft: Unternehmen, Stiftungen, Nicht-Regierungsorganisationen, Individuen (Philanthropen), religiöse Gruppen oder akademische Einrichtungen. Auf globaler Ebene sind dabei in den vergangenen Jahren viele neue Initiativen entstanden, vom Global Compact bis zur Verschränkung von Militär und Nicht-Regierungsorganisationen in den Interventionen heutiger Kriege. Anheier et al. haben empirisch nachweisen können, dass es seit dem Ende des Kalten Krieges zu einer deutlichen Zunahme von zivilgesellschaftlichen Organisationen mit einem globalem Anliegen kam. Die Autoren/innen sprechen deshalb von der Herausbildung einer „globalen Zivilgesellschaft", die sich im weitesten Sinne für öffentliche Güter einsetzt (Anheier et al. 2001). Die meisten dieser Organisationen haben ihre Wurzeln jedoch in Westeuropa. Für die ehemals sozialistischen Länder sieht das Bild weniger günstig aus[5]. Dazu kommt, dass viele der dort neu gegründeten Nicht-Regierungsorganisationen nur begrenzte Freiheiten und vor allem begrenzte finanzielle Mittel (und damit auch Macht) haben. Wenn sie nicht Teil einer transnationalen Organisationsstruktur sind, ist ihr Einfluss auf die Erzeugung öffentlicher Güter auf nationaler Ebene begrenzt. Wie im folgenden noch gezeigt werden soll, können transnationale Diaspora-Netzwerke einen Brückenkopf zu lokalen zivilgesellschaftlichen Gruppen bilden und damit den Einfluss dieser Gruppen auf gesellschaftliche Prozesse erhöhen.

2 Die Unterversorgung mit öffentlichen Gütern in Transformationsländern

2.1 Markt- und Staatsversagen im Transformationsprozess

Nach dem Ende des Sozialismus hat sich die Versorgung mit öffentlichen Gütern in den Transformationsländern durch das doppelte Versagen von Staat und Markt verschlechtert. Die Gründe dafür sind vielfältig, und im folgenden sollen nur zwei Ursachen erwähnt werden, die eng miteinander verbunden sind: Privatisierung und Korruption.

Die Privatisierung des vormals staatlichen (bzw. gesellschaftlichen) Eigentums in den Transformationsländern ist maßgeblich von westlichen Beratern und den Bretton-Woods-Organisationen gesteuert worden. Dabei setzten sich häufig die Befürworter/innen einer „Schocktherapie" durch, die auf einen zügigen Verkauf der Betriebe und Ländereien sowie die schnelle Deregulierung der Geldflüsse setzte. Der Aufbau von Institutionen, die für eine Marktwirtschaft wesentlich sind, kam dabei zu kurz. In einer Studie der Weltbank und der OECD, veröffentlicht 1997, als sich eine Abkehr vom „Washington consensus" bereits abzeichnete, werden die Schwächen der „Massenprivatisierung" thematisiert (Lieberman et al. 1997). In Bezug auf die Erzeugung öffentlicher Güter sollen hier nur drei Aspekte erwähnt werden: a) Der unterentwickelte institutionelle Rahmen sowie die mangelnde Wettbewerbsfähigkeit der Betriebe führten zu einem starken Produktionsrückgang. Vermögenswerte wurden in großem Umfang gestohlen. Während der Unruhen in Albanien 1996/97 zogen zum Beispiel bewaffnete Gruppen zu den noch verbliebenen Betrieben und schleppten Geräte und Einrichtungsgegenstände fort. Durch diese „wilde Privatisierung" wurde gesellschaftlicher Reichtum vernichtet und damit auch die Basis vieler öffentlicher Güter. b) In den ehemaligen sozialistischen Staaten waren die Betriebe zumindest in der Theorie gesellschaftliches Eigentum. Viele post-sozialistische Regierungen haben deshalb Anteilsscheine an die Arbeiter ausgegeben, um Verteilungsgerechtigkeit zu garantieren. Dies ließ sich jedoch nicht in die Praxis umsetzen. In der Regel verblieb die Macht in den Händen der ehemaligen Direktoren. Die Arbeiter und Angestellten waren dagegen häufig gezwungen, ihre Anteile unter Wert zu verkaufen oder zu versteigern, da sie aufgrund steigender Preise und sinkender Löhne auf das Geld angewiesen waren. c) Damit eng verbunden waren Probleme der Unternehmensführung (corporate governance).

Anteilseigner hatten kaum Einfluss auf das Management und konnten somit auch den Vermögensraub nicht verhindern (Lieberman et al. 1997).

Die mangelnde institutionelle Absicherung des Privatisierungsprozesses schuf das Ferment, auf dem die Korruption gedeihen konnte. Der aus sozialistischen Zeiten geerbte Bürokratismus spielt dabei auch eine Rolle, doch die Wahrnehmung der Korruption ist in vielen Transformationsländern gestiegen[6]. In der Regel wird zwischen „kleiner“ und „großer“ Korruption unterschieden. In jedem Fall erhöht Korruption die Transaktionskosten und verursacht gesamtgesellschaftliche Verluste. Ist sie weit verbreitet, dann lassen sich negative Rückwirkungen auf das Wirtschaftswachstum, die Kindersterblichkeit oder das Bildungsniveau beobachten (Gupta et al. 2000). Korruption hat also negative Auswirkungen auf die Produktion von öffentlichen Gütern. Sie ist immer ein Geschäft zu Lasten Dritter (Altvater/Mahnkopf 2002).

Während westliche Berater zu Beginn des Privatisierungsprozesses vor allem die Sorge um korrupte Staatsbeamte umtrieb, hat sich die Perspektive mittlerweile verschoben. In einer Studie der Weltbank (Hellman et al. 2000) wird von „gekaperten Staaten“ gesprochen, in denen Firmen durch finanzielle Bestechung politische Ergebnisse maßgeblich beeinflussen können. In Transformationsländern konkurrieren diese Firmen mit den ehemaligen staatlichen Kombinaten, die aufgrund personeller Verflechtungen auch ohne Bestechung Einfluss auf die Regierungen nehmen können. In beiden Fällen bedeutet dies jedoch, dass demokratische Entscheidungsprozesse zur Bestimmung von öffentlichen Gütern behindert werden oder überhaupt nicht funktionieren. Dies wiederum entfremdet die Menschen von der Regierung und führt zu weit verbreiteter Steuerverweigerung. Korruption schwächt die Position eines Staates auch international, verstärkt die „Gebermüdigkeit“ und verschlechtert die Chancen auf private Direktinvestitionen. Eigen und Eigen-Zucchi schlussfolgern deshalb, daß die Kontrolle der Korruption auf nationaler Ebene eine entscheidende Voraussetzung für die Produktion nicht nur nationaler, sondern auch globaler öffentlicher Güter ist (Eigen/Eigen-Zucchi 2002).

Es würde an dieser Stelle zu weit führen, auf die genaueren Ursachen der Korruption in bestimmten Ländern einzugehen. Hellman et al. beziehen sich auf die gegenseitige Abhängigkeit von politischen Freiheitsrechten und dem Grad der „Gefangennahme oder Kaperung“ eines Staates (Hellman et al. 2000). Pfadabhängigkeit, d.h. historische Erbschaften, spielen dabei eine wichtige Rolle. Dies ist zu Beginn des Transformationsprozesses zu wenig berücksichtigt worden, so dass privatisiert und dereguliert wurde, ohne Augenmerk auf den Aufbau funktionierender staatlicher und zivilgesellschaftlicher Institutionen zu legen.

Die Schwäche dieser Institutionen ist eine Ursache für die Unterversorgung der Transformationsgesellschaften mit öffentlichen Gütern. Die Versorgung mit öffentlichen Gütern auf nationaler wie auch globaler Ebene hängt wesentlich vom Wissen und Bewusstsein der Bevölkerung sowie von Möglichkeiten der politischen Einflussnahme ab. Voraussetzung dafür sind ein funktionierendes Rechtssystem, starke zivilgesellschaftliche Organisationen (Parteien, Nicht-Regierungsorganisationen, Gewerkschaften usw.), die am Meinungsbildungsprozess beteiligt sind und Präferenzen festlegen, sowie eine starke Regierung, die über die entsprechenden Ressourcen verfügt.

Die Fähigkeit einer Regierung oder privater Akteure, öffentliche Güter bereitzustellen, hängt außerdem von externen Faktoren ab. Globale oder regionale „public bads" haben einen negativen Einfluss auf die Bereitstellung von öffentlichen Gütern auf nationaler und lokaler Ebene. Finanzinstabilität auf internationalen Märkten, die geopolitische Lage, Krieg oder Umweltkatastrophen sind nur teilweise auf nationaler Ebene zu beeinflussen. Eine entscheidende Rolle spielen auch die internationalen Rahmenbedingungen, die über Staaten und multilaterale Organisationen vorgegeben werden. Diese waren im Falle der Transformationsländer so gesetzt, dass sie beispielsweise finanzielle Instabilität erhöhten, obwohl sie genau das Gegenteil erreichten sollten (Stiglitz 2002).

2.2 Privatisierung und Korruption in Armenien

Wie viele andere Transformationsländer erlebte Armenien nur eine kurze Phase der Unabhängigkeit (1918-1920), in der sich staatliche und demokratische Strukturen nur unzureichend herausbildeten. Unter osmanischer und sowjetischer Herrschaft fielen deshalb dem erweiterten Familienverband und der armenisch-apostolischen Kirche eine wichtige integrative Funktion zu. Familie und Kirche erzeugen zwar einen gewissen Zusammenhalt unter den Mitgliedern einer Gesellschaft, jedoch nicht notwendigerweise öffentliche Güter.

Nach einer langen Phase des Protestes gegen das sowjetische Regime erlangte Armenien 1991 seine Unabhängigkeit. Die neue Regierung ging aus der stärksten Oppositionsgruppe, der Armenischen Nationalen Bewegung, hervor. Sie trat mit einem radikalen marktwirtschaftlichen Reformprogramm an, das sie unter äußerst ungünstigen externen Rahmenbedingungen durchsetzen wollte. Das schwere Erdbeben im Nordwesten des Landes lag erst drei Jahre zurück, und die Spuren dieser Katastrophe waren noch deutlich spürbar. Gleichzeitig befand sich die neue Republik in einem unerklärten Kriegszustand mit Azerbaijan um die Enklave Nagorno-Karabach (1991-1994). Bis heute halten Azerbaijan und die Türkei ihre Blockade gegen Armenien aufrecht, was den wirtschaftlichen Spielraum der Regierung erheblich einschränkte[7]. 1997 wurde Armenien von der russischen Finanzkrise getroffen, wenn auch nur mit relativ moderaten Auswirkungen (Kahn 1999).

Unter diesen ungünstigen externen Bedingungen begann die Regierung unter Präsident Levon Ter-Petrossian als erste der ehemaligen Sowjetrepubliken mit der Privatisierung. Sie begann mit der Privatisierung von Land, Wohnraum und Kleinunternehmen, gefolgt von der Privatisierung von 1.250 ehemals staatlicher Betriebe zwischen 1995 und 1998. Dieser relative schnelle Privatisierungsprozess ohne die ebenso schnelle Entwicklung eines institutionellen Rahmen wirkte sich in vieler Hinsicht negativ aus. Die Regierung hatte verschiedene Verkaufsoptionen genutzt, u.a. auch die Verteilung von Anteilen an die Angestellten. Angesichts dramatisch sinkender Einkommen Anfang der 1990er Jahre waren jedoch viele Menschen gezwungen, ihre Anteile zu verkaufen, um das Lebensnotwendige finanzieren zu können. Fehlende Institutionen (vor allem ein unabhängiges Rechtssystem) sowie weitverbreitete Korruption während des Privatisierungsprozesses führten zu einer Konzentration des Reichtums in wenigen Händen, wie zum Beispiel in denen ehemaliger Direktoren der Unternehmen oder hochrangiger politischer Funktionäre (UNDP 1998).

Die Einkommensunterschiede vergrößerten sich. Korruption und ein rückläufiges Produktionsvolumen bei gleichzeitiger Ausdehnung der Schattenwirtschaft führten dazu, dass die Steuerbasis des Staates massiv schrumpfte. Dies begünstigte wiederum die „kleine Korruption", denn staatliche Angestellte versuchten darüber, ihre sinkenden Einkommen auszugleichen. So sind zwar formal gesehen die Grundausbildung, das Gesundheitswesen und die meisten Transportwege gebührenfrei. Die Regel ist jedoch, dass beispielsweise Lehrer für die Teilnahme an Prüfungen Gebühren erheben, dass Ärzte mit der Operation nur nach einem ausreichenden „Bakschisch" beginnen und dass Autofahrer auf der Straße willkürlich angehalten werden und „Strafen" an die Polizei zahlen müssen[8].

Die armenische Regierung steht nun vor der Herausforderung, das Steueraufkommen zu erhöhen und damit die Versorgung mit öffentlichen Gütern zu verbessern. Die politische Auseinandersetzung um Verteilungsfragen verlief bisher jedoch sehr undemokratisch. Bis heute gibt es keinen wirklichen Austausch zwischen Abgeordneten und Wählern, da die Wiederwahl von Abgeordneten mehr von ihrer Stellung zum staatlichen Elitesystem als zur Bevölkerung abhängt (UNDP 1998). Dazu kommt, dass das politische System Armeniens seit der Unabhängigkeit mehrere Krisen durchlebte, die hier nur kurz erwähnt werden sollen: Zwischen 1995 und 1997 entwickelte Ter-Petrossian einen autoritären Führungsstil, indem er massiven Druck auf die Opposition ausübte. Ein Teil der Opposition pflegte enge Verbindungen zur Diaspora. Die anti-demokratische Krise entfremdete die Bevölkerung und endete mit dem Rücktritt Ter-Petrossians im Jahre 1998[9]. Ein Jahr später wurden mehrere Abgeordnete während einer Sitzung im Parlament erschossen. Während der Präsidentschafts- und Parlamentswahlen 2003 kam es erneut zu gewaltsamen Zwischenfällen zwischen Regierungs- und Oppositionsparteien[10]. Jede dieser Krisen hatte fatale Rückwirkungen auf die Wahrnehmung des politischen Systems im In- und Ausland. Die politische Instabilität, verschärft durch den Krieg um Nagorno-Karabach, ist eine wesentliche Ursache für die Unterversorgung der armenischen Gesellschaft mit öffentlichen Gütern.

3 Die Mobilisierung transnationaler Diaspora-Gruppen zur Finanzierung öffentlicher Güter

3.1 Diaspora im Transformationsprozess

Ökonomische und politische Krisen haben in allen Transformationsländern zu einer starken Abwanderung geführt. Der Verlust an menschlichem Kapitel hat einerseits die Krise verschärft, vor allem durch die Abwanderung hochqualifizierter Menschen. Andererseits wurde der Arbeitsmarkt entlastet. Außerdem verbesserten finanzielle Überweisungen der Migranten die Zahlungsbilanz und sorgten für mehr Konsum in den Herkunftsländern. Die Frage, ob Emigration die Entwicklung eines Landes positiv beeinflusst, kann jedoch nicht eindeutig beantwortet werden, da dies entscheidend von den politischen Rahmenbedingungen abhängt. Ökonomen haben in der Vergangenheit vor allem durch die Gleichsetzung von freier Arbeitsmigration mit freiem Handel die positiven Effekte überschätzt. Beide, so die theoretische Annahme, führten zu einem sich angleichendem Wachstum. Geldüberweisungen aus dem Gastland spielen in diesem Modell eine zentrale Rolle. Zahlreiche Studien haben jedoch gezeigt, dass diese Überweisungen eine entwicklungspolitisch ambivalente Funktion haben (u.a. Russell 1992).

Migrationsprozesse verlaufen mit der zunehmenden Vernetzung von Volkswirtschaften und Gesellschaften komplexer. Unter diesem Aspekt lässt sich auch das gestiegene Interesse von Ökonomen und Migrationsexperten an der Diaspora-Forschung erklären. Diaspora (griech.: Verstreuung) war lange ein Schlüsselbegriff in den Kultur- und Religionswissenschaften. Ab Ende der 1980er begannen auch Politologen, sich mit dem Phänomen auseinanderzusetzen (u.a. Sheffer 1986, Safran 1991, Cohen 1997). Dabei wurde die ursprüngliche Bedeutung des Begriffes, die sich an den Erfahrungen des jüdischen Exils orientierte, erweitert: Diaspora bedeutet Trauma und Vertreibung, aber auch Befreiung, temporäres Verweilen oder neues Verwurzeln. Gewaltsame Migration ist meistens eine zentrale Erfahrung. Sie kann sich aber auch vermischen mit Auswanderung durch die Ausdehnung des Handels und anderen Formen der „freiwilligen“ Migration.

Die Diaspora-Forschung hat das Verständnis von Migrationsprozessen erweitert, indem sie auf die wichtige Rolle der Identität bei der Bildung von Migrationsnetzwerken hinwies. Identität wird dabei nicht als primordial verstanden. Diasporas sind „reisende Kulturen“ (Clifford 1994, Übers. d.A.). Identitäten sind somit hybrid und wechselhaft. Sie manifestieren sich for allem in realen und imaginierten Beziehungen zum Heimatland und in der Solidarität für Mitglieder der eigenen ethnischen Gruppe. Diapora-Gruppen sind deshalb in der Lage, über einen langen Zeitraum die Vorstellung einer „imagined community“ (Benedict Anderson) aufrecht zu halten und vielfältige Kontakte untereinander sowie zum Heimatland zu unterhalten.

Zahlreiche Diaspora-Gruppen in Westeuropa oder Nordamerika spielten eine aktive Rolle im postsozialistischen Transformationsprozess. Sie besetzten Regierungsstellen, kamen als Berater oder investierten in die neuen Märkte. Es gibt bis heute nur einzelne Fallstudien (vor allem zu China oder zum ehemaligen Jugoslawien), jedoch keine umfassende vergleichende Arbeit zum Einfluss transnationaler Diaspora-Gruppen auf den Verlauf des Transformationsprozesses. Die ökonomischen, politischen und kulturellen Formen des Einflusses lassen sich nur schwer messen. Die folgenden Aspekte können jedoch wichtige Anhaltspunkte liefern.

Wie bei allen Migrationsprozessen spielen auch bei Diaspora-Gruppen Überweisungen eine wichtige Rolle. Migration ist in der Regel eine Haushaltsstrategie, die die zurückgebliebenen Familienmitglieder finanziell unterstützen soll. Die meisten Geldsendungen finden informell statt, vor allem wenn im Herkunftsland kein funktionierender Bankensektor existiert und wenn Anreize für die Nutzung formaler Wege fehlen. Informelle Überweisungen werden über Kuriere (Hundi-System oder Hawala Banking) oder Familienangehörige abgewickelt[11]. Geldsendungen von Migranten sind vor allem privater Natur, d.h. sie lassen sich kaum für die Erzeugung öffentlicher Güter nutzen. Einige Regierungen haben zwar versucht, Anreize für eine Formalisierung sowie Mechanismen der Besteuerung der Geldflüsse zu schaffen, jedoch meistens ohne großen Erfolg[12].

Ähnlich verhält es sich mit der Mobilisierung von Direktinvestitionen aus der Diaspora. So hat z.B. die chinesische Regierung, sehr erfolgreich Bedingungen geschaffen, die zu einem deutlichen Anstieg der privaten Direktinvestitionen aus der chinesischen Diaspora geführt haben (Lever-Tracy et al. 1996). Andere Regierungen - von Indien bis zum Kosovo - versuchen, dieses Modell nachzuahmen. Die postsozialistischen Privatisierungsprozesse bevorzugten die Diaspora-Investoren nicht. Im Gegenteil, oft wurden ausländische Investoren (einschließlich der Diaspora) von den Privatisierungen gezielt ausgeschlossen. Zu groß war die Angst vor einem „Ausverkauf“. Viele Regierungen haben jedoch angesichts der dünnen Kapiteldecke im eigenen Land das Potential ihrer Migranten entdeckt und versuchen nun, diese als Investoren zu gewinnen. Doch auch private Direktinvestitionen tragen nur indirekt (u.a. durch Steuern) zur Erzeugung von öffentlichen Gütern bei.

Anders verhält es sich dagegen mit „sozialem Kapital", d.h. Netzwerken der Diaspora in den Gastländern sowie dem wirtschaftlichen und politischen Sachverstand von Diaspora-Eliten. Lobbyverbände in den USA haben in den vergangenen Jahren mit Erfolg für bilaterale Entwicklungshilfe gestritten und dies trotz sinkender Etats. Wie eingangs schon erläutert, wird die bilaterale Entwicklungshilfe nur teilweise in öffentliche Güter investiert, und dies ist in der Regel interessengeleitet. Doch sie hat für viele Länder eine wichtige Funktion in der Bereitstellung von öffentlichen Gütern, etwa im Gesundheits- und Bildungssektor.

Diaspora-Netzwerke bieten außerdem eine Alternative zum „brain drain". Neuere Studien haben gezeigt, dass die Migration vor allem von hochqualifizierten Migranten kein linearer Prozess ist, sondern durchaus auch zirkulär verlaufen kann (Mayer 2001). Diese neue Sichtweise wurde vor allem von Studien zu asiatischen Migrationsbewegungen beeinflusst, doch auch in den osteuropäischen Transformationsländern gibt es temporäre Rückkehrbewegungen aus etablierten oder gerade erst entstehenden Diaspora-Gemeinschaften in das Herkunftsland.

Eine direkte Beziehung zwischen transnationalen Diaspora-Gemeinschaften und der Erzeugung von öffentlichen Gütern auf lokaler Ebene (im Herkunfts- sowie im Gastland) entsteht durch ein weites Netz von humanitären Organisationen. Vor allem bei historisch gewachsenen und stabilen Diaspora-Strukturen dominiert diese Form des Einflusses, wie im Folgenden am Beispiel der armenischen Diaspora noch gezeigt werden soll. Häufig hat sich Diaspora-Philanthropie als Antwort auf eine feindliche Gastgesellschaft entwickelt. Organisationen entstehen zunächst mit einer nach innen gerichteten Strategie, als Netzwerk für die eigene Gruppe, die sich gegen Assimilierung und Diskriminierung behaupten will. In anderen Fällen, häufig in Verbindung mit kriegerischen Konflikten, entstehen Diaspora-Organisationen als verlängerter Arm der Konfliktparteien im Herkunftsland[13]. Während sich bilaterale Entwicklungshilfe mit solidarischen und moralischen Appellen immer weniger mobilisieren lässt, können Diaspora-Gruppen genau damit zum Spenden überzeugt werden. Das tatsächliche oder wahrgenommene Leid der „eigenen" Gruppe, auch wenn durch den Eisernen Vorhang jahrzehntelang voneinander abgeschnitten, hat nach dem Ende des Kalten Krieges viele Diaspora-Gruppen wiedererweckt.

3.2 Die Finanzierung öffentlicher Güter am Beispiel der armenischen Diaspora

„Hayasdane polor hayeri hayrenike e" - „Armenien ist das Vaterland aller Armenier". Unter diesem Motto kamen im Mai 2002 mehr als 3.000 Menschen aus 29 Ländern nach Yerevan, die sich der armenischen Diaspora zugehörig fühlten[14].

Auf der zweiten pan-armenischen Konferenz seit der Unabhängigkeit sollte nicht nur Einigkeit zwischen dem „Heimatland" und der Diaspora demonstriert, sondern auch konkrete Projekte zur wirtschaftlichen Entwicklung des Landes besprochen werden. Auf separaten Wirtschaftstreffen wurden Investitionsprojekte entworfen, unter anderem die Entwicklung eines „sanften" Tourismus im Einklang mit Armeniens Naturschönheiten oder der Aufbau eines IT-Netzwerkes und eines pan-armenischen Fernsehsenders. Die doppelte Staatsbürgerschaft wurde ebenso diskutiert wie die Einführung einer „Sicherheitssteuer" in der Diaspora zur Modernisierung der armenischen Armee[15]. Vieles, was auf Konferenzen diskutiert wird, bleibt Wunschdenken. Dennoch hat die ökonomische Bedeutung der armenischen Diaspora in den letzten Jahren zugenommen.

Dies lässt sich zunächst am wachsenden Anteil privater Überweisungen aus der Diaspora nachweisen. Der offiziell registrierte Betrag belief sich im Jahr 2000 auf 86 Millionen US-Dollar und lag noch unter den Netto-Transfers öffentlicher Entwicklungshilfe (103 Millionen US-Dollar). Ein Jahr später kehrte sich der Trend um (102 Millionen US-Dollar private im Vergleich zu 102 Millionen US-Dollar öffentliche Netto-Transfers)[16]. Rechnet man informelle Überweisungen dazu, dann ergeben sich Schätzwerte von 200 bis 400 Millionen US-Dollar pro Jahr. Das sind 13 bis 20% des Bruttoinlandprodukts. Der größte Teil dieser Transfers sind private Überweisungen an Familienmitglieder, und sie kommen vor allem aus Russland. Transfers aus den USA fließen dagegen überwiegend in humanitäre Projekte und öffentliche Einrichtungen[17]. Das lässt sich damit erklären, dass die armenische Diaspora in Russland keine Opfer,- sondern eine Arbeitsdiaspora[18] ist, die erst mit dem Zerfall der Sowjetunion entstand. Viele Armenier sind als Arbeitsmigranten in die GUS-Staaten gegangen, und haben ihre Familien in Armenien zurückgelassen.

Nach der Unabhängigkeit war anzunehmen, dass Diaspora-Unternehmer als „first mover" zuerst in Armenien investieren würden. Das war jedoch nicht der Fall, weil es einerseits nicht von der armenischen Regierung gefördert wurde und weil andererseits die Diaspora auf die Transformationskrise mit humanitären Aktionen und nicht mit Investitionen reagierte (Freinkman 2001). Dies hat sich jedoch während der letzten Jahre geändert, u.a. aufgrund der aktiven Investitionspolitik des derzeitigen Präsidenten Robert Kotcharian.

Die untenstehende Tabelle verdeutlicht einen klaren Zusammenhang zwischen der Größe der armenischen Diaspora in einem bestimmten Land und dem Anteil der ausländischen Direktinvestitionen. Es gibt keine Statistik, die explizit zwischen Diaspora- und Nicht-Diaspora-Investitionen aus dem Ausland unterscheidet. Dennoch wird davon ausgegangen, dass der überwiegende Anteil von Direktinvestitionen in Armenien und Nagorno-Karabach aus der Diaspora stammen. Vor allem für die armenische Enklave, die formal weiterhin zu Azerbaijan gehört, sind Diaspora-Investitionen fast die einzige Quelle der ökonomischen Entwicklung. Russland, die Vereinigten Staaten, Iran und Frankreich sind die wichtigsten Stützpunkte der Diaspora, da sie dort zahlenmäßig am stärksten vertreten ist, aber auch weil die meisten politisch aktiven Organisationen sich in diesen Ländern befinden.

Land	Registrierte Unternehmen mit ausländischer Kapitalbeteiligung (1908 insgesamt/Januar 2001)	In %	Diaspora-Bevölkerung
Rußland	457	23,9	2,5 - 3 Millionen
Iran	396	20,8	170.000 - 200.000
USA	276	14,5	1 Million
Frankreich	75	3,9	350.000 - 400.000
Großbritannien	57	3,0	6.000
Georgien	56	2,9	450.000
Libanon	55	2,9	100.000
Syrien	41	2,1	60.000
Deutschland	40	2,1	20.000
Kanada	30	1,6	50.000
Zypern	30	1,6	3.000
Bulgarien	27	1,4	10.000
Andere Länder	368	19,3	

Quelle: UNDP (2001)

Das prominenteste Beispiel unter den armenischen Diaspora-Investoren ist James Tufenkian, Teppichdesigner und -händler aus New York. Tufenkian begann 1992, sich für das Land seiner Vorfahren zu interessieren und baute in den folgenden Jahren die manuelle Teppichproduktion in Armenien wieder auf[19]. 1996 gründete er die Tufenkian-Stiftung, mit deren Mitteln öffentliche Güter, wie zum Beispiel die Wasserversorgung von Dörfern, finanziert werden.

Viele der Diaspora-Investoren bekennen sich zu einer ökonomischen Rationalität, die wenig mit volkswirtschaftlichen Lehrbüchern gemein hat. Die Entscheidung, in Armenien zu investieren, war häufig von Solidarität und einem unbestimmten Zugehörigkeitsgefühl geprägt[20]. Gleichzeitig haben Diaspora-Armenier anderen Investoren genau dies voraus. Wenn sie auch nicht unbedingt Armenisch sprechen, so finden sie doch einfacher Zugang zu Netzwerken im Land und in der Diaspora (Freinkman 2001).

Seit dem Erdbeben 1988, das die Diaspora aus dem Dornröschenschlaf des Kalten Krieges weckte, spielten jedoch humanitäre Aktivitäten eine weitaus wichtigere Rolle. Das liegt zum einen daran, dass nach dem Erdbeben und dem Krieg um Nagorno-Karabach der Bedarf an Notunterkünften für Flüchtlinge und Obdachlose am größten war. Schulen und Krankenhäuser mussten wiederaufgebaut, Wasserleitungen verlegt und Straßen rekonstruiert werden. Zum anderen basiert jede Form der humanitären Hilfe auf einer anderen Rationalität als ausländische Direktinvestitionen. Die humanitäre Hilfe für Armenien wurde als nationale Verpflichtung, als Brücke zwischen Vergangenheit und Zukunft wahrgenommen. Die Regierung unter Ter-Petrossian reagierte auf die spontane Hilfe aus der Diaspora mit der Gründung eines pan-armenischen Fonds (Hayastan-Armenien) im Jahre 1992, der die Hilfsgelder bündeln und zusätzliche Ressourcen mobilisieren sollte. Der Hayastan Fonds ist das beste Beispiel einer öffentlich-privaten Partnerschaft zwischen Diaspora und armenischer Regierung. Das oberste Organ des Fonds ist der Vermögensverwaltungsrat, dem Mitglieder der armenischen und karabachischen Regierungen, der Kirchen, Diaspora-Parteien und Organisationen sowie einige prominente Armenier und Armenierinnen angehören. Der armenische Präsident ist gleichzeitig Präsident des Fonds. Der Vorstand plant und führt die Projekte aus. In 16 verschiedenen Ländern gibt es außerdem lokale Komitees, die das Spendensammeln organisieren und den Kontakt zu den armenischen Gemeinschaften halten sollen. Den lokalen Komitees gehören Vertreter der wichtigsten Diaspora-Organisationen an[21].

Die Gelder des Fonds werden vor allem in öffentliche Güter investiert: in Schulen und Krankenhäuser, in den Ausbau von Wasserleitungen und Energienetzen, Straßen und in den Erhalt von Denkmälern. Nach Angaben des Fonds konnten in den letzten Jahren ungefähr 200.000 Menschen mit Wasser- und 150.000 mit Energieanschlüssen versorgt werden (Le Courier du Fonds Arménien de France, Nr. 24/2001). Außerdem wurde mit einem Teil des Geldes aus dem Hayastan Fond der Ausbau einer Fernverkehrstraße zwischen Goris in Armenien und Stepanerkart, der „Hauptstadt" Nagorno-Karabachs, finanziert. Derzeit wird die Nord-Süd-Trasse in Nagorno-Karabach gebaut. Die meisten Gelder werden über Fernsehshows (Telethons) und die Diaspora-Presse eingeworben. Die folgende Tabelle zeigt das Gesamtvolumen des Fonds einschließlich der größten Geberländer.

Neben dem Hayastan Fonds gibt es eine Vielzahl von unabhängigen Diaspora-Organisationen, die in großem Umfang an der Finanzierung öffentlicher Güter beteiligt sind. Die Lincy Stiftung des armenisch-amerikanischen Philanthropen Kirk Kerkorian ist einer der wichtigsten Geldgeber im postsozialistischen Armenien. 1998 vereinbarte die Stiftung mit der armenischen Regierung und der Zentralbank

Länderbeteiligung 1992-2001	Spenden in US-Dollar
Armenien[22]	8.093.781
Argentinien	6.359.706
Frankreich	5.569.916
Schweiz	3.655.336
USA	39.333.573
Andere	12.482.628
Gesamt	75.494.940

Quelle: Hayastan All-Armenian Fund (2003); http://www.himnadram.org/reports

ein gemeinsames Investitionsprogramm, über das zinsgünstige Kredite an armenische Unternehmen vergeben werden. Zwei Jahre später einigen sich die Stiftung und die armenische Regierung auf ein weiteres Förderprogramm von 165 Millionen US-Dollar, mit dem überwiegend öffentliche Güter finanziert werden, u.a. die Rekonstruktion von Museen, Theatern und Straßen in Yerewan (UNDP 1998).

Die Allgemeine Armenische Wohltätigkeitsorganisation (AGBU) ist die älteste pan-armenische Organisation. Gegründet 1906 von dem Armenier Boghos Nubar Pacha in Ägypten, unterhält sie heute Büros in 16 Ländern der Welt und verfügt über ein jährliches Budget von 27 Millionen US-Dollar. Schon in den 1920er Jahren und während des Sozialismus finanzierte die AGBU Krankenhäuser und unterstützte die staatliche Universität in Armenien. Nach der Unabhängigkeit vervielfachte sie ihre Beiträge für kulturelle Projekte, Bildung und humanitäre Aufgaben - Projekte, die nach Angaben der AGBU mehr als 500.000 Menschen in den letzten zehn Jahren zugute kamen. Das größte Projekt in Armenien ist die Amerikanische Universität, an der jährlich 400 Studenten eingeschrieben sind. Bis Ende 1999 war die Universität mit 17,5 Millionen US-Dollar ausgestattet, davon kamen 9 Millionen US-Dollar von der amerikanischen Regierung[23]. Auch dieses Projekt ist ein Beispiel dafür, wie öffentlich-private Partnerschaften, in diesem Fall zwischen einer Diaspora-Organisation und einem Gastland (USA), ein öffentliches Gut finanzieren.

Die armenischen Lobbyorganisationen in den USA, die Armenische Versammlung von Amerika (AAA) und das Armenische Nationale Komitee von Amerika (ANCA), sind weitere Beispiele dieser „Partnerschaften". Sie lassen sich mit anderen ethnischen Lobbygruppen in den USA vergleichen, etwa der irischen, griechischen oder jüdischen Lobby. Zu den vielfältigen Aktivitäten beider Lobbygruppen zählen die Mobilisierung der armenischen Diaspora in den USA, die Anerkennung des armenischen Genozids 1915/16, direkte Hilfszahlungen an Armenien und Nagorno-Karabach (vor allem in den Bereichen Bildung, Gesundheit und Umwelt), Förderung des Austausches zwischen Armenien und der US-amerikanischen Diaspora, Lobbying für Armenien und Nagorno-Karabach (US Entwicklungshilfe, politische und rechtliche Anerkennung von Karabach, Aufhebung der Blockade, Zugang zu US-finanzierten Ölprojekten im Kaukasus). Viele dieser Aktivitäten haben einen direkten Bezug zur Erzeugung öffentlicher Güter in Armenien und Nagorno-Karabach. Der Erfolg dieser Lobbyorganisationen lässt sich unter anderem daran erkennen, dass Armenien jährlich rund 90 Millionen US-Dollar an US-amerikanischer Entwicklungshilfe erhält. Das ist gemessen an der relativ niedrigen Bevölkerungszahl (rund 3 Millionen) und unter Berücksichtigung US-amerikanischer Interessen ungewöhnlich hoch (Gregg 2002).

Wie im vorangegangenen Abschnitt bereits erwähnt, leiden viele Transformationsländer an hoher Netto-Emigration und damit auch an einem Abfluss von Fähigkeiten (brain drain), was sich indirekt negativ auf die Erzeugung öffentlicher Güter auswirkt. Auch hier können Diaspora-Netzwerke gegen steuern, wenn auch nur in bescheidenem Umfang. Es gibt keine statistischen Erhebungen über die „Rückkehr" von Diaspora-Armeniern nach Armenien oder Nagorno-Karabach. Schätzungen gehen von ca. 3.000 aus (AIM 2002: 23). Einige prominente Beispiele sind der derzeitige Außenminister Vartan Oskanian sowie der ehemalige Außenminister und derzeitige Leiter des Armenischen Nationalen Institutes, Raffi Hovanissian. Letzterer kandidierte bei den Präsidentschaftswahlen im Februar 2003, musste jedoch aufgrund einer Entscheidung der Wahlkommission vorzeitig aufgeben[24]. Viel typischer scheint jedoch die temporäre „Rückkehr" oder das „Sejourning" zu sein. Dies lässt sich am Beispiel eines armenisch-amerikanischen Arztes verdeutlichen, der 1992 erstmals nach Armenien kam. Seitdem arbeitet er jedes Jahr sechs Monate unentgeltlich im Nork Marash Medical Center in Yerewan (AIM 1999: 58 f.). Andere kommen für eine gewisse Zeit nach Armenien, um an der Universität zu arbeiten, für NGOs, in der Presse oder in der Regierung. Viele von ihnen sind jung, motiviert und von „Pioniergeist" erfüllt (Kasbarian 2002, AIM 2002). Mit ihren professionellen Fähigkeiten und internationalen Verbindungen, westlichen Vorstellungen von Demokratie und Marktwirtschaft beeinflussen sie die armenische Transformationsgesellschaft nachhaltig.

3.3 Diaspora zwischen nationalem Partikularismus und globalem Engagement

Das Konzept der öffentlich-privaten Partnerschaften hat auch seine Kehrseiten, und viel ist daran in den vergangenen Jahren kritisiert worden. Die große Gefahr dabei ist, dass die Grenzen zwischen privater und öffentlicher Sphäre noch stärker verschwimmen und damit demokratische Kontrolle schwieriger wird. Politik wird zunehmend informell (Altvater/Mahnkopf 2002). In der Tat ist die Frage der Legitimität und Rechenschaftspflicht einer „globalen Zivilgesellschaft" - und Diaspora-Organisationen gehören dazu - ungelöst. Der wachsende Einfluss dieser Organisationen ist Reaktion auf und gleichzeitig Teil der Globalisierung. Doch die „Entbettung" politischer und ökonomischer Prozesse aus dem nationalstaatlichen Rahmen hat demokratische Defizite vergrößert.

Angesichts der schwachen staatlichen Institutionen in Transformationsgesellschaften besteht die Gefahr, dass transnationale zivilgesellschaftliche Organisationen informelle Netzwerke fördern. Dies kann auch bei der Finanzierung öffentlicher Güter zu Auseinandersetzungen führen: Wer entscheidet über die Prioritäten und den Zugang? Sollen Diaspora-Organisationen lieber in die Grundausbildung oder in eine amerikanische Universität investieren? Sollen sie ein modernes medizinisches Forschungszentrum aufbauen oder den Staat bei der medizinischen Grundversorgung unterstützen?

Die Debatte um demokratische Mitbestimmung in der Diaspora ist so alt wie die politischen Parteien, Hilfs- und Lobbyorganisationen selbst. Sie hat sich jedoch mit der Unabhängigkeit Armeniens verschärft. Das Verbot einer Diaspora-Partei durch den ehemaligen Präsidenten Levon Ter-Petrossian markierte den Höhepunkt dieser Auseinandersetzung. Im schlimmsten Falle entwickeln sich Diaspora-Strukturen in Konkurrenz zu staatlichen Institutionen im Heimatland. Freinkman und andere Autoren haben darauf hingewiesen, dass die massive Hilfe von außen ohne demokratische Kontrolle Entwicklungsprobleme sogar verschärfen kann, da sie die Regierung zumindest kurzfristig vom Reformdruck befreit (Freinkmann 2001). Die armenische Diaspora hat seit der Unabhängigkeit die wechselnden Regierungen des Heimatlandes bedingungslos unterstützt. Sie hat zwar gegen das aus ihrer Sicht unflexible Staatsbürgerschaftsgesetz protestiert, jedoch keine Bedingungen an ihre Hilfszahlungen geknüpft.

Problematisch ist außerdem die inwärts gerichtete Politik der meisten Diaspora-Organisationen. In einem programmatischen Artikel schreibt der armenische Botschafter Jivan Tabibian: „To invest in a ghetto with the kind of institutional structures that reinforce it and give it the artificial trappings of a pseudo-state is costly. This isolates its members from the mainstream environment and inhibits the beneficial participation in the political and cultural life of the host society." (AIM 1999: 30). Was motiviert in den USA geborene Armenier der dritten Generation, sich am gesellschaftlichen Leben in Armenien zu beteiligen? Ethnische Solidarität oder ein Verständnis von Verantwortung gegenüber der eigenen „Gruppe" ist nur ein Teil der Erklärung. Viele engagieren sich auch, weil sie sich universellen Werten verpflichtet fühlen. Die Vernetzung des Kampfes um die Anerkennung des armenischen Genozids mit dem weltweiten Kampf gegen Völkermord ist ein Beispiel dafür.

Ambivalenter ist jedoch die Rolle der Diaspora-Organisationen in der Region und in Bezug auf die Erzeugung regionaler öffentlicher Güter. Wie im ersten Abschnitt schon erwähnt, sind regionale öffentliche Güter ein wichtiges Element zwischen lokaler und globaler Ebene. Sie sind jedoch häufig noch schwieriger herzustellen als globale öffentliche Güter, da die Erzeugung regionaler (wie auch globaler) öffentlicher Güter grenzüberschreitende Kooperation erfordert. Dies scheitert jedoch häufig an zu hohen Transaktionskosten und der Konkurrenz zwischen benachbarten Staaten oder historisch vorbelasteten Beziehungen.

Dies lässt sich am öffentlichen Gut „Frieden“ verdeutlichen. Viele der armenischen Diaspora-Organisationen waren direkt oder indirekt am Unabhängigkeitskampf der Karabach-Armenier beteiligt, entweder als Freiwillige in den (para-)militärischen Einheiten, als Journalisten oder als Geldgeber. Der Kriegsbeitrag der Diaspora war vor allem im Krisenjahr 1993/94 für Armenien und die Enklave überlebenswichtig. Der Krieg endete mit einem von der OSZE vermittelten Waffenstillstand, doch um die politische Lösung des Konfliktes wird noch gerungen. In dieser Frage sind die meisten Diaspora-Organisationen kompromisslos. Die Unabhängigkeit Nagorno-Karabachs ist für sie eine Frage des nationalen Stolzes und der Wiedergutmachung des Genozids. Im Vergleich mit den Diaspora-Organisationen sind armenische zivilgesellschaftliche Organisationen eher bereit, in regionale Kooperation zu investieren[25].

4 Zusammenfassung

Die Bereitstellung globaler öffentlicher Güter ist eng mit entwicklungspolitischen Fragen verknüpft, die auch im 21. Jahrhundert für viele Länder noch nicht gelöst sind. Die Transformationskrise der 1990er Jahre hat die Versorgung mit öffentlichen Gütern in den ehemals sozialistischen Gesellschaften verschlechtert. Eine schnelle Massenprivatisierung ohne institutionelle Absicherungen hat Ausschlussmechanismen erzeugt, die durch den Staat nicht abgefangen werden können – weil das politische System korrupt ist und somit selbst zum Ausschluss weiter Bevölkerungsteile beiträgt sowie aufgrund der unzureichenden Steuereinnahmen. Globale und regionale „public bads“ wie Krieg oder finanzielle Instabilität haben die Lage in vielen Transformationsländern weiter verschlechtert.

Aufgrund des doppelten Versagens von Markt und Staat haben zivilgesellschaftliche Organisationen und öffentlich-private Partnerschaften eine neue Bedeutung erlangt. Am Beispiel transnationaler Diaspora-Netzwerke wurde der Einfluss dieser Partnerschaften und Nicht-Regierungsorganisationen auf die Versorgung mit öffentlichen Gütern dargestellt. Die zunehmende Rolle, die diese Netzwerke bei der Erzeugung öffentlicher Güter auf nationaler und lokaler Ebene übernehmen, wirft jedoch Fragen der demokratischen Legitimation und der Nachhaltigkeit dieses Ansatzes auf. Obwohl einige Diaspora-Organisationen in globale Netzwerke eingebunden sind, lassen sich diese „ethnischen Netzwerke" nur schwer für die Erzeugung globaler oder regionaler öffentlicher Güter gewinnen.

Anmerkungen

1 Siehe dazu die jährlichen Statistiken der OECD (Development Assistance Committee).

2 Nach Berechnungen der Weltbank werden derzeit 16 % der Entwicklungshilfe für globale öffentliche Güter ausgegeben (siehe Kaul et al. 2002).

3 Für eine ausführliche Diskussion dieser Frage siehe Kaul et al. (2002).

4 Siehe u.a. Achim Brunnengräber in diesem Band, Anheier et al. (2001) und Mitsuhiro (2000).

5 Siehe Statistik in Anheier et al. (2001: 5): Im Jahr 2000 gab es rund 38.000 internationale NGOs in Osteuropa und Zentralasien im Vergleich zu rund 83.000 in Westeuropa.

6 Siehe die Umfragen zitiert in Altvater/Mahnkopf (2002: 306 f.).

7 Armenien hat keinen Zugang zum Meer und ist deshalb von anderen Verkehrsverbindungen stark abhängig. Ab 1991 begannen Azerbaijan und die Türkei, schrittweise Eisenbahn- und Straßenverbindungen sowie Gasleitungen zu blockieren. Siehe (UNDP 1995)

8 Der „State capture index" gibt für Armenien einen relativ niedrigen Wert an im Vergleich mit anderen osteuropäischen Ländern (siehe Hellman et al. 2000). Laut Transparency International ist die Korruption in Armenien jedoch weit verbreitet und systemisch (Transparency International 2002; siehe auch den Beitrag in France-Arménie, no. 2000, 5/2000).

9 Siehe Analyse dieser politischen Krise zwischen Diaspora und armenischer Regierung in Panossian (1998).

10 Siehe Wahlberichte von ODIHR/OSCE unter www.osce.org/odihr/documents/reports/election_reports/am/.

11 Zu informellen Banksystemen siehe ausführlich Altvater/Mahnkopf (2002: 245 f.)

12 Vor allem asiatische Regierungen, die den Export von Arbeitskräften als Entwicklungsstrategie betrachteten, haben vielfältige Versuche unternommen, an den Früchten dieses Exports beteiligt zu werden. Für eine vergleichende Analyse siehe u.a. Puri/Ritzema (1999).

13 Quantitative Analysen zur Rolle von Diasporas in Bürgerkriegen haben bisher widersprüchliche Resultate erbracht (siehe Collier et al. 2001). Es gibt mittlerweile jedoch einige qualitative Untersuchungen, die diesen Zusammenhang herstellen (siehe u.a. Andrees 2001 und Kodmani-Darwish1997).

14 Schätzungen gehen davon aus, dass es weltweit rund 9 Millionen Armenier gibt, nur 3 Millionen davon leben in der Republik Armenien.

15 Gedächtnisprotokoll zur Konferenz, 27.-28. Mai 2002 sowie http://www.armenia-diaspora.com

16 siehe Zahlungsbilanzen für 2000 und 2001, in: IMF (2002): Country Report Nr. 02/225, Republic of Armenia.

17 siehe dazu auch UNDP (1998) sowie das Interview mit dem Zentralbankdirektor Tigran Sarkisian in: THE BANKER (12/2002).

18 zur Typologisierung siehe Cohen (1997).

19 Die Arbeitsbedingungen in den armenischen Teppichfabriken von Tufenkian entsprechen internationalen Standards, jedoch waren die ausschließlich weiblichen Teppichknüpferinnen nicht bereit, auf Nachfrage ihren Lohn anzugeben (siehe Gedächtnisprotokoll der Besichtigung, 25. Mai 2002).

20 Gespräche während der Diaspora Konferenz 2002 (siehe Gedächtnisprotokolle 27.-28.2002); siehe auch folgende Antwort eines Diaspora-Unternehmers auf die Frage, wie Diaspora Armenier sich für ihre Heimatland einsetzen können: „Besucht Armenien, wenn Ihr es noch nicht getan habt. Helft einem anderen Armenier Armenien zum ersten Mal zu besuchen. Denkt darüber nach, in Armenien oder mit Armenien Geschäfte zu machen. Gebt Armenien. Zieht nach Armenien. Liebt Armenien. „ (Ü.d.A.); in AIM (1998: 15). siehe auch AIM (1999: 39 ff.)

21 Hayastan All-Armenian Fund Himnadram 1992-2002 (Informationsbroschüre des Fonds).

22 Die Spendenbereitschaft in Armenien selbst steigt jährlich.

23 AGBU (November 2000): Annual Report 1998-1999. Siehe auch www.agbu.org

24 Laut armenischer Verfassung müssen Präsidentschaftskanidaten mindestens 10 Jahre als armenische Staatsbürger in Armenien gelebt haben, was bei Hovanissian aufgrund bürokratischer Hürden nicht der Fall war.

25 Die Auseinandersetzungen zwischen der armenischen Regierung und der Diaspora um die türkisch-armenische Aussöhnungskommission sind ein Beispiel dafür.

Literatur

Altvater, Elmar (1991): Die Zukunft des Marktes: Ein Essay über die Regulation von Geld und Natur nach dem Scheitern des „real existierenden" Sozialismus, Münster: Westfälisches Dampfboot

-/Mahnkopf, Birgit (2002): Globalisierung der Unsicherheit: Arbeit im Schatten, Schmutziges Geld und informelle Politik, Münster: Westfälisches Dampfboot

Andrees, Beate (2001): Die Kosovo-albanische Diaspora zwischen Krieg und Frieden; in: WelTrends. Zeitschrift für Internationale Politik, Nr. 32, S. 59-76

Anheier, Helmut/Glasius Marlies/Kaldor, Mary (Hg.) (2001). Global Civil Society 2001, Oxford: Oxford University Press

Clifford, James (1994): Diasporas; in: Cultural Anthropology, Vol. 9, no. 3, S. 302-338

Cohen, Robin (1997): Global Diasporas. An Introduction, London: UCL Press

Collier, Paul/Hoeffler, Anke/Söderbom, Mans (2001): On the Duration of Civil War, Washington: World Bank. Policy Research Working Paper Nr. 2681

Desai, Meghnad (2003): Public Goods: A Historical Perspective; in: Kaul, Inge/Conceicao, Pedro/Le Goulven, Katell/Mendoza, Ronald U. (ed.) (2003): Providing Global Public Goods. Managing Globalization, New York, Oxford (The United Nations Development Program): Oxford University Press

Eigen, Peter/Eigen-Zucchi, Christian (2003): Corruption and Global Public Goods; in: Kaul, Inge/Conceicao, Pedro/Le Goulven/Katell; Mendoza, Ronald U. (ed.) (2003): Providing Global Public Goods. Managing Globalization, New York, Oxford (The United Nations Development Program): Oxford University Press

Freinkman, Lev M. (2001): Role of the Diasporas in Transition Economies: Lessons from Armenia, Paper presented at the 11th Annual Meeting of the ASCE, Coral Gables, August 2-4, 2001

Gregg, Heather S. (2002): Divided They Conquer: The Success of Armenian Ethnic Lobbies in the United States, The Rosemarie Rogers Working Paper Series, Working Paper No. 13, Cambridge: MIT

Gupta, Sanjeev/Davoodi, Hamid/Tiongson, Erwin (2000): Corruption and the Provision of Health Care and Education Services, IMF Working Paper 00/116, Washington: International Monetary Fund

Hellman, Joel S./Geraint, Jones/Kaufmann, Daniel (2000): Seize the State, Seize the Day. State Capture, Corruption, and Influence in Transition, Washington: World Bank, Policy Research Working Paper 2444

Jayaraman, Rajshri/Kanbur, Ravi (1999): International Public Goods and the Case for Foreign Aid; in: Kaul, Inge/Grunberg, Isabell/Stern, Marc A. (ed.) (1999): Global Public Goods - International Cooperation in the 21st Century, New York, Oxford (The United Nations Development Program): Oxford University Press, S. 418-431

Kahn, Michèle (1999): Arménie 1998-1999. Une certaine amélioration; in: Le courrier des pays de l'Est. Les pays de la CEI en 1998-99 sous le choc de la crise russe, no 439, S. 13-19

Kasbarian, Sossie (2002): The Myth and Reality of „Return" - Diaspora in the Homeland, Paper presented at the 7th Annual Convention of the Association for the Study of Nationalities (ASN), Columbia University, 11-13 April 2002.

Kaul, Inge/Grunberg, Isabell/Stern, Marc A. (ed.) (1999): Global Public Goods - International Cooperation in the 21st Century, New York, Oxford (The United Nations Development Program): Oxford University Press

Kaul, Inge/Le Goulven, Katell/Schumpf, Mirjam (ed.) (2002): Global Public Goods Financing: New Tools for New Challenges. A Policy Dialogue, New York: The United Nations Development Program

Kaul, Inge/Conceicao, Pedro/Le Goulven, Katell/Mendoza, Ronald U. (ed.) (2003): Providing Global Public Goods. Managing Globalization, New York, Oxford (The United Nations Development Program): Oxford University Press

Kodmani-Darwish, Bassma (1997): La diaspora palestinienne, Paris: Presses des Universitaires de France

Lever-Tracy, Constance/Ip, David/Tracy, Noel (1996): The Chinese diaspora and mainland China: an emerging synergy, New York: St. Martin's Press

Lieberman, Ira W./Nestor, Stilpon S./Desai, Rai M. (ed.) (1997): Between State and Market. Mass Privatization in Transition Economies, Washington: The World Bank, OECD

Mayer, Jean-Baptiste (2001): Network Approach versus Brain Drain: Lessons from the Diaspora; in: International Migration, Vol. 39 (5), Special Issue, S. 91-110.

Mitsuhiro, Tanimura (2000): A new strategy from the perspective of global public goods: roles of global civil society in the 21st century: a case study of peace building and the global environment; in: Agenda for international development, Tokyo: Foundation for advanced studies on international development, S. 95-138.

Panossian, Razmik (1998): Between Ambivalence and Intrusion: Politics and Identity in Armenia-Diaspora Relations, in: Diaspora. A Journal of Transnational Studies, Vol. 7, No.2, S.149ff.

Puri, Shivani/Ritzema, Tineke (1999): Migrant Worker Remittances, Micro-finance and the Informal Economy: Prospects and Issues, Geneva: International Labour Office, Working Paper Nr. 21

Russell, Sharon Stanton (1992): Migrant Remittances and Development; in: International Migration: Quarterly Review, Vol. 30, No. 3-4, S. 267-287

Safran, William (1991): Diasporas in Modern societies: Myths of Homeland and Return; in: Diaspora. Journal for Transnational Studies, Vol.1, No. 1, S. 83-93

Sheffer, Gabriel (ed.) (1986): Modern Diasporas in International Politics, New York: St. Martin's Press

Stiglitz, Joseph (2002): Die Schatten der Globalisierung, Berlin: Siedler Verlag

Transparency International (2002): Global Corruption Report, Berlin; http://www.global-corruptionreport.org

UNDP (1995): Human Development Report Armenia: Human Cost of Transition, Yerevan

- (1998): National Human Development Report Armenia: The Role of the State, Yerevan

- (2001): 10 Years of Transition in Armenia, Yerevan

Peter Eigen

Korruptionskontrolle
Ein Schlüssel zum entwicklungsorientierten Handel

Die Arbeit der Welthandelsorganisation (WTO) beruht auf dem Credo, dass Handelsbarrieren zugleich Entwicklungsbarrieren sind. Ich teile diese Ansicht. Und trotzdem ist Transparency International (TI) - wie auch andere Organisationen der Zivilgesellschaft weltweit - sehr besorgt über die einseitige Konzentration der WTO auf den Abbau von Handelsschranken und ihre fehlende Aufmerksamkeit für die entwicklungshemmenden Wirkungen, die häufig die Liberalisierung des Handels begleiten.

Handelsliberalisierung kann globale Kräfte des Marktes freisetzen, die bei fehlender Kontrolle zur Ausbeutung von Arbeitnehmern führen, die Armut verschlimmern und Konflikte anheizen können. Wenn die Liberalisierung des Handels eine nachhaltige Entwicklung unterstützen soll, brauchen wir starke, verantwortungsbewusste Regierungen, die darauf hinarbeiten, solche Wirkungen zu vermeiden. Deshalb bemüht sich Transparency International mit besonderem Nachdruck darum, die grenzüberschreitende Korruption einzudämmen, deren zersetzende Auswirkungen auf die Integrität von Regierungen die Wechselwirkung zwischen Handelswachstum und gesellschaftlichem Wohlergehen schwächen. TI drängt die WTO daher, den Kampf gegen die grenzüberschreitende Korruption als eine ihrer wichtigsten und dringendsten Aufgaben anzuerkennen. Damit würde diese wichtige globale Institution einen entscheidenden Beitrag leisten zur Schaffung des global public good korruptionsfreier guter Regierungsführung, die allerseits gefordert wird.

Ziel und Zweck der WTO ist es, den Handel von seinen Schranken zu befreien; doch Handel ist kein Selbstzweck. Auch die schärfsten Vertreter der neoliberalen Schule würden zustimmen, dass das Ziel der Handelsliberalisierungen darin besteht, das wirtschaftliche und soziale Wohlergehen der Menschen zu fördern. Doch obwohl es der WTO gelungen ist, das internationale Handelsvolumen zu steigern, haben nicht alle Beteiligten Wohlfahrtsgewinne erzielt. Stattdessen hat die Liberalisierung mehr Gelegenheiten zu uneingeschränktem Konkurrenzverhalten geschaffen und dabei die schädliche handelsbezogene Korruption erheblich verstärkt. Wenn die WTO sicherstellen soll, dass der Welthandel die Entwicklung fördert oder zumindest dass die Korruption sie nicht ernsthaft gefährdet, dann muss sie sich von der irrigen Annahme verabschieden, dass Liberalisierung automatisch die Entwicklung stärkt. Dann muss sie sich, wie die meisten anderen internationalen Institutionen, mit darum bemühen, wirksame Strategien gegen die Korruption zu entwerfen und umzusetzen.

Die Folgen der Korruption

Dem Bestreben der WTO, Handelsschranken abzubauen, liegt die Annahme zugrunde, dass freier Handel den Wettbewerb und damit die effizientere Produktion von Gütern und Diensten zum Wohle *aller* fördert. Natürlich sind gute und wirksame Regeln und entsprechende Institutionen essenziell für einen funktionierenden Wettbewerb. Wo der politische Wille und die Institutionen zur Förderung des Wettbewerbs schwach sind, gedeiht die Korruption.

Korruption führt zu den falschen Entscheidungen, weil sie eher einen Wettbewerb der Bestechung als den Wettbewerb um Qualität und Preis fördert. Indem sie das Entstehen eines funktionierenden Marktes verhindert und Misswirtschaft in öffentlichen Institutionen unterstützt, verzerrt und untergräbt sie die Entwicklung. Schließlich nimmt sie dadurch den schwächsten und verwundbarsten Mitgliedern der Gesellschaft die Aussicht auf eine bessere Lebensqualität.

Im Kontext des internationalen Handels bedeutet Korruption allzu oft, dass die ärmsten Menschen durch höhere Preise nicht nur für die Korruption ihrer eigenen Beamten und Politiker bezahlen müssen, sondern auch für die Korruption von Exportunternehmen aus den Industrieländern. Haben sich Bestechungsgewohnheiten erst einmal etabliert, führen sie unweigerlich zu einer Kultur der Illegalität, fördern Marktversagen und zerstören Entwicklungsmöglichkeiten. Wenn der Korruption kein Einhalt geboten wird, nimmt sie zu. Ihre Kosten werden in den wirtschaftliche Verzerrungen sichtbar, die durch Bestechung und in geschwächten Regierungsinstitutionen ausgelöst werden. Grenzüberschreitende Korruption ist ein global „public bad".

Wenn die Korruption auch ebenso alt wie weitverbreitet ist, so ist sie doch weder ein Naturereignis, noch ist sie unvermeidlich. Sicherlich, es ist schwierig, harte Daten über das Vorkommen und das Ausmaß von Korruption nachzuweisen. Doch viele Umfragen und Untersuchungen zeigen, dass das Problem je nach Land und Geschäftsbereich in sehr verschiedenen Ausprägungen auftritt. Sie zeigen, dass sogar innerhalb eines Landes manche öffentliche Institutionen anfälliger für Korruption sind als andere - zum Beispiel die Zoll- und Steuerbehörden. Das illustriert, dass das Maß der Korruption beeinflußbar ist, dass Abhilfe geschaffen werden kann. Aber bevor wir uns überlegen, wodurch man der Korruption zu Leibe rücken kann, möchte ich die Ergebnisse dieser Umfragen und Untersuchungen hierfür vorstellen.

Empirische Daten zur Korruption

Bis vor wenigen Jahren waren sich die Experten einig, dass die Anfälligkeit für Bestechung bei Personen aus der Privatwirtschaft nicht messbar sei. Ihr Profitstreben würde alle Wettbewerber zum gleichen Verhalten führen - zum Beispiel dazu, dass sie Bestechungsgelder zahlen, wo immer Bestechungsgelder verlangt werden. Dadurch würde Chancengleichheit erreicht werden, auch wenn das weit verbreitete Korruption bedeutet.

Der Bribe Payers Index (BPI) von Transparency International, der das erste Mal 1999 erschien, widerspricht dieser Annahme. Die Umfrage aus dem Jahr 2002, auf der der BPI basiert, wurde unter 835 führenden Geschäftsleuten, Wirtschaftsprüfern, bi-nationalen Handelskammern, Banken und Anwaltsfirmen in 15 Schwellenländern durchgeführt. Das Ergebnis zeigt, dass die Bestechungsneigung von Unternehmen aus manchen Ländern wesentlich häufiger als weit höher angesehen wird als die der Unternehmen aus anderen Ländern. Tabelle 1 zeigt die führenden Exportländer der Welt, aufgelistet nach der wahrgenommenen Bereitschaft ihrer Unternehmen, in den Schwellenländern, auf die sich die Umfrage bezieht, Bestechungsgelder zu zahlen.

Tabelle 1: Transparency International: Bribe Payers Index, 2002

Rang		Wert	Rang		Wert[a]
1	Australien	8,5	12	Frankreich	5,5
2	Schweden	8,4	13	USA	5,3
	Schweiz	8,4		Japan	5,3
4	Österreich	8,2	15	Malaysia	4,3
5	Kanada	8,1		Hongkong	4,3
6	Niederlande	7,8	17	Italien	4,1
	Belgien	7,8	18	Südkorea	3,9
8	Großbritannien	6,9	19	Taiwan	3,8
9	Singapur	6,3	20	Volksrepublik China	3,5
	Deutschland	6,3	21	Russland	3.2
11	Spanien	5,8		Einheimische Unternehmen[b]	1,9

a Ein Wert von 10 bedeutet, dass die Wirtschaft eines Landes als nahezu frei von Korruption wahrgenommen wird; der Wert 0 legt nahe, dass fast die gesamte Wirtschaft eines Landes auf Korruption beruht.

b Unternehmen, die in den untersuchten Schwellenländern ansässig sind.

Quelle: Die Daten wurden von Transparency International im Anschluss an eine Umfrage, die von Gallup International im Zeitraum von Dezember 2001 bis März 2002 durchgeführt wurde, zusammengestellt.

Vielleicht weniger überraschend sind die Unterschiede zwischen den wichtigen Sektoren von internationalem Handel und Investitionen. Wie Tabelle 2 zeigt, sind manche Sektoren wie beispielsweise die öffentliche Bauwirtschaft und die Waffenindustrie besonders anfällig für Bestechung, während andere, die langfristige unbewegliche Vermögenswerte voraussetzen, wie etwa die Landwirtschaft, weniger anfällig sind.

Tabelle 2: Bestechungszahlungen in Abhängigkeit vom Wirtschaftssektor

Wirtschaftsbranche	Wert[a]	Wirtschaftsbranche	Wert[a]
Öffentliche Infrastruktur/Bauwirtschaft	1,3	Schwerindustrie	4,5
Waffen-/Rüstungsindustrie	1,9	Bank- und Finanzwesen	4,7
Gas- und Ölindustrie	2,7	Zivile Luftfahrt	4,9
Immobilien/Sachanlagen	3,5	Forstwirtschaft	5,1
Telekommunikation	3,7	IT	5,1
Energieerzeugung/-übertragung	3,7	Fischerei	5,9
Bergbau	4,0	Leichtindustrie	5,9
Transport-/Lagerwesen	4,3	Landwirtschaft	5,9
Pharmaindustrie/Gesundheitswesen	4,3		

[a] Die angegebenen Werte sind Durchschnittswerte aller Antworten. Sie beziehen sich auf eine Skala von 0 bis 10, wobei 0 ein extrem hoch eingestuftes Ausmaß von Korruption darstellt und 10 auf ein extrem gering eingestuftes Ausmaß von Korruption hindeutet.

Quelle: Transparency International Bribe Payers Survey 2002, Umfrage unter 835 Führungskräften aus der Wirtschaft in 15 verschiedenen Schwellenländern.

Weitere Untersuchungen bestätigten, dass die zur Bestechungszahlung neigenden Exportländer und Geschäftsbereiche auf korrupten Importmärkten einen Wettbewerbsvorteil erlangen können. Auf „sauberen" Importmärkten hingegen kann dieser Wettbewerbsvorteil durch Zahlung von Bestechungsgeldern nicht erreicht werden. Wettbewerb in einer korrupten Umgebung zerstört die Prämisse, dass das hinsichtlich Qualität und Preis beste Angebot gewinnt. Wenn Importentscheidungen von der Annahme und Zahlung von Bestechungsgeldern bestimmt werden, werden nicht die Produkte importiert, die für Käufer oder Öffentlichkeit am günstigsten sind, sondern solche Produkte, welche die größten Bestechungsgewinne versprechen. Im Teufelskreis des Wettbewerbs der Bestechung sind die einzigen Gewinner, wenn es überhaupt welche gibt, diejenigen, die Bestechungsgelder annehmen. Die Kosten der durch Korruption verursachten Marktverzerrungen können gar nicht überschätzt werden. Doch die finanziellen Kosten der Korruption, mögen sie für arme Länder noch so bedeutsam sein, sind fast lächerlich gering, wenn man sie mit den vertanen Möglichkeiten für eine gesunde Entwicklung vergleicht, die durch groß angelegte Korruption verloren gehen.

Die Verzerrungen im Bereich der öffentlichen Ausgaben und Investitionen - weg von Erziehung, Gesundheitsversorgung und anderen Maßnahmen, die den menschlichen Grundbedürfnissen dienen, hin zu unnötigen staatlichen Großprojekten und Waffenkäufen - sollten heute als die übelsten Verbrechen gegen die Menschheit angesehen werden. Solche Korruptionsverbrechen können nicht eingedämmt und noch weniger ausgemerzt werden, indem nur einzelne Täter bloßgestellt, internationale Geschäftsleute und korrupte Eliten in Entwicklungsländern an den Pranger gestellt werden. Nur eine konzertierte Koalition von Institutionen und Menschen, die sich um das Gemeinwohl bemühen, hat eine Chance, systematische Strategien zu entwickeln, um diese Aufgabe und Herausforderung zu meistern.

Während die Berichte über groß angelegte Korruption, die mit nutzlosen öffentlichen Mammutprojekten und Waffengeschäften einhergeht, die Medien beschäftigen und die Proteste gegen Globalisierung anheizen, behindert die „kleine" Korruption die Unternehmer, Investoren und die Durchschnittsbürger in ihren täglichen Geschäften. Wenn eine Importlizenz nur durch die Bestechung eines Beamten erlangt werden kann und wenn ausländische Investoren gezwungen sind, Einfuhrbedingungen „auszuhandeln", dann untergräbt das die Entwicklungschancen. Zahlreiche Studien haben gezeigt, dass Korruption nicht weniger als andere Handelsschranken eine erhebliche abschreckende Wirkung auf den Handel hat und auf Dauer sogar zu einem merklichen Rückgang des Handelsvolumens führen kann.

Ausländische Direktinvestitionen werden durch Korruption ebenfalls negativ beeinflusst. Shang-Jin Wei von der Brookings Institution, die zwischen 1990 und 1991 bilaterale Handelsflüsse zwischen 14 Export- und 45 Importländern untersucht hat, stellte beispielsweise fest, dass Korruption einen erheblichen negativen Einfluss auf ausländische Direktinvestitionen hat. Seinen Ergebnissen zufolge entspricht ein Anstieg der Korruption von dem Korruptionsniveau Singapurs auf das von Mexiko einer Erhöhung des Steuersatzes im Gastland um mehr als 20 %. Die Bedeutung dieser Ergebnisse liegt auf der Hand: Investoren werden sich von Ländern mit hohem Korruptionsniveau eher fernhalten. Genauso offensichtlich ist, dass gerade jene Länder, die auf ausländische Investitionen am stärksten angewiesen sind, am stärksten unter der Korruption leiden.

Korruptionskontrolle als Handelsverpflichtung

Korruption ist als zentrales Thema auf der internationalen Agenda angekommen. Beispielsweise hat eine Reihe von Staatsoberhäuptern, Finanz- und Entwicklungs-

(IWF) auf der UN-Konferenz zur Entwicklungsfinanzierung in Monterrey im März 2002 auf die Wichtigkeit der Korruptionsbegrenzung hingewiesen. Das Urteil war einhellig: Wo Korruption herrscht, bleiben Entwicklungshoffnungen ein schöner Traum. In der Tat ist die Wirksamkeit der Korruptionskontrolle als Voraussetzung für den Zugang zum Millenium Challenge Account, also der erhöhten Hilfe für Entwicklungs und Privatinvestitionen, ausdrücklich festgestellt worden.

Internationale Bemühungen zur Korruptionseindämmung

Der Antikorruptionskonsens von Monterrey überrascht nicht. Das Bewusstsein für Korruption und ihre Auswirkungen hat seit Mitte der 1990er Jahre stetig zugenommen. Heute haben die meisten internationalen Organisationen ihre Absicht erklärt, den Kampf gegen die Korruption energisch zu unterstützen. Die Weltbank nahm den systematischen Kampf gegen Korruption mit der berühmten Rede ihres Präsidenten Jim Wolfensohn im Herbst 1996 auf. Sie verabschiedete sich damit ausdrücklich von dem Argument, dass Korruption ein internes politisches Problem ihrer Mitgliedstaaten sei und somit außerhalb ihrer Zuständigkeit liege. Wolfensohn erkannte Korruption als ein entscheidendes wirtschaftliches Thema und unterstellte es ausdrücklich dem Verantwortungsbereich der Weltbank. Der Internationale Währungsfonds sprach sich zwar weniger dramatisch für eine aktive Antikorruptionsstrategie aus, nahm den Kampf gegen die Korruption aber als zentralen Bestandteil in seine Kreditpolitik auf.

Mit der zunehmenden Beschäftigung mit Korruption wurde sehr schnell die scheinheilige Ansicht über Bord geworfen, dass die Korruption nur ein Problem der Entwicklungsländer sei und daher vor allen in diesen Ländern angegangen werden müsse. Die Konvention gegen die Bestechung ausländischer Amtsträger, die unter der Schirmherrschaft der Organisation für wirtschaftliche Zusammenarbeit und Entwicklung (OECD) 1997 unterschrieben wurde, war ein Meilenstein in der Behandlung der Zahlmeister von internationalen Bestechungsgeldern. Die Konvention, die 1999 in Kraft trat und seitdem von 34 Ländern einschließlich 29 der 30 OECD-Mitgliedsstaaten ratifiziert worden ist, verlangt die Strafbarkeit der Bestechung ausländischer Amtsträger und die Bereitstellung gegenseitiger Rechtshilfe, um die Untersuchung möglicher Verstöße zu erleichtern. Darüber hinaus sieht die Konvention regelmäßige Länderuntersuchungen vor, um die Einhaltung der Regeln sicherzustellen. Ganz eindeutig wird hier die Verantwortung der Regierungen und Unternehmen aus den reichen Staaten für die systematische, grenzüberschreitende Korruption anerkannt.

Auf regionaler Ebene wurden zur selben Zeit diverse Konventionen abgeschlossen. 1996 einigte sich die Organisation of American States auf eine interamerikanische Antikorruptionskonvention. Ein Jahr später beschäftigte sich die Europäische Union mit dem Thema und erließ eine Konvention, die aktive und passive Bestechung unter Strafe stellt. Obwohl die Konvention nicht sehr weitgehend ist, hat die Mehrheit der 15 Unterzeichnerstaaten sie noch nicht ratifiziert.

Der Europarat, ein wichtiger Trendsetter des internationalen Rechts, ging mit seiner Strafrechtskonvention und der Zivilrechtskonvention zur Korruption von 1999 noch weiter als andere internationale Institutionen. Die Strafrechtskonvention, die im Juli 2002 in Kraft trat, sieht vor, dass alle Beteiligten nationale Maßnahmen gegen Korruption im öffentlichen Leben, in der öffentlichen Verwaltung und in der Privatwirtschaft erlassen. Darüber hinaus soll ein Unternehmensstrafrecht geschaffen werden, und die Beschaffung von Beweismaterial und die Konfiszierung von Korruptionserlösen sollen erleichtert werden. Die Afrikanische Union hat ebenfalls in diesem Sommer für Afrika eine Konvention zur Unterschrift vorbereitet. Die Schlinge wird bald noch enger gezogen werden, wenn der Entwurf einer UN-Konvention gegen Korruption vorliegt, der Ende 2003 in Mexiko unterschrieben werden soll.

Die Anstrengungen im Kampf gegen die Korruption müssen fortgesetzt und effektiver werden. Der WTO könnte durch die weltweite Unterstützung dieser Bemühungen hierbei eine wichtige Rolle zufallen.

Die Rolle der WTO

Trotz der lobenswerten Anstrengungen der wichtigen internationalen Institutionen um die Kriminalisierung der Korruption haben sich mit dem Wachstum des internationalen Handels auch die Gelegenheiten für Betrug und Unlauterkeit vergrößert. Bekanntermaßen kann Korruption dort gedeihen, wo die Institutionen schwach sind; und wenn das Entdeckungsrisiko gering ist und die Gewinnmöglichkeiten unverhältnismäßig groß, dann gedeiht Korruption prächtig. Auf der globalen Handelsarena ist dies ganz sicher der Fall. Mit dem Wachstum der Korruption ist die Notwendigkeit handelsorientierter Strategien und Mechanismen zur Korruptionsprävention noch dringender geworden. Die Kontrolle der Korruption ist ganz sicher ein globales öffentliches Gut.

Welche Rolle kann die WTO beim Kampf gegen die Korruption spielen? Obwohl sich die sukzessiven Handelsabkommen - wie etwa das Abkommen der Uruguay-Runde von 1994 - nicht ausdrücklich zur Korruption äußern, ist die Korruptionsbekämpfung im internationalen Handel doch seit 1947 ein essentieller Bestandteil des GATT. Artikel X enthält Formulierungen, die eine größere Transparenz von Gesetzen, Verordnungen, Gerichtsentscheidungen und Verwaltungsvorschriften zum Handel postulieren; unglücklicherweise ist hiervon nicht viel Gebrauch gemacht worden. In den letzten Jahren haben Mitglieder der WTO angefangen, über die Möglichkeiten der Korruptionseindämmung durch die bestehenden Handelsregelungen zu diskutieren. Insbesondere die Entwicklungsziele der Ministererklärung von Doha machen es dringend erforderlich, dass die WTO diese Regelungen rasch verbessert, um eine größere Effektivität zu erreichen.

Angesichts der Bemühungen anderer internationaler Organisationen sollten sich die Regeln der WTO so weit als möglich auf die Prävention, nicht auf die Bestrafung konzentrieren. Ein transparenter rechtlicher Rahmen ist für die Korruptionsprävention in transnationalen wie in inländischen Geschäftstransaktionen von fundamentaler Bedeutung. Die bestehenden Regelungen wie Artikel X sind dafür ein wichtiger Ausgangspunkt. Doch die Reichweite dieser Regelung muss erweitert und eine größere Beachtung sichergestellt werden. Präventivmaßnahmen sind besonders für arme Länder entscheidend.

Finanziell betrachtet ist der Präventionsansatz eindeutig lohnend. Transparenz, öffentliche Aufmerksamkeit und ein System freiwilliger und akzeptierter Regeln kosten verhältnismäßig wenig. Rechtliche Verfolgung und Bestrafung sind vergleichsweise kostenintensiv und komplex, denn sie erfordern ein professionelles und unabhängiges Gerichts- und Polizeiwesen, die in vielen Ländern erst aufgebaut werden müssen. Auf Strafen kann natürlich nie ganz verzichtet werden, aber je besser die Prävention, desto weniger Strafverfolgung ist nötig.

Eine wichtige Lehre, die man aus erfolgreichen internationalen Antikorruptionsmaßnahmen ziehen kann, ist, dass die meisten von ihnen durch neuartige Koalitionen zustande kommen: die Privatwirtschaft mit Organisationen der Zivilgesellschaft, Regierungen mit der Zivilgesellschaft, und manchmal alle drei miteinander. Wenn eine breite Koalition aus Wirtschaft, Regierung und Zivilgesellschaft sich auf notwendige Maßnahmen einigen kann, dann können Strategien erdacht, Antikorruptionsinstrumente entwickelt und gemeinsame Aktionen geschmiedet werden. Die Internationale Handelskammer zum Beispiel hat sich nach anfänglichem Zögern mit Transparency International zusammengetan, um eine Kampagne zur Verwirklichung der OECD-Konvention zu unterstützen. Seitdem sind die Internationale Handelskammer und Transparency International Teil eines klassischen Dreiecks mit der OECD zur Überwachung der Einhaltung der Konvention. Die Kreativität und Praktikabilität dieser Koalitionen können vielleicht auch bei anderen Bemühungen um globale öffentlich Güter im Zusammenwirken mit der Privatwirtschaft Pate stehen.

Das Fazit ist eindeutig: Die WTO muss nicht im Alleingang ihre Antikorruptionsregeln aufstellen und Umsetzungsmechanismen erarbeiten. Sie soll sich aber, wie die meisten anderen wichtigen internationalen Organisationen, einreihen in eine

Vielzahl von mächtigen Koalitionen, die bewiesen haben, dass sie Resultate erzielen und, noch wichtiger, breite Anerkennung schaffen können.

Wenn die Globalisierung überleben soll, muss sie besser zum Nutzen aller betrieben werden. Die verschiedenen Ansätze der internationalen Gemeinschaft haben eine Reihe von praktischen Lösungen vorgeführt. Die globale Rolle der WTO als universale Organisation mit dem Auftrag, Handelsbeschränkungen jeder Art zu bekämpfen, könnte eine Kohärenz für diese Lösungen für eine umfassende Korruptionskontrolle sichern, die mit globaler Reichweite ein offenes Welthandelssystem mit sozialer und politischer Verantwortung verbindet. Eine solche Lösung kann kaum erreicht werden ohne die Führung und die Ressourcen der WTO und ohne die Überzeugung, dass die Reformen nicht länger aufgeschoben werden dürfen. Die Zeiten für ein gesteigertes Engagement sind günstig. Die Regierungen wollen neue Antikorruptionsregelungen für den grenzüberschreitenden Handel aufstellen, und sie wären für die Hilfe der WTO sicherlich dankbar.

Transparenz im öffentlichen Beschaffungsverfahren

Im Gegensatz zu ihren Schwesterorganisationen hat die WTO Korruption bisher noch nicht als eine prioritäre Aufgabe, geschweige denn als eine ihrer wichtigsten Verantwortungen erkannt. Doch ihre Festlegung auf Transparenz in öffentlichen Beschaffungsverfahren kann als erster Einstieg beim Kampf gegen Korruption sehr nützlich sein. Zum einen ist sie ein hervorragendes Beispiel für die Möglichkeiten, die die WTO hat, um die Gelegenheiten zu korruptiven Handlungen in einem Schlüsselbereich des Welthandels zu reduzieren. Zum anderen zeigt sie die Hindernisse, auf die die WTO hinsichtlich ihrer Behandlung globaler Themen durch ihre institutionelle Bindung stößt.

Wahrscheinlich gibt es keinen direkteren Weg zur Reduzierung der Korruption im internationalen Handel als die Verbesserung der Regeln im öffentlichen Beschaffungsverfahren. Nach OECD-Schätzungen liegt das jährliche Gesamtvolumen von staatlichen Anschaffungen weltweit bei etwa fünf Billionen US-Dollar. Ein großer Teil dieser Ausgaben geht in die öffentlichen Dienste, also Transport, Erziehung und Gesundheit. Und dennoch werden diese Investitionen oft in erschreckend verschwenderischer Weise getätigt.

Sachverständige gehen davon aus, dass bei weitem zu viele staatliche Aufträge und Anschaffungen unwirtschaftlich, überflüssig, künstlich aufgebläht, ineffektiv oder extrem überteuert sind. Zu oft werden die wirklichen Kosten einer Anschaffung aus Angst, nicht die notwendige Zustimmung zu erhalten, nicht veröffentlicht. Die tatsächlichen Kosten treten erst allmählich während der Umsetzung zu Tage, normalerweise dann, wenn es zu spät ist, die ursprüngliche Vergabe rückgängig zu machen. Ein Grund für diese Fehlallokationen ist schlichte Inkompetenz. Aber häufiger beeinflussen korrupte Beamte die Projektauswahl - oft gemeinsam mit korrupten Beratern, Lieferanten und Vertragspartnern. Es gibt zahlreiche Beweise, dass ein transparenter Entscheidungsprozess - von der Planung bis zur Umsetzung - ökonomische Fehler, Planungsfehler und Umsetzungsfehler ans Licht bringen und die öffentliche Meinung gegen diese Verschwendung mobilisieren würde.

Die Erfahrung zeigt auch, dass in öffentlichen Beschaffungsverfahren ein offener Wettbewerb der Bieter unter transparenten Bedingungen das Risiko der Manipulation und Korruption reduziert. Normalerweise führt er zu niedrigeren Preisen, denn diese werden dann durch einen Wettbewerb um Qualität und Preis bestimmt, nicht durch Bestechung. Experten schätzen, dass systemische Korruption die Kosten um 20 bis 30 % erhöhen und zu einer niedrigeren Qualität der Einkäufe oder sogar zu völlig sinnlosen Investitionen führen.

Transparenz in öffentlichen Beschaffungsverfahren ist gleichermaßen im Interesse von Verkäufern und Käufern. Viele Unternehmen haben entdeckt, dass die Teilnahme an einem undurchsichtigen Markt mit Korruption teurer, unzuverlässig und zunehmend riskant ist. Gründe dafür sind die Kosten von Korruption, die Unmöglichkeit, durch Bestechung zustande gekommene Geschäfte rechtlich abzusichern, die Instabilität von korrupten Regimen und die Gefahr der Strafverfolgung. Weil Firmen auch feststellen, dass Korruption ihrer Reputation bei Kunden und Investoren schaden kann - für die Bekanntheit ihrer Markenzeichen haben sie oft riesige Beträge ausgegeben - möchten viele von ihnen in einem bestechungsfreien Markt arbeiten. In vielen Geschäftsbereichen haben daher viele Weltunternehmen den Vorteil von korruptionsfreiem Wettbewerb erkannt und sind nun dabei, dieses Ziel zu unterstützen, zum Beispiel indem sie „gemeinsame Wettbewerbsstandards" aushandeln. Mit seinem System der Integritätspakte unterstützt Transparency International diese Unternehmen.

Dennoch sind internationale öffentliche Beschaffungsverfahren noch immer alles andere als transparent. Obwohl viele Länder gute Beschaffungsregeln haben, werden diese routinemäßig umgangen und sind daher weitgehend nutzlos. Ausnahmeregelungen wegen angeblicher „Dringlichkeit" oder „Gefahr" sind gang und gäbe. Sie untergraben das Prinzip des „offenen Wettbewerbs". Zudem werden Angebote meist von einer Handvoll Beamter hinter verschlossenen Türen begutachtet, was zu Manipulationen einlädt. Transparenz ist daher essenziell; sie ist die beste Garantie dafür, dass Regeln eingehalten werden.

Die WTO sollte bei der Entwicklung eines funktionierenden Rahmens Verantwortung übernehmen, durch den Verzerrungen in öffentlichen Beschaffungsverfahren beseitigt werden. Der aktuelle Text eines von mehreren Mitgliedern unterzeichneten Abkommens über Regierungs-Anschaffungen (Government Procurement Agreement - GPA), der seit 1996 vorliegt, enthält einige grundlegende Transparenzerfordernisse, hat aber zu wenige Unterzeichner, um weitreichende Wirkung erzielen zu können. Gerade die Entwicklungsländer haben sich dem Abkommen nicht angeschlossen, weil es Marktzugangsregelungen enthält, die es ihnen nicht erlauben, ihren eigenen, noch jungen Industrien oder einheimischen Bietern Präferenzen bei Ausschreibungen zu gewähren. Da grundsätzlich Nichtdiskriminierung im multilateralen Handelssystem von entscheidender Bedeutung ist und weil der GPA keine flächendeckende Akzeptanz findet, wird seit 1996 an einem neuen Abkommenstext gearbeitet.

Bei den Ministerkonferenzen in Seattle und Doha diskutierten WTO-Mitglieder über Vorschläge für diesen neuen Text, der sich auf Transparenz in öffentlichen Beschaffungsverfahren konzentriert und nicht durch Marktzugangsklauseln belastet ist. Er enthält folgende Grundelemente einer Strategie für ein transparentes öffentliches Beschaffungsverfahren:

- die Veröffentlichung von allen einschlägigen Gesetzen, Prozeduren, Gerichtsentscheidungen und Verwaltungsanordnungen
- die rechtzeitige öffentliche Bekanntgabe von Ausschreibungen
- Informationen über Qualifikationserfordernisse
- die Veröffentlichung von Aufzeichnungen über die Angebote einschließlich Informationen über technische Spezifizierungen und Kriterien für die Vergabeentscheidung
- transparente Entscheidungen über Qualifikation und Vertragsvergabe
- Informationen über nicht berücksichtigte Bieter
- unabhängige Entscheidungsstellen und Prozeduren zur Überwachung und Schlichtung von strittigen Fragen

Angesichts der unklaren Prozeduren in manchen Ländern und des Unwillens vieler Bürokraten, Informationen freizugeben, kann man nur hoffen, dass die vorgeschlagene WTO-Vereinbarung Verbesserungen in der Vergabepraxis von Regierungen herbeiführen wird. Indem sie die Geheimhaltung und die daraus resultierende Korruption beschränkt, könnte sie einen wichtigen Beitrag zum Abbau dieses Entwicklungshindernisses leisten.

Obwohl alle WTO-Mitgliedsstaaten von transparenten Beschaffungsregeln profitieren werden, sind es zweifellos die Entwicklungs- und Schwellenländer, die den größten Vorteil daraus ziehen könnten. Mit ihrer hohen Verschuldung und ihrer niedrigen Rate ausländischer Direktinvestitionen sind sie auf jeden Pfennig angewiesen, den sie sparen können. Dennoch haben einige Entwicklungsländer in Doha den Beginn der Verhandlungen über den Text der Vereinbarung bis mindestens 2003 verzögern können.

Während sich die Entwicklungsländer den Vergabevereinbarungen noch entgegenstellen, haben Industrieländer Wasser auf die Mühlen gegossen, indem sie sich dafür aussprachen, dass eine zukünftige Vereinbarung sich nicht nur auf die Beschaffung von Gütern, sondern auch auf Dienstleistungen beziehen sollte. Sie argumentieren, dass die Trennung in Güter und Dienstleistungen ohnehin künstlich sei, weil viele Vergabeverträge beides beinhalten. Und sie beharren darauf, dass ein WTO-Vertrag nur über Güter im Vergleich zu anderen internationalen Verträgen ein Schritt zurück wäre. Die Befürworter der Einbeziehung von Dienstleistungen gehen außerdem davon aus, dass es keinen Grund gibt, bei der Beschaffung von Dienstleistungen weniger auf Transparenz zu bestehen als bei der Beschaffung von Gütern. Das Thema der staatlichen Ausschreibungen für Dienstleistungen sollte nicht mit dem Komplex der Liberalisierung des Handels vermengt werden, sondern als Problem der Transparenz im Zusammenhang mit dem Abkommen effektiver und offener Ausschreibungen angepackt werden, die ja gerade nicht durch Marktzugangsklauseln belastet sind. Anschaffungsrichtlinien für Dienstleistungen sollten also nicht im Rahmen des Allgemeinen Abkommens über den Handel mit Dienstleistungen (GATS) behandelt werden, was eine Flut von neuen Kontroversen bedeuten würde.

Obwohl diese Fragen also noch beantwortet werden müssen, sollten sie doch kein Grund sein, die Vereinbarung über Transparenz im Vergabewesen abzuschließen, mit oder ohne die Dienstleistungen. Die meisten ungeklärten Punkte sind eher technischer Art, und mit etwas gutem Willen könnten sie schon lange gelöst sein. Einigen Experten zufolge ist die Vorarbeit im Prinzip schon zu allen wichtigen Themen geleistet. Es dürfte nicht so schwierig sein, mit den Verhandlungen zu beginnen und sie auch innerhalb von Monaten zu Ende zu führen.

Die Sackgasse, in der sich die Diskussion über Transparenz in öffentlichen Beschaffungsverfahren befindet, ist nur eines der vielen politischen und legislativen Hindernisse, denen sich die WTO gegenüber sieht. Der Widerstand, den viele Entwicklungsländer weiteren Handelsliberalisierungen im allgemeinen und der Regelsetzung durch die WTO im besonderen entgegensetzen, wird wohl nicht von Vorschlägen überwunden werden, die im Verdacht stehen, die Industrieländer zu bevorzugen. Der Widerstand gegen viele sinnvolle Reformen scheint dem tiefen Misstrauen zu entspringen, das schlechte Erfahrungen mit übereilten oder undurchsichtigen Entscheidungsprozessen hervorgebracht haben. Nach Meinung von Insidern und vieler gewissenhafter WTO-Beobachter wird nur eine institutionelle Reform die WTO voranbringen.

Fazit

Mit Ausnahme der WTO hat jede wichtige Institution der Weltordnungspolitik ausdrückliche und rigorose Programme zur Korruptionsbekämpfung ins Leben gerufen. Organisationen der Zivilgesellschaft haben ihre Fähigkeit bewiesen, Regierungen und Vertreter der Privatwirtschaft hierbei zu unterstützen. Obwohl viele Ansätze im Kampf gegen Korruption denkbar sind und unterstützt werden sollen, stellt Transparenz doch die beste Möglichkeit dar, Korruption zu verhindern und zu bekämpfen.

Ungeachtet der lobenswerten Bemühungen von Regierungen, internationalen Organisationen, des Privaten Sektors und der Organisationen der Zivilgesellschaft, die Korruption im grenzüberschreitenden Handel einzudämmen, zeigt die Realität doch, dass dieses global „public bad" weiterhin überall präsent ist, Handel und Investitionen erheblich verzerrt und Entwicklungschancen zerstört. Da die gegenwärtige WTO-Verhandlungsrunde als „Entwicklungsrunde" angekündigt und angepriesen wird, ist es um so wichtiger und dringender, dass die WTO eine bedeutende Initiative ins Leben ruft, um sich am Kampf gegen die globale Korruption als führende Institution zu beteiligen.

Literatur

Wei, Shang-Jin (1997): How Taxing Is Corruption on International Investors?, Cambridge, MA: Harvard University; NBER, pp. 1-24; 25-35.

Heike Walk/Roland Roth

Widerstand gegen Privatisierung
Soziale Bewegungen und ihre Kampagnen zum Schutz globaler öffentlicher Güter

Einleitung

Die Versuchung ist groß, aktuelle Proteste erwartungsvoll als gänzlich neu zu beschreiben und mit ungeahnten Möglichkeiten zu verbinden. Dies gilt nicht zuletzt für die globalisierungskritischen Bewegungen unserer Tage. Die Suche nach dem verheißungsvoll Neuen wird in sozialen Bewegungen stets fündig. Gleichwohl empfiehlt es sich, auch die Erfahrungen früherer Bewegungen und das, was die Bewegungsforschung über sie zusammengetragen hat, im Blick zu behalten, um sich nicht von der eigenen Rhetorik berauschen zu lassen. Auch in der Auseinandersetzung mit den Protesten gegen die Privatisierung globaler öffentlicher Güter gilt es deshalb, einige Grundannahmen über soziale Bewegungen zu berücksichtigen. Von sozialen Bewegungen sprechen wir immer dann, wenn kollektive Akteure durch öffentliche Mobilisierungen einen mehr oder minder weitreichenden gesellschaftlichen Wandel herbeiführen oder verhindern wollen. Im Unterschied zu historischen Sozialbewegungen fordern die neuen sozialen Bewegungen der letzten Jahrzehnte diesen Wandel meist in kleiner Münze - entlang von vielfältigen Betroffenheiten und Themen, die in der Summe allerdings nach tiefgreifenden Gesellschaftsveränderungen verlangen. In einer konstruktivistischen Perspektive können wir sogar davon ausgehen, dass sie die vorgebrachten Probleme und Ansprüche erst erzeugen. Ohne Bewegung und Protest gäbe es sie nicht als öffentliche Themen, die nach politischen und gesellschaftlichen Antworten verlangen. Zwei prominente Beispiele aus den 1970er Jahren mögen genügen. Die neue Frauenbewegung skandalierte „private" geschlechtsspezifische Gewaltverhältnisse öffentlich als Männergewalt, die Ökologiebewegung betrieb eine „Politisierung des Wetters", indem sie für die Klimafolgen unser Produktions- und Lebensweise sensibilisierte. Beiden gemeinsam ist ein erfolgreiches „agenda setting", d.h. es ist ihnen gelungen, ihren Themen öffentliche Aufmerksamkeit zu verschaffen. Sie haben damit zugleich die Grenzen zwischen „privat" und „öffentlich", zwischen naturwüchsig und gesellschaftlich produziert verschoben. Wenn sie, wie in unseren Fällen, damit anhaltende Aufmerksamkeit erzielen, erzwingen sie auch veränderte Grenzziehungen in der institutionellen Politik. Rückblickend erscheint es verwunderlich, dass die ersten kommunalen Frauenhäuser und Umweltämter erst vor knapp 30 Jahren eingerichtet wurden. Schutzräume für geschlagene Frauen und ihre Kinder waren dabei zunächst Projekte einer sich selbst als autonom begreifenden Frauenbewegung, bevor sie zu einer Angelegenheit von freien Trägern und Gemeinden wurden. Nicht nur die Frauenbewegung bot eigene, gelegentlich provozierende „Lösungen“ für ihre Themen an. Dies gilt auch für die Ökologiebewegung, die sowohl alltägliche Lebensstiländerungen propagierte und lebte, als auch mit ihren „Öko-Instituten“ die eigene Expertise in Sachen Umwelt auf Dauer stellte. Das erste autonome Frauenhaus entstand übrigens in London, der bahnbrechende literarische Impuls der Ökologiebewegung - Rachel Carsons' „Stummer Frühling“ - kam aus den USA. Auf die Idee, eine grüne Partei zu gründen, verfiel man zuerst Anfang der 1970er Jahre in Neuseeland. Schließlich entdeckte die Ökologiebewegung nach und nach ihre historischen Vorläufer in der romantischen Industriekritik des 18. und 19. Jahrhunderts, die Spurensuche nach widerständigen Frauen in der Geschichte erschließt inzwischen Jahrhundert um Jahrhundert.

Unsere Beispiele illustrieren weitere Funktionsbedingungen und Leistungen sozialer Bewegungen:

1. Ihre Kraft, neue Themen und Sichtweisen im öffentlichen Raum zu verankern, variiert erheblich. Soziale Bewegungen und ihre Themen können offensichtlich „vergessen“ werden, wenn sichtbare Mobilisierung dauerhaft ausbleiben oder andere Themen die öffentliche Agenda beherrschen. Der „Kampf um Öffentlichkeit“ ist daher ein Lebenselixier sozialer Bewegungen. Gesteigerte Teilnehmerzahlen bei Protesten und deren Radikalisierung durch zivilen Ungehorsam und direkte Aktionen gehören zu den wenigen Optionen, für anhaltende Aufmerksamkeit und einen hohen Nachrichtenwert zu sorgen. Sind sie nicht mehr sichtbar, droht ihnen und ihren Themen das Aus. Sicherlich sind auch andere Formen der Interessenartikulation von der öffentlichen Meinung abhängig. Aber soziale Bewegungen sind dies in einem besonderen Maße, weil sie nicht wie große Verbände auf den gesicherten Einfluss in Verhandlungssystemen vertrauen können oder wie politische Parteien einen privilegierten Zugang zu Regierungsämtern und Oppositionsrollen haben, die für dauerhafte politische Aufmerksamkeit sorgen.

Dieser besondere Zwang zur Öffentlichkeit sorgt auch dafür, dass soziale Bewegungen unter höherem Legitimations- und Lerndruck stehen als etablierte Akteure. Wollen sie für ihre oft zunächst partikularen Interessen öffentliche Unterstützung finden, müssen sie sich auf die Suche nach dem Verallgemeinerungsfähigen in der eigenen Argumentation begeben. Durch Bürgerinitiativen und Protest vorgetragene Interessen sind also keineswegs von vornherein „besser“ oder inklusiver als andere, aber wer auf diese Form der Politik setzt, sieht sich intern wie extern erhöhten Begründungszwängen und Legitimationsanforderungen ausgesetzt. Der stets präsente Vorwurf, lediglich irrationale Ängste und bornierte Interessen zu artikulieren, nötigt zu argumentativen Gegenstrategien, soll nicht die öffentliche

Unterstützung schwinden. Eine wichtige Antwort auf dieses Dilemma bieten „framing"-Strategien bzw. Deutungsangebote von sozialen Bewegungen, die das eigene unmittelbare Interesse, die eigene Betroffenheit in einen Kontext stellen, in dem sie als öffentliches Gut plausibel gemacht werden können. Gerade die Ökologiebewegung ist reich an Beispielen. Nach dem „Kein Kernkraftwerk bei uns" kam schnell der Zusatz „...und auch nicht anderswo", bis schließlich mit der Möglichkeit der atomaren Katastrophe ein zentrales öffentliches Gut ins Spiel gebracht wurde: das der kollektiven Sicherheit. Sozialen Bewegungen wohnt daher die Tendenz inne, Betroffenheiten und Interessen in der Dimension öffentlicher Güter zu reformulieren. Dabei handelt es sich zumeist nicht um eine bloß semantische Übung, sondern damit geht eine seriöse Suche nach dem verallgemeinerungsfähigen gemeinsamen Nenner der Anliegen einher.

2. In diese Richtung deuten auch Prozesse, die als „kognitive Befreiung" bzw. alternative Wissensproduktion beschrieben werden. In aller Regel generieren soziale Bewegungen eigenes Wissen, mit dem sie herrschende Sichtweisen in Frage stellen. Dies gilt nicht nur, wenn zentrale Trägergruppen - wie bei den neuen sozialen Bewegungen - aus den akademischen Mittelschichten kommen. Bereits die britische Arbeiterbewegung hatte in der ersten Hälfte des 19. Jahrhunderts ihre originäre Kritik der politischen Ökonomie hervorgebracht, an die dann Marx und andere anknüpfen konnten. Der Weg von den Bewegungsmilieus zu den Hochschulen, vom nicht-lizensierten zum lizensierten Wissen scheint heute allerdings bedeutend kürzer, wie das Beispiel feministische Frauenforschung verdeutlicht.

Soziale Bewegungen sind allerdings nicht die einzigen gesellschaftlichen Gruppen, die epistemische Gemeinschaften mit einem breiten internen Diskursspektrum bilden. Dies tun z.B. auch Berufsverbände und professionelle Netzwerke. Soziale Bewegungen kämpfen daher nicht nur um Aufmerksamkeit für ihre Themen und Deutungen, sondern sie benötigen Expertise, Gegenwissen, eigene Untersuchungswerte und Messungen, um mit der etablierten Wissenschaft auf Dauer konkurrieren und deren Deutungsmonopole in Frage stellen zu können.

3. Dies ist nicht genug. Soziale Bewegungen sind üblicherweise zudem präfigurativ, d.h. sie entwickeln Institutionen und Projekte, in denen sie eigensinnige Antworten auf die von ihnen aufgeworfenen Probleme anbieten. Im günstigen Fall richten sie Experimentierbaustellen ein, auf denen jene Alternativen erprobt werden, die den Bewegungszielen nahe kommen. In den 1970er Jahren entstand in der Bundesrepublik ein solch dichtes Netz von bewegungsnahen Projekten und Einrichtungen, dass der Sammeltitel „Alternativbewegung" kreiert wurde.

Frauenhäuser und Öko-Institute machen jedoch klar, dass es auch zu Transformationen kommt, zumindest kommen kann. Was „alternativ" begann, kann als normale Einrichtung enden. Die Gewinn- und Verlustbilanzen solcher Institutionalisierungsprozesse sind nicht einfach aufzustellen, tragen sie doch einerseits zur Veralltäglichung und Verstetigung von Bewegungsmotiven und -praxisformen bei, andererseits bergen sie die Gefahr, ihren Bewegungscharakter zu verlieren.

4. Unsere Beispiele verdeutlichen auch den transnationalen Charakter vieler sozialer Bewegungen. Meist ist Diffusion der Modus, in dem Ideen und Projekte weltweit Verbreitung finden. Aber bereits die Anti-Sklaverei-Bewegung entwickelte in der ersten Hälfte des 19. Jahrhunderts ein internationales Netz von kooperierenden Initiativen. Mit den Potentialen des Internets und der Verbilligung der Reisekosten haben sich die Chancen weltweiter Vernetzung drastisch verbessert. Gipfeltreffen von internationalen Wirtschaftsorganisationen und UN-Gipfelkonferenzen boten in der jüngsten Vergangenheit zusätzliche Mobilisierungschancen. Mit dem Weltsozialforum (2001 erstmals in Porto Alegre) und zahlreichen regionalen Foren wurden zudem eigensinnige transnationale Kooperationsgremien geschaffen.

Diese verschiedenen Funktionsbedingungen sozialer Bewegungen vor Augen eröffnet sich eine neue Perspektive in der Debatte um globale öffentliche Güter. Die Definition der Öffentlichkeit eines Gutes beruht auf gesellschaftlichen Entscheidungen im Kontext von Deregulierung und Privatisierung, die gegenwärtig sehr kontrovers diskutiert werden. Die Privatisierung von öffentlichen Gütern wirkt sich auf die soziökonomische und menschliche Sicherheit sowie auf die Lebensbedingungen von Menschen aus (siehe auch Bsirske in diesem Band). Die Regelung von Privatisierungsprozessen öffentlicher Güter ist somit ein wichtiges Feld, auf dem sich soziale Bewegungen einmischen müssen. Gefährdet die Privatisierung der öffentlichen Güter die menschliche Sicherheit und Entwicklung? Wie weit kann die Privatisierung von Gesundheit gehen, ohne dass die öffentliche Daseinsvorsorge gefährdet ist. Kann die globale Klimakatastrophe tatsächlich durch Marktmechanismen aufgehalten werden? Diesen Fragen wird in dem Artikel vor dem Hintergrund der Kämpfe von sozialen Bewegungen nachgegangen.

Der Kampf um Betroffenheiten und Interessen globaler öffentlicher Güter

In fast allen Gesellschaften haben sich die Struktur und die Zusammensetzung öffentlicher Güter in den letzten Jahren gewandelt. Immer mehr Güter können nicht mehr allein durch nationale Maßnahmen bereitgestellt werden, sondern haben einen globalen Charakter angenommen. Ihre Globalität bestimmt sich vor allem durch die Reichweite ihres Nutzens (oder ihrer Kosten). Internationale Kooperation wird so zum Kernpunkt der Bereitstellung von globalen öffentlichen Gütern. Dabei muss darüber verhandelt werden, welche Güter produziert werden und wie viel von jedem Gut, mit welchen Kosten/Nutzen, d.h. mit welcher Verteilung.

Unter diesen Begriff lässt sich eine enorm große Bandbreite an klassischen öffentlichen Gütern wie Frieden, Sicherheit, Umwelt, Gesundheit, Wissen, Information und eben auch Gerechtigkeit fassen. Der Begriff „Gut" weist zunächst darauf hin, dass etwas hergestellt und verbraucht wird, obgleich oft auch Gemeinschaftsgüter wie etwa die Ozonschicht oder die Weltmeere mit eingeschlossen werden. Das Konzept unterstreicht also, dass es sich um Güter handelt, die produziert werden müssen. Es reicht nicht aus, nur politische Besorgnis über ihre Unterproduktion zu äußern. Jedes Gut hat seinen spezifischen Produktionsprozess, d.h. es gibt keine allgemeine Regel, durch die die Bereitstellung der Güter automatisch gesichert wird, sondern über jedes einzelne Gut muss verhandelt werden. Die Öffentlichkeit des Gutes impliziert eine Nicht-Ausschließbarkeit und eine Nicht-Rivalität. Kosten und Nutzen von globalen öffentlichen Gütern sind nicht verteilungsneutral, d.h. bestimmte Länder und Bevölkerungsgruppen profitieren von einzelnen globalen öffentlichen Gütern mehr als andere.

Durch den Globalisierungsprozess gewinnen die traditionell nationalstaatlichen öffentlichen Güter territoriale Ungebundenheit. Bspw. werden die CO_2-Emissionen zwar hauptsächlich in den Industriestaaten erzeugt, doch ihre klimazerstörende Wirkung zeigt sich weltweit. In diesem Zusammenhang werden an globale öffentliche Güter weitere Kriterien angelegt. Diese beziehen sich vor allem auf die Verteilungsaspekte, denn die externen Effekte sollen nicht nur für einzelne Ländergruppen relevant sein, und es dürfen nicht nur bestimmte Bevölkerungsgruppen in bestimmten Ländern von den Auswirkungen des Gutes profitieren oder aber unter den negativen Folgen leiden. Welches öffentliche Gut von einer Gesellschaft als legitim angesehen wird, hängt vom jeweiligen historischen Kontext ab. Damit werden öffentliche Güter zum Gegenstand politischer und sozialer Konflikte. Noch steckt sowohl die wissenschaftliche als auch die politische Diskussion über das Konzept und die Finanzierung der globalen öffentlichen Güter in den Kinderschuhen. Umso wichtiger ist es, dass dieses Thema auch von Bewegungen aufgegriffen und gedeutet wird.

Man kann zwischen vier Arten von öffentlichen Gütern unterscheiden: zwischen natürlichen öffentlichen Gütern (die Atmosphäre), zwischen kulturellen öffentlichen Gütern (Werke der Weltliteratur, der Musik etc.), zwischen materiell geschaffenen öffentlichen Güter (Gesundheit, Bildung) und zwischen öffentlichen Gütern, die durch Regeln und Institutionalisierung erzeugt sind (z.B. Frieden). Dabei bedeutet Öffentlichkeit keinesfalls grenzenlose Nutzungsmöglichkeit.

Für die Produktion von öffentlichen Gütern sind sowohl verbindliche internationale Vereinbarungen und Regelwerke als auch finanzielle Ressourcen notwendig. Die Finanzmittel werden für globale Institutionen benötigt, die Koordinations-, Steuerungs- und Überprüfungsfunktion übernehmen sowie für den Ressourcentransfer für benachteiligte Länder und Bevölkerungsgruppen. Vorschläge, wie denn globale Güter, vor allem globale Umweltgüter, durch ein internationales Abgabesystem finanziert werden können, hat der WGBU erarbeitet.[1]

Um sicherzustellen, dass alle Betroffenen bei einem Handel mit globalen öffentlichen Gütern beteiligt werden, schlagen einige Autoren einen neuen Tripartismus vor, der eine systematische Einbeziehung von Wirtschaft und Zivilgesellschaft in internationalen Foren erlaubt (Kaul/Grunberg/Stern 1999). Die Entscheidungsstrukturen anderer internationaler Organisationen sollten auf ihren partizipativen Charakter hin überprüft werden. Diverse Akteursgruppen sollten auf den verschiedenen Aktionsebenen involviert und eventuell betroffene Bevölkerungsgruppen konsultiert und an der Entscheidungsfindung beteiligt werden. Allerdings sind solche Forderungen angesichts der gegenwärtigen Diskussionen über die Legitimationsdefizite internationaler Organisationen mit Vorsicht zu genießen.

Sowohl technische Erfindungen als auch politische Instrumente spielen bei der Debatte um die Privatisierung öffentlicher Güter eine Rolle. Im politischen Diskurs erhielten vor allem in den 1990er Jahren die neoliberalen Theorien frischen Aufwind. Diese zielten darauf ab, die Ansprüche an den Wohlfahrtsstaat zu reduzieren, die Macht der organisierten Arbeiterschaft zu brechen sowie die Möglichkeiten der Kapitalakkumulation durch Privatisierung und die Ersetzung kollektiver Sicherungssysteme durch Unternehmertum und Individualismus auszudehnen.

Inwiefern technische Möglichkeiten zur öffentlichen Nutzung von Gütern oder zur Exklusion genutzt werden, hängt von politischen und marktstrategischen Präferenzen ab. Demzufolge sind nicht nur die öffentlichen Güter, sondern auch die regulativen Maßnahmen Gegenstand diskursiver Konflikte. Es wird ein politischer Konsens darüber gesucht, welches Gut öffentlich bereit gesellt bzw. genutzt wird. In dem Maße, wie Menschen von der Nutzung des öffentlichen Gutes ausgeschlossen werden können, werden die sozialen und politischen Konflikte offenbar.

Von einer Privatisierung öffentlicher Güter werden in der Regel Effizienzgewinne und Einsparungen von Kosten für das Gemeinwesen erwartet. Der Zugang wird beschränkt und nur diejenigen, die über Kaufkraft verfügen oder durch Gutscheine oder ähnliches subventioniert werden, können einen Anspruch geltend machen. In den meisten Fällen geht mit der Privatisierung öffentlicher Güter ein Verlust an Öffentlichkeit und eine Einschränkung demokratischer Beteiligung einher. Zu Recht fragen daher Martens und Hain: „Welche Gewalt wird Begriffen wie Frieden, Gerechtigkeit, Weltklima, und Biodiversität angetan, wenn sie allein als Konsumgut begriffen werden? Sie sind keine Waren und sollten nicht für Geld handelbar sein. Käufliche Gerechtigkeit ist ein Paradox“ (Martens/Hain 2002: 16). An diesem Punkt setzen soziale Bewegung wie die Umweltbewegung und die Bewegung gegen die neoliberale Globalisierung an.

Soziale Bewegungen als Gegengewicht

Soziale Bewegungen treten immer als Vertreter bestimmter Wertorientierungen, Ideen und sozialer sowie politischer Ordnungsvorstellungen auf. Das heißt natürlich nicht, dass sie immer für demokratische Ideen eintreten, im Gegenteil: Soziale Bewegungen können durchaus auch antidemokratisch sein (Kriesi 1999). Ihnen zugrunde liegt ein sozialer Gestaltungswille, der nach Rucht „im Unterschied etwa zu politischen Kampagnen einen weitreichenden und zuweilen totalen Veränderungsanspruch beinhaltet" (Rucht 2000: 51). Die Kräfte der Veränderung stehen in Opposition zu den Kräften der Beharrung und fordern diese heraus. Die Struktur von Bewegungen ist heute meist von lockeren Netzwerken geprägt. Die Ära bürokratischer Großorganisationen scheint vorüber. Sie sind nicht an Wählerstimmen, Expertisen und beitragszahlenden Mitgliedern interessiert, sondern an der Unterstützung ihrer Anhänger, und sie suchen die öffentliche Auseinandersetzung. Das Aufkommen von sozialen Bewegungen signalisiert den Legitimationsverlust und die Kontrollschwäche bestehender Regime und institutioneller Arrangements (Markoff 1996). Sie fungieren als eine Art Frühwarnsystem für vorhandene Unzufriedenheiten in der Gesellschaft. Im demokratischen System verfügen sie in der Regel kaum über institutionalisierte Zugänge zum Entscheidungssystem und können ihrer Anhängerschaft keine materiellen Vergütungen anbieten.

Der Zusammenhalt von sozialen Bewegungen ist ständigem Veränderungsdruck ausgesetzt. Phasen des Abflauens, in denen die Unterstützung der Anhänger nachlässt, werden abgelöst von Phasen, in denen die Bewegungen vom Zustrom neuer begeisterter Anhänger überrannt werden. In den letzten dreißig Jahren wurde von den neuen sozialen Bewegungen in den Industrieländern eine Vielzahl von Themen aufgegriffen. Um nur einige unsystematisch zu nennen: Atomkraft, Abtreibung, Menschenrechte, Dritte Welt, Ökologie, Friedenssicherung etc. Es sind vor allem direktdemokratische und partizipative Ansätze, für die sich die Menschen einsetzen (Paris 1989). Alain Touraine hat Demokratisierung einmal als ihren gemeinsamen Nenner betont. Mobilisierungskraft und Legitimität gewinnen Bewegungen durch eine weitgehend authentische Umsetzung von Motivationen und Interessen in kollektives Handeln. Hierarchisch angeordnete Entscheidungsebenen werden abgelehnt und Delegationsmechanismen weitgehend vermieden.

Die Globalisierung öffentlicher Güter und die Transnationalisierung sozialer Bewegungen

Wie weiter oben schon ausgeführt wurde, stellt die internationale Kooperation einen Kernpunkt der Bereitstellung von globalen öffentlichen Gütern dar. Diese

Kooperation nimmt vor allem Verteilungsaspekte in den Blick, denn es dürfen nicht nur bestimmte Bevölkerungsgruppen in bestimmten Ländern von den Auswirkungen des Gutes profitieren bzw. unter den negativen Folgen leiden. Wenn aber die Legitimität eines öffentlichen Guts vom jeweiligen kulturellen und historischen Kontext abhängt, dann bedarf es nicht nur auf staatlicher Seite eines global vernetzten Informationsaustauschs. In dem Maße, wie öffentliche Güter zum Gegenstand politischer und sozialer Konflikte werden, formieren sich auch soziale Bewegungen auf globaler Ebene, um gemeinsame Zusammenhänge herzustellen.

Durch die Bildung von transnationalen Netzwerken erweitern die einzelnen Bewegungen, Gruppen und Individuen ihre Handlungsmöglichkeiten. Um in einer sich globalisierenden Welt politische Wirkung zu erzielen, sind Vernetzungen über nationale Grenzen hinweg und entlang gemeinsamer Problemstellungen unerlässlich. Das Kommunikationsmedium Internet ist hierfür eine wesentliche Grundlage. Die weltweite Informationsverarbeitung und Informationsverbreitung über soziale und ökologische Missstände wird dadurch erleichtert. Die Logik der Netzwerke produziert aber neue Ungleichheiten, denn die kulturellen Patchwork-Codes, die sie benutzen, schließen jene aus, die diese nicht beherrschen.

Gleichzeitig formieren sich global vernetzte politische Zusammenhänge, die neue Lernformen und neue Formen des politischen Protests ermöglichen. Dabei sind die Bewegungen und Netzwerke keinesfalls als fest zusammengefügtes Gebilde zu verstehen; sie unterliegen vielmehr komplexen Organisations- und Veränderungsprozessen. Sie werden von ihrer sozialen, politischen und kulturellen Umgebung, in der sie sich bilden, ebenso beeinflusst wie von ihrer Binnendynamik, die zunehmend transnationale Züge trägt. Immer öfter werden transnationale Koordinierungsnetzwerke oder -organisationen geschaffen, um nationale Mobilisierungsanstrengungen international zu koordinieren und zu verstärken.

In den Netzwerken und Bewegungen wird im Gegensatz zu Organisationen nicht auf eine Homogenisierung der Interessen abgezielt, sondern auf den Erhalt der Vielfalt. Die Weltsozialforen in Porto Alegre, die in diesem Jahr über 100.000 Teilnehmerinnen und Teilnehmer verzeichnen konnten, bieten in dieser Hinsicht einige Erfahrungswerte. Im Vordergrund der vielen verschiedenen Veranstaltungen des Weltsozialforums stand der Austausch von Einsichten und kontroversen Sichtweisen. Dabei lebt das Forum, wie Brand und Brie schreiben, „von Spannungen, die nicht aufgelöst werden können und bzw. aufgelöst werden sollten“ (Brand/Brie 2003).

Mit der transnationalen Vernetzung haben sich auch die Protestformen und die Öffentlichkeitsarbeit der Gruppen selbst verändert. Die Zahl der protestbegleitenden Internetseiten schnellte in den letzten Jahren nach oben. Zu jedem Ereignis gab es eine Homepage, die die Ereignisse bündelte. Professionelle Medienarbeit ist für die globale Bewegung eine Selbstverständlichkeit. Vor allem aufgrund eines schnellen Informationsflusses, der Möglichkeit, voneinander zu lernen und des aufeinander abgestimmten Handelns hat die globale Bewegung eine besondere Qualität. Der Zugang zu Informationen kann verbessert und der Informationsstand erhöht werden. Dadurch können gemeinsame Lernprozesse initiiert werden.

Das Beispiel Klima

Das globale Klima wird häufig im Munde geführt, wenn es darum geht, ein globales öffentliches Gut zu benennen, das zu schützen eine dringliche Aufgabe der internationalen Staatengemeinschaft ist. 1988 schon riefen die Vereinten Nationen einen internationalen wissenschaftlichen Ausschuss, das Intergovernmental Panel on Climate Change (IPCC) ins Leben, das den Stand der wissenschaftlichen Erkenntnisse zur globalen Klimaänderung zusammenfassen und Empfehlungen für wirkungsvolle Gegenmaßnahmen entwickeln sollte. In einem Abstand von fünf Jahren wurden von diesem Gremium Berichte veröffentlicht, die die Grundlage für die internationalen Klimaverhandlungen darstellen. Die Gegenüberstellung der Ergebnisse der IPCC-Berichte und der Verhandlungsdokumente weist allerdings auf eine erhebliche Lücke zwischen den vom IPCC aufgeführten notwendigen Maßnahmen und denen der Staatengemeinschaft. Viele der Forderungen und Standards wurden durch endlose Verhandlungsrunden abgeschwächt und in Frage gestellt. Das beste Beispiel ist das Gerangel um das Kyoto-Protokoll, das letztendlich die Vermarktwirtschaftlichung des Klimaproblems festschrieb. Der damalige Vorsitzende der Klimakonferenz, Cutajar, bezeichnete das Kyoto-Protokoll als „eine der weitreichendsten ökonomischen Vereinbarungen ..., die seit Jahren unter der Flagge der Vereinten Nationen abgesegnet worden sind" (Taalab 1998: IV).

Im Verlauf der Klimaverhandlungen zeichnete sich immer mehr eine politische Aufwertung der Rolle der Privatwirtschaft ab. Dies zeigte sich schließlich in der intensiven Suche nach marktadäquaten, sprich nach geeigneten wirtschaftlichen, technologischen und finanztechnischen Instrumentarien der Problembearbeitung. Spätestens nachdem die Emissionsreduktionsziele 1997 im Kyoto-Protokoll[2] festgelegt worden waren, rückte schließlich die Frage in den Vordergrund, mit welchen Marktinstrumenten der (tatsächliche oder vermeintliche) Schutz des Klimas gewährleistet werden könnte. In die Diskussionen kamen vor allem Instrumente wie der Emissionshandel[3] oder der Mechanismus für umweltverträgliche Entwicklung[4], die einem technischen Steuerungsoptimismus und einer weitgehend neoliberalen Strategie folgten. In den Verhandlungen nach dem Kyoto-Protokoll wurden selbst diese Instrumente weiter abgeschwächt, so dass Experten außer einer kreativen Kohlenstoffbuchführung für das Klima keine wirklichen Fortschritte sehen (Maier 2001).

Wie kommt es zu solch einer Trendwende in den internationalen Klimaverhandlungen? Die Problementdeckung, die Ursachenforschung und die öffentliche Sensibilisierung betrieben vorwiegend NaturwissenschaftlerInnen und Umweltverbände. Erst in den späten 1980er Jahren kam es zu einer stärkeren Politisierung des Themas. Die Diskussionen bewegten sich um Fragen der Gerechtigkeit zwischen Nord und Süd, um die weltweite Gleichverteilung der Pro-Kopf-Emissionen, um den Zusammenhang von Armut, Reichtum und Umweltzerstörung sowie um einen substanziellen Finanztransfer von den Industrie- in die Entwicklungsländer (Missbach 1999). Mit den Verhandlungen zum Kyoto-Protokoll schwenkten die Inhalte zu wirtschaftspolitischen Maßnahmen, neuen Technologien und Finanzinstrumenten über. Die fossilistische Industrie hatte ihren Fuß fest in den Verhandlungstüren und machte ihre Interessen geltend.

Mit Blick auf diese Entwicklung im Bereich internationaler Klimaverhandlungen ist es verwunderlich, dass sich die zivilgesellschaftlichen Gruppen fortlaufend an den Debatten beteiligten und z.T. ihre Forderungen der Technologisierung des Diskussionszusammenhangs anpassten, anstatt eine Re-Politisierung der Klimaproblematik zu fordern. Vergegenwärtigen wir uns die eingangs gestellten Funktionsbedingungen und Leistungen sozialer Bewegungen so können folgende Gründe für die ausbleibende Gegenwehr der Umweltbewegungen formuliert werden. Erstens gelang es ihnen im Konfliktfeld Klima nicht, in der Gesellschaft Betroffenheiten und Interessen zu reformulieren, und zweitens schafften es die einzelnen Bewegungsakteure nicht, die negativen Auswirkungen des Ökonomisierungstrends verallgemeinerungsfähig zu machen. Zwar wurde eine alternative Wissensproduktion betrieben, diese beschränkte sich allerdings auf Detail- bzw. Expertenwissen. Durch die globale Vernetzung mit den Bewegungen gegen Neoliberalismus gewinnt möglicherweise auch die Umweltbewegung an Mobilisierungskraft und Radikalisierung, die sich wiederum auf die öffentliche Klimadebatte auswirken kann.

Die Kampagnen gegen die Privatisierung

Es hat den Anschein, als sei bei vielen gegenwärtigen Entscheidungsträgern der westeuropäischen Demokratien in Vergessenheit geraten, dass die Lebensqualität der vergangenen vierzig Jahre in den Industrieländern gerade durch die Schaffung von öffentlichen Dienstleistungen der Daseinsvorsorge wie Gesundheit, Bildung, Arbeitslosenversicherung und Renten gewährleistet wurde. Erst durch diese Errungenschaften erlangten die Menschen eine gewisse Sicherheit gegenüber Krankheit, Arbeitslosigkeit und Armut. Die gesellschaftlichen Verhältnisse in den Industrieländern wurden gerechter und ermöglichten die Demokratisierung des Zugangs zu Kultur, Bildung und Information durch öffentliche Einrichtungen.

Gegenwärtig erleben wir einen Rückgang der Lebensqualität der breiten Masse der Bevölkerung, mit der Unsicherheit und Zukunftsangst in die Industrieländer zurückkehren. Als Begründung für die Privatisierungen werden leere öffentliche Kassen und die zunehmende Verschlechterung der Qualität staatlicher Leistungen genannt. Dies öffnet das Einfallstor für private Anbieter, die medizinische Dienste und Bildungsangebote für zahlungskräftige Kunden anbieten. Die Herausbildung eines Zweiklassensystems mit hochwertigen Angeboten für diejenigen, die es sich leisten können und mit einer mageren, oft löchrigen Grundversorgung für die restliche Bevölkerung.

Die bundesweite Kampagne von attac „Gesundheit ist keine Ware" verbindet umfassende Fragen neoliberaler Globalisierung mit nationaler Innenpolitik und konkreten Auswirkungen vor Ort. Die Kampagne ist gleichzeitig eine Reaktion auf die sich formierende Bewegung gegen den neoliberalen Umbau des Bildungs- und Gesundheitswesen. Im Zentrum steht die Forderung nach einer demokratisch organisierten Gesundheitsversorgung, die keine Menschen ausschließt. Mit der Kampagne wird aber auch der öffentliche Diskurs beeinflusst. Begrifflichkeiten wie „die Grenze der Finanzierbarkeit des Sozialstaats" werden hinterfragt. Was in einer Gesellschaft als angemessen, gerecht und fair angesehen wird, „ist in hohem Maße das Produkt alltäglicher sozialer Lernprozesse und Interessenkonflikte sowie politischer Beeinflussungen, die seit den 1980er Jahren überwiegend auf Entsolidarisierung gerichtet sind" (Kühn 2002: 6).

Die deutsche Bundesregierung treibt nicht nur die Privatisierung der öffentlichen Gesundheits-, Trinkwasser-, und Altersversorgungssysteme in Deutschland voran (zum Thema Wasser siehe Krüger in diesem Band), sondern ist auch in dieser Mission Verhandlungspartner der neuen Welthandelsrunde über die weltweite Liberalisierung von Dienstleistungen (GATS). Die gegenwärtige GATS-Runde wurde im Jahr 2000 begonnen und soll bis 2005 abgeschlossen sein. Der Regelungsumfang des Abkommens ist immens: Post, Telekommunikation, Energie- und Wasserversorgung, Banken und Versicherungen, Tourismus und Transport, medizinische und soziale Dienste, Bildung und Kultur, Handel und Bauwesen. Durch das GATS sollen all diese Bereiche den WTO-Prinzipien des Marktzugangs und der Gleichbehandlung in- und ausländischer Anbieter unterworfen werden. Sämtliche bestehenden innerstaatlichen Regelungen wie Gesetze, Verordnungen, soziale Standards und ökologische Normen, die die Dienstleitungsmärkte bislang schützten, sollen so weit wie möglich abgebaut werden. Die mit dem GATS intendierte Liberalisierung der Versicherungssysteme übt weiteren Druck auf die sozialen Sicherungssysteme.

Eigentlich ist die WTO verpflichtet, die Auswirkungen der bisherigen Privatisierungen und Liberalisierungen zu untersuchen. De facto hat sie dieses aber bislang versäumt. Von vielen Entwicklungsländern, Gewerkschaften und sozialen Bewegungen wird eine solche Abschätzung der sozialen, ökologischen und entwicklungspolitischen Folgen gefordert. Die von ihnen vorgelegten Fälle und Bilanzen fallen deutlich negativ aus. Darüber hinaus zeichnet sich der Verhandlungsprozess durch äußerste Intransparenz aus. Nicht nur Bürgerinnen und Bürgern werden wichtige Informationen vorenthalten, sondern auch den teilnehmenden Interessengruppen. Durch die Geheimhaltung der Verhandlungsdokumente wird ein demokratischer Entscheidungsprozess gezielt verhindert. Nicht zuletzt auf Grund dieser Versäumnisse und gestärkt durch den erfolgreichen Widerstand gegen das MAI (Multilaterales Abkommen über Investitionen)[5] tritt die Kampagne für einen sofortigen Stopp der GATS-Verhandlungen ein. Der bundesweiten Kampagne von attac schlossen sich verschiedenste Organisationen und Gewerkschaften an. Um nur einige unsystematisch zu nennen: ver.di, GEW, DGB-Jugend, WEED, Medico International u.a.. Durch konkrete lokale und nationale Erfahrungen mit der Privatisierung können verschiedenste Gruppen für den Protest gewonnen werden. An dieser Stelle gelingt es den sozialen Bewegungen erneut, Themen auf die politische Agenda platzieren zu können, wie eben die Frage nach dem Eigentum und der Verfügungsgewalt von öffentlichen Gütern.

In der Bundesrepublik gibt es für soziale Bewegungen zum einen innerhalb der rot-grünen Regierung Ansatzpunkte, das Thema stark zu machen, und zum anderen bekommen sie Rückenwind durch die Enquetekommission „Globalisierung der Weltwirtschaft“, die in ihrem Abschlussbericht eine Abschätzung der sozialen, ökologischen und entwicklungspolitischen Folgen fordert und darüber hinaus den „Ausschluss von Bildung und weiteren Leistungen der öffentlichen Daseinsvorsorge aus den GATS-Verhandlungen“ empfiehlt (Deutscher Bundestag 2002).

Ausblick

Auch in Westeuropa neigt sich das „goldene Zeitalter des Sozialstaats“ seinem Ende entgegen. Zentrale Dimensionen wie soziale Sicherheit und Bildung drohen erneut zu einem Exklusivgut zu werden. Angesichts einer ökonomisch forcierten Ungleichheitsdynamik und der geringer werdenden staatlichen Fähigkeit bzw. politischen Bereitschaft, sie politisch zu kompensieren, werden innerhalb der Gesellschaft neue Netzwerke geknüpft, wodurch soziale Bewegungen frischen Aufwind erhalten.

Eine faire und gerechte Verteilung der Güter der Gesellschaft hat immer auch etwas mit dem Kampf um die Ansprüche und Rechte von marginalisierten Gruppen und Interessen zu tun. In einer Welt, in der sich vier Fünftel des Reichtums in den Händen eines Fünftels der Weltbevölkerung befinden, sind die Ungleichheiten und Ausgrenzungen offensichtlich. Die Globalisierung gefährdet eben nicht nur die Verteilung der Güter, sondern gefährdet auch die Durchsetzung und Aufrechterhaltung sozialer Gerechtigkeit. Gerechtigkeit wurde in der Geschichte nur in den seltensten Fällen freiwillig hergestellt, sondern musste immer erkämpft werden. Nur: Mit welcher Strategie kann der neoliberale Zeitgeist bekämpft werden? Eine Antwort liegt sicherlich im Aufbau global vernetzter sozialer Bewegungen mit organisierten Netzknoten wie z.B. attac.

Die voranschreitende Liberalisierung und die Privatisierung sind eine außerordentliche Bedrohung für die Demokratie, da die Errungenschaften mehrerer Dekaden in Frage gestellt werden, für die Menschen einmal gekämpft haben. Die neoliberale Globalisierung führt zu einer zunehmenden Kluft zwischen der Wirtschaft und der Gesellschaft. Die kapitalistische Utopie grenzenloser Ausbeutung bei gleichzeitiger Zerstörung kollektiver Strukturen droht Realität zu werden. Es sind vor allem die demokratisch gewählten Vertreter moderner Staaten, die diese Entwicklungen mit ihren politischen Entscheidungen unterstützen. Anstatt gründliche Analysen der möglichen Folgen von Privatisierung und Liberalisierung vorzunehmen, wird kurzfristiges Profitdenken vorgezogen.

Wer profitiert eigentlich von der Privatisierung des Gesundheitswesens? Einerseits haben die schon immer transnational arbeitenden Pharmaunternehmen und andererseits große Krankenhauskonzerne und Versicherungsgesellschaften enormes Interesse an einem globalisierten Gesundheitsmarkt. Außerdem gibt es schon lange eine Süd-Nord-Migration von GesundheitsarbeiterInnen. Aus vielen Entwicklungsländern emigrieren sowohl die Krankenschwestern und -pfleger als auch die Absolventen der medizinischen Fakultäten. Der systematische Abfluss von Fachwissen wird verstärkt von einem internationalen Abzug von Fachleuten vom öffentlichen ins private System. Diese Kombination aus ökonomischer Notwendigkeit und neoliberaler Ideologie verstärkt die Entwicklung eines zweigeteilten Gesundheitssystems.

Und wer profitiert von der Privatisierung des Klimas? Viele Wirtschaftsunternehmen haben schon längst die ökonomischen Chancen erkannt, die ihnen die internationale Klimapolitik bietet. Gleichzeitig ermutigen die Vereinten Nationen die Wirtschaftsunternehmen, ihre guten Erfahrungen (*best practices*) bei der Verwirklichung nachhaltiger Klimaschutzziele einzubringen. Mit großem Selbstbewusstsein präsentieren sich dann auch die Wirtschaftsakteure selbst. Nicht grundlos wurde von der Wirtschaftslobby nach der UNGASS (United Nations General Assembly Special Session on HIV/AIDS) 1997 dann auch angekündigt, einen Enterprise Liaison Service einzurichten. Der besondere Stellenwert der *business community* im internationalen System soll damit institutionell ausgebaut werden. Welche Ziele sind mit solchen politischen Initiativen verbunden? Zunächst soll staatlichen bzw. internationalen ordnungspolitischen Eingriffen frühzeitig begegnet werden. Dies scheint in der Arena der internationalen Politik, die bereits weitreichender als die nationalstaatliche Arena neoliberal strukturiert ist, auch leichter durchsetzbar.

Die Rolle sozialer Bewegungen bestand immer darin, Defizite der öffentlichen Debatte aufzuspüren und die Verkrustung politischer Eliten aufzubrechen. Seit den 1970er Jahren haben soziale Bewegungen weltweit verschiedenste Kontroversen und Konflikte ausgelöst und damit bestehende institutionelle Arrangements unter Veränderungsdruck gesetzt. Gegenwärtig erleben wir auf globaler Ebene die Herausbildung von global vernetzten Bewegungen, die sich gegen die Neoliberalisierung der Weltwirtschaft richten.

Anmerkungen

1 Der Volltext und die Kurzfassung sind unter folgender Adresse erhältlich: www.wgbu.de/wbgu_sn2002.html

2 Im Kyoto-Protokoll werden verschiedene, rechtsverbindliche Reduktionsziele für jedes einzelne Industrieland unter Berücksichtigung der einzelstaatlichen wirtschaftlichen und politischen Interessen für einen Zeitraum von fünf Jahren zwischen 2008 und 2012 festgehalten.

3 Beim Handel mit Emissionszertifikaten geht es darum, dass alle Staaten Zertifikate erhalten, die den ihnen zugeteilten Emissionsmengen entsprechen. Die Länder mit ungenutzten Emissionsrechten können diese Mengen dann solchen Ländern zum Verkauf anbieten, die ihre zugeteilten Mengen überschreiten. Das Käuferland kann die Anteile zu der ihm zugeschriebenen Menge hinzuzählen und somit die Reduktion eigener Emissionen kompensieren.

4 Regierungen oder Firmen, die ihre Emissionen reduzieren müssen, können ihren Pflichten nachkommen, indem sie Klimaschutzmaßnahmen in einem anderen Land durchführen. Beim Mechanismus für umweltverträgliche Entwicklung (Clean Development Mechanism) geht es um Projekte von Industrie- und Entwicklungsländern in einem anderen Entwicklungsland.

5 Mit den Verhandlungen über ein Multilaterales Abkommen über Investitionen innerhalb der Organisation für wirtschaftliche Zusammenarbeit und Entwicklung OECD wurde in den Jahren 1995 bis 1998 der Versuch unternommen, erstmals einen umfassenden internationalen Vertrag über den Schutz und die Liberalisierung von Auslandsinvestitionen auszuhandeln. Im Dezember 1998 sind die Verhandlungen innerhalb der OECD jedoch vor allem aufgrund des massiven Widerstands in der Öffentlichkeit, forciert durch eine gezielte NGO-Kampagne, aber auch aufgrund zwischenstaatlicher Differenzen eingestellt worden. Eine Weiterführung erscheint ungewiss, weder über einen Termin noch über ein Forum wurde bisher entschieden.

Literatur

Brand, Ulrich/Brie, Michael (2003): Was ist uns Porto Alegre?, in: Sonderbeilage des Freitag vom 7.2.2003

Deutscher Bundestages (2002): Schlussbericht der Enquete-Kommission „Globalisierung der Weltwirtschaft", BT-Drucksache 14/9200 vom 12. Juni 2002

Markoff, John (1996): Waves of Democracy: Social Movements and Political Change, London: Pine Forge Press

Kaul, Inge/Grunberg, Isabell/Stern, Marc A. (1999): Global public Goods. International cooperation in the 21st century, New York: Oxford University Press

Kriesi, Hanspeter. (1999): Movements of the Left, Movements of the Right: Putting the Mobilization of Two New Types of Social Movements into Political Context, in: Kitschelt, Herbert/Lange, Peter/ Marks, Gary (ed.): Continuity and Change in Contemporary Capitalism, Cambridge: Cambridge University Press, S. 398-426

Kühn, Hagen (2002) Was heißt Finanzierbarkeit der gesetzlichen Krankenversicherung?, in: attac-Rundbrief 2/2, S. 6-7.

Maier, Jürgen (2001): Klima-Drama in Bonn, in: Rundbrief des Forum Umwelt und Entwicklung 3/2001, S.31-32

Martens, Jens/ Hain, Roland (2002): Globale öffentliche Güter. Zukunftskonzept für die internationale Zusammenarbeit? WEED Arbeitspapier, Heinrich-Böll-Stiftung, Berlin

Missbach, Andreas (1999): Das Klima zwischen Nord und Süd. Eine regulationstheoretische Untersuchung des Nord-Süd-Konflikts in der Klimapolitik der Vereinten Nationen, Münster: Westfälisches Dampfboot

Paris, Rainer (1989): Situative Bewegung. Moderne Protestmentalität und politisches Engagement, in: Leviathan, Jg.17, H.3; S.322-336

Rucht, Dieter (2000): Soziale Bewegungen und ihre Rolle im System politischer Interessenvermittlung, in: Klingemann, Hans-Dieter/ Neidhardt, Friedhelm (Hg.): Zur Zukunft der Demokratie: Herausforderungen im Zeitalter der Globalisierung, WZB-Jahrbuch, Berlin, S.43-59

Taalab, Azza (1998): Stimmen gegen den Treibhauseffekt, Frankfurt am Main: Informationszentrale der Elektrizitätswirtschaft (IZE)

Teil V
Herausforderungen

Dirk Messner

Herausforderungen für die zukünftige Global Governance-Forschung

Dimensionen einer zweiten Phase eines jungen Diskurses

Global Governance-Diskurse gewinnen Mitte der 90er Jahre, mit der Publikation des Berichtes der Commission on Global Governance (1995) an Bedeutung. Die noch junge Global Governance-Forschung ist noch keine fest abgesteckte Teildisziplin der Politikwissenschaft. Sie reflektiert vielmehr Suchprozesse, um die Transformation der Politik unter Bedingungen der Globalisierung zu rekonstruieren, theoretisch einzuordnen und politische Lösungsvorschläge für neue Problemlagen zu entwickeln. Und sie kombiniert theoretische Konzepte und Theorien aus diversen Bereichen der Politikwissenschaft (der Regime-Theorie, der Interdependenztheorie, der Steuerungstheorie, der Policy-Analyse, der Demokratietheorie). Dieser Suchprozess ähnelt in vielerlei Hinsicht der ersten Phase der „Nachhaltigkeitsdiskussion", in der es ebenfalls darum ging, Begriffe, zentrale Dimensionen, Kernfragen und Schnittstellen zu angrenzenden Forschungsfeldern und Disziplinen des sich neuen entwickelnden Forschungsstranges zu klären. Im folgenden werden sechs Herausforderungen formuliert, die sich stellen, um die Global Governance-Forschung analytisch, konzeptionell und theoretisch weiterzuentwickeln und zu konsolidieren.

Analogiefallen beim Übergang von nationalen zu globalen Problemkonstellationen und Governance-Strukturen vermeiden

Die sozialwissenschaftliche Forschung zu Global Governance, also zu Prozessen und Strategien kollektiven Handelns zur Lösung grenzüberschreitender und globaler Probleme, rekurriert - neben den Theorienangeboten aus dem Bereich der Internationalen Beziehungen - auch auf Theorien, Konzepte und Interpretationsmuster, die im Kontext der Analyse lokaler, nationaler sowie europäischer Problemkonstellationen und deren Bearbeitung durch Politik und Gesellschaft entstanden sind. Diese Vorgehensweise ist naheliegend: Welche Erkenntnisse lassen sich aus der Forschung zu „local common-pool resources" und „The Tradegy of the Commons" (Hardin 1968) für „global common-pool resources" und „Global Public Goods" gewinnen? Welche Elemente der sozialwissenschaftlichen Steuerungstheorien, die sich in den 1980er und 1990er Jahren mit dem Umbruch vom hierarchischen Planungsstaat zum „kooperativen Staat" (Ritter 1979) bzw. zum „verhandelnden Staat" (Scharpf 1993) in „Netzwerkgesellschaften" (Messner 1995) beschäftigt hatten, können für die Global Governance-Forschung fruchtbar gemacht werden? Welche Einsichten und Methoden der Forschung zur Transformation der Politik in der Europäischen Union (Mehr-Ebenen-Politik) bilden Bausteine für die Untersuchung der Transformation der Politik unter Bedingungen der Globalisierung?

Diese Suchrichtung ist einerseits wichtig, um fundierte theoretische Erkenntnisse zu Problemen kollektiven Handelns, zu Voraussetzungen, Stärken und Schwächen der Netzwerksteuerung, zur Dynamik von Mehr-Ebenen-Politik oder auch zur Bedeutung, Konstitution und Funktionsweise von Institutionen in den Kontext der Global Governance-Forschung zu übersetzen. Andererseits beinhaltet dieses Vorgehen die Gefahr, die qualitativen Veränderungen beim Übergang von lokalen, nationalen und auch europäischen Kontexten in globale Zusammenhänge zu übersehen. Theoretische Kenntnisse und Konzepte werden dann einfach übertragen und kopiert, statt sie den veränderten globalen Rahmenbedingungen anzupassen und entsprechend weiterzuentwickeln. Robert Keohane und Joseph Nye (2000) haben auf die „Analogiefallen" im Feld der Forschung zu „Global Governance und Demokratie" hingewiesen, in dem es eine Vielzahl von Versuchen gibt, die konstitutiven Elemente nationalstaatlich-repräsentativer Demokratie einfach auf die globale Ebene zu übertragen, ohne die qualitativen Unterschiede zwischen nationalen Gesellschaften und der im werden begriffenen Weltgesellschaft angemessen zu berücksichtigen. Michael Zürn (2001) spricht von dem „Elend des methodologischen Nationalismus" in der Politikwissenschaft und thematisiert damit das Problem, dass auch grenzüberschreitende politische Prozesse oft unreflektiert mit den Instrumenten und Kategorien interpretiert werden, die für die Analyse nationaler politischer Systeme entwickelt wurden, was im Zeitalter der Entgrenzung auf falsche Fährten führen müsse. Renate Mayntz (2000) verweist auf den unterschiedlichen Charakter von Mehr-Ebenen-Politik in der Europäischen Union und im Kontext von Global Governance. Trotz aller Unübersichtlichkeit könne man in der EU noch von einem Mehr-Ebenen-System sprechen, während die Global Governance-Strukturen angesichts ihrer Fragmentierung durch „Nicht-Systemhaftigkeit" (Mayntz 2000: 14) geprägt wären. Sie warnt daher vor einer voreiligen Übertragung von Methoden und Erkenntnissen der Europaforschung auf die Global Governance-Suchprozesse.

Die Sozialwissenschaften müssen also ihre etablierten Know how-Pools für die Global Governance-Forschung mobilisieren und zugleich den skizziert Typus von Analogiefallen und Pfadabhängigkeit vermeiden. Zentral ist die Frage, welche qualitativ neuen Herausforderungen beim Übergang von lokalen und nationalen zu globalen Problemzusammenhängen auftreten, um „lessons learnt" kreativ zu nutzen, statt sie in Analogiefallen zu übersetzen. Diese Frage wird in den jeweiligen Problemfeldern zu sehr unterschiedlichen Antworten führen. Ostrom et al.

(1999: 281-282) haben jedoch auf einige generelle Merkmale hingewiesen, die den Übergang von lokal-nationalen zu globalen Problemkonstellationen und deren Bearbeitung charakterisieren:

„Scaling-up problems": Die steigende Zahl von Akteuren, die in globale Problemzusammenhänge sowie deren Bearbeitung eingebunden sind, führt zu Organisationsproblemen und erschwert aufgrund großer Interessenheterogenität die Einigung auf gemeinsame Regeln sowie deren Durchsetzung. „Global environmental resources now involve 6 billion inhabitants of the globe." (Ostrom et al. 1999: 281) Das „scale-Problem" bezieht sich nicht nur auf das „Problem der großen Zahl" der beteiligten Akteure, sondern auch auf die Komplexität der Problemkontexte. Die Lösung von Verteilungskonflikten um lokale Wasser-, Land- oder Waldressourcen unterscheidet sich wesentlich von globalen Wasser-, Land- oder Waldkonflikten. Schon die Analyse von Ursache- und Wirkungszusammenhänge wird im globalen Kontext zu einem Problem. Man denke an das globale Klimasystem, die weltweite Biodiversität oder das internationale Finanzsystem. Globale, komplexe Systeme zu verstehen und zu lernen, sie zu beeinflussen, führt offensichtlich zu enormen Herausforderungen an die Wissenschaft. Die beiden „scale-Probleme" (große Zahl der Beteiligten, Komplexität der Problemzusammenhänge) verstärken sich wechselseitig.

„Cultural Diversity Challenge": Die empirische Forschung zu „local common-pool resource" zeigt, dass die weltweite kulturelle Diversität dazu beigetragen hat, dass in den jeweiligen Regionen und Ländern sehr unterschiedliche Lösungen für ähnliche Probleme gefunden wurden. Kulturelle Diversität ist ein sozialer Innovationsmotor, der durch Globalisierungsprozesse eingeebnet werden könnte. Zugleich kann kulturelle Diversität die Wahrscheinlichkeit, gemeinsame Interessen, Problemverständnisse und Regeln für Global Governance zu finden, erschweren. Hinzu kommt, dass Globalisierungsprozesse und die damit einhergehende Erosion oder gar Entwertung von Sicherheiten (im Wohlfahrtsstaat, im Wissen, bei den territorialen Grenzen als Schutz vor Migration oder auch in Bezug auf „unfairem Wettbewerb" mit anderen Wirtschaftsstandorten usw.) viele Menschen verunsichern, überfordern und die Flucht in die „Ethnie", „nationale Gemeinschaften" und kulturelle Clans fördern. Rechts- und Linkspopulismus, chauvinistischer Nationalismus sowie autoritäre Affekte können die Folge sein. In jedem Falle gewinnt der „Faktor Kultur" in der Politik unter Bedingungen der Globalisierung an Bedeutung.

„Complications of interlinked common-pool resources": Schon Lösungen für lokale Probleme, die sich aus Zusammenhängen und Spannungsverhältnissen zwischen bäuerlicher Landwirtschaft, Forstbewirtschaftung und dem Schutz von Wasserressourcen ergeben, sind alles anderes als einfach. Aber die Interaktionen zwischen dem Klimawandel und dem Verlust der Biodiversität oder zwischen der

Dynamik internationaler Finanzmärkte, grenzüberschreitender sozialer Polarisierung und Armut produzieren ein neues Komplexitätsniveau. Weltprobleme und globale Systeme interagieren miteinander und können unvorhersehbare oder nur schwer prognostizierbare globale Risiken produzieren. Systemrisiken gibt es auch in lokalen und nationalen Kontexten, aber deren Wirkungen bleiben, selbst wenn sie verheerend ausfallen, territorial begrenzt und damit leichter beherrschbar als globale Risiken, deren Ursachen und Wirkungen systemisch und weltweit vernetzt sind und zugleich an territorial weit entfernten Orten entstehen, kulminieren oder eskalieren können.

„Accelerating rates of Change": Kapitalmobilität, ökonomischer und technologischer Wandel, Klimawandel oder auch das Hineinwachsen von mehreren hundert Millionen chinesischer Arbeitskräfte in den Weltarbeitsmarkt erzeugen einen kontinuierlichen breitenwirksamen weltweiten Wandel, dessen Wirkungen häufig erst ex post deutlich werden. „Learning by doing is increasingly difficult, as past lessons are less and less applicable to current problems." (Ostrom et a. 1999: 282)

„Requirement of unanimous agreement as a collective-choice rule": Die Basis für Global Governance und kollektives Handeln zur Lösung von Weltproblemen bilden vor allem freiwillige Verhandlungssysteme (siehe Brunnengräber in diesem Band). Free rider-Verhalten, die Sicherung ihrer Privilegien durch handlungsmächtige Staaten und ökonomische global player sowie große Asymmetrien zwischen den beteiligen Akteuren hinsichtlich der Mobilisierbarkeit ökonomischer, personeller und institutioneller Ressourcen prägen das Grundmuster von Global Governance. Der Abbau dieser Strukturen ist im globalen Kontext wesentlich schwieriger als in nationalen Gesellschaften.

„We have only one globe": In der Vergangenheit konnten die Menschen (zumindest potentiell) auswandern, wenn Ressourcen knapp wurden und politische oder ökonomische Systeme kollabierten oder unerträglich Formen annahmen. Scheiterten Problemlösungsversuche, konnten neue Versuche gestartet werden. Weltprobleme, globale Risiken und Global Governance verändern das Gesamtpanorama. „Today, we have less leeway for mistakes at the local level, while at the global level there is no place to move." (Ostrom et al. 1999: 282)

Die Global Governance-Forschung muss diese qualitativen Veränderungen, die im Übergang von der Analyse nationaler und sektoraler Systeme und Wirkungszusammenhänge zur Untersuchung globaler Veränderungen und Interdependenzen sowie weltweiter multisektoraler Vernetzungen entstehen, systematisch berücksichtigen, um die skizzierten Analogiefallen zu vermeiden.

Empirische Studien zur Erfassung der Vielfalt von Governance-Mustern in der Global Governance-Architektur

Die Global Governance-Forschung der vergangenen Jahre hat dazu beigetragen, die strukturellen Veränderungen in der internationalen Politik sichtbar zu machen. Die Debatte begann mit einer Fokussierung auf die steigende Bedeutung der Vereinten Nationen zur Einhegung von Weltproblemen (vor allem im Bericht der Commission on Global Governance 1995); sie wurde rasch erweitert um die Dimension der etablierten internationalen Organisationen sowie Beiträge aus der Regime-Forschung (Young 1999). Bis zu diesem Punkt verblieb die Diskussion im Rahmen der Theorien Internationaler Beziehungen. Die Thematisierung der Reorganisation von Nationalstaaten unter Bedingungen der Globalisierung (Messner 1998, Zürn 1998), Arbeiten zur Proliferation neuer Akteure in der Weltpolitik (Mathews 1997), Untersuchungen zu neuen Governance-Mustern jenseits zwischenstaatlicher Kooperationen und Organisationen (Clubs einflussreicher Akteure, wie das Financial Stability Forum, die G-7/8; globaler Politiknetzwerke wie der World Commission on Dams; privaten Governance-Strukturen wie der lex mercatoria, dem privaten Sozialstandard SA 8000), Überlegungen zum Zusammenhang von Regional Governance (wie in der EU, im Mercosur) und Global Governance, zum Zusammenspiel von lokaler, nationaler und globaler Politik in Mehr-Ebenen-Systemen sowie zu Prozessen der zunehmenden Informalisierung von Politik von der lokalen bis zur globalen Ebene (Altvater/ Mahnkopf 2002a) sprengten den Kontext der Theorien der Internationalen Beziehungen (Keohane/Nye 2000).

Die Global Governance-Forschung hat in diesem Suchprozess das neue Spielfeld abgesteckt, auf dem Politik unter den Bedingungen von Globalisierung stattfindet: Akteursvielfalt, Mehr-Ebenen-Politik und Pluralismus an Governance-Formen lauten die Kernelemente, auf denen das Koordinatensystem von Global Governance basiert (vgl. Schaubild). In Deutschland hat der 1997 von der Volkswagen-Stiftung eingerichtete Förderschwerpunkt „Globale Strukturen und deren Steuerung" wichtige Beiträge in dieser ersten Phase der Global Governance-Forschung geleistet, in dem es darum ging, qualitative Veränderungen der Politik sowie institutionelle Innovationen unter den Bedingungen der Globalisierung überhaupt erst einmal sichtbar zu machen.

Nachdem sich die Global Governance-Forschung vor allem um sich verändernde und neue Strukturmerkmale der Organisation von Politik gekümmert hat, sind nun empirische Studien notwendig, um das neu entstandene Bild der Grundzüge der Global Governance-Architektur auszufüllen, zu konkretisieren und zu differenzieren. Zukünftig geht es darum, die klassischen Fragen der Governance-Forschung nun im Spannungsfeld von Akteursvielfalt, Mehr-Ebenen-Politik und

Governance-Pluralismus in der Global Governance-Architektur zu untersuchen: Was sind die Bedingungen für das Zustandekommen, die Stabilität, die Regelungseffektivität und die Leistungsfähigkeit jeweiliger Governance-Muster? Welche Zusammenhänge bestehen zwischen unterschiedlichen Problemtypen und korrespondierenden Governance-Strukturen? Wie kann „compliance" in Verhandlungssystemen ohne den in Nationalstaaten in der Regel existierenden „Schatten der Hierarchie" entstehen? Welche institutionellen Innovationen sind notwendig, um Koordinationsprobleme und Verhandlungsblockaden in Mehr-Ebenen-Systemen zu bearbeiten?

Vieles spricht dafür, dass die erprobten Instrumente und Konzepte der Steuerungstheorien oder auch der Regimetheorie hilfreich sind, um diese empirischen Studien durchzuführen, solange es sich um *einzelne* Organisationen und Netzwerke handelt. Die Herausforderung besteht darin, in jeweiligen Problemfeldern die Interaktionen zwischen unterschiedlichen Governance-Mustern (z.B. zwischen internationalen Organisationen, globalen Netzwerken, nationaler Politik, Regional Governance und Global Governance, privaten globalen Politiknetzwerken der Standardsetzung, zwischenstaatlichen Organisationen und Marktsteuerung in der Weltwirtschaft) und deren Leistungsfähigkeit besser zu verstehen.

Schaubild: Mehrebenenpolitik, Akteursvielfalt und Ausdifferenzierung von Governance-Mustern in der Global-Governance-Architektur

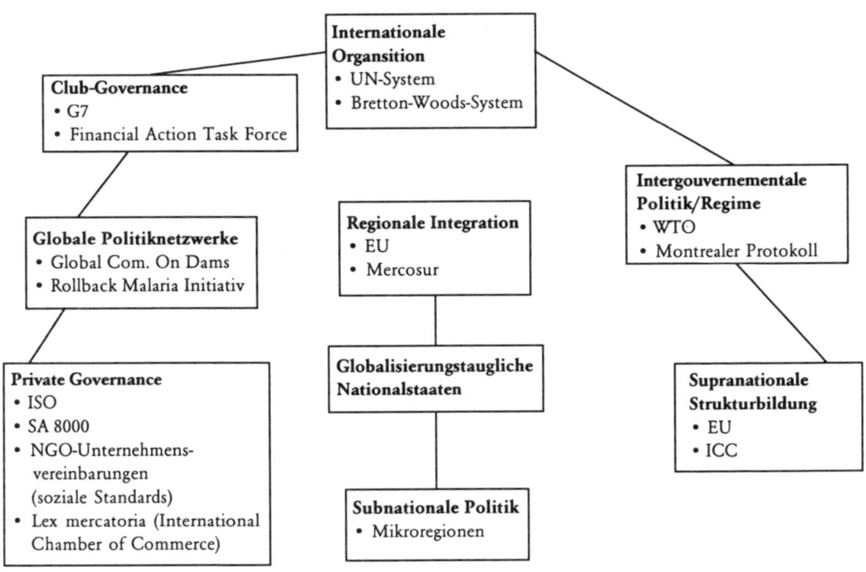

Makroperspektiven zum Verständnis der Gesamtstruktur von Global Governance

Renate Mayntz (2000: 15) formuliert in einem Aufsatz folgendes Unbehagen:

„Warum aber beschleicht einen dann trotzdem ein Gefühl des Ungenügens, wenn man die politikwissenschaftliche Literatur zu ‚Global Governance' in der Erwartung liest, am Ende ein Bild davon zu haben und zu verstehen, was im transnationalem Raum passiert? Könnte es sein, dass das was wir ... erfassen, gar nicht das ... Wichtigste ... ist, was sich dort abspielt."

Diese Frage reicht über empirische Einzelfallstudien und komparative Untersuchungen unterschiedlicher Global Governance-Muster hinaus.

In der aktuellen Global Governance-Forschung stehen Regime, horizontale und private Steuerungsstrukturen, die nicht von Nationalstaaten getragen werden, transnationale Politiknetzwerke und Beiträge von NGOs zu Global Governance im Zentrum, während z.B. Arbeiten zur UN und ihren Untergliederungen nur noch am Rande eine Rolle spielen. Inwieweit diese Schwerpunktsetzung reale Bedeutungsunterschiede reflektiert oder ob sie vielmehr mit dem Interesse der Forscher an *neuen* Arrangements und Trends oder der in der nationalen Steuerungsforschung entwickelten Perspektive auf gesellschaftliche Selbstregelung korrespondiert, ist schwer zu sagen. Die Zusammenschau und Querschnittsauswertungen empirischer Einzelfallstudien sind daher wesentlich, um eine Gewichtung der unterschiedlichen Elemente von Global Governance zu ermöglichen.

Die sozialwissenschaftliche Global Governance-Forschung ist bisher auf die Analyse globaler Teilordnungen (Welthandelssystem, -finanzsystem, umwelt-system) konzentriert, die das Nationalstaatensystem ergänzen. Das Bild der Global Governance-Architektur (s. Schaubild) basiert bisher vor allem aus Einzelfallstudien zu jeweiligen Organisationen, Regimen und Politiknetzwerken. Das Gesamtpanorama ergibt sich aus der Addition von Einzelbeobachtungen. Die Interaktionen, Dynamiken und Rückkopplungseffekte zwischen den Puzzleteilchen sind bei weitem noch nicht hinreichend durch die Sozialwissenschaften bearbeitet (Nuscheler 2000, Altvater/ Mahnkopf 2002a: 354). James Rosenau (1992: 13-14) beschreibt die globale Ordnung ganz in diesem Sinne als ein „set of arrangements" not causally linked into a single coherent array of patterns". Bisher ist unklar, wie die verschiedenen transnationalen Institutionen und Strukturen miteinander verflochten sind und wie verschiedene transnationale Regelungsstrukturen zusammenwirken. Eine synthetische Zusammenschau der transnationalen Strukturen, Prozesse und Governance-Muster in der Global Governance-Architektur ist schwierig, nicht zuletzt aufgrund des Wissens um die inversen Beziehungen zwischen Tiefenschärfe und Reichweite von Forschung. Dennoch liegt eine wesentliche Herausforderung für die Sozialwissenschaften darin, die Kategorien und Instrumente zu entwickeln, um die Global Governance-Architektur als Makrostruktur besser zu verstehen.

Überwindung der Dichotomien zwischen den zwei Gemeinden der Forschung zu globaler Steuerung

Im Februar 2001 fand in Berlin eine sozialwissenschaftliche Tagung statt, in deren Kontext Ergebnisse der Forschungsprojekte aus dem Förderschwerpunkt „Globale Strukturen und deren Steuerung" der Volkswagen-Stiftung vorgestellt und diskutiert wurden. Es trafen sich zwei „Global Governance-Gemeinden", die aus zwei unterschiedlichen Welten zu berichten schienen. Die erste Gruppe skizzierte Untersuchungen zu Macht, Herrschaft, Dominanz, Hegemonie und Geopolitik in der Staatenwelt, in Politikfeldern, die vor allen mit Fragen der internationalen Sicherheit und Ressourcenkonflikten zu tun hatten. Die zweite Gruppe konzentrierte sich stark auf globale Problemlösungen in „neuen Feldern der Weltpolitik", jenseits klassischer Sicherheitspolitik, auf neue Muster der Konfliktregelung, transnationale Akteurs- und Regelungsstrukturen sowie Governance-Muster in Mehr-Ebenen-Systemen.

Beide „Schulen" beschreiben Teilausschnitte und -rationalitäten in der Global Governance-Architektur. Es spricht wenig dafür, dass es globale Regelungssysteme gibt, die nur durch die eine oder die andere Logik bestimmt werden. Wahrscheinlich hat Latham (1999: 35) Recht, wenn er schreibt: „Global governists are generally so preoccupied with showing which forces of governance can produce order, that forces that might challenge governance or undermine order are treated as undesirable disruptions." An Bedeutung gewinnen muss in der Global Governance-Forschung die Frage: „Governance of what, by whom in whose interests and for what purposes?" (McGrew 2001: 18) und damit die Frage, wie Chancengleichheit (und in deren Gefolge Legitimation und Effektivität) in der Global Governance-Architektur im Zusammenspiel von schwachen Staaten und privaten Akteuren einerseits sowie handlungsmächtigen Staaten, Hegemonialmächten, globalen Unternehmen und einflussreichen Technokratennetzwerke andererseits gestärkt werden kann (Brand/Brunnengräber/Schrader/Stock/Wahl 2000). Damit stellt sich die Frage der „Zivilisierung von Macht" durch Verrechtlichung, internationale Normenbildung und einen fairen Multilateralismus.

Die Kritik gilt allerdings auch andersherum: Viele Vertreter der klassischen Internationalen Beziehungen sind ihrem alten Kategorienapparat und etablierten Interpretationsmustern so treu, dass sie fundamentale Veränderungen im Globalisierungsprozess und neue Global Governance-Muster nicht wahrnehmen können. So interpretiert Werner Link (1999: 106-107) die „Neuordnung der Weltpolitik" mit den klassischen Schablonen der „Staatenwelt", ohne die institutionellen Ausdifferenzierungen des internationalen Systems und Akteure jenseits der Nationalstaaten auch nur zur Kenntnis zu nehmen:

„Der Realismus ist generell skeptisch gegenüber den ordnungspolitischen Grundannahmen der Institutionalisten. ... Internationale Organisationen (sind) ... keine eigenständigen Akteure, sondern Vehikel oder Instrumente der Staaten. ... In der Staatenwelt garantiert nicht kollektive Sicherheit durch Internationale Organisationen, sondern individuelle und kollektive Verteidigung durch ... Allianzen das Überleben und die Sicherheit der Staaten."

Dabei liegt es auf der Hand, dass die problemlösungsorientierten Steuerungstheorien, herrschafts- und machttheoretische Konzepte und die Theorien der Internationalen Beziehungen von einander lernen könnten. In der ersten Phase der Global Governance-Forschung war dies schwierig, weil die etablierte Disziplin der Internationalen Beziehungen (aber auch die „linke" Globalisierungs- und Global Governance-Kritik) an ihren Basiskonzepten festhielten, während die „neue" Global Governance-Forschung sich gerade für Entwicklungen und Governance-Muster interessierte, die jenseits der etablierten theoretischen Referenzrahmen angesiedelt waren.

Politikwissenschaft plus x: Inter- und Transdisziplinarität als Herausforderung

Die Globalisierung darf nicht auf rein ökonomische Prozesse reduziert werden, aber sie wird doch entscheidend durch wirtschaftliche Dynamiken vorangetrieben. Die ökonomischen Prozesse fallen zunächst in die „Zuständigkeit" der Wirtschaftswissenschaften. Die Politikwissenschaft beschäftigt sich vor allem mit den institutionellen Rahmenbedingungen, in denen ökonomische Prozesse ablaufen, sowie mit den Regelungsmechanismen zur Einwirkung auf negative Externalitäten ökonomischer Prozesse. Doch welchen Beitrag zu tragfähigen Global Governance-Strukturen in der Weltwirtschaft kann die Politikwissenschaft leisten, wenn sie die ökonomischen Kausalzusammenhänge nicht oder nur in Grenzen versteht? Insbesondere im Bereich der Diskussion über die neue Finanzmarktarchitektur ist deutlich geworden, dass Nichtökonomen rasch an ihre Grenzen geraten, wenn es um Argumente für und gegen spezifische Regelungsmuster zur Eindämmung von Risiken auf den internationalen Finanzmärkten geht. Man kann daher die Forschung zu tragfähigen Formen von Global Governance in der Weltwirtschaft nicht nur den klassischen Politikwissenschaftlern überlassen.

Zugleich gilt, dass die Wirtschaftswissenschaften, vor allem ihr wirtschaftsliberaler Mainstream, nur wenig von institutionellen Strukturen, politischen Prozessen und der Interaktion der globalen Wirtschaft mit anderen Teilsystemen der sich herausbildenden Weltgesellschaft verstehen. Die wissenschaftliche Bearbeitung der Folgen der ökonomischen Globalisierung und die Herausbildung neuer Regelungsformen in der Weltwirtschaft den Ökonomen zu überlassen, ist daher ebenfalls kein überzeugender Weg. Aus der Perspektive der an Global Governance interessierten Politikwissenschaft besteht die Herausforderung darin, ihre wirtschaftswissenschaftlichen Kompetenzen in Richtung einer globalen politischen Ökonomie zu stärken. Darauf aufbauend wären inter- und transdisziplinäre Forschungskooperationen mit Teilen der Wirtschaftswissenschaften notwendig.

Ähnlich stellen sich die Herausforderungen in anderen zentralen Feldern der Global Governance-Forschung da. Die Lösung globaler Umwelt- und Nachhaltigkeitsprobleme oder auch die Bearbeitung von Wirkungen technologischer Schübe (z.B. der Biotechnologie, der Gentechnologie) auf nationale Gesellschaften und globale Entwicklungen stellen die Politik- und Sozialwissenschaften vor die Herausforderung einer engen Zusammenarbeit mit den Naturwissenschaften (und umgekehrt die Naturwissenschaften vor die Notwendigkeit der Kooperation mit den Politik- und Sozialwissenschaften). Im Gegensatz zum politikwissenschaftlichen Mainstream zeichnen sich zum Beispiel viele Arbeiten von Elmar Altvater durch ein hohes Maß an Interdisziplinarität aus (Altvater 1986, Altvater 1992, Altvater/Mahnkopf 2002b). Auch die Global Change-Forschung (WBGU 1996) und Ansätze zu einer Sustainability-Forschung (Biermann/Dingwerth 2002) befinden sich auf diesem Weg. Nimmt die Politikwissenschaft diese Herausforderungen nicht an, wird ihre Global Governance-Forschung zu einer „Interaktionsforschung", die soziale Konfigurationen in transnationalen Räumen sowie das Zusammenspiel von Akteuren und deren Interessen rekonstruiert, ohne problemverursachende Kausalzusammenhänge in den jeweiligen Politikfeldern wirklich zu verstehen. Die politikwissenschaftlichen Beiträge zu einer tragfähigen Global Governance-Architektur und validen Problemlösungen blieben dann begrenzt.

Mehr-Ebenen-Politik in der Global Governance-Architektur: Die Grenzen der Schichtenmodelle und die Herausforderung der Intradisziplinarität

In den Bereichen der Global Governance-Forschung, die sich mit der grundlegenden Transformationen der Politik unter Bedingungen der Globalisierung beschäftigt, wird das Zusammenspiel und die enge Verzahnung von lokaler, nationaler und internationaler Politik (Mehr-Ebenen-Politik) als ein Kernelement des Wandels der Politik betont (Rosenau 1997; Held et al. 1999; Cable 1999, Kennedy/Messner/Nuscheler 2002, Messner 2002). Dennoch dominieren in den unterschiedlichen Politikfeldern weiterhin Studien, die die Global Governance-Architektur als eine Art Schichtenmodell wahrnehmen, in dem die jeweiligen territorialen Handlungsebenen getrennt voneinander koexistieren und daher auch separat untersucht und dann additiv zusammengefügt werden. Dies gilt z. B. für die Analysen der Weltwirtschaft, in der sich die einen mit der Untersuchung internationaler Regelwerke (der WTO, des internationalen Finanzsystems) beschäftigen (Bergsten 1996, Rodrik 2000, Jochimsen 2000) und andere sich auf Handlungsspielräume von Regionen in der globalen Wirtschaft konzentrieren (Nadvi/Schmitz 1999, Eßer et al. 1996) und sich hierbei auf die Analyse innerregionaler Prozesse beschränken, während die Überlagerung lokaler, nationaler und globaler Prozesse in der empiriegeleiteten Forschung bisher nur selten thematisiert wird.

In der Politikwissenschaft bleibt weiterhin die Trennung in Theorien der Außenpolitik und der Internationalen Beziehungen einerseits sowie die im wesentlichen auf nationale Gesellschaften orientierte Policy-Forschung andererseits konstitutiv, während in der realen Welt die Grenzen zwischen Innen- und Außenpolitik immer unschärfer werden (Messner 2000). Studien, in denen die Interaktionen zwischen lokalen, nationalen und internationalen Governance-Strukturen systematisch untersucht werden, sind bisher die Ausnahme. Diese „territoriale" Pfadabhängigkeit in den Sozial- und Wirtschaftswissenschaften, die an etablierten Formen der Arbeitsteilung festhält (Volkswirtschaft- versus Weltökonomie versus Regionalforschung; Außenpolitikforschung/Internationale Beziehungen versus Analyse nationaler politischer Systeme), verlangsamt Erkenntnisgewinne über grenzüberschreitende Prozesse, Akteurskonstellationen und Governance-Muster. Die Global Governance-Forschung ist daher nicht nur auf mehr Inter- und Transdisziplinarität, sondern auch auf Kooperation und den Abbau von Grenzziehungen in den jeweiligen Disziplinen, also mehr *Intra*disziplinarität, angewiesen.

Literatur

Altvater, E. (1986): Mensch, Mark, Natur. Zur Vermarktung von Umwelt und Arbeit, Hamburg.

- 1992): Der Preis des Wohlstandes oder Umweltplünderung und neue Welt(un)ordnung, Münster

-/Mahnkopf, B. (2002a): Globalisierung der Unsicherheit, Münster

-/- (2002b): Grenzen der Globalisierung. Ökonomie, Ökologie und Politik in der Weltgesellschaft, Münster

Bergsten, F. C. (1996): Global Economic Leadership and the Group of Seven, Washington.

Biermann, F./Dingwerth, K.(2002): Weltumweltpolitik. Global Change als Herausforderung für die deutsche Politikwissenschaft, PIK-Report Nr. 74, Potsdam.

Brand, U./Brunnengräber, A./Schrader, L./Stock, C./Wahl, P. (2000): Global Governance. Alternativen zur neoliberalen Globalisierung? Münster

Cable, V. (1999): Globalisation and Global Governance, London.

Commission on Global Governance (1995): Our Global Neighbourhood, Oxford.

Eßer, K./Hillebrand, W./Messner, D./Meyer-Stamer, J. (1996): Systemic Competitiveness. New Patterns of Industrial Development, London.

Hardin, G. (1968): The Tragedy of the Commons, in: Science, Nr. 162, S. 1243 ff.

Held, D. et al. (1999): Global Transformations, Stanford.

Jochimsen, Reimut (Hrsg.) (2000): Globaler Wettbewerb und weltwirtschaftliche Ordnungspolitik, Bonn.

Kennedy, P./Messner, D./Nuscheler, F. (2002): Global Trends and Global Governance, London.

Keohane, R.O./Nye, J.S. (2000): Introduction. Governance in a Globalizing World, in: Nye, J.S. /Donahue, J. (Hrsg.), Washington.

Latham, R. (1999): Politics in a Floating World, in: Hewson, M./Sinclair, T.J. (Hrsg.): Appoaches to Global Governance Theory, New York.

Link, W. (1999): Die Neuordnung der Weltpolitik, München.

Mathews, J. (1997): The Power Shift, in: Foreign Affairs, Nr. 1.

Mayntz, R. (2000): Politikwissenschaft in einer entgrenzten Welt, MPIfG Discussion Paper, Nr. 00/3, Köln.

McCrew, T. (2001): Governing without Governance. Towards a Genuine Global Governance, Manuskript, Southampton.

Messner, D. (1995): Die Netzwerkgesellschaft, Köln.

- (Hrsg.) (1998): Die Zukunft des Staates und der Politik, Bonn.

- (2000): Ist Außenpolitik noch Außenpolitik ... und was ist eigentlich Innenpolitik. Einige Beobachtungen zur Transformation der Politik in der Ära des Globalismus, in: PROKLA, Nr. 118, Berlin.

- (2002): The Concept of the World Economic Triangle,Global Governance Patterns and Options for Regions, IDS Working Paper, Brighton

Nadvi, K./Schmitz, H. (eds.) (1999): Industrial Clusters in Developing Countries, Special Issue of World Development, Vol. 27, No. 9.

Nuscheler, F. (2000): Global Governance, Entwicklung und Frieden. Zur Interdependenz globaler Ordnungsstrukturen, in: F. Nuscheler (Hrsg.): Entwicklung und Frieden in 21. Jahrhundert, Bonn.

Ostrom, E. et al. (1999): Revisiting the Commons. Local Lessons, Global Challenges, in: Science, April/ 99, Vol. 284.

Ritter, E.H. (1979): Der kooperative Staat, in: Archiv des öffentlichen Rechts, Nr. 104.

Rodrik, D. (2000): Governance of Economic Globalization, in: Nye, J./Donahue, J. (Hrsg.): Governance in a Globalizing World, Washington.

Rosenau, J.N. (1992): Governance, Order, and Change in World Politics, in: Rosenau, J.N./ Czempiel, E.O. (Hrsg.): Governance without Governance, Cambridge.

Rosenau, J.N. (1997): Along the Domestic-Foreign Frontiers, Cambridge.

Scharpf, D.W. (1993): Positive und negative Koordination in Verhandlungssystemen, in: Héretier, A. (Hrsg.): Policy-Analyse, Opladen.

WBGU (1996): Welt im Wandel: Herausforderung für die deutsche Wissenschaft. Jahresgutachten 1996, Berlin/Heidelberg.

Young, O. R. (1999): Goverance in World Affairs, New York.

Zürn, M. (1998): Regieren jenseits des Nationalstaates, Frankfurt/M.

- (2001): Entgrenzung und Regieren. Über das Elend des methodologischen Nationalismus, Bremen (Manuskript).

Reinhard Loske/Roger Peltzer

Nachhaltige Entwicklung und gerechte Globalisierung
Leitbilder einer auf Ausgleich bedachten Nord-Süd-Politik*

Weltweit erhält die globalisierungskritische Bewegung Zulauf. Der Unmut über die Auflösung vertrauter Bindungen und Werte nimmt ebenso zu wie der Widerstand gegen umweltzerstörende Großprojekte und von Gier getriebene Finanzspekulationen. Die mit der wirtschaftlichen Verflechtung einher gehende Zunahme der Berührung unterschiedlichster Kulturen erzeugt bei den vermeintlich Schwachen oft ein Gefühl der Bedrohung der eigenen Identität oder gar der Minderwertigkeit. Eine Globalisierung, die sich einzig am freien Fluss von Waren, Dienstleistungen und Finanzen orientiert, die sozialen und ökologischen Bedürfnisse der Menschen aber ignoriert, macht die Welt also nicht sicherer, sondern unsicherer. Das schwant selbst ihren Protagonisten allmählich.

Globalisierung wird aber auch als Befreiung erlebt. Die Überwindung korrupter Regime und staatssozialistischer Systeme hat für viele Menschen ein Mehr an Demokratie mit sich gebracht und die Chancen zu Entfaltung privater Initiative erhöht. Der weltweite Aufbruch der Frauen aus patriarchalischer Vorherrschaft zu mehr Souveränität und Selbstbestimmung ist ein Ergebnis der Tatsache, dass die Idee der universalen Gültigkeit der Menschenrechte in den letzten Winkel unseres Planeten vorgedrungen ist. Die Macht internationaler Konzerne wird durch neue Akteure wie international und vernetzt agierende Bewegungen begrenzt, die die Einhaltung sozialer und ökologischer Mindeststandards einklagen - nicht selten mit Erfolg (siehe den Beitrag von Walk und Roth in diesem Band).

Die Einschätzung, dass Menschheitsprobleme wie die globale Erwärmung der Erdatmosphäre, die unkontrollierte Dynamik der Finanzmärkte oder weltumspannende Sicherheitsprobleme nur mit multilateralen Strukturen der Global Governance zu bekämpfen sind, wird mittlerweile von vielen Entscheidungsträgern geteilt. Eine Weltgesellschaft, die die zivilisatorischen Errungenschaften verallgemeinert und gleichzeitig regionale Identitäten und kulturelle Eigenheiten respektiert und fördert, ist und bleibt ein anzustrebendes Ideal. Sie ist die Alternative zu einer unipolaren und homogenisierten Welt, in der militärische Stärke und ökonomische Potenz die einzig relevanten Größen sind.

---

* Dieser Text ist die Grundlage für den Globalisierungsantrag, den die Bündnisgrünen auf ihrem kleinen Parteitag im Januar 2002 einstimmig verabschiedet haben. Zu diesem Text haben auch Helmut Breiderhoff, Reinhard Buetikofer und Kristin Heyne Vorschläge beigesteuert. Für kritische Anregungen danken wir Judith C. Enders.

Vor dem Hintergrund der Janusköpfigkeit von Globalisierung im Spannungsfeld von Gefährdung und Befreiung, Risiken und Möglichkeiten scheint eine politische Orientierung an folgenden Leitgedanken sinnvoll:

- Die fortschreitende Integration der Welt muss so gestaltet werden, dass sich der Süden darin mit seiner kulturellen Vielfalt, seinen Identitäten und seiner Leistungskraft gleichberechtigt wieder findet.
- Jedwede Politik zur Gestaltung von Globalisierung muss sich an den Zielen der Verwirklichung der Menschenrechte, dem nachhaltigen Umgang mit den natürlichen Ressourcen und der substanziellen Reduzierung von Armut orientieren.
- Durch eine auszubauende internationale Kooperation und internationale Vertragswerke (Global Governance) muss für Staaten und private Akteure ein internationaler Ordnungsrahmen geschaffen werden. In diesem Kontext kommt einer Außenpolitik, die aktiv auf Konfliktprävention setzt, eine besondere Bedeutung zu.
- Globalisierung hat eine elementare innenpolitische Dimension. Wenn eine Kultur des Respekts und der Achtung der Würde des Anderen eine Grundvoraussetzung für die Entschärfung von Konflikten ist, dann ist diese Maxime zunächst auf nationaler Ebene im Umgang mit den eigenen Minderheiten und Migranten umzusetzen. Nur so kann eine Politik der internationalen Kooperation auf Dauer glaubwürdig bleiben bzw. sich durchsetzen.

Konkret sind folgende Maßnahmen erforderlich:

1 Fairer Handel und Schutznormen

Die Öffnung der Märkte der Industrieländer und der Abbau von Subventionen sind die wesentlichen Voraussetzungen dafür, dass Entwicklungsländer eine Chance haben, aus eigener Kraft ihr Einkommen zu vermehren. Allein die Subventionen der EU und der USA für Zucker, Baumwolle und Speiseöl mit ihren katastrophalen Folgen für die Weltmarktpreise drücken Millionen von Bauern weltweit unter das Existenzminimum.

Deshalb ist es wichtig, in multilateralen Verhandlungen im Rahmen der WTO einen Abbau von Handelsschranken und Exportsubventionen zu erreichen. Eine positive Wirkung der Teilnahme an freiem Handel und Wettbewerb setzt aber einen gewissen Entwicklungsstand der Wirtschaft eines Landes voraus. Daher ist für die anstehende WTO-Runde für Entwicklungsländer zusätzlich ein asymmetrischer Schutz für aufzubauende Industrien zu fordern, ebenso wie die Möglichkeit, im Rahmen des Trips-Abkommens Zwangslizenzen zur Sicherstellung der Gesundheitsversorgung und Ernährungssicherheit zu erteilen sowie das Recht dieser Länder, ihr genetisches Potential samt ihrem Saatgut uneingeschränkt nutzen zu können. Gerade das weitgehende Bio-Patentrecht ist ein Mittel, um die Entwicklungsländer in einer globalisierten Wirtschaft in dauerhafter Abhängigkeit zu halten. Dies muss unbedingt verhindert werden.

Neben der Marktöffnung sind die Rohstoffpreise für viele Entwicklungsländer von existenzieller Bedeutung. Einfache Lösungen oder brauchbare Modelle zur Preisstabilisierung gibt es nicht. Das Beispiel der OPEC zeigt allerdings, dass die Angebotseinschränkung ein probates Mittel ist, um Preise zu erhöhen und Einkommenstransfers in den Süden zu ermöglichen. Vor diesem Hintergrund erscheint die Politik der Weltbank, z.B. die Ausweitung des Anbaus von Kaffee und damit einen stetigen Preisverfall durch die Bereitstellung von Finanzierungen zu fördern, äußerst fragwürdig.

Die Liberalisierung des Handels muss mit einer Absicherung sozialer und ökologischer Mindeststandards in Form von nationalen Gesetzen und internationalen Vereinbarungen sowie der Kontrolle ihrer Durchsetzung einhergehen, ohne Entwicklungsländern ihre ohnehin geringen Wettbewerbsvorteile zu nehmen. Ein wichtiges Beispiel für soziale Mindestnormen ist die Durchsetzung des Verbotes der Kinderarbeit, was nicht nur in ethischer Perspektive ein Fortschritt ist, sondern auch der ökonomischen Entwicklung der betreffenden Länder dient. Labels wie Transfair, Clean Clothes, FSC, Rugmark und andere für angemessene Arbeitsbedingungen und umweltfreundliche Produktionsverfahren stehende Kennzeichnungen sind zu unterstützen.

2 Einen Ordnungsrahmen für die internationalen Finanzmärkte schaffen

Die gegenwärtige Verfassung der internationalen Finanzmärkte mit ihren Anreizen für kurzfristige Spekulationen hat zum Teil drastisch negative Auswirkungen auf nationale Ökonomien. Steueroasen sind nicht nur unter Gerechtigkeitsgesichtspunkten inakzeptabel. Sie dienen auch der Geldwäsche und der Finanzierung von Terrorismus. Die Schuldenlast ist für viele ärmere Entwicklungsländer nicht einmal ansatzweise rückzahlbar (siehe Hersel in diesem Band).

Erforderlich ist eine Regulierung der internationalen Finanzmärkte mit dem Ziel, kurzfristige Spekulationszu- und -abflüsse deutlich zu vermindern. Geeignete Instrumente sind Kapitalverkehrskontrollen und die Einführung der Tobinsteuer (siehe Dieter in diesem Band). Die EU sollte eine internationale Initiative zu ihrer Einführung starten. Gleichzeitig müssen die G8-Staaten die vielfachen gesetzlichen und finanziellen Möglichkeiten nutzen, um Steueroasen auszutrocknen.

Die Bundesregierung hat einen ersten Schritt zur Entschuldung armer Entwicklungsländer gemacht. Die reale Entlastung für die betroffenen Länder beläuft sich pro Jahr auf immerhin 1,5 Mrd. US-$. Die Entschuldung muss weitergeführt werden.

Allerdings ist auch diese Art der Entschuldung unzureichend. So wie das nationale Insolvenzrecht privaten Schuldnern den Schutz der Menschenwürde und einen wirtschaftlichen Neubeginn zugesteht, muss auch ein internationales Insolvenzverfahren, das die Lasten zwischen Schuldnern und Gläubigern angemessen verteilt, hoch verschuldeten Ländern die Möglichkeit zu einem Neubeginn eröffnen.

In der internationalen Finanzarchitektur kommt den multilateralen Institutionen IWF und Weltbank eine wichtige Bedeutung zu. Mit ihren Umweltrichtlinien für Projektfinanzierungen hat die Weltbank weltweit positive Maßstäbe gesetzt. Es ist ebenfalls zu begrüßen, dass sich bei den Bretton Woods-Institutionen die Erkenntnis ausbreitet, dass Programme zur Strukturanpassung der Verminderung von Armut zu dienen haben. IWF und Weltbank müssen weiter demokratisiert werden, eine Erhöhung des Stimmgewichtes der Entwicklungsländer in beiden Institutionen sowie die ernsthafte Zusammenarbeit mit zivilgesellschaftlichen Organisationen sind dringend erforderlich.

3 International verbindliche Umweltstandards

Wie Wirtschaft, Verkehr, Tourismus und Kommunikation sind auch die aus ihnen hervorgehenden Umweltprobleme zu einem großen Teil globaler Natur. Sie können perspektivisch nur in weltweiter Zusammenarbeit gelöst werden. Zwingend erforderlich bleibt aber die Vorreiterrolle einzelner Staaten und Staatengruppen. Besonders die Industriestaaten sind hier in der Verantwortung, da sie für den Löwenanteil der globalen Umweltprobleme verantwortlich sind. In den letzten Jahren ist eine Reihe bedeutender internationaler Umweltabkommen auf den Weg gebracht worden, u.a. die Klimarahmenkonvention, die Biodiversitätskonvention und die Wüstenkonvention. Trotz aller Unzulänglichkeiten im Detail sind diese Abkommen und die dazu gehörigen Protokolle wichtige Schritte auf dem Weg zu einer Weltumweltpolitik.

Die Umweltpolitik muss mit der Handelspolitik „auf Augenhöhe" verhandeln können. Deshalb ist die Einrichtung einer Weltumweltorganisation erforderlich. Sie könnte aus einer Fusion des Umweltprogramms der Vereinten Nationen (UNEP), der Commission on Sustainable Development (CSD) und den Sekretariaten der diversen Konventionen entstehen. Die Finanzierung ihrer Aktivitäten ließe sich durch die Einführung von Entgelten auf die Nutzung der globalen Gemeinschaftsgüter sicherstellen, vor allem des Luftraums und der Ozeane. Die internationale Besteuerung von Kerosin bietet sich hier vor allem an.

Eine Reihe gravierender globaler Umweltprobleme steht im Zusammenhang mit dem Welthandelssystem und kann nur in diesem Kontext kooperativ gelöst werden. So geraten zahlreiche bereits existierende Umweltabkommen in Konflikt mit dem WTO-Regime, wenn sie Handelsregelungen enthalten. Die drohende Aushebelung der darin getroffenen umweltpolitischen Vereinbarungen muss verhindert werden, indem die Umweltabkommen den WTO-Regelungen gleichgestellt werden.

Ebenfalls in das System der WTO aufgenommen werden muss das Vorsorgeprinzip als umweltpolitische Leitlinie, so wie es auch bisher in vielen internationalen Abkommen berücksichtigt wurde.

Nicht nur für Wettbewerbsverzerrungen, sondern ebenso für schwerwiegende ökologische Probleme sind Subventionierungen verantwortlich, z.B. in der Land-, Forst- und Fischereiwirtschaft, im Verkehr und in der Energiegewinnung. Diese ökologisch kontraproduktiven Subventionen müssen abgeschafft werden.

Schließlich darf die globalisierte Wirtschaft in Gestalt des WTO-Systems auch nicht dazu führen, dass höhere Umweltstandards nationaler und regionaler Art unterlaufen werden. Andererseits müssen die Befürchtungen eines „grünen Protektionismus" durch die Industrieländer ernsthaft berücksichtigt werden.

Hinsichtlich der deutschen Politik ist insbesondere die Finanzierung internationaler Industrie-, Infrastruktur- und Bergbauprojekte bedenklich: Sie ist im Hinblick auf die dort anzuwendenden Kriterien der Umweltverträglichkeit weit vom Kohärenzgebot und von internationalen Standards entfernt. So vergibt die staatseigene Kreditanstalt für Wiederaufbau (KfW) weiterhin Exportkredite nach Umweltkriterien, die wesentlich weicher und unbestimmter sind als die Auflagen, die sie im eigenen Haus im Rahmen der Entwicklungszusammenarbeit anlegt.

Die deutschen Richtlinien für die Umweltprüfung bei Exportkrediten und Hermes-Bürgschaften sind im Rahmen der OECD-Abstimmung zu vereinheitlichen und auf die von der Weltbank gesetzten Standards anzuheben. Deutschland sollte sich in dieser Frage an den USA orientieren, die sich seit Jahren bei der Projektfinanzierung für höhere Umweltstandards einsetzen.

4 Konfliktprävention –Entwicklung durch Frieden und Sicherheit

Entwicklungsfortschritte und Aufbauleistungen von Jahrzehnten können in Wochen und Monaten durch ethnische Konflikte und Bürgerkriege zerstört werden. Deshalb ist eine aktive Konfliktprävention Kernelement einer jeden Politik, die darauf setzt, Entwicklungschancen für die „Dritte Welt" zu erhöhen.

Im Zentrum der Konfliktprävention stehen die klassische Diplomatie und der politische Wille, sich energisch mit Krisensituationen auseinander zu setzen und zu ihrer Bewältigung die nötigen Mittel und Instrumente bereit zu stellen.

Ein vernünftig ausgestatteter diplomatischer Dienst ist eine der wirkungsvollsten Formen von Entwicklungshilfe und eine gute Investition in eine dauerhafte Strategie der Konfliktprävention. Deshalb war die Schließung einer Reihe von deutschen Botschaften in Afrika die falsche Antwort auf voranschreitende Desorganisation und Staatszerfall.

5 Durchsetzung der Menschenrechte

Die Globalisierung macht Menschenrechtsverletzungen weltweit sichtbar, verhilft aber auch ihrer allmählichen Durchsetzung. Der Schutz der grundlegenden bürgerlichen und sozialen Rechte muss Maßstab außen-, wirtschafts- und entwicklungspolitischer Entscheidungen sein. Auch die Errichtung des Internationalen Strafgerichtshofes ist ein wichtiger Meilenstein auf dem Weg zur Durchsetzung der Menschenrechte.

Der globalen Durchsetzung der Menschenrechte stehen jedoch nicht nur machtpolitische und ökonomische Interessen entgegen, sondern auch kulturelle Differenzen, die nicht leichtfertig verurteilt werden können. Zwar ist die Betonung nichtwestlicher Traditionen nur allzu oft eine scheinheilige Rechtfertigung rücksichtsloser Machthaber. Dennoch haben Traditionen und Werte anderer Kulturkreise tatsächlich in vielerlei Hinsicht eine andere Orientierung. Ethischer Universalismus und Respekt gegenüber dem Anderen weisen nicht immer in die gleiche Richtung. Die Frage, in welchem Maße dem einen oder anderen Rechnung getragen werden sollte, kann nur im intensiven interkulturellen Dialog beantwortet werden.

6 Entwicklungszusammenarbeit stärken

In den letzten Jahren ist der Etat des Bundesministeriums für wirtschaftliche Zusammenarbeit zu einem der bevorzugten Objekte des Sparwillens vom Bundesfinanzminister geworden. In der Folge war der Einzelplan 23 unter das Niveau gesunken, das er nominal unter der letzten Kohl-Regierung erreicht hatte. Das BMZ war kaum noch in der Lage, seinen bilateralen und multilateralen Vertragsverpflichtungen nachzukommen. Erst die Globalisierungskritik und der 11. September 2001 haben zu einem Umdenken geführt.

Ein zu eng gefasstes Verständnis von Armutsbekämpfung hat zudem in den letzten Jahren dazu geführt, dass immer weniger Mittel für die Wissenschafts- und Kulturförderung, Stipendien und Dialogarbeit bereitgestellt worden sind. Der auf gleicher Augenhöhe zu führende Dialog der Kulturen erfordert aber auch die Stärkung der intellektuellen und kulturellen Kapazitäten der Partner im Süden. Deshalb sind die entsprechenden Budgets im BMZ-Haushalt deutlich zu erhöhen.

Besonders problematisch ist die extreme Auseinanderentwicklung zwischen Industrie- und Entwicklungsländern im Bereich der Informations- und Kommunikationstechnologien. Die Chancen der Globalisierung hängen stark davon ab, ob auf diese Techniken zurückgegriffen und damit an der globalen Informations- und Wissensgesellschaft teilgenommen werden kann. Diese „digitale Kluft" möglichst rasch zu überwinden, sollte Aufgabe der Entwicklungszusammenarbeit sein.

Es ist auch erforderlich, über neue, innovative Formen der Mittelverwendung nachzudenken. Das bisherige Modell der hoch bürokratisierten Mittelbewirtschaftung ist an die Grenzen der Abwicklungs- und Aufnahmefähigkeit von Geber- und Nehmerländern angelangt. Erfolgreiche Initiativen zur massenhaften Beseitigung von Armut zeichnen sich vielfach dadurch aus, dass sie eben nicht über die etablierten Apparate der Entwicklungszusammenarbeit angestoßen wurden. Weitere Fonds und Einrichtungen werden die Administrations- und Koordinationsprobleme nur verschärfen. Deshalb müssen neue Wege einer effektiven Armutsbekämpfung gefunden werden. Budgetzuschüsse im Bereich der Bildung und Basisgesundheit, die an wenige, einfach zu kontrollierende Indikatoren gekoppelt werden, können ein Weg hierfür sein.

Auch für den vermeintlich verlorenen afrikanischen Kontinent bieten sich mit der „New African Initiative" ganz neue Anknüpfungspunkte für die Außenpolitik und Entwicklungszusammenarbeit Europas und der deutschen Regierung. Mit diesem im Juli 2001 verabschiedeten Strategiepapier bekunden die Präsidenten Bouteflika (Algerien), Mbeki (Südafrika), Obansanjo (Nigeria) und Wade (Senegal) ihre Bereitschaft, die afrikanische Armuts- und Gewaltspirale mit eigenen Kräften zu stoppen und die eigenen Ressourcen zu mobilisieren.

Jetzt kommt es darauf an, dass die EU und Deutschland ihre diplomatische Präsenz in Afrika verbessern, mehr produktive Investitionen für Afrika mobilisieren, ihre Märkte öffnen und neue Ideen und Wege in der Entwicklungszusammenarbeit finden.

7 Jenseits von Etatismus und Neoliberalismus

Die Bewegung der Globalisierungsgegner ist vielfältig und uneinheitlich. Weit verbreitet sind etatistische und protektionistische Vorstellungen, in denen Welthandelskonferenzen und Privatisierungen generell als Übel gelten.

Wer aber die ärmeren Länder des Südens nicht zum Sozialhilfefall werden lassen will, muss ihnen Zugang zum Weltmarkt verschaffen. Dazu sind internationale Handelsabkommen notwendig, die protektionistische Schranken abbauen und gleichzeitig dem Schwächeren asymmetrischen „Schutz" gewähren.

Die Privatisierung halbstaatlicher Unternehmen hat vielfach geholfen, Misswirtschaft und Korruption zu unterbinden. So haben private Telekommunikationsgesellschaften den Kunden in Industrie- und Entwicklungsländern gleichermaßen ein mehr an Service bei gleichzeitig sinkenden Preisen gebracht. Wer dauerhaft Armut überwinden will, muss unternehmerischer Initiative Platz zur Entfaltung geben. Direktinvestitionen können einen wichtigen Beitrag zu Entwicklung leisten.

Aber Privatisierung ist kein Allheilmittel. Es kommt auf die Prüfung ihrer Notwendigkeit im Einzelfall und auf ihre jeweilige Durchführung an. Wenn zum Beispiel aufgrund von Auflagen des internationalen Währungsfonds und der Weltbank das gesamte Produktivvermögen eines Landes in die Hände ausländischer Investoren gerät, dann ist die politische Destabilisierung in der Regel vorprogrammiert. Auch die Privatisierung von Gebietsmonopolen wie im Bereich der Wasserver- und Abwasserentsorgung ist zu Recht nicht nur in Deutschland umstritten. Es geht um einen durchdachten Mix aus privatem Unternehmertum, öffentlichen Unternehmen, staatlicher Regulierung sowie nationaler und internationaler Einmischung durch die Zivilgesellschaft.

Abstracts

Beate Andrees

Öffentliche Not, private Tugend?

Die Finanzierung öffentlicher Güter in Transformationsgesellschaften

In den Ländern des „real existierenden Sozialismus" war die Versorgung mit öffentlichen Gütern weitgehend garantiert - wenn auch auf niedrigem Niveau. Der Transformationsprozess vom planwirtschaftlichen zum marktwirtschaftlichen System hat die Versorgung mit öffentlichen Gütern, wie zum Beispiel Gesundheit oder Bildung, stark eingeschränkt. Gleichzeitig erzeugen globale „public bads", wie Krieg, finanzielle Instabilität oder grenzüberschreitende Kriminalität neue Unsicherheiten. Öffentliche Güter sind vor allem in Transformationsgesellschaften in zweifacher Hinsicht bedroht: durch Markt- und Staatsversagen. Der erste Teil des Beitrages wird sich mit den Gründen dieses Versagens beschäftigen und dabei vor allem auf das Phänomen der Korruption sowie die Folgen der Privatisierung eingehen. Am Beispiel Armeniens wird der zweite Teil des Beitrages ein alternatives Finanzierungsmodell öffentlicher Güter vorstellen, dass komplimentär zur öffentlichen Sphäre des Staates und privaten Sphäre des Marktes funktioniert. Es handelt sich dabei um die Einbindung transnationaler Diaspora-Netzwerke in Entwicklungsprojekte. Auch wenn sich dieser Ansatz nur begrenzt für die Finanzierung globaler öffentlicher Güter nutzbar machen lässt, so haben zivilgesellschaftlichen Organisationen zumindest indirekten Einfluss darauf, in dem sie die Folgen globaler „public bads" auf lokaler Ebene abfedern und „schwache Staaten" bei der Erzeugung öffentlicher Güter unterstützen.

Achim Brunnengräber

Wer frei sein will, muss auch loslassen können

Die Privatisierung der Weltpolitik durch transnationale Politiknetzwerke

Politiknetzwerke oder so genannte „Global Public Policy Networks" (GPPN), die sich auf der neuen Bühne der transnationalen Politik als Teil von umfassenderen Global Governance-Strukturen bilden, werden als viel versprechende neue Steuerungselemente bezeichnet. Sie sollen flexibel genug sein, mit der temporeichen Globalisierung Schritt zu halten. Ihnen wird deshalb eine hohe Verantwortung bei der Lösung globaler Probleme und dem Schutz der globalen öffentlichen Güter zugewiesen. Der Beitrag prüft, ob dieser Optimismus angebracht ist. Zunächst wird kurz die Debatte über die globalen Politiknetzwerke dargestellt, wie sie mittlerweile auch Einzug hält in die Theorien internationaler Beziehungen. Dann wird herausgearbeitet, wie die Politiknetzwerke im Verhältnis zu den staatlichen und internationalen Strukturen agieren. Die theoretischen Überlegungen werden daraufhin an vier Fallbeispielen geprüft: 1) dem *Global Compact*, 2) der *World Commission on Dams*, 3) den Selbstverpflichtungserklärungen der Industrie zur CO_2-Minderung und 4) den OECD-Leitsätze für multinationale

Unternehmen. Abschließend wird gefragt, welchen Beitrag Politiknetzwerke zum Schutz der globalen öffentlichen Güter leisten können.

Frank Bsirske

GATS, Soziale Regeln und Demokratie

Sicherung der globalen öffentlichen Güter: Überwindung der Armut über die Marktöffnung für Dienstleistungen (GATS)?

Weltweit tobt die Auseinandersetzung um die Zukunft öffentlicher Güter. Private Konzerne wollen sich neue Geschäftsfelder in den großen Märkten - beispielsweise bei der Wasserversorgung, dem Gesundheitsweisen und der Bildung - erschließen. Die Marktöffnung für Dienstleistungen über das GATS-Abkommen der Welthandelsorganisation (WTO) soll dabei helfen. Frank Bsirske, Vorsitzender der Dienstleistungsgewerkschaft ver.di, hält dies für einen Irrtum. Das GATS-Abkommen dient der Sicherung der Stellung von ausländischen Investoren und Dienstleistungsfirmen. Inländische Regulierungen sollen diesem Ziel entweder angepasst oder abgeschafft werden. Wohlfahrtsziele, sozialer Zusammenhalt und Gemeinwohlaufgaben sind nicht Gegenstand des GATS. Wenn elementare Bedürfnisse der Menschen zur frei handelbaren Ware werden, hat dies weitreichende Folgen. Bedient werden die Bedürfnisse jener Menschen, die zahlen können. Dem Rest droht Unterversorgung. Den Armen droht durch eine Privatisierung, dass sie den notwendigen Dienstleistungen abgeschnitten zu werden. GATS ist deshalb keine Unterstützung für die UN-Milleniumsziele zur Armutsbekämpfung. Auch in den Industrieländern soll das GATS die öffentlichen Leistungen weiter für private Investoren zugänglich machen. GATS ist nicht einfach ein Handelsabkommen. Es ist in Wirklichkeit ein Abkommen über die Zukunft des Sozialen und die Zukunft der öffentlichen Aufgaben.

Heribert Dieter

Das globale öffentliche Gut Finanzielle Stabilität

Wege zur Reduzierung der Turbulenzen auf den internationalen Finanzmärkten

Die internationalen Finanzmärkte wurden in den 1990er Jahren von zahlreichen heftigen Krisen erschüttert. Die Forderung nach der Steigerung der finanziellen Stabilität, verstanden vor allem als Verhinderung von schweren Krisen, wird deshalb seit einigen Jahren immer wieder erhoben. Diese finanzielle Stabilität ist ein globales öffentliches Gut: Vorteile erwachsen für alle Länder und kein Land kann vor der Nutzung ausgeschlossen werden. Betrachtet man allerdings bestimmte Maßnahmen im Detail, zeigen sich erhebliche Hindernisse. So kann die Tobin-Steuer selbst in modifizierter Form nicht für finanzielle Stabilität sorgen. Dazu sind radikalere Maßnahmen wie die Beschränkung des internationalen Kapitalverkehrs oder die Schaffung eines globalen Gläubigers der letzten Instanz notwendig. Allerdings sind die großen OECD-Länder gegenwärtig zu dieser Form der internationalen Zusammenarbeit in keiner Weise bereit.

Enrique Dussel
Globale öffentliche Güter in der Peripherie
Herausforderungen durch neue Produktions- und Handelsspezialisierungen

Die vorliegende Arbeit ist Teil der Diskussion über Globale Öffentliche Güter (GÖG) und bietet gleichzeitig eine kritische Perspektive zur Bestimmung des Prozesses der Globalisierung. Heutzutage befindet sich der öffentliche Sektor vor einem historischen Wendepunkt: Was kann nicht an die Privatwirtschaft verkauft werden, und wo sind die Grenzen zwischen der Effizienz des Marktes, insbesondere des privaten, und der sozialökonomischen und territorialen Ausschliessung und Polarisierung? Diese Debatte ist in der Peripherie wichtig. Lateinamerika und Mexiko sind darüber hinaus bedeutsam für ein Verständnis davon, dass der Globalisierungsprozess zu einer besonderen Form der Integration geführt hat: Die Handels- und Produktionsspezialisierung hat bisher zu einer Untergrabung des möglichen Zugangs zu öffentlichen Gütern geführt. Der Wachstumsmotor der Wirtschaft sind die Exporte, die in einem wichtigen Teile Lateinamerikas auf temporären Importen zum Export basieren und die definitiv Zahlungen an den öffentlichen Sektor ausschließen. Im Ergebnis fallen die Haushaltseinnahmen und damit letztendlich auch die Fähigkeit zur Bereitstelltung von öffentlichen Gütern.

Peter Eigen
Korruptionskontrolle
Ein Schlüssel zum entwicklungsorientierten Handel

Die durch Korruption verursachten wirtschaftlichen und sozialen Schäden, insbesondere für die ärmsten Länder, sind unumstritten. Um ihnen zu begegnen, ergreifen verschiedene Organisationen der Zivilgesellschaft, des Privatsektors sowie der Regierungen und internationalen Institutionen konkrete Maßnahmen, die den zersetzenden Auswirkungen der Korruption Einhalt gebieten sollen. Hiermit streben sie einen korruptionsfreien globalen Markt an, ein Global Public Good. Die Welthandelsorganisation (WTO) macht hiervon eine unrühmliche Ausnahme. Auch die WTO muss sich diesen Bemühungen anschließen, ja sie muss eine führende Rolle übernehmen und handelsorientierte Mechanismen zur Korruptionsprävention entwickeln. Ein Element hierzu bietet die WTO-Konvention über Transparenz im öffentlichen Beschaffungswesen. Weil diese Konvention mit einer sachfremden Zugangsverpflichtung für internationale Anbieter verbunden war, widersetzten sich die Entwicklungsländer ihrem Einbezug in die Ministererklärung von Doha. Dabei sind gerade sie die Länder, die den größten Nutzen von einer solchen Antikorruptionsreform ziehen könnten. Um aus dieser Sackgasse zu entkommen, müssen die WTO-Mitgliedsstaaten mit Nachdruck die WTO dazu bewegen, die grenzüberschreitende Korruption zu bekämpfen und gleichzeitig das Vertrauen und die Zusammenarbeit zwischen Industrie- und Entwicklungsländern zu fördern, auf deren Grundlage eine weitergehende institutionelle Reform der WTO erreicht werden kann.

Philipp Hersel

Das internationale Schuldenmanagement

Wenn die Gläubiger globale öffentliche Güter pfänden

Der Beitrag beginnt mit einigen kritischen Anfragen an die Charakterisierung von internationaler Finanzstabilität als globalem öffentlichen Gut. Bei näherem Hinsehen wird deutlich, dass das Kriterium der Nicht-Ausschließbarkeit bzw. entsprechender „externer Effekte“ schwer operationalisierbar und im Fall Finanzstabilität recht beliebig bleibt. Im Anschluss wird festgestellt, dass die Bereitstellung nationaler und globaler öffentlicher Güter wie Bildung, Gesundheit, und Umweltschutz in den Entwicklungsländern durch das gläubigerdominierte internationale Schuldenmanagement drastisch einschränkt wird. Zur Sicherung globaler öffentlicher Güter bedarf es daher dringend einer Überwindung des heutigen Schuldenmanagements. Dazu werden faire und transparente Schiedsverfahren (FTAP) vorgeschlagen. In einem unparteiischen Verfahren sollen die illegitimen Schulden gestrichen und die Grundbedürfnisse der Bevölkerung in Süden vor die Ansprüche der Gläubiger gestellt werden.

Inge Kaul/Alexander Kocks

Globale öffentliche Güter

Zur Relevanz des Begriffs

Der erste Teil des vorliegenden Beitrags stellt zunächst den Begriff der Globalen Öffentlichen Güter vor. Der zweite Teil diskutiert dann die Möglichkeit eines Zugewinns, der sich aus der Verwendung des Begriffs für das Verständnis von Globalisierung und ihrer Gestaltbarkeit gewinnen lässt. Dabei zeigt sich zum einen, dass der Begriff der Globalen Öffentlichen Güter eine differenziertere Analyse von Globaliserung zulässt. Zum anderen eröffnet er aber auch eine neue, praktisch-politische Sichtweise auf Global Governance und auf den Implementierungsprozess internationaler Verträge und Resolutionen.

Sabine Krüger

Ein globales Element unter Druck

Wasser und Wassermärkte zwischen Regulierung und Privatisierung

Die Bedeutung des Wassers für die Menschen, ihre Gesellschaft und Wirtschaft ist evident. Wasser ist die conditio sine qua non allen Lebens und somit ein natürliches öffentliches Gut. Dennoch gilt: Wasser ist nicht überall in guter Qualität oder zu gleichen Bedingungen verfügbar. Vor allem beim Zugang zu Trinkwasser und der Bereitstellung einer Trinkwasserinfrastruktur und von Abwasserversorgungssystemen wird Wasser kommodifiziert, mit einem Preis versehen; es entsteht ein Wassermarkt. Um die Öffnung der Wassermärkte in der Globalisierung, ob weltweit oder in der Europäischen Union, ist ein erbitterter Streit entbrannt. Hier stehen sich die Multi-Utility-Konzerne mit ihrem Liberalisierungsbegehren auf der einen Seite und jene Mitgliedsstaaten der EU oder der WTO auf der anderen Seite gegenüber, die ihre Dienstleistungsbereiche der Daseinsfürsorge auch weiterhin abschirmen wollen gegen das freie Spiel der Marktkräfte. Im Spannungsfeld zwischen Liberalisierungsbefürwortern und -Kritikern, der Dynamik der Verhandlungen zum GATS und europäischen Marktöffnungsstrategien steht der geschützte deutsche Trinkwassermarkt im Mittelpunkt des Beitrags.

Reinhard Loske/Roger Peltzer

Nachhaltige Entwicklung und gerechte Globalisierung

Leitbilder einer auf Ausgleich bedachten Nord-Süd-Politik

In dem Beitrag werden die Grenzen und Chancen der Globalisierung abgewogen. Es wird die politische Aufgabe skizziert, den Globalisierungsprozess so zu gestalten, dass er mit den Zielen der nachhaltigen Entwicklung, der Armutsbekämpfung, der Teilhabegerechtigkeit und des Respekts vor kultureller Differenz soweit wie möglich in Einklang gebracht wird. Insgesamt werden sieben Politikfelder beschrieben, in denen essentielle Änderungen gegenüber dem Status quo erforderlich sind. Den Entwicklungsländern ist eine faire Chance auf den Märkten der Industrieländer zu geben, was v.a. den Abbau von Protektionismus und Exportsubventionen erforderlich macht. Gleichzeitig ist ihnen die Möglichkeit einzuräumen, bestimmte Bereiche ihrer Wirtschaft asymmetrisch zu schützen. Es wird ein Ordnungsrahmen für die internationalen Finanzmärkte skizziert, dessen wesentliches Ziel die Eindämmung von spekulativen Transaktionen mit ihrem ungeheuren Destabilisierungspotenzial für die Entwicklungsländer ist. Im Hinblick auf die ökologische Nachhaltigkeit wird dafür plädiert, die Umweltpolitik institutionell aufzuwerten und den Vorrang der Handelspolitik aufzuheben. In den Industrieländern besteht eine Fülle von Möglichkeiten zur Verbesserung der ökologischen Kohärenz: von den Hermes-Bürgschaften und Exportkrediten über den Abbau ökologisch kontraproduktiver Subventionen bis zur stärkeren Ausrichtung von IWF und Weltbank an ökologischen Zielen. Es folgen Ausführungen zur Konfliktprävention, zur besseren Durchsetzung der Menschenrechte und zur Effektivierung der Entwicklungszusammenarbeit. Insgesamt wird dafür plädiert, einen differenzierten Blick auf die Globalisierung zu werfen und sie zu entmystifizieren.

Henning Melber

„... schliesslich kann es ein linkes Projekt nur geben, wenn ihm Ideen aus utopischem Denken zuwachsen."

Zum bisherigen Wirken von Elmar Altvater – eine provisorische Zwischenbilanz

Als Vertreter einer Schule der Kritik der Politischen Ökonomie hat Elmar Altvater immer wieder auf die Grenzen der kapitalistischen Produktionsweise und den keinesfalls verallgemeinerbaren Charakter der fordistischen Gesellschaftsstrukturen für alle Länder der Erde hingewiesen. Er gehört zu den wenigen engagierten Sozialwissenschaftlern, die sich nicht mit der Kritik an den bestehenden gesellschaftlichen Verhältnissen begnügt haben. Auf der Suche nach tragfähigen Erklärungsmodellen einer zukunftsorientierten gesellschaftlichen Entwicklung und ihrer Grenzen scheute er nicht davor zurück, sich auch physikalische Gesetzmäßigkeiten der Thermodynamik zu erschließen und für seine Analysen zu nutzen. Seine vielfältigen wissenschaftlichen Analysen erkunden ständig neue, zeitgemäße Fragestellungen. Dabei ist das gesellschaftspolitische Engagement vom wissenschaftlichen Erkenntnisinteresse nicht zu trennen. Dieser einleitende Beitrag versucht, Elmar Altvater in einer subjektiv-selektiven Zusammenfassung seines bisherigen wissenschaftlichen und politischen Wirkens wenigstens punktuell gerecht zu werden.

Dirk Messner

Komplexe Problemlagen als Herausforderung für die zukünftige Global Governance-Forschung

Dimensionen einer zweiten Phase eines jungen Diskurses

Der Global Governance-Diskurs, der Mitte der 1990er Jahre an Bedeutung gewann, kommt in eine zweite Phase. In den bisherigen Arbeiten ging es zunächst darum, Begriffe, zentrale Dimensionen, Kernfragen und das Untersuchungsfeld von Global Governance zu bestimmen sowie Schnittstellen zu angrenzenden Forschungsfeldern und Disziplinen des sich neu entwickelnden Forschungsstranges zu klären. In dem Beitrag werden einige Herausforderungen der „zweiten Phase“ der Global Governance-Diskussion skizziert: Analogienfallen im Übergang von nationalen zu globalen Problemkonstellationen und Governance-Mustern müssen vermieden werden; zur Erfassung und Gewichtung der Vielfalt an Global Governance-Strukturen bedarf es weiterer empirischer Forschung. Es gilt, die Makroperspektive auf den Gesamtzusammenhang von global governance-Formen auszuleuchten; problemlösungsorientierte und machttheoretisch fundierte Forschungen zu Global Governance sollten zusammengeführt werden. Die Politikwissenschaft kann zur Global Governance-Forschung nur substanziell beitragen, wenn sie sich inter- und intradisziplinär organisiert.

Hermann Scheer

Problemflucht: Die Ökonomisierung des Politischen

Die Transformation von Politik und Makroökonomie in die Mikroökonomie

Der Idee der Postmoderne lag der fundamentale Irrtum zugrunde, dass die Befriedigung materieller Bedürfnisse auf Dauer gesichert sei. Sie ist ein Produkt des Wohlfahrtsstaats, gegen den sie sich gleichwohl richtet. Mit dessen Krise entdeckte sie die Ökonomie neu - allerdings im Gewand des Neoliberalismus, dem sie das Feld der ökonomischen Debatte überlassen hatte. Der neu kultivierte materialistische Wert des wirtschaftlichen Existenzkampfes und der postmaterialistische Wert individueller Selbstbestimmung lassen sich nur vereinbaren durch Aufgabe des Gleichheitsprinzips und letztlich durch Preisgabe des Demokratieprinzips. Statt die sozialökonomische Produktivität des Staates zu erhöhen, wurde die Problemflucht in den Abbau und die Privatisierung von Staatsleistungen angetreten. Dabei wächst die Staats- und Politikverdrossenheit, weil die Steuer- und Abgabenlast dennoch nicht sinkt. Mehr Geld für weniger Politik ist kein legitimierbares Zukunftskonzept. Umso heller strahlt der Stern der freien Wirtschaftsakteure, die sich auf Kosten der Allgemeinheit rationalisieren. Daraus entsteht ein Teufelskreis, dem nur durch eine soziale Staatsreform entkommen werden kann.

Christoph Scherrer

Markt über Alles?

Von der vergeblichen Suche nach einem exakten Nachweis für die Überlegenheit des Marktes

Die theoriegeschichtliche Analyse der Regulierungsdebatte zeigt, dass sich die Versuche eines modelltheoretisch exakten Nachweises für das neoklassische Duality-Theorem, das eine Identität von Pareto-Optimum und konkurrenzwirtschaftlichem Gleichgewicht postuliert, als kontraproduktiv erwiesen haben. Wird nämlich die restriktive Annahme von konvexen, stetigen Kostenkurvenverläufen aufgegeben, d.h. werden die in der Realität vorhandenen Kostendegressionen und Unteilbarkeiten der Produktionsgüter ebenso anerkannt wie der öffentliche Charakter der meisten ökonomischen Transaktionen, dann, so wies Bator nach, stellt Marktversagen die Regel und nicht die Ausnahme dar. Entsprechend nahm die Regulierungstheorie in der Folgezeit nicht die „Reine Theorie“ zum Maßstab ihrer Kritik an staatlicher Regulierung, sondern existierende Wettbewerbsmärkte. Aber auch mit diesem Vergleichsmaßstab konnten in vielen Fällen staatliche Korrekturen des Marktprozesses gerechtfertigt werden. Deshalb haben radikale Befürworter des Marktes das Hayek'sche Theorem vom „Markt als Entdeckungsprozess“ wieder aufgegriffen, das auf einen exakten modelltheoretischen Beweis vollkommen verzichtet: Der Markt ist effizient, weil er letztlich immer effiziente Ergebnisse geliefert hat.

Heike Walk/Roland Roth

Widerstand gegen Privatisierung

Soziale Bewegungen und ihre Kampagnen zum Schutz globaler öffentlicher Güter

Die Privatisierung von öffentlichen Gütern wirkt sich auf die sozioökonomische und menschliche Sicherheit sowie auf die Lebensbedingungen von Menschen aus. Die Regelung von Privatisierungsprozessen öffentlicher Güter ist somit ein wichtiges Feld, in das sich soziale Bewegungen zunehmend einmischen. In der Vergangenheit haben soziale Bewegungen weltweit verschiedenste Kontroversen und Konflikte ausgelöst und damit bestehende institutionelle Arrangements unter Veränderungsdruck gesetzt. Gegenwärtig ist eine globale Bewegung aktiv, die den neoliberalen Ideen die Stirn bietet und den Ausverkauf des Staates und des Gemeinwohls zugunsten von privater Profitmaximierung anprangert. Am Beispiel der Klimapolitik und der Kampagne gegen die Privatisierung der Gesundheitsvorsorge werden die Prozesse der Privatisierung sowie die öffentliche Debatte um globale öffentliche Güter nachgezeichnet. Während sich im Klimabereich in den letzten Jahren eine zunehmende Ökonomisierung der Debatte beobachten ließ, erleben wir im Bereich der öffentlichen Daseinsvorsorge wie Gesundheit, Bildung, Arbeitslosenversicherung und Renten eine stärkere Politisierung des Themas. Die Kampagne „Gesundheit ist keine Ware" veranschaulicht, wie es der globalisierungskritischen Bewegung gelingt, die Frage nach dem Eigentum und der Verfügungsgewalt von öffentlichen Gütern wieder auf die politische Tagesordnung zu setzen.

Brigitte Young

„Rauschzustand der Besoffenheit über den Sieg der Marktwirtschaft"

Zur Liberalisierung von Finanzdienstleistungen in der EU und der WTO

Die Verhandlungen über die Handelsliberalisierung von Dienstleistungen, die in der WTO im Rahmen des seit 1995 rechtsgültigen GATS-Vertrages geführt werden, befinden sich derzeit unter hohem Legitimationsdruck. In den zivilgesellschaftlichen Anti-GATS Kampagnen spielt die Liberalisierung von Finanzdienstleistungen bisher eine untergeordnete Rolle. Der Artikel untersucht die Frage, inwieweit öffentliche Güter wie Gesundheit, Wasser, Bildung oder Klima durch die Liberalisierung der Finanzmärkte unter einen „disziplinierenden Druck" geraten und inwieweit sie der disziplinierenden Logik der Profitmaximierung zunehmend untergeordnet werden. Desweiteren wird eruiert, ob durch den systematischen Abbau staatlicher Regulierungen die wichtige Funktion der Finanzmärkte als öffentliches Gut für nachhaltige wirtschaftliche Entwicklung gefährdet und so möglicherweise ein globales „public bad" produziert wird. Diese Fragestellungen werden anhand von Elmar Altvaters theoretischen Analysen zum Geld- und Kreditwesen und die daraus abgeleitete „Gewalt des Geldes", die heute mehr denn je die Verarmung und Verelendung großer Teile der Weltbevölkerung als einen herrschaftlichen Prozess erklären, untersucht.

Zu den AutorInnen

Beate Andrees ist seit 1999 Doktorandin bei Elmar Altvater. Seit 2003 arbeitet sie beim Internationalen Arbeitsamt in Genf an einem Projekt gegen Menschenhandel und Zwangsarbeit. Email: bandrees@gmx.de

Dr. Achim Brunnengräber ist Politikwissenschaftler am Fachbereich Politik- und Sozialwissenschaften der Freien Universität Berlin. Er arbeitet in dem interdisziplinären Projekt „Global Governance und Klimawandel. Eine Mehr-Ebenen-Analyse zu den Bedingungen, Risiken und Chancen sozial-ökologischer Transformationen". Email: priklima@zedat.fu-berlin.de

Frank Bsirske ist Vorsitzender der Vereinten Dienstleistungsgewerkschaft ver.di. Email: frank.bsirske@verdi.de

Dr. Heribert Dieter ist wissenschaftlicher Mitarbeiter in der Forschungsgruppe Globale Fragen der Stiftung Wissenschaft und Politik, Berlin sowie Associate Fellow am Centre for the Study of Globalisation and Regionalisation der University of Warwick, Großbritannien. Email: heribert.dieter@swp-berlin.org

Dr. Enrique Dussel Peters ist Politik- und Wirtschaftswissenschaftler und arbeitet seit 1993 am Fachbereich Wirtschaftswissenschaften der Universidad Nacional Autónoma de México (UNAM) in Mexiko und als Berater für lateinamerikanische und internationale öffentliche, private und multinationale Institutionen. Email: DUSSEL@servidor.unam.mx

Dr. Peter Eigen ist der Gründer und Vorsitzende von Transparency International, einer führenden Nicht-Regierungsorganisation, die sich weltweit gegen Korruption einsetzt. Seit 2001 ist er Visiting Scholar am Carnegie Endowment Center for International Peace. Email: pe_ti@transparency.org

Philipp Hersel ist Geschäftsführer der Berliner Landesarbeitsgemeinschaft Umwelt und Entwicklung (BLUE 21). Email: Philipp.Hersel@blue21.de

Dr. Inge Kaul ist Direktorin des Büros für Entwicklungsstudien des Entwicklungsprogramms der Vereinten Nationen (UNDP). Email: inge.kaul@undp.org

Alexander Kocks ist Forschungsassistent im Büro für Entwicklungsstudien des Entwicklungsprogramms der Vereinten Nationen (UNDP). Email: alex.kocks@gmx.de

Dr. Sabine Krüger ist Politikwissenschaftlerin und arbeitet als wissenschaftliche Mitarbeiterin bei einem Abgeordneten der Bundestagsfraktion von Bündnis 90/Die Grünen. Sie ist zuständig für umweltpolitische Themen, insbesondere Umweltinformation, Umweltrecht, Schutz und Reinhaltung von Luft, Wasser und Boden sowie Nachhaltige Entwicklung. Email: winfried.hermann.ma01@bundestag.de

PD Dr. Reinhard Loske ist stellvertretender Fraktionsvorsitzender von Bündnis 90/Die Grünen im Bundestag und leitet die Studiengruppe Globale Zukunftsfragen der Deutschen Gesellschaft für Auswärtige Politik. Er lehrt am Otto-Suhr-Institut internationale Politik. Email: Reinhard.Loske@t-online.de

PD Dr. Dirk Messner ist wissenschaftlicher Geschäftsführer des Instituts für Entwicklung und Frieden, Duisburg und lehrt Politikwissenschaft sowie International Political Economy an der Freien Universität Berlin, der Ludwig-Maximilian-Universität München und der Universität Duisburg-Essen. Email: messner@uni-duisburg.de

Dr. habil. Henning Melber ist seit 2000 Forschungsdirektor des Nordic Africa Institute in Uppsala, Schweden. Email: Henning.Melber@nai.uu.se

Roger Peltzer ist Diplom-Volkswirt und arbeitet in der internationalen Projektfinanzierung. Er ist Vorsitzender der Bundesarbeitsgemeinschaft Nord-Süd von Bündnis 90/Die Grünen. Email: roger.peltzer@t-online.de

Prof. Dr. Roland Roth lehrt Politikwissenschaft an der Hochschule Magdeburg-Stendal (FH). Email: roland.roth@sgw.hs-magdeburg.de

Dr. Hermann Scheer ist Mitglied des Bundestages seit 1980. Seit 1993 Mitglied des SPD-Parteivorstandes. Seit 1988 ehrenamtlicher Präsident von EUROSOLAR und seit 2001 Vorsitzender des Weltrates für Erneuerbare Energie (WCRE). Email: Hermann.Scheer@bundestag.de

Prof. Dr. Christoph Scherrer ist Volkswirt und Politikwissenschaftler. Er lehrt Globalisierung und Politik an der Universität Kassel. Email: scherrer@uni-kassel.de

Dr. Heike Walk ist Politikwissenschaftlerin am Zentrum für Technik und Gesellschaft der Technischen Universität Berlin. Sie ist Mitarbeiterin in der interdisziplinären Nachwuchsgruppe Global Governance und Klimawandel. Eine Mehr-Ebenen-Analyse zu Bedingungen, Risiken und Chancen sozial-ökologischer Transformationen. Email: walk@ztg.tu-berlin.de

Prof. Dr. Brigitte Young ist Politökonomin und lehrt am Institut für Politikwissenschaft an der Universität Münster. Email: byoung@uni-muenster.de

Elmar Altvater beim Westfälischen Dampfboot

Elmar Altvater/Birgit Mahnkopf
Globalisierung der Unsicherheit
Arbeit im Schatten, schmutziges Geld und informelle Politik
2002 – 393 S. – € 24,80 – SFR 42,90 – ISBN 3-89691-513-4

Elmar Altvater/Birgit Mahnkopf
Grenzen der Globalisierung
Ökonomie, Ökologie und Politik in der Weltgesellschaft
Nachdruck der völlig überarbeiteten und erweiterten 4. Auflage
2002 – 600 S. – € 29,80 – SFR 52,50 – ISBN 3-929586-75-4

Elmar Altvater/Achim Brunnengräber/Markus Haake/Heike Walk (Hrsg.)
Vernetzt und verstrickt
Nicht-Regierungsorganisationen als gesellschaftliche Produktivkraft
überarbeitete 2. Auflage – 2000 – 350 S. – € 20,50 – SFR 37,00 – ISBN 3-89691-405-7

Elmar Altvater/Rolf Hecker/Michael Heinrich/Petra Schaper-Rinkel
Kapital.doc
Das Kapital (Bd.I) von Marx in Schaubildern mit Kommentaren
mit CD-ROM
1999 – 244 S. – € 24,80 – SFR 44,50 – ISBN 3-89691-437-5

Elmar Altvater
Die Zukunft des Marktes
Ein Essay über die Regulation von Geld und Natur nach dem Scheitern des 'real existierenden' Sozialismus.
3. Auflage 1997 – 386 S. – € 19,50 – SFR 35,50 – ISBN 3-924550-68-9

Elmar Altvater/Birgit Mahnkopf
Gewerkschaften vor der europäischen Herausforderung
Tarifpolitik nach Mauer und Maastricht
1993 – 300 S. – € 19,50 – SFR 35,50 – ISBN 3-924550-79-4

Elmar Altvater
Der Preis des Wohlstands oder Umweltplünderung und neue Welt(un)ordnung
1992 – 262 S. – € 15,30 – SFR 27,50 – ISBN 3-924550-72-7